广东产业
高质量发展若干研究

GUANGDONG CHANYE
GAOZHILIANG FAZHAN RUOGAN YANJIU

梁育民 任志宏 / 主编

中国财经出版传媒集团
中国财政经济出版社

图书在版编目（CIP）数据

广东产业高质量发展若干研究 / 梁育民，任志宏主编．—北京：中国财政经济出版社，2023.4
ISBN 978-7-5223-1926-1

Ⅰ.①广…　Ⅱ.①梁…　②任…　Ⅲ.①产业发展－研究－广东　Ⅳ.①F269.276.5

中国国家版本馆 CIP 数据核字（2023）第 024070 号

责任编辑：彭　波　　　　　　责任印制：史大鹏
封面设计：卜建辰　　　　　　责任校对：徐艳丽

中国财政经济出版社 出版
URL：http：//www.cfeph.cn
E-mail：cfeph@cfeph.cn

社址：北京市海淀区阜成路甲 28 号　邮政编码：100142
营销中心电话：010-88191522
天猫网店：中国财政经济出版社旗舰店
网址：https：//zgczjjcbs.tmall.com
北京财经印刷厂印刷　各地新华书店经销
成品尺寸：170mm×240mm　16 开　22.5 印张　370 000 字
2023 年 4 月第 1 版　2023 年 4 月北京第 1 次印刷
定价：118.00 元
ISBN 978-7-5223-1926-1
（图书出现印装问题，本社负责调换，电话：010-88190548）
本社质量投诉电话：010-88190744
打击盗版举报热线：010-88191661　QQ：2242791300

总　　序

2019年2月，中共中央、国务院印发的《粤港澳大湾区发展规划纲要》正式公开发布，标志着粤港澳开启了合作新阶段、开放新格局、市场新空间、产业新结构和科创新体系的系列创新和改革，标志着中国对外开放和国家区域协调发展战略迈向新阶段。这个阶段，要具有更高的历史站位，以全球视野、发展的眼光来看待中国的改革开放事业，要向世界宣誓中国的发展是一条多元、包容、开放的道路，粤港澳大湾区建设要成为中国高质量发展的模版。

粤港澳合作就是中国改革开放的一个缩影。40年来，粤港澳经历了两次大规模的经济整合，是中国经济变革的示范案例。

第一次经济整合是粤港澳工业经济的整合。从1978年到2003年，港资企业北移，形成了香港服务、广东生产的“前店后厂”的垂直产业链分工，催生出珠三角“世界工厂”的奇迹，而香港也成功实现了由出口导向型制造业基地向国际金融、航运和贸易中心的转变。加工贸易和转口贸易是这一时期粤港澳区域合作的一大风景线。

第二次经济整合是粤港澳服务经济的整合。从2003年以后的十多年，《内地与香港（澳门）关于建立更紧密经贸关系的安排》（简称CEPA）这一以服务贸易为核心的制度安排，促进了粤港澳服务业的专业分工和进一步整合，广东对港澳服务业开放部门的覆盖率达95.6%，三地共同营造了先进制造业和现代服务业共生发展的蓬勃态势。

然而，粤港澳合作从第一阶段的“前店后厂”互补式分工向第二阶段“厂店合一”式竞合相间的分工格局过渡的过程中，原有合作机制和组织架构的局限性开始凸显。

粤港澳大湾区是粤港澳合作的第三阶段，这个阶段要解决粤港澳合作目标和动力分化的问题，要充分发挥“一国两制”的优势，让港澳融入国家发展大局，粤港澳须携手共同为国家高质量发展打造一个模板。

新时代的中国要求高质量发展，中美贸易摩擦再次让我们警醒：科技是第一生产力，提升科技创新能力是中国由大变强的必由之路。纵观世界一流湾区，无不是科技创新领先的高地。这些年，香港一直在强调创新科技产业的发展，深圳已经成为中国科技创新产业的领头羊，广州推出 IAB－NEM 产业，着力打造科技创新中心，广深港澳科技创新走廊已勾勒出雏形。可以看出，科技创新是粤港澳三地合作的最大公约数，也是粤港澳大湾区协同发展的主线方向。大湾区成为具有全球影响力的国际科技创新中心，是粤港澳三地共同的目标追求，也是三地合作的动力来源，是开启合作新阶段的重要标志，更是推动中国高质量发展的引擎。

粤港澳大湾区要跳出过去“以邻为壑”“利益相争”的发展窠臼，用“协同发展”“包容性发展”的新理念来践行新时代对外开放大战略。粤港澳大湾区是世界上首个横跨两种制度的国际湾区，与任何一个世界级城市群都有着更多的不同属性，更容易孕育出制度交叉的创新点，也更需要用“协同发展”的理念来指导湾区的建设。

粤港澳大湾区需要建立起空间、产业、制度和联通四个维度的协同机制，即多中心空间格局协同机制、利益共享价值链的产业协同机制、促进要素跨境流动的制度协同机制、湾区内联外通的协同机制。

粤港澳大湾区要建设成为充满活力的世界级城市群、具有全球影响力的国际科技创新中心、“一带一路”建设的重要支撑、内地与港澳深刻合作示范区、宜居宜业宜游的优质生活圈，就必须完善上述四大协同机制，这也是未来湾区建设需要重点研究的内容。

中国财政经济出版社与我们策划这套丛书，旨在汇聚大湾区研究工作者的智慧，集成大湾区重要研究成果，让广大读者对粤港澳大湾区有更加深刻的认识。

衷心希望诸位研究同仁、各行各业的专家和朋友，多关注粤港澳大湾区建设，为大湾区建设贡献更多才智和力量。

申明浩
广东外语外贸大学
粤港澳大湾区研究院院长
粤港澳大湾区研究基地主任
广东省粤商研究会会长

粤港澳大湾区要建设成为充满活力的世界级城市群、具有全球影响力的国际科技创新中心、"一带一路"建设的重要支撑、内地与港澳深度合作示范区、宜居宜业宜游的优质生活圈，我这研究集上述四个维度相结合，这也是未来大湾区建设需要重点研究的内容。

中国社会科学出版社在本书的出版过程中付出了大量心血，对大湾区研究工作者的尊重。我们大湾区研究院付出了大量精力，对研究人员的工作和帮助表示感谢。

在这些大湾区研究的同行中，本作者也以积极的学术研究，参与大湾区的建设发展，为大湾区建设贡献更多智慧和力量。

申明浩

广东外语外贸大学

粤港澳大湾区研究院院长

粤港澳大湾区研究基地主任

广东省港澳研究会会长

contents

目录

实现粤港澳之间的优势互补与协同发展，尤其是各大产业之间的协同发展。产业协同可通过知识的传递、共享和积累，提升科技创新和产业创新能力，加快形成区域规模经济，进而推动湾区经济优质增长和湾区社会稳健发展。因此，深入研究粤港澳大湾区产业协同发展问题有助于实现湾区经济品质和质量的提升，对该大湾区建设成为世界级城市群、国际一流湾区具有积极的现实意义。

从广东和港澳产业协同现状来看，珠三角地区已呈现第一产业、第二产业比重持续下降，第三产业比重持续上升趋势，初步建立以装备制造、通信信息、新能源与新材料等一系列产业链较为齐全的工业体系，基本形成以广州、深圳为龙头，珠江东岸以电子信息、新材料等新兴产业为主的产业集群，高新技术产业的产值增长趋势较为明显；珠江西岸则以汽车制造、家用电器、生物医药等产业占据优势。在香港、澳门的产业协同上，第三产业发展最为迅猛，占两地 GDP 的比重高达 90%，而第一和第二产业的占比非常低。其中，香港的核心产业分别是金融业、旅游业、专业咨询服务业及贸易物流业，四大核心产业的协同发展进一步促进了香港经济增长。澳门的产业发展以博彩业为主，同时与金融保险、批发及零售、饮食及酒店、运输仓储及通信、租赁及工商服务等进行有效协同发展，近年保持稳中有升的趋势，呈现出适度多元化发展的势头。当前，广东和港澳三地之间的产业合作交流仍停滞在传统合作领域，珠江东岸与港澳经济联系较为密切，珠江西岸以制造业优势成为粤港澳大湾区的“加工厂”，三地产业协同仍有较大的发展空间，亟需形成一个相互促进、共享的产业协同生态系统，以促进广东和港澳三地资源要素流动及配置，从而达到湾区产业发展效益最大化。

第二节　文献回顾

在一个国家或区域中，形成相互融合适应、协作与和谐发展的产业协同发展过程是十分重要的。产业协同强调的是产业系统之间的协作及子系统间的相互配合，进而在有序协同演变过程中形成始终保持着自身差异化的产业协同生态系统。

第一章　广东产业区域协同发展研究[①]

当前，广东省、香港特区、澳门特区承担着为国家改革开放进入新历史时期、开辟新发展格局的重任。努力推动粤港澳大湾区成为世界级城市群和国际一流湾区，已成为我国社会各界的共识。虽然近年来针对该大湾区各方面的研究成果日益增加，但对其产业协同发展的研究仍不够丰富与完善。因此，本章结合产业协同发展理论，运用灰色关联分析方法剖析广东省、香港特区、澳门特区三大产业及重点产业的协同关联度，并试图提出可行性的发展建议。

第一节　引　言

《粤港澳大湾区发展规划》于2019年2月18日正式颁布，标志着粤港澳大湾区建设作为国家重大战略纳入顶层设计，粤港澳三地经济合作发展走向新阶段、上升到新平台与新层次。粤港澳大湾区建设已经成为新时期中国特色社会主义发展进程中一项具有全局性、历史性的重要战略任务。党的十九届四中全会提出，要“完善香港、澳门融入国家发展大局、同内地优势互补、协同发展机制，推进粤港澳大湾区建设”。2020年广东省政府工作报告提出，要以建设粤港澳大湾区为重要纲领，深入贯彻支持深圳建设中国特色社会主义先行示范区，抢抓“双区驱动”机遇，发挥“双区耦合”效应，加强大湾区在国际竞争优势，推动粤港澳大湾区成为世界级城市群和国际一流湾区。这说明要推进大湾区建设及稳健发展，关键是要

---

① 广东产业主要集中在珠三角9市，而粤港澳大湾区除了香港及澳门，也只把珠三角9市纳入其中。所以，我们关于广东产业的研究也主要集中于珠三角9市。

实现粤港澳之间的优势互补与协同发展，尤其是各大产业之间的协同发展。产业协同可通过知识的传递、共享和积累，提升科技创新和产业创新能力，加快形成区域规模经济，进而推动湾区经济优质增长和湾区社会稳健发展。因此，深入研究粤港澳大湾区产业协同发展问题有助于实现湾区经济品质和质量的提升，对该大湾区建设成为世界级城市群、国际一流湾区具有积极的现实意义。

从广东和港澳产业协同现状来看，珠三角地区已呈现第一产业、第二产业比重持续下降，第三产业比重持续上升趋势，初步建立以装备制造、通信信息、新能源与新材料等一系列产业链较为齐全的工业体系，基本形成以广州、深圳为龙头，珠江东岸以电子信息、新材料等新兴产业为主的产业集群，高新技术产业的产值增长趋势较为明显；珠江西岸则以汽车制造、家用电器、生物医药等产业占据优势。在香港、澳门的产业协同上，第三产业发展最为迅猛，占两地 GDP 的比重高达 90%，而第一和第二产业的占比非常低。其中，香港的核心产业分别是金融业、旅游业、专业咨询服务业及贸易物流业，四大核心产业的协同发展进一步促进了香港经济增长。澳门的产业发展以博彩业为主，同时与金融保险、批发及零售、饮食及酒店、运输仓储及通信、租赁及工商服务等进行有效协同发展，近年保持稳中有升的趋势，呈现出适度多元化发展的势头。当前，广东和港澳三地之间的产业合作交流仍停滞在传统合作领域，珠江东岸与港澳经济联系较为密切，珠江西岸以制造业优势成为粤港澳大湾区的“加工厂”，三地产业协同仍有较大的发展空间，亟需形成一个相互促进、共享的产业协同生态系统，以促进广东和港澳三地资源要素流动及配置，从而达到湾区产业发展效益最大化。

第二节　文献回顾

在一个国家或区域中，形成相互融合适应、协作与和谐发展的产业协同发展过程是十分重要的。产业协同强调的是产业系统之间的协作及子系统间的相互配合，进而在有序协同演变过程中形成始终保持着自身差异化的产业协同生态系统。

产业协同理论源自于协同理论。Haken 在《协同学》(*Synergetics*) 中明确指出，协同是从无序到有序的演进，以自组织为协同方式形成的时间、空间等系统，进而实现各系统间的相互协调。Corning 则认为，协同是自然及社会系统中两个及两个以上的子系统，由系统内要素的相互作用、相互影响而形成的系统联合效应。在此基础上，Ellison 和 Glaeser 明确了产业协同的联动方式，即产业协同不仅出现在单个产业或行业中，不同产业（行业）之间也会因交易而发生作用。在二元经济理论中，Lewis 认为，各区域、城市和乡村在经济发展、产业选择上都会有差异，区域间产业发展于时间及空间的耦合将使区域内产业协同变为可能，进而促进整个区域经济增长。Heriberto 从系统角度分析工业、农业和自然的关系，并指出三大产业生态系统是一个具有相对持续且稳定的“食物网”，自然与农业的协同有助于工业生态化发展。在创新理论中，Mowery 和 Rosenberg 认为，产业的形成发展是缓慢复杂的，由需求及技术水平的共同作用产生的。借助流畅互通的创新网络，获取创新资源，整合人才、信息及技术等创新要素，促进各产业间产品研发及成果转化，进而搭建高效的产业协同创新平台，从而降低生产成本及风险，获得整体创新效益最大化。Dachs 和 Peters 从创新的角度出发，认为产业协同是由于生产力提高及工艺技术创新所带动，企业为优先实现自身利益时做出的选择。基于不同的理论视角，国外学者针对产业协同的研究逐步深入，且大多认为一个国家（或区域）的经济增长离不开产业的协同发展，产业协同发展程度的高低会影响区域创新要素的融合程度，进而影响产业结构的优化升级。

针对产业协同的定义划分，国内学者普遍承认的是：“产业协同是在开放条件下，作为国民经济运行的子系统，各产业或产业群相互协调合作形成宏观有序结构的过程。”王兴明就对产业协同做出定义：产业协同发展是在产业之间复杂的内部协同关系基础上相互促进，从而实现产业的共生演化。在产业协同的实证分析划分上，基于产业关联理论，杨灿、郑正喜通过投入—产出模型测算多产业关联度，从需求及供给的角度分析产业关联效应。潘文卿、李子奈通过投入与产出方法，计算得出我国沿海与内陆的区域乘数效应及溢出效应，指出从产业关联的角度上，我国沿海与内陆的产业空间联系表现在产品、资金及劳动力的流动。基于熵变理论，武玉英等以京津冀地区产业协同为研究对象，运用距离协同模型，构建产业协同要素协同度测度，得出京津冀地区产业协同同质化现象较为严重的结论。在产业协同的效益划分上，郑正喜根据产业关联理论，得出在开放型经济条件下，不同经济体产品的异质性也会通过产业协同得到融合，进而促进世界产品全方位流动。通过产业协同能够构建紧密相连的创新网络关系，共享与整合知识、人才、科学技术及信息等创新要素，在创新网络内进行产品研发及成果转化，降低企业生产成本，从而实现整体创新效益最大化。基于价值链视角，喻登科等从资源与文化相似性方面提出，战略新兴产业集群协同发展的可能性与策略，从而得出新兴产业协同发展具有促进创新要素共享、成果共享的积极作用。由此看来，国内研究产业协同的多数学者认为，产业协同能够带动经济的持续发展，实现产业的均衡协同发展有助于实现经济高质量增长，针对产业协同的研究仍具有重要的时代意义。

针对广东和港澳的产业协同方面，国内学者的关注重点较为分散，这也为本研究造成一定难度。例如，在广东和港澳产业关联协同度问题上，学者通过以典型产业为背景，深入挖掘产业中存在问题，并提出加强湾区产业协同对湾区经济增长具有积极导向作用。邴绯纶和毛艳华认为当前广东和港澳三地产业之间的匹配性朝向普遍配合度不足。陈燕和林仲豪基于广东和港澳的行业数据，对其进行分行业的区位熵实证分析，认为广东和港澳内各城市的产业关联度高，协同效应显著，建立湾区内产业协同耦合机制有助于解决各城市间同质化竞争问题。张震基于广东和港澳面板数据，构建经济协同发展度模型，分析得出广东和港澳产业协调程度的变化较平稳，产业结构合理化与高级化水平均呈上升趋势。在针对产业协同发展对策上，学者们从当前广东和港澳产业协同现状着手，结合实证模型，对广东和港澳产业布局进行细致规划，为实现高质量发展奠定基础。展金泳等利用 1995—2014 年广东和港澳三地数据，对广东和港澳经济协调发展的时空差异进行横向及纵向分析，认为港澳经济具有先发优势，广东搭乘改革开放“便车”具有后发优势，广东和港澳三地应在政策支持下大力发展服务业、金融业及国际贸易等相关产业协同发展。同时，广东省应重点发展航空运输业、制造业及物流业，为三地奠定稳固的产业基础。周四清、庞程基于广东和港澳制造业、教育产业及金融产业的面板数据，采用多元回归分析方法得出，将制造业、金融业及教育行业相互协调和渗透，能有效提高区域经济发展水平的结论。邓江年认为，在广东和港澳的产业协同上，香港应积极打造以金融、咨询等现代服务业为主，澳门应以博彩业、旅游业为主导，广东则应通过政策优势向高端制造业、国际贸易等产业转型升级。由此可见，当前对于广东和港澳产业协同发展的研究较为宽泛，尚未形成一个系统的研究体系。本书将在此方面做点尝试和努力，主要是基于灰色关联理论及相关数据模型，对广东和港澳的产业协同进行测度，并结合产业协同中存在的问题，剖析实证结果并提出发展建议。

第三节　广东和港澳产业协同发展的简要回顾

一、广东和港澳基本概况

2019 年 2 月 18 日，《粤港澳大湾区发展规划纲要》正式发布，标志着该区域的建设迈上了新台阶。粤港澳大湾区（大湾区）的范围是“九市二区”，是由广东省广州、深圳、珠海、佛山、惠州、东莞、中山、江门、肇庆市和香港、澳门两个特别行政区组成的城市群，总面积 5.6 万平方公里，经济与社会规模可与世界十一大经济体韩国相当。广东和港澳仅凭借占比 0.6% 的国土面积，贡献率占全国 GDP 总量的 12.57%，是中国最具经济活力的地区。简而言之，从行政区划上来说，它是一个国内的不同行政层级的组合，包括 2 个特别行政区（省级）和广东省内 9 个地级市；从政治体制上来说，是存在两种社会制度、三个独立关税区和三种不同货币的区域（人民币、港元和澳门币）；从经济发展上，是经济结构各异但联系紧密、开放程度不同但相互支撑，代表中国改革开放和经济发展最高水平的区域。

二、广东和港澳的规划历程

广东和港澳地区地缘相近、人缘相亲，区域内联系紧密。自改革开放以来，三地的合作交流进一步加强，共同互补发展。“粤港澳大湾区”的概念从最初的学术讨论到地方政策，再到正式上升为国家战略，是一个认识逐渐深化、内涵不断丰富的过程。

该区域的规划历程最初可回溯至2008年国家发改委发布的《珠江三角洲地区改革发展规划纲要（2008—2020年）》，提出探索和推进广东和港澳地区合作，打造世界级城市群，湾区建设与一体化发展成为了珠三角地区的发展战略。2009年，广东和港澳三地共同编制《大珠江三角洲城市群协调发展规划研究》，赋予“一湾三区”（环珠江口湾区和广佛、港深、澳珠三大都市区）作为珠三角城市群的“标志”和“中枢”的重要角色。

2010年和2011年，广东分别与香港和澳门签署《粤港合作框架协议》及《粤澳合作框架协议》，进一步明确区域协调机制和近期重点工作为区域经济一体化发展及“环珠江口宜居湾区建设”。

2015年12月，国家发展改革委、外交部和商务部联合发布了《推动共建丝绸之路经济带和21世纪海上丝绸之路的愿景与行动》，明确提出在“一带一路”建设中“打造粤港澳大湾区”，这是大湾区首次写入国家文件。

2016年3月，《中华人民共和国国民经济和社会发展第十三个五年规划纲要》（以下简称《国家十三五规划》）发布，明确提出“支持港澳在泛珠三角区域合作中发挥重要作用，推动粤港澳大湾区和跨省区重大合作平台建设”；同月，国务院印发《关于深化泛珠三角区域合作的指导意见》，明确要求“广州、深圳携手港澳，共同打造粤港澳大湾区，建设世界级城市群”。

2017年7月，国家发展改革委与粤港澳三地政府共同签署《深化粤港澳合作　推进大湾区建设框架协议》，初步定出三地政府的分工、合作方向及协调机制等；2017年10月，习近平在中国共产党第十九次全国代表大会上做报告（《十九大报告》），再次重申要支持香港、澳门融入国家发展大局，以粤港澳大湾区建设、粤港澳合作、泛珠三角区域合作等为重点，全面推进内地同香港、澳门互利合作。2019年2月，《粤港澳大湾区发展规划纲要》正式发布，作为指导广东和港澳当前和今后一个时期合作发展的纲领性文件，规划近期至2022年，远期展望到2035年，标志着大湾区建设迈上新台阶。

三、广东和港澳产业协同发展历程

1. 大湾区产业结构：整体由工业经济向服务业经济转变

从世界湾区的发展规律看，湾区经济的发展一般会呈现由港口经济、工业经济迈向服务经济、创新经济演化的过程。目前，广东和港澳已形成“三二一”的产业格局，处于工业经济迈向服务经济的阶段，服务业在国民经济中的地位不断上升并成为大湾区第一大产业，第二产业占比则呈缓慢下降趋势，经济增长由工业拉动向服务业拉动为主转变（见表1－1）。根据2019年《广东省统计年鉴》《香港统计年刊》《澳门统计年刊》的数据整理显示，广东和港澳的三次产业结构由2001年的1.5∶35.8∶62.7调整为2019年的1.4∶33.1∶65.4。分区域看，2019年，珠三角产业结构比例为1.6∶41.3∶57.1，第二产业乃至制造业在经济增长中仍发挥着重要的支撑作用。其中，第三产业的比重在2012年突破50%，2016年提高到56.1%，2019年提高到57.1%。香港和澳门跟珠三角的产业结构呈不同的特点。香港和澳门的服务业高度发展。2018年，香港第二产业占地区生总值不足7%，服务业占比高达93.1%，产业结构进一步金融化和虚拟化。澳门的第二产业则呈现明显的下降趋势，由2006年的15.3%下降为2018年的4.2%，服务业占比达到95.8%。在广东和港澳中，9个城市、两个特别行政区的产业结构差别比较大。香港、澳门两个特别行政区服务经济特征明显。广州、深圳作为大湾区的两个核心城市，从产业结构上，广州第三产业占比超过70%，深圳占比超过60%，已进入服务经济阶段，并向创新经济阶段过渡，在城市产业升级中处于领跑地位。佛山、惠州、东莞、中山等城市第二产业在45%以上，第三产业占比在45%左右甚至超50%，正在迈向服务经济阶段。珠三角其他城市仍处于工业经济阶段。

表1－1　　2019年广东和港澳经济指标与产业结构指标

城市	地区生产总值（亿美元）	人均地区生产总值（美元）	三大产业结构比例
广州	3 425.2	22 676	1.1∶27.3∶71.6
深圳	3 903.3	29 497	0.1∶39∶60.9
佛山	1 552.5	19 403	1.5∶56.2∶42.3
惠州	605.6	12 474	4.9∶51.9∶43.2
东莞	1 374.6	16 309	0.3∶56.5∶43.2
珠海	498.1	25 447	1.7∶44.5∶53.8

续表

城市	地区生产总值（亿美元）	人均地区生产总值（美元）	三大产业结构比例
中山	449.5	13 438	2.0∶49.1∶48.9
江门	456.1	9 885	8.1∶43∶48.9
肇庆	326	7 819	17.2∶41.2∶41.7
香港	3 626.58	48 673	0.1∶6.8∶93.1
澳门	550.81	83 425	4.2∶95.8

数据来源：《广东省统计年鉴》《香港统计年刊》《澳门统计年刊》及公开数据整理。

广东和港澳的产业结构及产业发展趋势和东京湾区、旧金山湾区、纽约湾区相似，但与三大世界湾区相比仍有差距。然而，广东和港澳的资源禀赋及主导产业兼具“制造＋服务”的特征，依托珠三角雄厚的制造业基础，加之港澳地区发达的金融与高端服务，双轮驱动可实现产业优化升级。

2. 大湾区制造业：现代产业比重不断提升

在该区域中，澳门的制造业仅占地区生产总值的0.8%；香港的制造业也仅占地区生产总值的1.0%，且90%的制造业集中在传统制造业如食品、饮品及烟草制品，金属制品、机械及设备，化学、橡胶、塑胶及非金属矿产制品和纸制品、印刷及已储录资料媒体的复制。可见区域制造业主要集中在珠三角地区，且珠三角制造业不断向中高端方向发展。根据2019年《广东省统计年鉴》，2019年，珠三角先进制造业、高技术制造业占规模以上工业比重分别达到59.2%和36.2%。新一代移动通信设备、新型平板显示、新能源等战略性新兴产业蓬勃发展。从高技术制造业的几大细分行业对比来看，2019年电子及通信设备制造业占主导地位，其在几大产业中的比重由2012年的72.1%提高到2019年的82.2%，占比不断提高，发展迅速。从先进制造业细分行业看，集成电路及关键元器件、信息通信设备、汽车制造业、卫星及卫星应用占先进制造业主体地位，以上行业分别占先进制造业的13.1%、28.5%、10.2%和13.1%，合计占64.9%（见表1－2）。

表1－2　　2019年广东和港澳先进制造业基本情况

城市	先进制造业增加值（亿元）	先进制造业占规模以上工业比重（%）	高技术制造业增加值（亿元）	高技术制造业占规模以上工业比重（%）
广州	2 677.44	58.4	740.3	16.2
深圳	6 593.10	71.9	6 100.7	66.6
佛山	2 423.58	49.9	293.12	6.0
惠州	1 159.01	66.9	72 226	41.7
东莞	2 420.01	54.2	1 883.32	42.2
珠海	629.08	55.5	335.46	29.6
中山	524.06	45.5	184.60	16.0
江门	412.94	39.6	115.04	11.0
肇庆	211.00	30.7	65.44	9.5

注：由于数据的可得性，缺乏香港、澳门制造业数据。
数据来源：2019年《广东省统计年鉴》。

四、服务业中生产性服务业支撑作用增强

珠三角服务业内部结构进一步优化，现代服务业取得飞跃发展。2019年，珠三角现代服务业增加值占服务业增加值的比重达67.2%，比上年提高1.9个百分点，服务业从“传统服务业支撑”发展到“现代服务业拉动”。根据2019年《广东省统计年鉴》数据，2019年，珠三角地区规模以上高技术服务业企业户数达到7 149家、营业收入达到12 600.705亿元、实现利润2 161.92亿元，分别占规模以上服务业的比重为28.9%、40.0%和44.1%。服务业特别是高端服务业向中心城市聚集优势明显。广州和深圳的现代服务业增加值合计占全省的70.5%。同时，生产性服务业持续成为经济发展的有力支撑。根据《广东省统计年鉴》及公开数据显示，2019年，珠三角地区生产性服务业实现增加值25 411.92亿元，占全省的86.9%。生产性服务业继续向珠三角地区集聚，珠三角生产性服务业占地区生产总值的比重为29.2%，占服务业增加值比重为51.2%（见表1－3）。

表 1－3　　2019 年广东和港澳现代服务业基本情况

城市	增加值（亿元）	占地区生产总值比重（%）	占服务业增加值比重（%）
广州	11 359. 21	48. 1	67. 1
深圳	12 101. 47	44. 9	73. 8
佛山	2 734. 64	25. 4	60. 1
惠州	1 094. 69	26. 2	60. 7
东莞	2 523. 52	26. 6	61. 7
珠海	1 242. 54	36. 2	67. 2
中山	895. 39	28. 9	59
江门	902. 54	28. 7	58. 6
肇庆	430. 21	19. 1	45. 9

注：由于数据的可得性，缺乏香港、澳门服务业数据。
数据来源：2019 年《广东省统计年鉴》。

根据公开数据整理，2019 年，香港仓储物流、金融类及专业类服务三大生产性服务业占香港本地生产总值的比重为 44. 9%。2019 年上半年，香港服务业增加值增长 1. 6%，生产性服务业支持服务业增长明显。其中，金融类服务业增长 3. 4%、仓储物流业增长 2. 2%、资讯及通信业增长 1. 7%，均高于服务业整体增速。澳门的经济增长主要来源于服务业，从服务业内部结构来看，虽然博彩业占据主体，但近几年博彩业占比开始降低，金融及商业服务、仓储物流及通信等服务业的占比逐渐提高。2019 年，博彩业、金融及商业服务类、物流及通讯类产业对地区经济效益影响较大，可以看出澳门服务业结构正在朝更优化合理的结构变动。

第四节　广东和港澳产业协同发展的现状分析

一、广东和港澳产业协同发展基本现状

广东和港澳是我国经济发展最迅速、改革开放成效最显著的区域之一。

广东和港澳经历40多年的共同发展，三大产业结构现趋势变化。其中，一、二产业占比不断下降，第三产业地位愈加凸显，目前已基本形成具有明显特征且较为稳定的产业结构。中国城市规划设计研究院深圳分院发布的《粤港澳大湾区高质量发展指数》显示，香港、澳门的服务业优势突出，三产占比均在90%以上；广州、深圳呈现典型的“三二一”格局，第三产业占比最大，其中广州通过新兴技术与传统优势产业融合，在金融、批发零售、商务服务等行业保持稳定增长；深圳四大支柱产业始终扮演驱动城市经济发展的重要角色，其中金融业和高新技术产业更是成为众产业中含金量最高的两张名片；东莞与佛山作为传统制造业中心，近年来在广东和港澳规划的指引下逐渐发力，产业逐步转向先进制造业，尤其是东莞创新步伐明显加快；珠海、惠州、中山、江门、肇庆目前仍以传统制造业为主，转型升级的需求较强。

从地理区位划分，可将大湾区中珠三角9城分为三个经济区域，其中，深圳、东莞、惠州三城产业结构显现出较高同质度，集中于电子科技、汽车、医药制药、服装及现代服务业等。另外，广州、佛山、肇庆三城形成的经济区域则是以制造业及农业为主，广州的支柱产业主要是汽车、船舶、重装机器制造等重工产业；佛山则是以电器机械制造及陶瓷业为主；肇庆与之不同，以农业产业和旅游业为支柱产业，制造业程度较低。再者，珠海、中山、江门三地形成的经济圈产业差异不明显，都是以制造业为主，其中，珠海主要是电子信息业、精密仪器制造及石油化工业等；中山则集中于电器、五金家电等产业；江门特征相对明显，以交通海洋装备业、包装印制及纸制加工产品产业为主。香港、澳门则以第三产业的繁荣发展占据尤其重要地位，占GDP比重大于90%。其中，香港的金融、贸易、航运产业占据亚洲甚至全球的领头地位，其支柱产业为贸易与物流业、工商支援服务业、旅游业及金融服务业，该产业产值占GDP六成以上，繁茂的金融和贸易物流业为香港的经济发展做出了巨大的贡献。澳门则是以博彩业为引领，同时带动金融保险、餐饮酒店、资产租赁等多元化产业布局，其中博彩业产值占GDP币种超过半数。

二、广东和港澳产业协同发展实证分析

1. 灰色关联度模型构建

20世纪90年代，邓聚龙率先提出灰色系统理论。这一研究成为分析

各经济体在进行相应经济活动中表现出的各产业之间经济联系的重要理论。灰色关联度分析模型是灰色系统理论的核心，通过各因素之间的相似度来分析数据的关联程度，基于广东和港澳三地的统计口径不一致，数据的可获得性难度较大。因此本书仅通过收集广东和港澳三大产业及重点产业的数据，进而建立和计算它们之间的灰色关联系数及灰色关联度。

确定参考数列与比较数列。基于研究对象及研究目的确定模型参考数列，影响灰色关联系统的组成因素确定比较数列。设有 m 个参考因素，参考数列 $\{Y_p(t)\}$ 常记为：$\{y_1(t), y_2(t), y_3(t) \cdots, y_m(t), t \in T\}$；设有 n 个比较因素，比较数列 $\{X_q(t)\}$ 常记为：$\{x_1(t), x_2(t), x_3(t), \cdots, x_n(t), t \in T\}$。

无量纲化处理。基于灰色系统计算中的各指标因素表示意义不同及单位存在一致现象，为实现实证分析的科学性及合理性，使实证结果更具说服力，因此，在对数据作灰色关联分析计算前进行无量纲化处理。计算方法为用每一个比较数列中的每一个数据除以该列的第一项数据。计算公式如下。

$$X_i(k) = \frac{X_i(k)}{X_i(1)} \tag{1-1}$$

计算关联系数。灰色关联系数表示比较数列与参考数列在各个时刻的相对差，记为 r。首先，计算比较数列与参考数列的绝对差：$\Delta q = x_q(k) - y_1(k)$，$(q=1, 2, 3, \cdots n)$；k 为考察因素。

其次，计算各个差序列的最值 $\min\Delta iq = \min x_q(k) - y_1(k)$、$\max\Delta iq = \max x_q(k) - y_1(k)$，$(i \in k)$；最值求解 $\min\min\Delta iq = \min\min x_q(k) - y_1(k)$、$\max\max\Delta iq = \max\max x_q(k) - y_1(k)$。最后，求解关联系数。计算公式如下。

$$\varepsilon_i(k) = \frac{\min\min|x_q(k) - y_1(k)| + \rho \cdot \max\max|x_q(k) - y_1(k)|}{|x_q(k) - y_1(k)| + \rho \cdot \max\max|x_q(k) - y_1(k)|} (\rho = 0.5) \tag{1-2}$$

计算关联度。灰色关联度计算公式如下：

$$\varphi = \frac{1}{n}\sum_{i=1}^{m} \varepsilon_i(k)$$

2. 实证模型计算结果

广东和港澳区内三大产业灰色关联度分析。根据上述关联系数公式及关联度公式，基于数据的可获得性，以 2018 年《广东统计年鉴》《香港统计年刊》《澳门统计年刊》中三大产业生产总值为数据，对广东和港澳“9＋2”个城市间的三大产业做灰色关联分析。其结果如下所示（见表1－4），在关联系数结果中可看出，肇庆、江门、珠海、惠州及中山在第一产业产值较高，表明这五个城市在第一产业中的趋同度较高，其余各城市关联系数结果较低；珠海、东莞、江门、中山、肇庆第二产业比重较高，其关联系数均在0.75以上，而且这五个城市的第二产业主要是传统的劳动密集型或加工装配型产业。即使是广州、深圳、香港及澳门第二产业产值关联系数略低，但其第三产业产值关联系数均为1。同时，第三产业产值前四名为广州、深圳、香港及澳门，这表明四个城市在第三产业中都有较明显的发展优势，但也反映出在第三产业中粤港澳三地同质化较严重的问题，这将成为研究大湾区产业协同的重要方向。

表1－4　广东和港澳“9＋2”个城市间三大产业灰色关联分析关联系数结果

城市	第一产业产值（万元）	第二产业产值（万元）	第三产业产值（万元）
广州	0.404	0.519	1
深圳	0.436	0.72	1
珠海	0.888	0.836	0.836
佛山	0.667	0.659	0.884
惠州	0.847	0.714	0.965
东莞	0.723	0.982	0.976
中山	0.864	0.999	0.759
江门	0.901	0.952	0.789
肇庆	0.937	0.973	0.731
香港特别行政区	0.335	0.346	1
澳门特别行政区	0.125	0.213	1

根据关联度计算公式，得到如下结果（见表1－5）：在关联度排名中，

第三产业产值超过0.95，表明在广东和港澳中第三产业发展协同度较好；就整个关联度结果而言，各数列都超过0.7，具有较强的关联性，表明关联度越高，产业趋同度就越高。

表1-5　广东和港澳三大产业产值灰色关联分析关联度结果

关联度结果		
评价项	关联度	排名
第三产业产值（万元）	0.985	1
第二产业产值（万元）	0.865	2
第一产业产值（万元）	0.725	3

综合上述实证分析，可以得到如下结论：广东和港澳三地中第三产业产值关联系数程度最高，也符合广东和港澳以服务业为主导产业趋同的现象。在关联系数结果中可看出，广东和港澳三地中香港、澳门、广州及深圳的经济发展指标较好，排名前列，也可看出珠海、惠州、佛山及东莞四市在第二产业产值上表现较好，而肇庆、中山、江门则由于地理位置及自身产业结构影响，在第一产业及第二产业上表现较好。这在一定程度上也反映出广东和港澳三地在产业结构上发展不平衡的问题，例如：广州、深圳、香港及澳门在工业化中已处于高层次阶段，而肇庆、江门等市仍处于工业化进程的中等阶段。除广州、深圳、香港及澳门外，广东和港澳其他城市的服务业发展还处在较低水平，湾区经济发展的主要动力还不是服务业，对制造业依赖程度较大，处于由工业经济向服务经济的过渡阶段。

广东和港澳重点产业与三大产业灰色关联度分析。本书考虑到香港、澳门与广东三地在统计口径上的不同以及数据的可获得性，选取2017年部分行业为基本数据，对其进行灰色关联度分析。

（1）第一产业及其行业灰色关联分析

由灰色关联度计算公式得出，其计算结果如表1-6所示。

表 1-6　　广东和港澳农业及其行业关联度

行业	关联度	排序
农业与林业	0.56	1
畜牧业与渔业	0.48	2

以 2017 年广东和港澳第一产业增加值作为参考数列，以同一时刻的农林业、畜牧渔业的产业增加值为比较数列，根据灰色关联度计算公式得出农林业及畜牧渔业的灰色关联度分别为 0.56 和 0.48，关联度顺序为 $r_{01} > r_{02}$, 其中：r_{01}表示农林业与第一产业增加值的关联度，r_{02}表示畜牧渔业与第一产业增加值的关联度。由此表明，在第一产业中农林业起到主导作用，而畜牧渔业紧随其后。

（2）第二产业及其重点行业灰色关联分析

用灰色关联度公式计算得出第二产业及其重点行业关联度，结果如表 1-7 所示。

表 1-7　　广东和港澳第二产业及其重点行业关联度

行业	关联度	排序
电子信息业	0.85	1
生物制药业	0.82	2
食品加工业	0.74	3
装备制造业	0.69	4

根据表 1-7 中的数据，以 2017 年广东和港澳第二产业增加值为参照数列，以同一时刻第二产业内部电子信息产业、生物制药产业、食品加工业及装备制造业等重点行业的增加值为比较数列，最后算出灰色关联度为 $r_{01}=0.85$、$r_{02}=0.82$、$r_{03}=0.74$、$r_{04}=0.69$。可见，在广东和港澳，电子信息业、生物制药业的关联度较大，是主导产业；食品加工业、装备制造业次之。

（3）第三产业及其重点行业灰色关联分析

根据灰色关联度计算公式，其结果如表 1-8 所示。

表1-8　　广东和港澳第三产业及其重点行业关联度

行业	关联度	排序
金融业	0.89	1
旅游业	0.83	2
餐饮业	0.76	3
房地产业	0.72	4

根据表1-8中的数据，以2017年广东和港澳第三产业的增加值为参考数列，以同一时刻的金融业、旅游业、餐饮业及房地产业的产值增加值为比较数列，计算得出灰色关联度分别为 $r_{01}=0.89$、$r_{02}=0.83$、$r_{03}=0.76$、$r_{04}=0.72$。由此可见，在第三产业的重点发展产业中，金融业与第三产业产值增加值的关联度最大，其次是旅游业，餐饮业、房地产业关联度紧随其后。该结果显示：在广东和港澳，金融业占据主导地位，旅游业和餐饮业发展迅速，而房地产业表现出疲态。

第五节　广东和港澳产业协同发展的成就与存在的问题

一、广东和港澳产业协同发展的成就

依托世界级海港群和空港群，广东和港澳产业协同发展在实现以科技创新驱动产业升级、以价值链整合产业布局、以整体效应规范产业有序发展的目标上，具有重要作用。促进产业协同发展是贯彻落实习近平新时代中国特色社会主义思想和中央经济工作会议重要讲话精神的重要内容。推进广东和港澳建设是习近平总书记亲自谋划、亲自部署、亲自推动的重大国家战略。“十四五”规划纲要明确提出，支持北京、上海、粤港澳大湾区形成国际科技创新中心。“十四五”规划开局之年，广东和港澳三地抓

住机遇，乘势而上，广东和港澳大湾区国际科技创新中心建设迎来新气象、取得新成效。

1. 经济成就方面

根据《中国粤港澳大湾区改革创新报告（2021）》显示，2020 年，广东和港澳全年经济增速保持大致稳定，经济总量达到 11.59 万亿元。在“六稳”“六保”等一系列政策的支持下，大湾区内需增长动力逐渐恢复，外贸形势好于预期，金融市场稳步攀升。值得关注的是，广州经济总量首次超越香港，粤九市在大湾区中的经济作用越发明显。中心城市是广东和港澳经济发展的核心动力源，在商贸、科创、服务三大领域表现突出。2020 年深圳、广州、香港的地区生产总值占广东和港澳比例均超 20%，佛山和东莞紧随其后。虽然澳门经济体量在大湾区中不及其他城市，但其凭借着博彩业和旅游业的独特优势，擦亮了自身的特色招牌。作为广东和港澳区域中的四大中心城市，香港、澳门、广州、深圳四市在 2020 年的地区生产总值占广东和港澳总量的 68%。其中，广州表现出了强劲的商贸活力，2020 年进出口总额达到 9 530.1 亿元，出口同比增长 3.2%，2020 年广州港完成货物吞吐量为 6.36 亿吨，位居世界港口第四位；而深圳的科技创新能力依旧领先，国际专利申请量占全国总量的 30.6%，连续 16 年居全国首位。

2. 产业成就方面

广东和港澳城市实力在全国处于领先地位，各类产业发展前景广阔。在 2020 年中国城市发展指数 TOP20 榜单中，深圳、广州的得分位居全国前列，分别排名第二位和第四位，其先进制造业总分分别为 80.4 和 78.4，佛山、东莞也跻身榜单，分别排名第十六位和第十八位，反映出广东和港澳区域内城市在先进制造业领域的强大竞争力。此外，各市拥有的比较优势驱动产业发展，香港、澳门两地服务业的引领作用明显，广州、深圳比翼双飞带动新兴产业联动发展，佛山、东莞等七市的先进制造业发展动能强劲，广东和港澳已初步形成以战略性新兴产业为先导、先进制造业和现代服务业为主体的产业结构。在“双循环”新格局的推动下，广东和港澳将迎来产业数字化智能化转型提速和新兴产业布局扩张的重大机遇。汽车制造、消费电子产品制造、高端医疗等产业将实现从价值链低端向高端转型；如广汽新能源汽车、美的智慧家居等具有高科技含量的产品将为广东和港澳扩大内需提供物质基础。高端芯片制造、机器人及自动化、先进装备制造等产业将获得更大推力；如粤芯芯片、美的库卡工业机器人等产品将真正为社会生产方式带来升级迭代，进一步提高广东和港澳内部各类要素的生产效率。

3. 科技创新成就方面

广东和港澳区域内各城市基于各自优势，取长补短，大湾区基础研究和原始创新能力显著增强，在科技创新领域形成了完整的产业链。广东和港澳正构建以极点带动、轴带支撑的空间形态布局。极点带动，即香港、广州、深圳强强联合，发挥推动区域发展的核心引擎作用，通过深化合作提升整体实力和全球影响力；轴带支撑则是依托高速公路、高速铁路、城际铁路等为主体的快速交通网络，增强区域经济发展轴带上各城市间的联动性，形成主要城市间高效连接的网络化空间格局。具体而言，这条轴带有效串连极点间的重要节点城市，并促成东西两环的形成，即广深科技创新走廊和珠西先进装备制造产业带，其科技与制造特点也顺应各城市的产业优势，有利于打造梯度发展、优势互补的产业协作体系。例如，香港是享誉全球的国际金融中心、国际航运中心，拥有强大的科研团队；惠州推出“制造业十条”，助力高质量发展；东莞把科技创新、智能制造打造为新的城市名片等。同时，广东和港澳正形成强大磁吸效应，大数据、云计算等数字经济技术正广泛应用于各行各业，战略性新兴产业蓬勃发展；一批批高素质人才、研发平台、产业化基地在这里形成聚合效应，大湾区科技创新活力尽显。深港河套、珠海横琴“两点”，广深港、广珠澳科技创新走廊“两廊”，大湾区国际科技创新中心的空间布局逐渐成形。

二、广东和港澳产业协同发展存在的问题

湾区内“9+2”城市由于受经济基础、创新环境及科技投入经费差异等因素影响，产业集群多样化、多功能化的现象凸显。由于“9+2”城市是以“一国两制”为基础，受地方政府政绩的非共用性和排他性影响，城市间的产业合作缺乏统一的引领和指导；同时，面临的政策环境也较为复杂，多中心的区域分散了制度的集聚度，物理空间上的分离也对区域产业协调、新兴战略产业集群的发展带来不利影响。同时，湾区内各城市在产

业创新体系建设、人才储备建设、基础设施建设及生态文明建设等方面也存在着较大的发展差距，区内产业同质化现象严重、各城市间基础配套设施未完善、劳动力质量尚未能满足经济发展、环境污染及过度开发造成的资源浪费等问题凸显。

第一，广东和港澳产业发展的重复性与不均衡性。区内产业层次结构在政策指导下有所提升，但也出现了较为集中的区域产业同构情况，湾区内各城市的产业布局存在重复性。基于广东和港澳三地在经济模式、法律体系、税制管理及资源禀赋等诸多方面的差异化，较难实现资源要素的交互流动、产业结构的有机对接，导致广东和港澳同质化现象突出。例如：香港、广州、深圳致力于金融产业；湾区内已建立 7 个港口，港口产能相对过剩，同质化产业结构将产生产业竞争的局面，阻碍粤港澳大湾区经济、产业协同发展的愿景。同时，区内粤区域的 9 城间产业结构及经济发展也存在明显的不均衡性，尤其广州、深圳两地第三产业比重占珠三角地区六成以上，珠海和东莞其次，主要发展二、三产业，其他 5 城主要依靠制造业及农业带动，而制造业及农业的产品附加值相对较低。而香港产业发展比较极端，金融业、旅游业及物流业等高增值低就业型或低增值高就业型产业较为发达，相对缺少研发、制造等中间产业；澳门区域产业的明显特征为单一，博彩业十分发达而缺乏其他产业配比。同时，近些年来，珠三角城市与香港澳门的经济贸易关系也发生着深刻变化，传统的“前店后厂”产业发展模式已经无法适应时代的演变，探索新型产业发展模式成为各城市经济增长的关键。当前，广东与香港、澳门城市间产业分工协作关系日渐低迷，经贸关系从良好的产业互补向恶性竞争转变。郦频纶等认为广东和港澳三地在产业发展中同质化现象凸显，这促使广东和港澳三地合作出现裂缝，区域经济一体化进程减缓，港澳企业也逐渐丧失海外接单、内地生产的搭配优势。实际上，珠三角各城市与香港、澳门之间具有较强的互补性及存在着共同的产业需求，具有较大的发展空间。囿于香港、澳门在土地、劳动力等资源方面的不足，尽管拥有世界级一流水平的现代管理及服务优势，香港及澳门仍缺乏与科研成果配套的产业协同平台，亟需拓展更为广阔的发展空间。因此，如何破解广东和港澳三地产业同质化现象，从而建立全新的产业协作联系，是广东和港澳三地存在的关键问题。

第二，从政府的角度来看，由于广东和港澳在“一国两制”框架下，立法差异带来的制约影响较大，各城市限于自身管辖权限和职责，只能在所辖范围内推动产业协同发展，各城市之间的资源流通、协同应用缺乏相关机制和平台。港澳回归之后三地虽然成为国内关系，但由于管理体制的不同仍然存在明显政治、经济及法制壁垒，当然具有“一国两制、三独立关税区、多经济圈”的明显特性，香港、澳门分别具有相对独立的自治权和立法权，在此背景下三地各自已经长期遵行普遍适用于自身区域特点的地方性法规及行政规章，形成区内三种独立法律体系的局面，在如此多元体系区域间建立深度合作必然产生法律及利益冲突，例如，当中国大陆实施保税港政策及起运港退税政策，必然会降低香港原有的税收优势，导致内地港口出口量上升而香港港口出口需求下降，从而制约香港航运产业的发展。因此，政策、立法差异引起的利益冲突很有可能使湾区内经济、产业的发展陷入瓶颈，只有法制口径趋于一体化才能为区域经济稳健、协同的发展提供基本保障。加之，广东和港澳内部城市间的技术创新技术、创新成果转化尚未完全流通，产业创新主体沟通交流受阻，重要生产要素如信息、资源、人才及资金等的流动利用尚未实现湾区总体经济效益最大化。黎友焕等认为有序的市场竞争和弥补市场失灵是政府参与协同的主要目的，但囿于体制关系，湾区内尚未形成较好的政府合作机制。

第三，从企业的角度来看，江门、肇庆、中山及惠州等地从事电子信息技术、高端制造的企业数量较少、规模较小；在轻纺工业等低附加值产业上，企业经营规模较大，效益较低；而广州、深圳、佛山、东莞等地企业在生化科技等方面发展基础较好；同时，香港、澳门主要发展第三产业，金融、通信、旅游连带科技等产业发展势头迅猛，并成为两地经济增长的重要支柱。加之，近年来，广东和港澳区内的新生产力独角兽企业（即成立时间低于10年，市场估值超过10亿美元的未上市科技创业公司）逐年增多，企业科创实力不断提高，产业效益显著提升。因此，湾区内各城市正在逐渐形成良性互动的有机协同系统。但由于受广东、香港、澳门三地分属于三个独立关税区的客观条件限制，难以实现大湾区包括物、料、人、信息等各项生产要素的完全自由流通。由于独立关税区的限制所产生的边界效应问题对区内经济发展及产业协同产生不可忽视的影响，直接导致三地城市配套、制度衔接等领域对接产成岔口，使湾区要素跨境流动产生“玻璃门”“弹簧门”等问题，制约其产业和经济的协同发展。除此之外，微观视角下湾区 11 城也各属自己的行政区，每个行政区都对本区域经济及产业发展进行部署规划，形成适宜于自身特点的配套及制度，对湾区整体合作发展就会产生另一层次的行政壁垒，导致资源配置的宏观有效性降低，影响发展环境的自由性，进而市场机制难以发挥其自动调节机制，此一系列问题都对生产要素的自由流通产生负向影响。

第四，从学研角度来看，《粤港澳大湾区协同创新发展报告（2020）》显示，2019 年区内发明专利总量高达 128 万件，是旧金山湾区的将近 6 倍。但也应清楚认识到，区内高校对人才在技术创新及产业升级等方面保障能力不强，无法实现金融与科技有效衔接，对实体经济发展支撑有限。尽管广东和港澳各地不乏高水平大学、科研机构及科技创新人才，但创新要素较为分散，集聚程度较低，特别处在“一国两制”下的高校与科研机构大多是“各自为政”，缺乏统筹规划和制度激励。广东和港澳拥有众多高等学府，其中有不少在国内乃至国际上都属于高水平大学，高层次人才也不少，在校大学生人数近 200 万。广州和香港是教育资源最集中的两座城市，但高校培养人才的能力较低，科研成果转化能力不强。在当前欧美等发达国家大力推动新技术、新材料及新能源等战略性新兴产业的冲击下，集中在高端研发产业的高素质、高水平的专业型人才队伍建设阻力重重，人才供给与需求出现严重失衡现象。

第六节　广东和港澳产业协同发展建议

第一，突破同质竞争，建立企业之间产业链、价值链和贸易链的产业耦合机制，即产业经济系统内部的产业链、价值链和贸易链等各子系统通过互补耦合成一个整体，从而提升整个产业竞争力。向晓梅等指出，广东和港澳产业协同发展主要基于“国际国内双循环”的发展格局，依靠产业链融合及产业分工耦合机制、培育产业新业态及三地产业协同创新研发机制，充分发挥科技创新、产业融合等比较竞争优势，进而实现地区经济效益最大化，达到广东和港澳三地互利共赢的目标。当前，广东和港澳在产业协同合作的雏形已经初步形成，正处于区域经济发展一体化的重要转型期，并沿着横向协同、纵深融合的发展路径前进。然而，由于广东和港澳内主要实施以“一国两制”“三种关税制度”及“三种法律制度”的行政管理体系，为广东和港澳产业全面协同发展带来较大的阻碍。同时，广东和港澳三地之间的文化都源自于岭南文化，文化认同感较强，但三地的文化差异较为突出，在税收政策及法律体系方面存在较大悬殊，如何进一步打通广东和港澳的行政壁垒成为三地产业协同发展的重要课题。加之，广东和港澳三地之间的产业协同主要以政府导向为主、企业配合为辅的指导型产业合作机制，缺乏以企业为主导的主动型产业合作机制；三地之间的产业协同多以广东—香港、广东—澳门为主的单线性双链条产业合作模式，产业链条发展尚未实现区域经济最优化，缺乏协调三地共同融合发展的产业协同生态系统。因此，广东和港澳产业协同创新，迫切需要突破行政区域边界，建立起复杂多样的协作分工体系，避免同质竞争，形成企业间产业链、价值链和贸易链的耦合，使城市群内产业的协同发展空间不断拓展。在产业链、价值链及贸易链的多链共振影响下，广东和港澳将日益形成一个关联度相对较高的有机经济体，并逐步构建广东和港澳科技产业带及科技创新走廊。

在当前广东和港澳三地体制机制制约下，积极推进广东和港澳建设世界级科技创新中心，完善以自主创新为主导、多创新主体协同研发为辅助的创新模式，主动融入全球产业链、价值链、企业链及创新链，充分利用多链联动的叠加效应，突破广东和港澳三地产业合作创新碎片化及信息、资源、创新要素孤岛化导致的“断链、弱链”窘境，推动实现区域经济高质量发展及产业转型升级，使广东和港澳在全球产业链、贸易链等多链竞争中更具优势。同时，广东还有必要以深圳、广州、珠海为推进前沿节点，打造深港、广佛和珠澳三大科技创新及产业中心，打破湾区内各城市产业交流合作、创新资源要素流动、创新人才建设等制度性壁垒，促进广东与香港、澳门的协同创新发展，建设一个层次更立体、涵盖产业链、贸易链、企业链等多链融合的科技型大湾区。

第二，明确广东和港澳各城市之间的产业布局与城市功能定位，珠三角地区和香港、澳门共同打造双向并济的多元化产业布局。坚持在国家政策指导下，积极促进和香港、澳门产业资源要素的融合与对接，共同建立大湾区产业协同合作机制，探索突破创新要素跨境流动的限制，发挥大湾区资源禀赋优势，构建更具有竞争力的产业协同发展共同体。一是通过将粤港澳大湾区内低附加值产业向周边泛珠三角经济体等转移，引进新能源新材料、生物制药、人工智能等高新技术产，进而实现区域经济效益最大化及保障区域内产业链条完整。结合上文实证结果，鼓励广州、深圳、东莞等核心城市布局生物制药、人工智能、高端装备制造等新兴产业，培育经济新业态；肇庆、江门、惠州等城市继续保持传统优势产业发展，同时加强与湾区核心城市的产业联系，承接核心城市产业转移，为产业转型升级赋能。二是加强与香港、澳门的现代化服务业合作，广东可以通过借鉴香港、澳门在金融业、旅游业等经验，进一步优化提升第三产业发展效益；同时，强化第二产业与第三产业的经济联系，加快生产性服务产业发展，形成产业联合效应，建立先进制造业与现代服务业联动的产业集群示范区。三是根据《粤港澳大湾区发展规划纲要》的城市功能定位及发展要求，构建核心城市与重要节点城市三大产业联动空间格局，推动深莞惠、广佛肇等经济合作区建设，实现多个经济体协同发展；同时，湾区内重要节点城市通过强化与核心城市的产业互动合作，充分利用自身产业优势，借助湾区内核心城市产业辐射影响，合理布局政产学研产业生态子系统，促进传统制造业转型升级，提升广东和港澳城市群发展质量。

第三，全方位、宽领域发展战略性新兴产业，以解决广东和港澳产业同质化严重的问题。随着工业化进程的加速和城市功能的完善，大湾区的产业结构将会趋向合理，但产业发展是一个循序渐进的过程，不可能一蹴而就。因此，广东和港澳三地需要全方位地发展战略性新兴产业，紧紧围绕新兴产业的战略需求，推动大湾区内传统制造业转型升级，由低附加值、处于制造业中低级阶段逐步过渡到高附加值、处于先进制造业中高阶段，培育优势互补、利益共享的新兴产业链，协同共建战略新兴产业示范区，建成广东和港澳战略新兴产业集群。同时，借助世界正在掀起新一轮颠覆性技术爆发性发展态势，谋求新的发展契机，培育一批具有自主创新能力的成长型企业，突破湾区内资源、信息、人才等行政性障碍，加速高新技术产业集群，形成有序、高效流动的政产学研产业生态系统，加快从全球产业链中低端迈向中高端进程。一是在新一轮技术革命和产业革命的时代背景下，融合“互联网+”、物联网、区块链、数字经济等技术优势，完善湾区内产业基础配套设施，加强湾区内创新人才队伍建设，提高劳动力素质，为大湾区进一步发展提供源动力。二是通过加大对重点产业、重点企业及成长型企业等产业主体的政策扶持力度，积极引进重点产业的龙头企业，推动高新技术产业、现代服务业等产业项目落地，搭建政产学研创新交流平台，以重点产业集群为先导区，辐射带动周边产业发展。例如，广州、深圳等核心城市发挥产业优势，借助大数据、物联网、区块链、人工智能等新技术，在肇庆、江门、中山等设立研发基地及生产基地，带动肇庆、江门等重要节点城市发展高新技术产业、先进制造业等战略性新兴产业。三是充分发挥广州、深圳、香港及澳门等现代服务业优势，鼓励社会资本投入湾区内战略新兴产业项目建设，放宽社会资本投资准入门槛；同时，依托广州、深圳、香港日益强大的科技创新能力、充足的资金资源等，进一步发挥东莞、中山、惠州等制造业强区优势，推动广东和港澳高新技术产业、先进制造业等跨地区跨链条协同合作，聚焦湾区重要产业、延长产业链条，在“弱链、断链”的环节上加强产业链上中下游配合，提高产业链条韧性及黏度，促进湾区产业链条完整，以高技术创新驱动先进制造业、现代服务业发展。四是借助广州、深圳、香港及澳门在第三产业中的发展经验，围绕新消费、新技术、新需求等时代变化，依托广东和港澳庞大的消费市场，融合大数据、人工智能、“互联网+”、物联网、区块链等新兴技术，推动湾区内现代服务业智能化，以新兴技术为媒介，培育现代服务业新业态，为广东和港澳经济增长注入新的动力。

第四，充分利用国内及国际市场两种市场资源，加强湾区内产业合作交流。在新一轮技术革命与产业变革的深刻影响下，经济全球化的深入发展不断推动着全球产业链的重构，国际市场竞争进一步加剧，良好的产业合作交流已成为区域经济发展的关键。因此，广东和港澳三地应着力创造更多的城市间产业协同交流机会。比如，开展各类贸易展会、构建大湾区产业协同发展平台等；鼓励广东和港澳三地学者围绕湾区产业话题交流合作；鼓励湾区内企业主体在产业协同、信息交换、资源互动、人才建设等方面大胆探索；推进湾区内经济合作区建设及构建产业协同生态生态系统，以点带面，全面深化合作。同时，为应对全球产业链重构的新趋势，大湾区应充分运用国内和国外两个市场、两种资源，鼓励重点企业、新兴企业等在传统优势领域、战略性新兴领域布局产业协同生态体系，主动融入全球产业链重构下的产业合作分工，合理分配利用创新资源、创新要素，开展跨地区跨产业的科技创新研发，提高湾区自主创新能力，以更好地利用国内及国际资源和市场，为广东和港澳成为国际一流湾区奠定基础。加之，强化与其他地区（长三角、京津冀等经济体）的产业合作，充分挖掘和发挥港澳地区国际人才、国际资金、国际平台和国际规制等“国际化资源”，推动广东和港澳更好地走向全世界的广阔市场。再者，通过搭乘“一带一路”“国际国内双循环”等重要机遇，建立广东和港澳产业协同创新生态系统，提高湾区科技研发及产业创新能力，充分利用产业协同创新生态系统衍生的内化效应及外溢效应，促进湾区内产业协同优势互补，实现湾区内城市产业高效高质量转型升级，从而提升湾区城市群在全球竞争中的发展优势。

本章参考文献

[1] 哈肯．协同学——大自然构成的奥秘［M］．凌复华译，上海：上海译文出版社，2001.

[2] Corning P. A. The synergismphypo thesis：on the concept of synergyandits role in the evolution of complex systems ［J］. Journal of Social and Evolutionary Systems，1993，21（2）：133－172.

[3] G. Ellison&E. L. Glaeser. Geographic Concentrationin U. S. Manufacturing Industries：A Dartboard Approach ［J］. Journal of Political Economy，1997，105（5）：889－927.

[4] Lewis W. A.. Econmic Development with unlimited supply of labor，The Manchester School of Economic and social studies，1954（47）.

[5] Mowery Y. D. The influence of market demand upon innovation ［J］. Research Policy，1979，8：102－153.

[6] Heriberto，Christopher Wpawlowski，Audreyl Mayer，et al. Simulated experiments with complex sustainable systems：e-cology and technology ［J］. Resources，Conservation and Recycling，2005，44：279－291.

[7] Bernhard Dachs，Bettina Peters. Innovation，employment growth，and foreign ownership of firms：A European perspective ［J］. Research Policy，2014，43（1）：214－232.

[8] 王兴明．产业发展的协同体系分析——基于集成的观点［J］．经济体制改革，2013（5）：102－105.

[9] 杨灿，郑正喜．产业关联效应测度理论辨析 [J]．统计研究，2014，31 (12)：11－19.

[10] 潘文卿，李子奈．中国沿海与内陆间经济影响的反馈与溢出效应 [J]．经济研究，2007 (05)：68－77.

[11] 武玉英，魏国丹，何喜君．京津冀高技术制造业与要素协同度测度及实证研究 [J]．软科学，2016 (5)：21－25.

[12] 郑正喜．开放经济下的产业关联效应测度——基于非竞争型和区域间产业关联理论的改进认识 [J]．统计研究，2015，32 (08)：27－36.

[13] 喻登科，涂国平，陈华．战略性新兴产业集群协同发展的路径与模式研究 [J]．科学学与科学技术管理，2012 (4)：114－120.

[14] 邴绀纶，毛艳华．港澳台与广东省地缘经济关系匹配研究 [J]．现代管理科学，2017 (4)：27－29.

[15] 陈燕，林仲豪．粤港澳大湾区城市间产业协同的灰色关联分析与协调机制创新 [J]．广东财经大学学报，2018，33 (04)：89－97.

[16] 张震．粤港澳大湾区产业结构变迁对经济协调发展的影响 [J]．科技进步与对策，2019，36 (07)：48－55.

[17] 展金泳，张海荣，李浩．粤港澳区域经济协调发展的时间演变与空间分布研究 [J]．城市发展研究，2016，23 (08)：22－25.

[18] 周四清，庞程．产业集聚及协调发展对区域科技创新水平的影响——基于粤港澳大湾区制造业、金融业、教育的实证研究 [J]．科技管理研究，2019，39 (19)：104－114.

[19] 邓江年．广东产业升级的创新驱动路径研究 [J]．南方经济，2016 (6)：114－120.

[20] 黎友焕．粤港澳大湾区未来展望 [J]．科技与金融，2020 (12)：28－32.

[21] 黎友焕，吴锦梅．协同创新文献综述 [J]．西安电子科技大学学报（社会科学版），2019，29 (04)：1－7.

[22] 黎友焕．推动粤港澳大湾区科技协同创新发展 [J]．经济，2021 (08)：46－49.

第二章 “广东制造”的行业结构和竞争力

本章基于全国和广东省2013—2019年国内生产总值和制造业数据，使用动态偏离—份额分析法研究广东省制造业产业结构和竞争力演变，并提出政策建议。结果显示，广东省制造业产业结构总体合理，技术密集型制造业占比较高，但制造业整体竞争力受到制约，存在“大而不强”短板，缺少具有稳定竞争力的细分行业，需要寻找新的增长点。

第一节 广东省制造业发展概况

制造业做实做强做优是实体经济发展的关键，是国家经济命脉所系。广东以制造业立省，历经改革开放以来的高速发展，行业门类基本实现覆盖，产业规模持续扩大，质量效益稳步提升，发展水平位居全国前列，但仍存在制约制造业进一步发展的瓶颈问题，核心技术“卡脖子”难题长期存在。

一、广东省制造业发展历程

改革开放四十多年来，大潮起珠江。广东省作为改革开放的前沿阵地，制造业发展始终走在全国前列，并积极融入全球经济一体化浪潮中，为中国经济腾飞、世界经济发展做出了卓越的贡献。

改革开放初期，广东省获批建立深圳、珠海经济特区，进行工业企业扩权试点，制造业发展焕发活力。受益于毗邻港澳台的区位优势、侨乡的文化底蕴，广东省制造业在起步阶段大量承接来自亚州发达经济体等的产业转移，实现制造业基础从无到有的快速发展。通过加工制造进口替代产品，民营经济活跃，广东省制造业以产业链低端位置起步，实际利用外资总量和出口贸易额逐步提高。广东省具有相对廉价的劳动力、原料、土地成本优势，庞大的制造业资源快速聚集，使纺织、食品和小家电为代表的轻工业、劳动密集型制造业获得历史性的发展窗口。在珠三角地区与港澳台地区的经贸合作中，创造和发展出地域分工模式“前店后厂”、企业贸易模式“三来一补”等新业态。

20 世纪 90 年代，伴随外资进入广东省投资建厂，大批境外成熟的技术和设备得以引入广东省，基础设施建设持续改善投资环境，同时乡镇企业数量剧增。广东省试行现代企业制度，组建工业企业集团，推动制造业高速发展。90 年代中期，约 80% 的香港企业在珠三角地区设厂，其中钟表业和玩具业企业比例达 90%，电子业约 85%，塑胶业约 80%（许学强和李郇，2009）。制造业在生产日用生活消费品产业之外，伴随 80、90 年代以电子信息产业为代表的高新技术产业发展，我国台湾、日本等国家及地区的电子信息产业向广东省转移开厂，建立外向型的产业加工和制造基地，广东省企业由此切入世界电子信息制造业产业链，经济效益大幅提升，工业化进程加快。

2001 年中国加入 WTO，广东省制造业深入参与国际分工，得到更多机会。21 世纪初，广东省制造业产业结构由轻型化转变为适度重工业化，伴随制造业产值持续扩大，产业链逐步向高层次上移，高新技术产业规模进一步提高，通信设备、电气机械、化学制品、交通运输设备等相关行业占据主导位置。在这一阶段产业园区等配套逐步完善，技术创新平台化。但另一方面，制造业外贸依存度仍然高企，2008 年前后的国际金融危机对于广东省制造业产生深远影响，外贸出口下降对制造业发展造成巨大冲击，行业重新洗牌。

2008 年起，广东省先后启动“双转移”“双提升”和“腾笼换鸟”等战略，为制造业重点发展高端产业调整空间，优化制造业产业结构的力度加强，叠加广东省劳动力和土地成本等优势逐步消失，部分劳动密集型产业由珠三角地区迁往粤东、粤西和北部山区，同时有部分劳动密集型制造业企业迁往东南亚为主的地区。与劳动密集型产业变迁相对应的是制造业整体的技术水平在大幅度提高，近年来电子信息、汽车、家电等产业发展出万亿的产业集群，涌现出华为、欧加、比亚迪、美的、格力、TCL、立讯精密等一批具有雄厚技术积累和国际化品牌竞争力的企业，制造业的技术水平发展较快，高端制造以创新突围。

二、广东省制造业发展现状

以2005年为基期计算广东省GDP平减指数，对广东省历年GDP和制造业增加值进行平减处理消除价格影响，确保数据的可比性。如图2-1所示，近年来广东省制造业增加值增长稳定，维持正增速，但增速总体呈下降趋势，2008年国际金融危机造成的外需整体性下滑制约广东省制造业进入10%以下的低增速周期内波动。结合GDP增速可以看出，2005—2012年制造业增速逐渐由大幅度高于GDP增速逐渐向其接近，2012年起两者基本重合，2015年至2019年均略低于GDP增速体现出广东省制造业对于整体经济的拉动作用逐步下滑。在制造业占GDP比重方面，长期看广东省制造业在经济活动中具有举足轻重的地位。与增速变动相对应，自2012年前后为转折点，在2012年之前制造业占比逐步提高，2012之后占比基本稳定在40%至45%之间，近年来占比略有所下降。

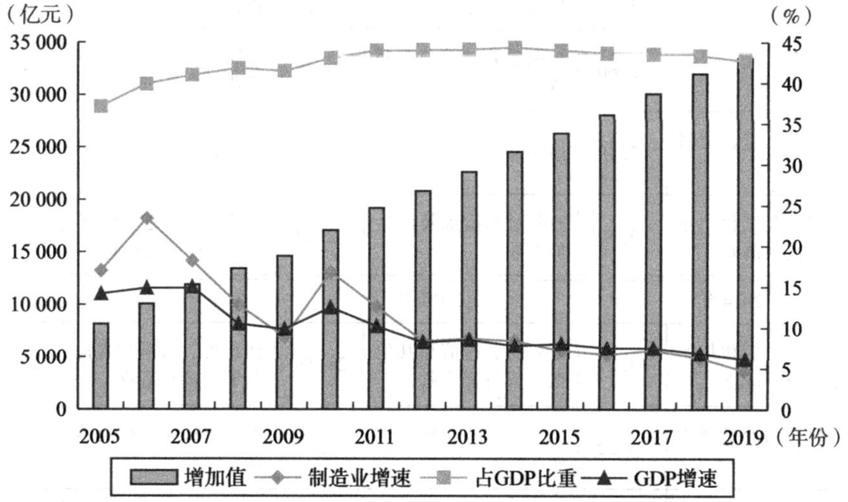

图2-1 2005—2019年广东省制造业发展趋势

数据来源：广东省统计年鉴。

从广东省主要产业变迁情况看，如表2-1所示，计算机、通信和其他电子设备制造业始终占据主导地位，占比稳定在20%至30%，近年来有提高趋势。电气机械及器材制造业历年占比均位居第二，稳定高于10%。化学原料及化学制品制造业在近年占比略有下降，汽车制造业存在显著的上升趋势，并在近年来占比提高至第三。

表2-1　　广东省制造业主要产业占比　　单位：%

2005年		2008年		2011年	
通信设备、计算机及其他电子设备制造业	25.69	通信设备、计算机及其他电子	21.29	通信设备、计算机及其他电子	21.68
电气机械及器材制造业	11.79	电气机械及器材制造业	12.38	电气机械及器材制造业	10.51
化学原料及化学制品制造业	6.44	化学原料及化学制品制造业	7.31	交通运输设备制造业	7.45
交通运输设备制造业	5.33	交通运输设备制造业	6.47	化学原料及化学制品制造业	6.90
金属制品业	4.52	金属制品业	5.38	金属制品业	5.13
非金属矿物制品业	3.78	非金属矿物制品业	4.50	非金属矿物制品业	4.12
塑料制品业	3.66	塑料制品业	4.23	塑料制品业	4.00
纺织业	3.60	纺织服装、鞋、帽制造业	3.46	纺织服装、鞋、帽制造业	3.51
纺织服装、鞋、帽制造业	3.19	纺织业	3.12	纺织业	3.37
仪器仪表及文化、办公用机械制造业	2.52	有色金属冶炼及压延加工业	2.83	皮革、毛皮、羽毛（绒）及其制品业	2.48
2014年		**2017年**		**2019年**	
计算机、通信和其他电子设备制造业	24.24	计算机、通信和其他电子设备制造业	28.18	计算机、通信和其他电子设备制造业	29.24
电气机械和器材制造业	10.22	电气机械和器材制造业	10.30	电气机械和器材制造业	11.42
化学原料和化学制品制造业	5.58	汽车制造业	6.16	汽车制造业	6.20

续表

2014 年		2017 年		2019 年	
汽车制造业	5.39	金属制品业	4.77	非金属矿物制品业	4.77
金属制品业	4.92	非金属矿物制品业	4.15	金属制品业	4.67
非金属矿物制品业	4.79	化学原料和化学制品制造业	4.14	橡胶和塑料制品业	4.27
橡胶和塑料制品业	4.23	橡胶和塑料制品业	4.12	专用设备制造业	3.76
纺织服装、服饰业	4.10	石油加工、炼焦和核燃料加工业	3.52	化学原料和化学制品制造业	3.72
石油加工、炼焦和核燃料加工业	3.17	纺织服装、服饰业	3.33	通用设备制造业	3.28
通用设备制造业	3.00	专用设备制造业	3.17	纺织服装、服饰业	2.63

数据来源：广东省统计年鉴。

在企业规模方面，如表 2－2 所示，广东省制造业企业整体规模较小。以 500 强企业为例，广东省制造业 500 强企业符合 80/20 原则，超过 80% 的 500 强企业年度营收规模低于 50 亿元，而企业数量占比低于 20% 的企业占据整体近 80% 的营业收入。小规模制造业企业存在向中端营收区间迈进的趋势，营收 10 亿元以下企业数量近年来显著下降，营收 50 亿～100 亿元企业数量大幅提高。

表 2－2　广东制造业 500 强企业营业收入分布　单位：家

营业收入区间	企业数量							
	2013 年	2014 年	2015 年	2016 年	2017 年	2018 年	2019 年	2020 年
1 000 亿元及以上	5	5	5	6	8	9	9	7
500 亿～1 000 亿元	9	8	8	3	2	2	3	9
100 亿～500 亿元	17	18	18	27	24	45	44	47
50 亿～100 亿元	21	27	27	24	37	43	43	52
10 亿～50 亿元	170	176	176	190	179	229	195	176
10 亿元以下	278	268	268	250	250	172	206	209

数据来源：广东省制造业协会、广东省发展和改革研究院。

在城市分布方面，如表2－3所示，2020年广东省制造业100强企业及500强企业主要分布于珠三角地区，占比超过90%，来自深圳、广州、佛山和东莞的企业两项指标占比均超过65%，而珠海、惠州、中山、江门、清远、河源六市入围制造业企业数量介于10～50家之间，汕头、肇庆、茂名等市入围企业数量均少于10家，城市分布呈现出明显的梯次结构，地区间差异较大，发展不均衡。

表2－3　　2020年广东省制造业企业100强企业城市分布

城市	100强企业数量（家）
深圳	45
广州	16
佛山	11
中山	6
东莞	5
珠海	4
惠州	3
江门	3
韶关	2
肇庆	2
汕尾	1
梅州	1
汕头	1

数据来源：广东省制造业协会、广东省发展和改革研究院。

在研发投入方面，如图2－2、图2－3所示，研究与试验发展（R&D）经费投入是提高技术核心竞争力的关键，高建（1998）、赵曙东（1999）等学者将技术创新发展过程划分为三个阶段：使用技术阶段、改进技术阶段和创造技术阶段，区分标志为R&D经费投入强度为1%以下、1%～2%区间和超过2%。广东省R&D经费投入持续保持高增长，增速在2006—2011年接近30%，近年来增速有所回落。经费投入强度在21世纪初期水平较低，2006年起保持增长趋势，2011年起由改进技术阶段进入创造技术阶段，近年来水平与美国、德国和日本等发达国家接近，但仍有提高空间。

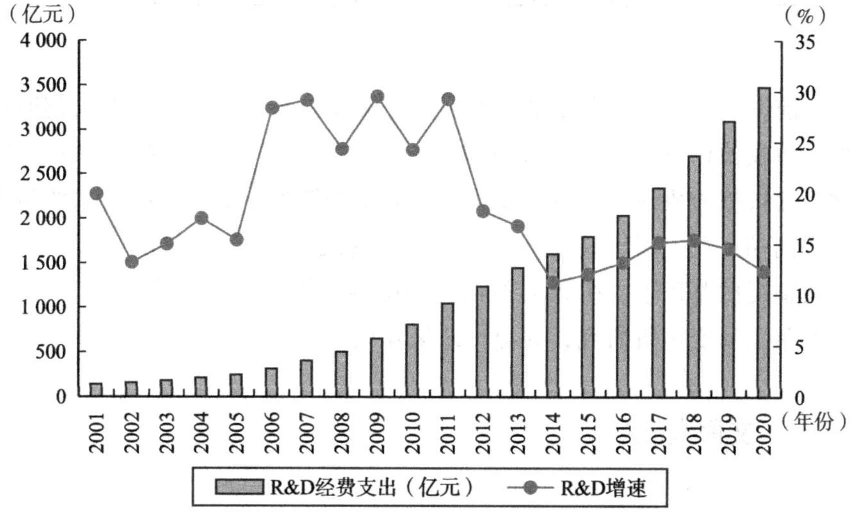

图 2－2　2001—2020 年广东省 R&D 经费情况

数据来源：广东省统计局。

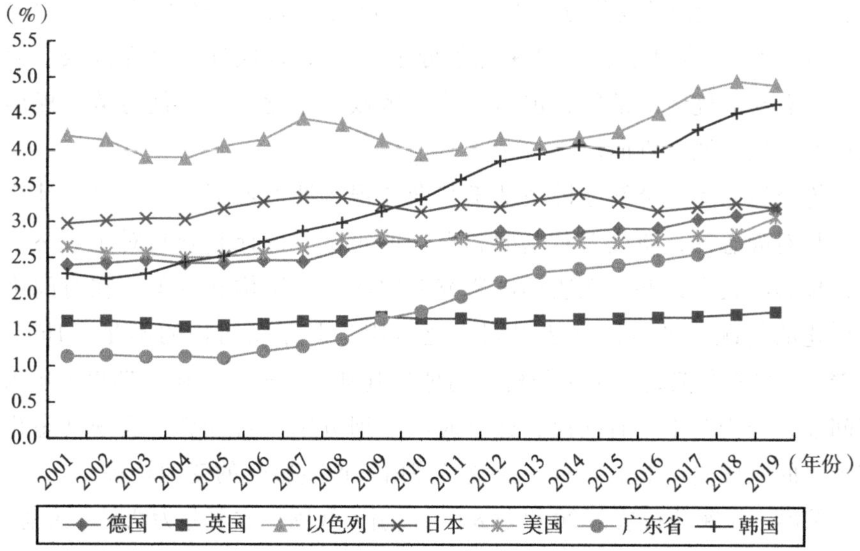

图 2－3　2001—2020 年广东省 R&D 经费情况

数据来源：OECD、世界银行、中国国家统计局。

第二节 广东制造业行业结构和竞争力实证分析

目前，广东省制造业正处于发展方式转变、新旧动能转化的关键时期，叠加新冠疫情以及国际经贸形势冲击，面对复杂多变的国内外形势和环境变化，化挑战为机遇需要进一步深化产业结构调整，提高核心技术竞争力，迈向中高端产业发展，打造广东智造是破局之重。本节在分析广东省制造业发展情况的基础上，引入动态偏离—份额分析法对广东省制造业产业结构和竞争力演变进行研究，并提出政策建议。

一、文献综述

传统的偏离—份额分析法（Shift - Share Analysis），最初由学者 Daniel（1942）和 Creamer（1943）提出，后经逐步完善，已成为区域经济结构分析的经典模型。该模型以研究区域的上级区域作为参考区域，将研究区域经济总量在观察期内的变化分解为三个因素分析：区域经济总变化量（G）= 预期分量（N）+ 结构分量（P）+ 竞争分量（D），以此确定研究区域产业结构中具有相对优势的部门，进而评价该区域产业竞争力的优劣势，提出未来产业结构的调整方向。

传统的偏离—份额分析法基于基期和报告期的数据进行计算，计算过程是相对静态的，研究者对基期和报告期年份的选择和判断对于最终的研究结果影响较大，并且无法得出研究期内的产业结构和竞争力在时间维度下变化的情况，虽然该方法得到广泛应用，但存在明显的不足。Thirlwall（1967）在静态偏离—份额分析法的理论基础上，通过将研究期以 1 年为时间间隔划分为若干个时间段，建立时间序列分别进行计算，实现动态化研究各时间分段内产业部门对于区域经济增长产生影响的变动趋势。

偏离—份额分析法自 20 世纪 80 年代引入我国，主要分为两种研究思路：（1）以单一省份为研究对象，分析其特定产业的结构和竞争力优劣势。（2）选取具有可比性的重点省份做比较研究。目前，针对广东省的产业研究，特别是关于广东省制造业的相关研究较少。李岩（2009）运用动态偏离—份额法，主要根据结构分量数据，对2000—2007年广东省制造业产业结构升级进行动态分析，并提出存在的问题和升级路径。胡彬等（2009）运用静态偏离—份额法对长三角地区和珠三角地区（采用广东省全省数据代替）2000—2006年的制造业发展状况进行对比，得出两者在电子通信制造业均具有结构和竞争优势，但长三角存在结构偏差，而珠三角竞争优势正在丧失，需提高技术层次和劳动效率寻求转型。刘钧炎等（2013）选用2001—2010年数据，考察广东省九大产业的区域竞争力，分别对传统产业、新兴产业和潜力产业提出政策建议。佟金萍等（2015）选择2005—2011年江苏、山东和广东三省制造业数据，对比得出江苏省、山东省具有后发优势，赶超广东省，广东省虽然产业基础突出，但结构和竞争力在三省中为最弱者。

二、研究方法

动态偏离—份额分析法具有较强的准确性和实效性，本书采用该模型进行分析。

假设研究时间范围为［1，T］，以t表示时间分段，t=1，2，…，T。

设共有I个产业部门，i=1，2，…，I。G和G_j分别对应参考区域、研究区域j的经济规模总变化量，G_i和G_{ij}分别对应参考区域、研究区域j第i个产业的经济规模变化量。

设R^t代表参考区域所有产业经济规模变化率，$R^t=\frac{G^t}{G^{t-1}}-1$；$R_i^t$代表参考区域第i个产业经济规模变化率，$R_i^t=\frac{G_i^t}{G_i^{t-1}}-\frac{G^t}{G^{t-1}}$；$R_{ij}^t$代表研究区域j第i个产业经济规模变化率，$R_{ij}^t=\frac{G_{ij}^t}{G_{ij}^{t-1}}-\frac{G_i^t}{G_i^{t-1}}$。

t期内研究区域第i个产业经济规模变化量为$\Delta G_{ij}^t=G_{ij}^t-G_{ij}^{t-1}$，进而可分解为（2-1）式。

$$\Delta G_{ij}^t=G_{ij}^{t-1}\cdot R^t+G_{ij}^{t-1}\cdot(R_i^t-R^t)+G_{ij}^{t-1}\cdot(R_{ij}^t-R_i^t) \qquad (2-1)$$

预期分量对应为$N_{ij}^t=G_{ij}^{t-1}\cdot R^t$，表示研究区域j的i产业按照参考区域全部产业生产总值的平均变化率在t期内应该达到的经济规模变化量。

结构分量对应为$P_{ij}^t=G_{ij}^{t-1}\cdot(R_i^t-R^t)$，表示参考区域的i产业在t期内

的发展对研究区域 j 的 i 产业的带动情况，反映产业结构对经济规模变动的贡献程度。若 $P_{ij}^t>0$ 且数值越大，则说明该产业对经济规模增长贡献度越高，具有产业结构优势；反之，则说明该产业结构较为落后，需要进行产业调整。

竞争分量对应为 $D_{ij}^t=G_{ij}^{t-1}\cdot(R_{ij}^t-R_i^t)$，表示研究区域 j 的 i 产业的变化速度与参考区域相应产业的差额，体现产业结构以外的其他因素，如营商环境、区域科技创新水平、企业经营管理水平等因素的影响程度；若 $D_{ij}^t>0$ 且数值越大，则反映该产业相对竞争力高于平均水平，具有竞争优势；反之，则说明该产业竞争力存在下降趋势。

将结构分量与竞争分量加和，即为偏离分量 $PD_{ij}^t=P_{ij}^t+D_{ij}^t$，衡量产业的综合竞争力，若 $PD_{ij}^t>0$ 且数值越大，则反映该产业发展水平力较好；反之，则说明该产业处于弱势地位。

将全部时间段的经济规模变化量汇总，即可得到研究区域 j 的 i 产业在时间范围［1，T］的经济规模总变化量为（2－2）式：

$$G_{ij}^T=N_{ij}^T+P_{ij}^T+D_{ij}^T=\sum_{t=1}^{T}N_{ij}^t+\sum_{t=1}^{T}P_{ij}^t+\sum_{t=1}^{T}D_{ij}^t=\sum_{t=1}^{T}\Delta G_{ij}^t \qquad (2-2)$$

三、数据来源与处理

本书采用的数据来源于《中国统计年鉴》《广东统计年鉴》和国家统计局统计公报。根据《国民经济行业分类》（GB/T 4754—2017）三次产业划分标准，制造业包括 31 个子行业。

依据产业对不同生产要素的依赖程度，将 31 个制造业子行业划分为三大类型，如表 2－4 所示。

考虑到《国民经济行业分类》在 2011 年和 2017 年进行过两次修订，经过对照比较，2012 年以前的部分工业行业范围进行了调整，为保证数据的完整性、可比性和可获得性，本书以 2013 年为基期，以 2019 年为终期，将全国和广东省规模以上制造业增加值数据分为 7 个时间分段。由于广东统计年鉴中增加值数据按当年价格计算，增速数据按可比价格计算，为剔除物价因素对数据准确性的影响，根据工业生产者出厂价格指数进行折算，以 2012 年为基期将后续年份增加值数据转换为可比价格，其中 2013 年、2014 年受限于国民经济行业分类调整涵盖范围存在差异，以及 2015 年部分行业数据缺失，使用当年行业总指数数据对上述年份数据进行替代，其他年份均使用分行业数据计算。

表 2－4　　制造业分类

劳动密集型	S1－农副食品加工业；S2－食品制造业；S3－酒、饮料和精制茶制造业；S4－纺织业；S5－纺织服装、服饰业；S6－皮革、毛皮、羽毛及其制品和制鞋业；S7－木材加工和木、竹、藤、棕、草制品业；S8－家具制造业；S9－造纸和纸制品业；S10－印刷和记录媒介复制业；S11－文教、工美、体育和娱乐用品制造业；S12－仪器仪表制造业；S13－其他制造业
资本密集型	S14－烟草制品业；S15－石油加工、炼焦和核燃料加工业；S16－化学纤维制造业；S17－橡胶和塑料制品业；S18－非金属矿物制品业；S19－黑色金属冶炼和压延加工业；S20－有色金属冶炼和压延加工业；S21－金属制品业；S22－废弃资源综合利用业；S23－金属制品、机械和设备修理业
技术密集型	S24－化学原料和化学制品制造业；S25－医药制造业；S26－通用设备制造业；S27－专用设备制造业；S28－汽车制造业；S29－铁路、船舶、航空航天和其他运输设备制造业；S30－电气机械和器材制造业；S31－计算机、通信和其他电子设备制造业

四、研究结果与分析

将广东省和全国 2012—2019 年规模以上制造业增加值及增速数据带入动态偏离份额分析模型计算，动态结果如表 2－5、表 2－6 所示。

表 2－5　　广东省制造业分行业动态偏离—份额分析模型结果

行业	2013—2014 年			2014—2015 年			2015—2016 年			2016—2017 年		
	N	P	D	N	P	D	N	P	D	N	P	D
S1	46.8	－1.4	0.0	35.7	－2.6	2.6	30.2	－3.0	20.3	31.0	0.5	5.7
S2	54.8	1.7	－0.6	46.3	1.7	－10.6	35.5	8.2	－30.3	36.9	17.2	－57.8
S3	26.9	1.4	－5.5	26.9	－5.8	－3.6	20.1	5.3	－11.2	21.0	7.0	－17.2
S4	57.0	－5.9	6.5	48.2	－9.3	－15.1	37.1	5.5	－4.9	36.8	－3.1	－27.6
S5	99.1	－25.5	1.0	87.9	－11.7	－19.1	63.1	－17.6	3.1	60.9	－22.3	－23.4
S6	57.7	－9.5	－22.0	54.8	－13.9	0.0	42.2	－8.3	－11.1	40.4	－17.5	－25.6
S7	15.5	3.2	2.9	15.6	2.3	11.1	12.9	0.4	16.3	12.9	1.7	－3.2
S8	37.3	1.9	－6.5	34.8	1.7	－2.1	28.7	3.8	－10.4	30.6	3.1	－7.1

续表

行业	2013—2014 年			2014—2015 年			2015—2016 年			2016—2017 年		
	N	P	D	N	P	D	N	P	D	N	P	D
S9	36.5	-4.9	0.0	32.7	-7.1	14.6	26.5	-3.5	-1.7	28.8	-0.5	-10.1
S10	28.8	6.5	4.2	26.7	5.5	-11.0	20.7	2.0	-7.5	20.8	0.3	-9.7
S11	67.8	26.6	-32.8	62.8	40.1	-18.2	49.1	-2.4	-86.2	49.2	-23.0	-35.2
S12	21.7	4.2	-7.1	19.6	2.6	-10.4	16.0	-1.8	-28.0	17.7	10.0	8.8
S13	5.5	-4.2	-2.1	5.1	-1.9	-6.7	4.1	0.0	-4.1	4.2	-0.4	-5.3
S14	30.3	-7.8	-5.0	28.1	-0.3	-6.4	21.6	-9.6	-8.5	19.5	-46.5	5.5
S15	90.2	-33.5	-11.2	68.1	-23.8	-41.8	68.8	14.7	-112.8	82.4	9.6	-39.8
S16	3.3	0.2	-2.5	3.0	0.1	-3.0	2.2	1.8	-0.6	2.2	0.0	-0.3
S17	97.9	10.1	-27.3	90.7	3.3	-26.2	74.1	21.9	-20.7	79.5	21.2	-5.3
S18	102.8	19.1	2.1	102.7	12.4	24.7	80.3	5.3	31.6	83.9	7.0	-12.6
S19	43.5	0.9	17.0	34.5	-8.7	-5.0	27.2	-3.1	3.6	29.8	-38.3	74.0
S20	48.1	24.3	26.3	47.1	23.2	-7.9	31.5	26.8	-66.0	32.8	1.1	-16.4
S21	114.1	31.8	-36.5	105.6	42.0	3.8	86.4	18.4	35.4	88.3	32.4	-53.0
S22	18.6	10.9	-19.0	19.4	19.2	-7.5	16.5	38.6	-9.7	17.3	6.4	9.2
S23	2.1	1.3	2.0	1.6	0.7	-2.9	2.7	1.2	0.5	2.7	0.2	-10.0
S24	127.2	31.5	-57.7	119.7	28.8	-21.6	97.2	54.2	-12.7	94.7	26.8	-26.8
S25	37.8	14.8	-16.7	34.2	16.5	-15.2	26.9	16.8	-9.7	29.0	23.2	-15.4
S26	69.5	-3.6	-4.3	64.4	6.2	-7.0	51.3	-26.9	45.4	54.4	-0.9	16.3
S27	52.5	-6.5	-2.7	52.0	-8.8	14.4	43.5	-19.3	45.7	48.9	5.7	101.0
S28	127.5	68.3	-26.3	115.6	48.8	-36.2	90.9	8.9	13.4	100.2	158.7	-21.7
S29	27.5	-13.9	-13.0	22.6	12.0	-6.8	16.9	1.9	-1.1	18.1	-8.4	-4.8
S30	233.2	28.9	-89.0	219.2	29.0	-55.5	171.1	33.7	-33.7	188.0	78.3	-59.5
S31	563.9	93.0	-81.4	520.1	244.4	-31.3	412.0	297.2	0.0	450.2	300.1	105.0
总计	2 345.4	263.8	-407.4	2 145.5	446.5	-299.8	1 707.5	471.0	-255.4	1 813.1	549.7	-162.2

行业	2017—2018 年			2018—2019 年			2019—2020 年					
	N	P	D	N	P	D	N	P	D	N	P	D
S1	28.2	0.9	14.9	23.9	-1.2	-3.1	20.4	-13.6	-11.7			
S2	40.0	15.2	-19.3	39.6	3.2	10.2	37.9	-2.7	32.5			
S3	20.2	7.7	-12.7	18.1	3.2	-14.3	16.8	1.5	-24.0			

续表

行业	2017—2018 年			2018—2019 年			2019—2020 年					
	N	P	D	N	P	D	N	P	D	N	P	D
S4	35.7	-14.1	-3.1	30.9	-25.9	11.0	25.7	-19.9	-14.7			
S5	61.7	-7.5	-53.4	48.8	-14.2	-14.2	42.3	-35.6	-32.1			
S6	40.0	-12.1	-26.8	30.6	-7.4	-47.4	25.6	-16.2	-49.1			
S7	11.9	-0.7	-6.2	7.7	-4.2	-21.6	6.9	-4.3	1.9			
S8	33.6	16.3	-8.9	31.0	-3.0	-15.0	28.2	-15.9	-11.4			
S9	31.4	-11.4	24.8	29.7	-24.9	-5.8	26.1	-6.9	-4.0			
S10	22.8	11.7	7.8	21.0	1.4	11.2	19.8	-11.1	-13.8			
S11	48.8	18.5	-15.3	44.8	11.6	-31.8	35.6	-28.7	-22.1			
S12	20.7	18.5	-8.0	18.4	0.0	13.6	19.8	16.7	-17.8			
S13	3.7	-0.4	2.0	5.1	-2.4	11.3	5.2	-2.7	-4.5			
S14	22.1	-10.4	-6.6	22.2	-0.7	-18.6	20.8	-1.8	-13.6			
S15	86.3	-23.5	-107.6	65.4	2.1	98.0	48.5	-6.0	-77.6			
S16	2.6	-0.3	0.5	1.9	0.4	-1.1	2.3	2.5	-4.7			
S17	82.2	-3.7	-18.7	77.6	-37.5	28.8	74.3	-11.7	-49.8			
S18	81.8	-36.0	49.8	78.9	-20.4	-5.1	78.7	44.2	11.0			
S19	24.4	-23.3	-19.2	22.3	2.9	-34.1	17.1	12.6	-12.1			
S20	23.1	-17.9	3.2	21.3	5.5	-33.6	24.2	14.9	-47.9			
S21	90.3	0.0	8.2	81.8	-31.7	-11.9	74.7	1.3	-6.7			
S22	12.8	-10.1	-1.2	8.7	-2.7	-10.0	6.9	9.0	30.0			
S23	2.9	1.4	-0.3	2.9	2.5	-1.7	3.0	4.3	4.3			
S24	81.0	-34.3	32.2	70.9	-29.7	-30.9	63.8	-11.2	-28.5			
S25	31.5	27.7	-10.5	29.8	16.8	10.6	26.7	4.2	-28.7			
S26	61.8	36.5	-23.7	60.4	9.7	-9.7	57.1	-14.0	-5.8			
S27	61.1	48.1	-22.7	65.2	49.5	-45.3	63.0	13.3	-23.3			
S28	120.4	102.1	-8.3	117.8	-24.7	47.5	106.9	-73.1	-76.0			
S29	15.6	-0.9	35.1	11.6	-1.7	-16.6	11.1	3.3	1.0			
S30	197.8	119.9	-14.6	198.1	35.2	-6.4	194.6	170.7	-64.4			
S31	561.6	612.6	-102.1	526.9	586.4	-314.5	519.1	327.8	-169.2			
总计	1 958.0	830.4	-310.8	1 813.4	498.1	-450.4	1 703.5	351.0	-732.9			

表 2－6　　广东省制造业分类型动态偏离—份额分析模型结果

年份	劳动密集型					资本密集型					技术密集型				
	G	N	P	D	PD	G	N	P	D	PD	G	N	P	D	PD
2013	487.2	555.4	-5.9	-62.3	-68.2	554.2	550.9	57.2	-54.0	3.2	1 160.5	1 239.2	212.5	-291.1	-78.6
2014	430.3	497.1	1.6	-68.4	-66.8	496.5	500.6	68.0	-72.1	-4.1	1 365.4	1 147.8	376.9	-159.3	217.7
2015	219.2	386.2	-11.5	-155.6	-167.0	380.1	411.3	116.0	-147.2	-31.2	1 323.8	910.0	366.5	47.3	413.8
2016	156.6	391.2	-26.9	-207.7	-234.6	383.0	438.4	-6.9	-48.5	-55.4	1 661.0	983.5	583.5	94.0	677.5
2017	336.9	398.6	42.5	-104.3	-61.8	212.8	428.6	-123.8	-92.0	-215.8	1 927.9	1 130.8	911.7	-114.6	797.1
2018	190.0	349.7	-63.9	-95.8	-159.7	314.1	382.9	-79.5	10.7	-68.8	1 357.0	1 080.8	641.5	-365.3	276.2
2019	0.3	310.5	-139.3	-170.9	-310.2	252.7	350.6	69.3	-167.2	-97.8	1 068.5	1 042.4	421.0	-394.9	26.2
总计	1 820.4	2 888.7	-203.3	-864.9	-1 068.3	2 593.5	3 063.4	100.2	-570.2	-470.0	9 864.2	7 534.3	3 513.6	-1 183.8	2 329.8

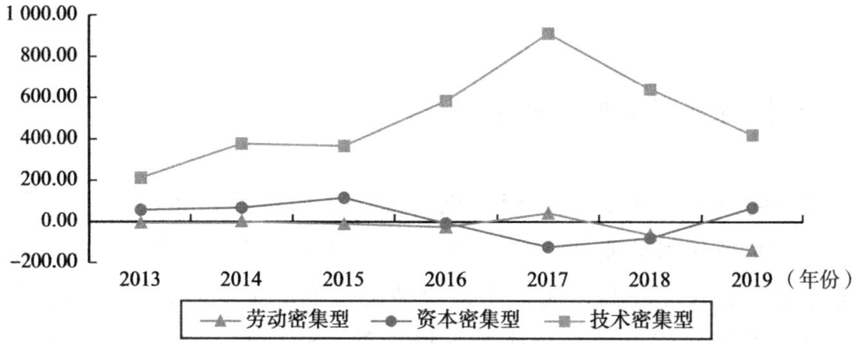

图 2－4 广东省制造业结构分量曲线图

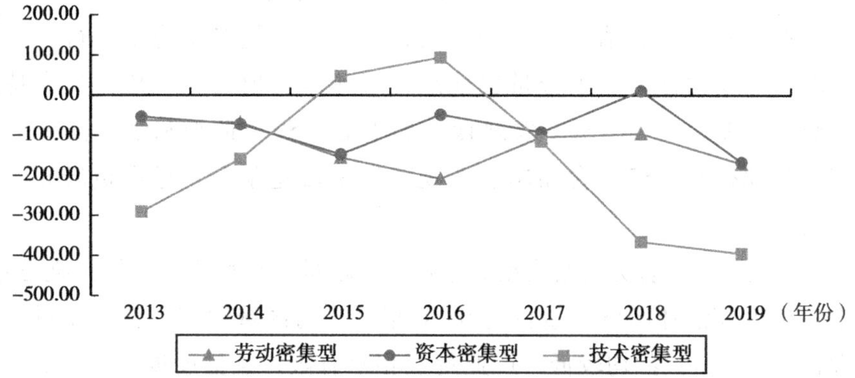

图 2－5 广东省制造业竞争分量曲线图

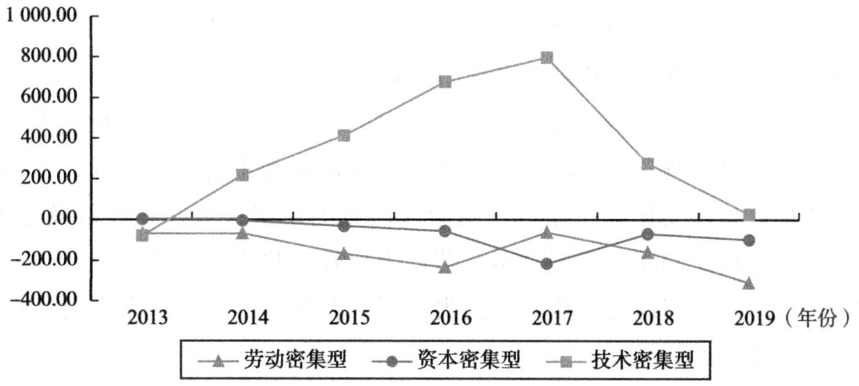

图 2－6 广东省制造业偏离分量曲线图

（一）劳动密集型制造业

观察期内S4－纺织业，S5－纺织服装、服饰业，S6－皮革、毛皮、羽毛及其制品和制鞋业结构分量基本年均为负值且数额大。这三类细分行业之间的关联度较高，属于纺织服装类行业的上下游，体现出该类行业的市场发展空间有限，行业景气度较低。S2－食品制造业，S3－酒、饮料和精制茶制造业和S12－仪器仪表制造业结构分量基本为正值且表现出一定的持续性，相对发展前景较好。S11－文教、工美、体育和娱乐用品制造业结构变量数值与变动均较大，说明结构优势不稳定，行业发展存在较大的波动性。竞争分量层面细分行业以负值为主，缺少具有持续性优势的产业，其中，S1－农副食品加工业、S9－造纸和纸制品业表现较好于其他行业，S2－食品制造业观察期末段竞争分量呈由负转正，趋势有所好转。

总体上，广东省劳动密集型制造业经济增量每年均小于区域预期分量，其中，2019年总体经济增量仅为0.30亿元，与区域预期分量差距进一步扩大，且各分量数额均较低，产业规模相对有限，且呈逐步下滑趋势。结构分量在零轴上下波动，变化幅度较小，观察期内以负值为主，竞争分量每年均为负值。说明劳动密集型产业内多为发展缓慢的部门，且在全国范围内没有形成竞争优势。食品制造类行业相对具有优势和市场空间，应结合现代农业重点探索和扶持新兴食品行业。

通过承接“东亚四小龙”的产业转移，劳动密集型制造业快速发展为广东带来了经济腾飞，但以承接加工低端制造业为主的发展模式，并不能适用于所有的历史阶段与条件。随着全国范围走出人口红利期以及土地、原材料成本提高和环境规制完善，劳动力比较优势不再，广东省劳动密集型产业在全国范围内的优势逐渐消失，同时存在向东南亚国家等发展中国家和地区迁移的趋势。

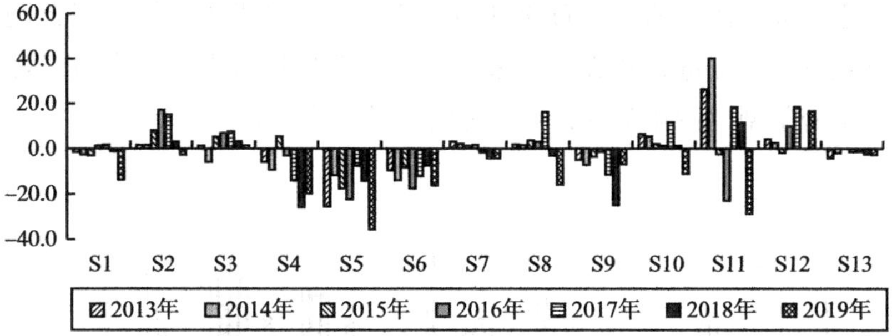

图 2-7 广东省劳动密集型制造业细分行业结构分量柱状图

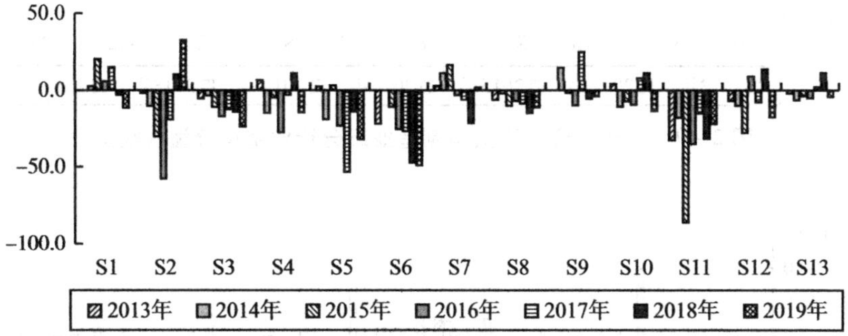

图 2-8 广东省劳动密集型制造业细分行业竞争分量柱状图

（二）资本密集型制造业

观察期内 S20 - 有色金属冶炼和压延加工业，S21 - 金属制品业，S22 - 废弃资源综合利用业 S21 - 金属制品业结构分量相对较高，且具有持续性。S14 - 烟草制品业结构分量表现相对最为弱势，S19 - 黑色金属冶炼和压延加工业观察期末由负转正，行业景气度有所提高。S16 - 化学纤维制造业，S23 - 金属制品、机械和设备修理业规模较小，虽具有结构优势但贡献度低。

总体上，经济增量与区域预期分量均呈逐步下降趋势，结构分量 2013—2015 年为正，2016—2018 年下滑转负，2019 年有所回升，说明资本密集型产业在结构上有一定的周期性，但缺乏持续性的优势。竞争分量除 2018 年外均为负值，相对竞争力较全国平均水平存在差距。

资本密集型制造业产业间关系紧密，多互为产业链上下游关系。广东省内市场主体以大型央企为主，民营企业发展水平相对较弱。依托茂湛、广州、惠州大亚湾、汕潮揭石化基地，近年来一批重大外资项目落地，产业集群化发展，先进材料成为未来支柱型产业发展方向，广东省已经有一定的资本密集型制造业基础，竞争力需要进一步提高。

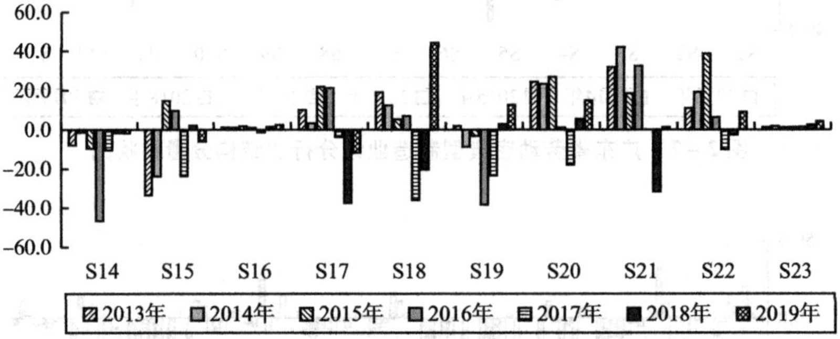

图 2-9　广东省资本密集型制造业细分行业结构分量柱状图

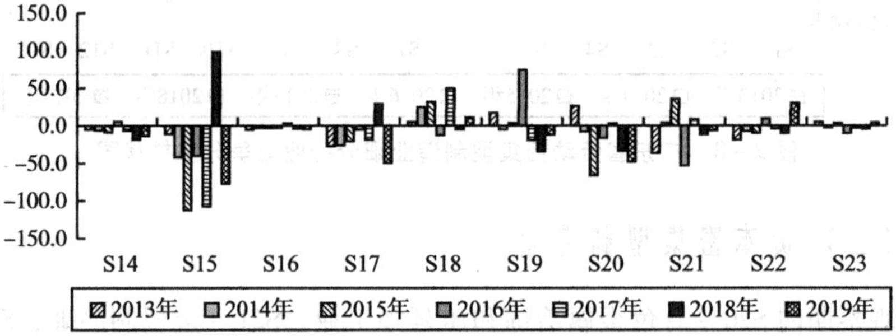

图 2-10　广东省资本密集型制造业细分行业竞争分量柱状图

(三) 技术密集型制造业

观察期内 S31-计算机、通信和其他电子设备制造业结构分量高企，而竞争分量观察期末段负值数额较大，即产业结构合理，但在行业规模发展到较高的水平后增速放缓，需要通过技术进步，提高内生动力。S28-汽车制造业和 S30-电气机械和器材制造业存在结构优势，但电气机械和器材制造业竞争分量为负且数额较大，说明电气机械和器材制造业的行业景气度较高，但广东省在该行业的发展速度较慢。除了 S31-计算机、通信和其他电子设备制造业之外，细分行业竞争分量多为负数，数额整体较小，即增速略低于全国平均水平。

总体上，结构分量观察期内均为正值，且数值远大于劳动密集型和资本密集型制造业，产业结构上的优势明显，其中2017年达到最高值，近两年有所回落（见图2-11）。竞争分量呈倒U型趋势，2013—2016年由负值持续增长，2017—2019年降回负值，变动幅度大，其中2018—2019年达到最低值（见图2-12）。偏离分量主要受限于竞争分量，由2017年的797.11亿元大幅回落至2019年的26.15亿元。受益于先发优势，技术密集型制造业的产业基础雄厚，持续保持良好的产业结构，但竞争力上缺乏传递性与稳定性，优势并未得到累积，反而在近年有下滑的趋势，体现在高科技技术竞争力在产业发展过程中未得到强化，关键核心技术受制于人的局面未被打破，使得技术密集型产业的整体增速低于预期。

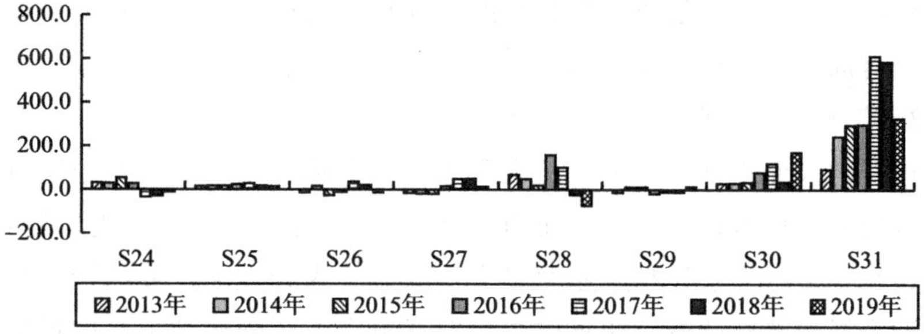

图2-11　广东省技术密集型制造业细分行业结构分量柱状图

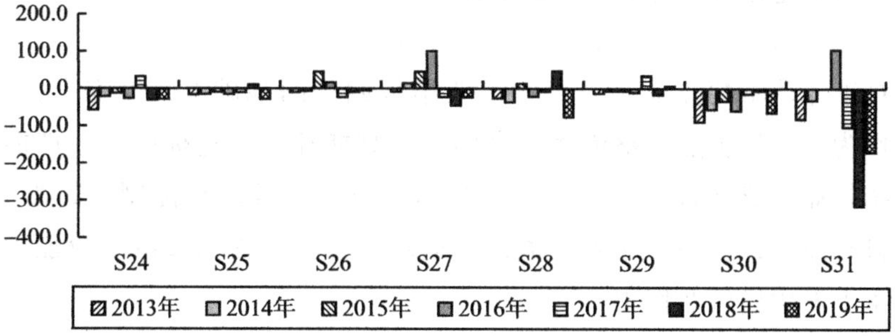

图2-12　广东省技术密集型制造业细分行业竞争分量柱状图

广东省科技企业以代加工模式起家，切入全球产业链，引入技术与自主创新结合，成就雄厚的电子信息产业基础。但“缺芯少核”的隐患长存，一方面需要重点领域核心技术突围，打破受制于人的局面；另一方面产业过度集中于计算机、通信和其他电子设备制造业，需要引导和培育一批前沿性、战略性支柱产业和新兴产业，抵御贸易争端带来的经济运行风险。

五、结论与政策建议

本书运用对动态偏离—份额分析法分析广东省制造业的产业结构和竞争力，得出以下结论。

1. 广东省制造业产业结构总体合理

技术密集型制造业占比较高，其中计算机、通信和其他电子设备制造业居于产业核心地位，其他行业需要得到培育扶持。劳动密集型制造业存在调整的空间，主要是纺织服装类产业存在落后产能。资本密集型产业结构上具有周期性特征，缺少具有持续性的增长动力。

2. 广东省制造业竞争力受到制约

存在“大而不强”短板，三大类型产业总体上均缺少具有稳定竞争力的细分行业，技术密集型制造业在产业规模达到较高水平后进入瓶颈期。综上，观察期内广东省制造业发展主要依靠较为合理的产业结构优势，产业转型升级和结构调整已初见成效，但竞争力上正处于被追赶的局面，增速陷入停滞状态，需要寻找新的增长点。

根据上述分析，提出以下政策建议：

1. 推动落后产能退出，培育品牌效应

对于劳动密集型制造业，在产业结构调整的基础上，以安全、环保、能耗作为考察的重点，整治淘汰高污染、高能耗、不达标的落后产能。对于传统行业，依托代工贴牌基地，利用科技手段推动智能制造转型升级。培育自有品牌，提高产品附加值，打造品牌强省。提高吸纳就业能力，疫情背景下发挥稳就业作用。

2. 提高创新投入强度，实现技术突破

减税降费引导企业加大 R&D 经费投入，完善科技金融体系，依托深圳和香港双金融中心优势，为高科技企业拓宽融资渠道。以先进制造业和战略性新兴产业为重点，走多元化发展路线。重视基础研究，提高基础主体研究主体数量，促进产学研一体化，集中创新资源实现核心技术突围。

3. 加快创新人才聚集，强化人才支撑

引人育人两手抓，健全人才发展规划。引进人才方面，丰富人才激励方式，提高人才补贴水平，重点引进领军人才、技术骨干和创新团队。以企业为主体、市场为导向，针对性和差异化地贴合重点支柱产业的人才需求。培育人才方面，依托高校资源培养青年创新人才，推动校际联动、校企联动共同培养人才，建立人才培养基地，完善人才服务体系，促进人才地域流动，让更多人才来到广东、留在广东。

本章参考文献

[1] Thirlwall A P. A MEASURE OF THE ‘PROPER DISTRIBUTION OF INDUSTRY’ [J]. Oxford Economic Papers, 1967 (1): 46 – 58.

[2] 赵曙东. 高新企业技术创新和发展的实证分析 [J]. 数量经济技术经济研究, 1999 (12): 63 – 65.

[3] 高建. 科技起飞和中国企业技术创新能力的成长 [J]. 清华大学学报 (哲学社会科学版), 2000 (03): 18 – 26、59.

[4] 王品慧, 潘若愚. 基于偏离份额分析法的安徽省工业结构实证分析 [J]. 华东经济管理, 2008 (01): 19 – 23.

[5] 许学强, 李郇. 改革开放 30 年珠江三角洲城镇化的回顾与展望 [J]. 经济地理, 2009, 29 (01): 13 – 18.

[6] 李岩. 广东省制造业产业升级的实证分析——基于动态偏离份额法 [J]. 技术经济与管理研究, 2009 (03): 106 – 109.

[7] 胡彬, 董波, 赵鹏飞. 长三角与珠三角的制造业结构与区域竞争力比较 [J]. 经济管理, 2009, 31 (02): 31 – 36.

[8] 刘钧炎, 王云. 广东省规模以上九大产业的区域竞争力分析 [J]. 企业经济, 2013, 32 (04): 136 – 139.

[9] 丁浩, 王家明, 何乐伟. 山东省产业结构与产业竞争力的实证分析——基于动态偏离份额空间拓展模型 [J]. 科技管理研究, 2015, 35 (10): 114 – 119.

[10] 佟金萍, 曹倩, 方鹏, 等. 苏鲁粤制造业竞争力比较研究——基于偏离—份额的分析方法 [J]. 常州大学学报 (社会科学版), 2015, 16 (01): 50 – 55.

[11] 张宁，王梦琳，阳景. 浙江省工业竞争力动态演变及其特征分析——基于动态偏离份额法 [J]. 杭州电子科技大学学报（社会科学版），2017，13（05）：1-7.

[12] 张冬平，郑博阳. 基于偏离—份额分析法的河南省制造业竞争力研究 [J]. 河南农业大学学报，2017，51（05）：741-746.

[13] 刘莉君，康佳妮，刘友金. 基于偏离—份额法的长江经济带制造业发展类型演变特征与转/承态势分析 [J]. 重庆大学学报（社会科学版），2020，26（01）：31-44.

[14] 许学强，李郇. 改革开放30年珠江三角洲城镇化的回顾与展望 [J]. 经济地理，2009，29（01）：13-18.

第三章　广东金融业区域融合发展研究

2019年2月，中共中央、国务院印发《粤港澳大湾区发展规划纲要》，提出要将粤港澳大湾区建设成国际金融枢纽；2020年5月，中国人民银行、银保监会、证监会等机构发布《金融支持粤港澳大湾区建设意见》，对粤港澳大湾区的金融业建设提出具体措施，粤港澳大湾区金融发展将进入快速发展期。2021年是“十四五”规划开局之年，在当下“双循环”“双区”建设的重大战略时机之时，粤港澳大湾区金融融合发展已成为重要课题。大湾区金融业将会在《粤港澳大湾区发展规划纲要》和“金融三十条”的指引下，在金融服务实体经济的原则下打造世界级的金融大湾区。

广东和港澳是我国经济发展的重要一环，2020年底区域内总人口约为7 000万人，是我国开放程度最高、经济活力最强的区域之一，在国家发展大局中具有重要战略地位，大湾区生产总值超过11.5万亿元，约占全国GDP生产总值的1/7。对比国内外纽约湾区，旧金山湾区，东京湾区，粤港澳大湾区和杭州大湾区，截至2020年年底粤港澳大湾区经济总量接近旧金山湾区的1.9倍，接近纽约湾区经济总量，与国内杭州大湾区相比粤港澳大湾区经济总量也具有明显优势，粤港澳大湾区在经济总量上已经具备成为世界级城市群的基础条件，金融业在这中间起着重大的作用，粤港澳大湾区金融业GDP占总GDP的比重从2000年的9.5%提升至2020年的12%，远远超过全国8%的平均水平。

虽然粤港澳大湾区取得如此大的成就，但是与纽约、旧金山、东京等国际湾区相比与港澳大湾区在制度上涉及两种制度，关税方面涉及三个独立的关税区，在这种特殊的制度下，资金、人才等要素不能完全自由流动；

同时湾区金融业集聚效应、梯队化特征显著，香港、深圳与广州的 GDP 均超过 2 万亿元大关，且三地的金融业增加值均超过 2 000 亿元，合计占大湾区 83% 的金融业增加值份额，为大湾区金融业第一梯队；东莞、佛山两市金融业增加值在 500 亿元左右，为第二梯队；其余城市的金融增加值在 400 亿元以下，为第三梯队。在某种程度上，大湾区金融业的差异化较为明显，弱化了金融业协同发展，未来大湾区金融业融合发展将成为重要方向。

第一节 广东和港澳金融融合发展现状

2020 年，受到新冠肺炎疫情影响严重，广东、港澳中香港和澳门金融业发展较为缓慢，但是内地 9 城市金融业发展再创佳绩，大湾区内部金融业总规模持续扩大，金融业占 GDP 比重继续领跑全国，区域内资本市场百花齐放，跨境资本市场更加自由的流通，金融科技和绿色金融方面也持续发力，大湾区金融融合在不断发展，正在从香港“一极化”格局向“香港—深圳—广州三极化”格局演进。

一、大湾区“9 +2”城市群金融业发展再上台阶

1. 金融业规模持续扩大

2020 年是受全球新冠肺炎疫情侵扰的一年，但是广东和港澳金融业依旧坚挺，并交出一份满意的答卷。2020 年，粤港澳大湾区“9 +2”金融业 GDP 达到 1.5 万亿元，占 GDP 的比重为 12%，显著高出 8% 的全国平均水平；大湾区金融机构存贷款余额超过 75 万亿元，占全国比重为 19%，上市公司 2 319 家，总市值超 35 万亿元[①]（见图 3 – 1）。（注：未查询到澳门金融业增加值统计数据。）

① 资料来源：同花顺金融数据库。

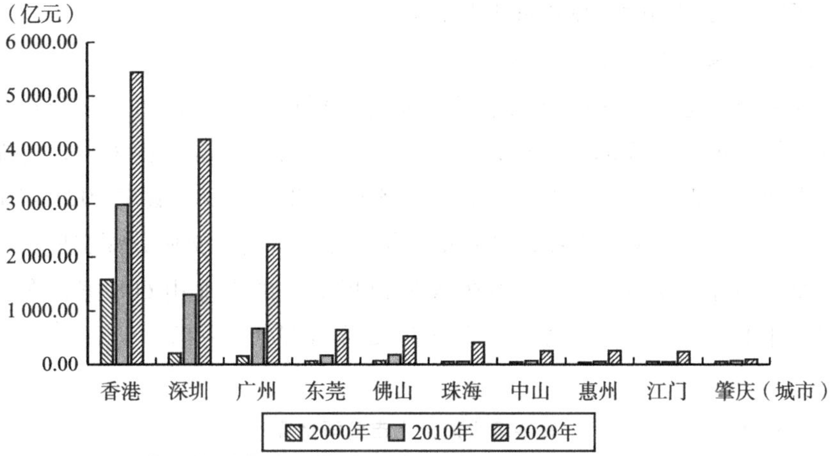

图3－1　粤港澳大湾区金融规模变化

数据来源：各地市统计局。

金融业增加值是衡量一个地区金融业规模的重要指标，根据大湾区各城市统计局发布的相关数据，大湾区2020年金融业增加值是2000年的6.91倍，是2010年的2.57倍，增长势头迅猛。需要引起注意的是粤港澳大湾区金融业对区域内经济发展的贡献的远远高于全国水平，尤其是香港、深圳等地金融业增加值占GDP比重已经超过12%，金融业在区域经济的发展中越来越重要。从金融业空间分布上来看，粤港澳大湾区金融业的空间分布已经从早期“香港单一中心”模式向“香港—深圳—广州”三足鼎立之势演化。香港金融业增加值增长势头依旧十分迅猛继续夯实国际金融中心地位，深圳金融业增加值已突破4 000亿元，较2000增长了130倍，较2010年增加了21.28倍，发展十分迅速；广州市金融业增加值也从2010年的650亿元增加到2 234亿元，占比达到15.6%。

现阶段，虽然粤港澳大湾区金融业发展呈现“三极化”趋势，但是区域内部城市间差异较大的情况并未从根本上发生变化。由图3－1可以看出香港、深圳、广州三地金融业增加值一直占粤港澳大湾区金融业总增加值的大部分，在2020年占比高达82.89%，而其余九城占比不到20%，其中肇庆市金融业增加值不足百亿元，东莞、佛山、肇庆金融业增加值占GDP比重分别为6.69%、4.9%、4.15%，甚至低于全国平均水平。在金融业规模不断扩大的同时，城市间差异也在不断扩大。

2. 区域资本市场百花齐放

区域资本是一个区域金融市场重要的表现形式之一，而上市公司作为资本市场的重要组成部分，可以反映一个区域的资本市场竞争力，更能反映出当地经济发展水平以及金融业支持实体经济的程度。截至2021年1月1日，粤港澳大湾区内共有2 319家上市公司（包括上交所，深交所，港交所以及美国证券交易所），其中在A股市场上市的企业由608家，在港股上市企业1 649家，在美国上市的企业62家（见表3－1）。

表3－1　粤港澳大湾区上市公司情况

城市	上市公司数量（家）	占比（%）	总市值（亿元）	平均市值（亿元）
香港	1 492	64.34	115 544.40	77.44
深圳	423	18.24	160 762.50	380.05
广州	185	7.98	33 150.05	179.19
佛山	52	2.24	20 158.59	387.67
东莞	48	2.07	3 794.34	79.05
珠海	34	1.47	6 613.51	194.52
中山	30	1.29	2 546.63	84.89
澳门	17	0.73	3 448.74	202.87
江门	15	0.65	1 403.87	93.59
惠州	14	0.60	3 819.20	272.80
肇庆	9	0.0039	629.89	69.99

从上市公司数量上来看，香港的上市公司数量1 492家超过了粤港澳大湾区上市公司数量的64%，深圳、广州分别有423家和185家，而其余的城市上市公司总共才219家，分布非常不均衡，但是从上市公司总市值来看，深圳的上市公司总市值达到16万亿元，这主要是由于深圳拥有的腾讯控股这样的大型头部企业贡献了大部分的市值，这样的情况在佛山珠海惠州等地也出现，如佛山拥有美的集团（000333.SZ）、海天味业（603288.SH）两家市值超过6 000亿元的企业，珠海拥有格力电器

(000651. SZ) 一家市值超过 3 000 亿元的企业，惠州拥有的亿纬锂能(300014. SZ) 市值超 2 000 亿元。大型上市公司已经成为一个城市资本市场的重要名片。上市公司分布也是以香港、深圳、广州三地为核心，其余城市大多是有一家或两家大型上市公司，江门、惠州、肇庆仅有十余家上市公司。

3. 金融机构存贷款余额再创新高

金融机构存贷款余额（主要为银行）一定程度上反映了一个地区的银行业发达程度，直接反映了一个城市对资金的吸附能力，不仅是金融业发展的核心指标，更是衡量这个城市的综合实力和发展潜力的重要依据。粤港澳大湾区金融机构本外比存贷款余额近年来稳步增长，尤其是深圳市本外币存贷款余额 2020 年仅比香港少了 4 万亿元左右，占比达到 25.72%，香港仍然保持着第一名的地位，金融机构本外币存贷款余额高达 21 万亿元，占粤港澳大湾区金融机构本外币存款余额比例接近三分之一，广州市存贷款余额超过 10 万亿，占比达到 18.22%，佛山、东莞、中山、澳门等地属于第二梯队，存贷款余额在两万亿以上，肇庆市本外币存款余额水平相对较低。

如表 3－2 中我们可以看到粤港澳大湾区金融机构本外比存贷款余额处于合理的结构，大湾区内地城市金融机构本外币存款余额的突破与 2020 年全市金融业稳中有进密切相关。近几年，广东省大力度推进金融供给侧结构性改革，尤其是 2019 年以来，采取了一系列推动金融业高质量发展的举措做法，在金融服务实体经济和金融稳定创新发展方面取得显著成绩。尤其是深圳，在推动金融改革方面，先行示范区金融事项加快落地。创业板改革并试点注册制顺利实施，首批 18 家企业上市；沪深 300ETF 期权平稳运行一周年，为深市衍生品市场建设奠定良好开局；深港 ETF 双向互通，4 只产品在两地同步挂牌；数字人民币顺利完成全国首次外部可控测试，已开展各类试点场景近万个；成功发行多单知识产权证券化产品，涵盖疫情防控、中小企业融资、5G 专场多个领域；知识产权和科技成果产权交易中心建设方案、公募 REITs 项目已报至国家部委；《深圳经济特区绿色金融条例》通过人大审议，成为全国首部绿色金融立法。

表 3－2　　粤港澳大湾区金融机构本外币存贷款余额

城市	金融机构本外币贷款余额（亿元）	金融机构本外币存款余额（亿元）	金融机构本外币存贷款余额（亿元）	占比（%）
香港	88 398.02	122 204.64	210 602.66	31.88
深圳	68 020.54	101 897.31	169 917.85	25.72
广州	54 387.64	65 950.09	120 337.73	18.22
佛山	14 507.62	19 161.40	33 669.02	5.10
东莞	12 023.30	17 440.48	29 463.78	4.46
珠海	7 626.26	9 604.51	17 230.77	2.61
中山	12 023.30	17 440.48	29 463.78	4.46
江门	4 390.98	5 475.45	9 866.43	1.49
惠州	7 183.93	7 235.61	14 419.54	2.18
肇庆	2 485.60	2 893.08	5 378.68	0.81
澳门	9 738.81	10 458.38	20 197.19	3.06
合计	319 316.55	341 230.88	660 547.43	100

数据来源：广东省各地市统计局、香港金管局、澳门统计局。

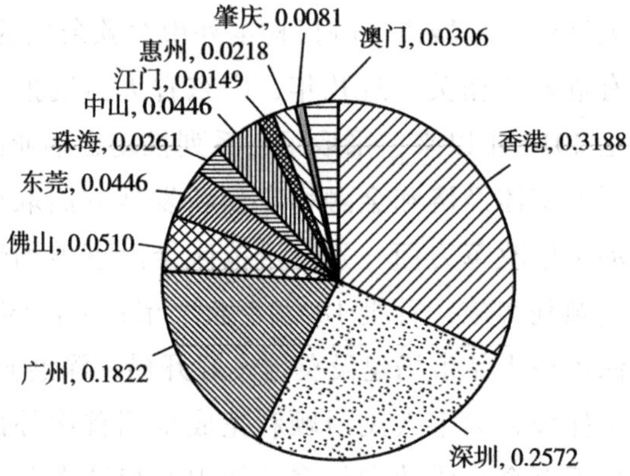

图 3－2　粤港澳大湾区金融机构本外币存贷款余额

资料来源：由统计局数据整理得。

4. 金融机构体量增大

在粤港澳大湾区内地城市中，深圳以 9 家银行总部数量居首（不包括村镇银行、农信社)，江门、肇庆以6家并列第二，中山、东莞、广州、珠海的银行总部数量相对较少，分别为1家、2家、3家、3家（见图3－3)。

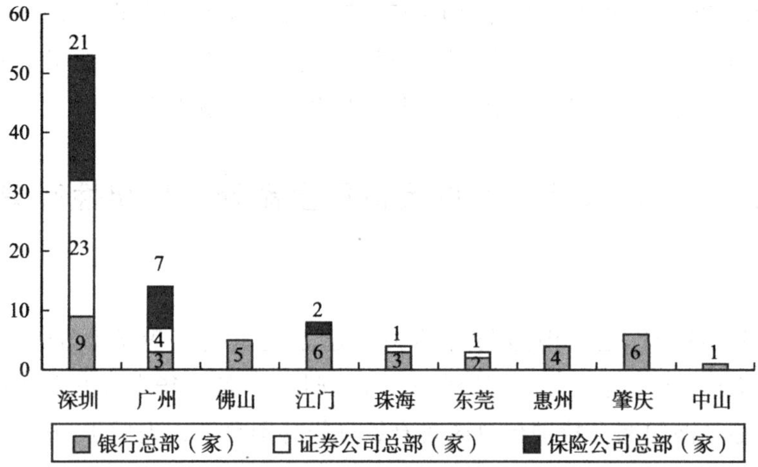

图3－3　粤港澳大湾区内地城市金融机构总部数量

资料来源：由统计局数据整理得。

具体来看，多家股份制银行总部均在深圳，如招商银行、平安银行、中信银行等知名银行。同时，微众银行等互联网银行总部也扎根深圳。这也是深圳银行总部数量领先其他城市的重要原因。江门和肇庆的银行总部数量仅次于深圳市，这与其农村商业银行（以下简称“农商行”）较多有关。

在证券公司总部数量方面，深圳在珠三角城市中的领先优势比银行领域更为显著。根据证券业协会数据，深圳拥有23家证券公司总部，远超第二名广州（4家)。深圳证券公司数量众多，与深交所位于深圳密不可分。深圳的证券公司整体实力不仅在珠三角内领先，与全国头部城市相比也毫不逊色。根据深圳证券业协会数据，深圳证券公司多项指标位居全国前列，整体实力与京沪并列全国三甲（不含港澳台地区)。

保险公司总部（不包含保险经纪、代理公司）在珠三角的空间分布与证券公司总部类似，多集中在头部城市。在珠三角9市中，仅深圳、广州、珠海三个城市拥有保险公司总部。穗深两市头部保险公司的实力相差较大，深圳拥有中国平安、大家财险（原安邦财产保险)、前海人寿等规模较大的保险公司，其中中国平安已经成为国内的头部保险公司。而广州注册资本最大的保险公司为珠江人寿（67 亿元），尚低于深圳保险公司平均注册资本（83.53 亿元），广州保险公司的整体实力远逊于深圳。从保费收入看，2019 年广州的保费收入为 1 417.37 亿元，略高于深圳（1 384.47 亿元），可以看出，广州的保险市场规模并不逊于深圳。因此，广州在保险公司上与深圳的差距，或更多源于本土的保险公司竞争力不足。

二、以 CEPA 为核心的大湾区金融融合框架性政策不断完善

CEPA 的全称是《内地与香港关于建立更紧密经贸关系的安排》及《内地与澳门关于建立更紧密经贸关系的安排》，是中华人民共和国中央政府与香港及澳门两个特别行政区政府签订的特别政策，先后于 2003 年 6 月 29 日及 10 月 18 日签订。CAPA 协议通过减少市场壁垒及政府管制等措施，加强港澳地区与中国大陆的经济贸易联系，为求帮助两地走出因为亚洲金融危机和沙士事件而引起的经济景气低迷，同时通过港澳地区成熟的市场经济，为中国大陆企业在金融业及服务业等注入活力，同时提高这些企业的竞争能力。

在此之后，大湾区金融融合框架性政策相继出台。2018 年《CEPA 投资协议》和《CEPA 经济技术合作协议》新出台，是 CEPA 升级的重要组成部分，是内地与香港在“一国两制”框架下按照世贸组织规则做出的特殊经贸安排，充分体现了中央对香港经济发展和长期繁荣稳定的支持。2020 年中国人民银行等四部委发布《关于金融支持粤港澳大湾区建设的意见》，该意见立足于五个方面：一是促进粤港澳大湾区跨境贸易和投融资便利化，二是扩大金融业对外开放，三是促进金融市场和金融基础设施互联互通，四是提升粤港澳大湾区金融服务创新水平，五是切实防范跨境金融风险，并提出相应的 26 条具体建议，该意见将粤港澳大湾区金融深度融合发展由“规划图”向“施工图”推进。针对于上述《意见》广东出台了《关于贯彻落实金融支持粤港澳大湾区建设意见的实施方案》，提出 80 条具体措施，其中 65 条措施已落地或正推进实施，为建设粤港澳大湾区提供了有力的金融支持。

金融市场融合核心在于市场标准、市场的价值评估、市场监管政策是否一致。这些都取决于顶层设计，以 CEPA 为核心的大湾区金融融合框架正在逐步完善，为建立一个相对统一的金融市场提供完整的框架，在最近的《关于金融支持粤港澳大湾区建设的意见》中有 12 条政策旨在促进大湾区跨境贸易和投融资便利化。其中包括支持粤港澳大湾区内地银行在宏观审慎框架下，向港澳地区的机构或项目发放跨境贷款；探索建立跨境理财通机制；支持粤港澳大湾区内地居民通过港澳银行购买港澳银行销售的理财产品以及港澳居民通过粤港澳大湾区内地银行购买内地银行销售的理财产品等。在这种逐步完善的金融框架下，粤港澳大湾区金融融合发展更进一步。

三、金融科技助力广东和港澳跨境金融服务基础设施发展

粤港澳大湾区内拥有金融发展领跑地位的香港、澳门、深圳，金融科技发展较全国出也处于领跑地位，在助力粤港澳大湾区金融融合发展的金融服务建设中金融科技发挥重要作用。金融科技是一种金融创新，粤港澳大湾区内部多体制并存、市场化主导及其开放性为金融创新提供了巨大空间，粤港澳大湾区大湾区发展金融科技具有诸多比较优势，数字技术的赋能正加速粤港澳大湾区跨境联通及国际金融枢纽建设进程。站在新的历史起点上，需要共同构建金融科技产业融合和监管协调的新机制，深化粤港澳大湾区金融科技市场互联互通，共同构建粤港澳大湾区金融科技创新人才发展新机制。

《中共中央国务院关于支持深圳建设中国特色社会主义先行示范区的意见》提出，要在深圳市率先开展市场准入以及监管机制体制改革，积极利用创新开战智能经济，要将深证打造成为数字经济创新实验区，并且支持在深圳开展数字货币研究与移动支付等创新应用。2020 年 10 月，中共中央办公厅、国务院办公厅印发了《深圳建设中国特色社会主义先行示范区综合改革试点实施方案（2020—2025 年）》强调了在中国人民银行数字货币研究所深圳下属机构的基础上成立金融科技创新平台。广州、深圳两地不断加强科技创新金融服务。深圳市作为内地城市金融科技发展最快的城市之一，率先成为金融科技应用试点城市、央行金融科技创新监管试点城

市和首个国家级金融科技测评中心，金融科技应用试点重点项目全部上线；广州市成为金融科技创新监管试点城市，将进一步开展与香港澳门等地的联动合作，大湾区科技金融路演中心在广州市天河区、黄埔区两地正式揭牌，南沙区、黄埔区获批开展“穗港澳”科技金融合作试点；佛山市南海发布《关于支持“区块链”金融科技产业集聚发展的扶持措施》旨在利用金融科技推进经济高质量发展。金融科技将成为大湾区金融融合发展建设中的突破口，大力促进和发展数字技术及推动应用，有助于提升在金融科技领域前沿技术开发和场景运用能力，打造国际一流金融科技中心。

在跨境资本方面，扩大金融区块链技术的应用，扩大跨境电子支付覆盖面。广东省上线外汇局跨境金融区块链服务平台，拓展资本项目收入支付便利化和“出口应收账款融资”场景截至2021年一季度末，服务平台已经为856家企业提供了195亿美元的支持；各类跨境电子钱包在内地共交易620.91万笔、金额9.66亿元；粤澳跨境电子账单直接缴费业务正式启动，澳门居民可通过澳门10间参与银行缴纳广东省的公用事业或民生服务账单。

2020年，由于新冠肺炎疫情的影响，众多金融科技支持的线上交易、电子支付等蓬勃发展，大湾区内的代表型企业积极在金融科技领域进行诸多探索。作为互联网龙头企业的腾讯不断加快步伐布局金融科技业务：旗下控股的首家互联网民营银行微众银行积极运用金融科技探索普惠金融新模式。大湾区内的银行机构也在力推数字化转型。例如，招商银行全面构建金融科技基础设施，主要运用于银行业务的创新，把探索数字化经营模式作为转型下半场的主攻方向；平安银行实施“数字银行、生态银行、平台银行”大战略，通过口袋银行App，引入客户高频使用的外部生活场景，构建“口袋金融+生活”的经营闭环。金融科技已经逐渐成为大湾区金融发展的主要动力，随着金融科技不断为金融服务基础提供支持，大湾区金融融合的底层架构也将更加稳固。

四、绿色金融合作为经济发展增质提效

《粤港澳大湾区发展规划纲要》中强调了粤港澳大湾区发展要坚持绿色发展的原则，也明确提出在大湾区大力发展绿色金融，支持香港打造大湾区绿色金融中心。

广州绿色金融改革创新试验区已经建立了推动绿色金融发展的政策、制度和措施，开发创新性的绿色金融产品和服务，培育绿色金融机构和第三方配套服务体系。广州碳排放交易所和深圳排放权交易所作为全国七个碳排放权交易试点中的两个，在碳排放权交易中建立了丰富的制度、经验和客户；香港近年来积极发展绿色债券，除特区政府2019年成功发售绿色债券以外，还从2015年就积极推动内地企业赴港发行绿色债券；澳门则充分利用澳门的中葡平台优势，推动大湾区与海外的葡语国家的绿色金融市场互联互通。

关于绿色金融主要有绿色债券、绿色信贷、绿色保险、绿色信托、碳排放权、投资于绿色金融产品的公募基金和私募基金等，现阶段发展较为成熟的是绿色债券和绿色信贷。在绿色债券方面，香港地区的规模、增速均走在全国前列，粤港澳大湾区表现好于全国总体水平。2018年，香港地区安排和发行的绿色债券总额为110亿美元，在亚洲地区排名第三，相比2017年30亿美元的规模增长237%①；广东绿色债券发行数量及发行额也增长较快，2019年广东省发行绿债数量为50笔、发行额为422亿元，而2018年仅为22笔、发行额为159亿元。其中，截至2019年12月底广州试验区发行绿色债券351亿元（调研数据）。2018年12月，广州地铁获批300亿全国最大规模绿色优质企业债券，已完成前四期合计85亿元债券发行②。在绿色信贷方面，中国内地绿色信贷数量逐年提升，截至2019年6月，广州银行机构绿色信贷余额超过3 000亿元，在粤港澳大湾区绿色信贷中占比达到24%，香港绿色信贷余额占比为52%，深圳占比为16%。除此绿色信贷和绿色债券之外，在粤港澳大湾区，其他绿色金融产品表现也十分亮丽。截至2019年6月，广东省已有420家企业参与绿色保险，提供风险担保资金5 600多亿元，涉及石油化工、生物制药等行业。中国人民银行深圳中心支行设立了“绿票通”专项再贴现额度，支持绿色企业绿色项目再贴现，截至2019年8月已办理208笔，金额为8.38亿元。同时，深圳在绿色金融专业研究、深港及国际合作上都有所行动，也在积极申报第二批绿色金融改革创新实验区。

---

① 数据来源：气候债券倡议组织（CBI）发布的《香港绿色债券市场报告》。

② 数据来源：Wind数据库。

五、跨境资本流动管理政策日益便利

2020 年 6 月为促进粤港澳大湾区居民个人跨境投资便利化，中国人民银行、香港金融管理局、澳门金融管理局决定在粤港澳大湾区开展“跨境理财通”业务试点。“跨境理财通”是指粤港澳大湾区居民个人跨境投资粤港澳大湾区银行销售的理财产品，按照购买主体身份可分为“南向通”和“北向通”。除跨境理财通项目外，还有开展本外币合一的跨境资金池业务试点，允许跨国企业在资金池内实现本外币按需兑换等，资本项目开放提速将成为粤港澳大湾区的亮点。

在基础建设领域，《关于金融支持粤港澳大湾区建设的意见》中提出，支持港澳私募基金参与大湾区创新创业型企业融资，并鼓励内地符合条件的创新型企业赴港澳融资或上市，支持粤港澳三地金融机构共同设立大湾区相关基金，并支持保险、银行等资金参与相关基金，吸引内地、港澳地区及海外各类社会资本，为粤港澳大湾区基础设施建设、现代产业发展和重大项目建设提供资金支持等。

在跨境资本流动方面，粤港澳大湾区“金融 30 条”公布实施一年来，便利跨境资金流动，跨境贸易和投融资便利化程度再上新台阶，到 2021 年一季度末广东省累计与港澳地区跨境人民币结算金额超 18 万亿元，人民币已成为粤港澳跨境收支第一大结算货币；自由贸易（FT）账户已面向广州市科创型企业全面推广，并新增工商银行广东省分行、中国银行广东省分行作为 FT 账户试点银行，截至 2021 年一季度末全省企业开立 FT 账户 4 687个，办理业务折合人民币 3 940 亿元。

专栏：广州期货交易所揭牌

2021 年 1 月 22 日，经国务院同意，中国证监会正式批准设立广州期货交易所，广州期货交易所正式落户广州南沙，成为我国第一家混合所有制的交易所，立足服务实体经济、服务绿色发展，坚持市场化、法治化、国际化方向，以产品、制度、技术创新为引领，积极稳妥推进期货市场建设，更好服务我国生态文明建设和经济高质量发展。

广州期货交易所本身也是粤港澳大湾区金融融合的产物之一，是一所混合所有制交易所，由上海期货交易所、郑州商品交易所、大连商品交易所、中国金融期货交易所、香港交易所以及中国平安保险（集团）股份有限公司、广东珠江投资控股集团有限公司、广州金融控股集团有限公司等企业作为广州期货交易所的股东参与建设发展，其股权结构设计充分体现了粤港澳金融融合发展的理念，有利于推动粤港澳地区泛金融产业发展，有利于粤港澳大湾区打造国际级金融枢纽，能更好地发挥金融服务实体经济的作用。

广州期货交易所设立将助力建设粤港澳大湾区金融枢纽，广州期货交易所的设立与上海期货交易所遥相呼应，形成南北空间区域分布的格局，广州期货交易所定位于新型期货交易产品与其余几家期货交易所有所区分。粤港澳大湾区自身金融发展与广州期货交易所理念相符，广州期货交易所的设立也可以弥补大湾区期货交易短板，为大湾区金融发展提供新动力。在大湾区内部，香港交易所作为离岸市场是中国走出国门、走向国际的重要路径之一，具有较强的国际影响力，深圳证券交易所作为股票市场为高新技术企业和中小企业股权融资发挥了重要功能，广州期货交易所的设立，填补了粤港澳大湾区在岸金融风险管理市场的空白，广州期货交易所作为国家级金融基础设施，可以与深圳证券交易所，香港证券交易所形成粤港澳大湾区金融交易群，在服务金融对外开放创新、深化内地与港澳金融合作方面形成良性互通，有利于形成期货现货相互促进、穗港深互为补充的市场发展格局。

广州期货交易所可以更好地服务实体经济，粤港澳大湾区是全国重要物流枢纽之一，在商品储存、物流运输方面具有良好基础，在湾区内设立期货交易所有先天优势，而设立广州期货交易所也能够为企业提供更多的融资渠道及其他金融服务产品，并且围绕着广州期货交易所会聚集一批优质的金融服务公司，增强金融服务实体经济的能力。有学者认为，广州期货交易所的成立，将产生以广州（区域金融中心）为核心的区域金融集聚效应，形成在国内有着极具辐射影响力的粤港澳金融圈，将吸引带动更多金融机构和企业总部入驻大湾区，并且可能会带来大湾区内城市联动合作，增强大湾区吸纳资金的能力。

第二节 大湾区金融融合的理论分析

大湾区金融融合发展是区域金融一体化的一个重要分支，区域金融一体化对于一个区域的经济发展有着重要作用，区域金融合作能够提高金融服务创新部门的效率，从而促进企业创新。区域金融合作有利于缓解地区间信息不对称问题，提高金融服务效率；有利于扩大金融服务市场产生的规模效应；有利于金融行业的有优胜劣汰保证行业高效率。

一、金融融合的判断标准

区域金融融合是一个科学性的问题，怎么样融合，融合程度的界定是有一定标准的，研究金融融合首先要确定金融融合的困难、路径以及体系构建等。一个地区的金融发展是可以用金融业产值，金融机构存贷款数量，金融机构总总数，金融从业人员数量，金融业对 GDP 贡献等来综合衡量，但是金融融合不仅仅是金融发展，还需要考虑到整体性。对照现在学界对金融融合发展的研究，金融合作有经济政策协调、区域性防范和化解金融危机的机制、联动汇率机制、单一货币区四个方面。

1. 政策协调性

政策协调性是指一个区域内部的金融框架，金融政策需要协调，否则一个地区的政策将会对其他地区造成影响。粤港澳大湾区包括广东省内地九个城市、香港和澳门三个地区，其本身就有着政策上的区别，但是随着香港和澳门与内地经济依赖程度不断提高，经济政策的变动就会对其他地区造成影响，所以当内地或者是香港制定经济政策是需要考虑其他地区的。大湾区上层政策的不断出台为大湾区的金融融合提供了政策上的协调性。

香港属于全球金融业发展最成熟的地区之一，其经济政策透明度对比其他城市较高，大湾区内部应增加经济政策的透明度，在制定顶层框架性政策时应考虑到大湾区内部城市之间的协调，根据不同城市的发展战略和产业政策建立起区域内的分工体系，这样可以防止资源禀赋浪费、保证区域内资本流通顺畅。在宏观经济政策方面，广东省应与香港、澳门定期进行研究和交流协调彼此的宏观经济政策，同时粤港澳大湾区应在金融监管和预警体系方面进行合作。

2. 区域性防范和化解金融危机的机制

粤港澳大湾区目前经济体量已经赶上世界上其他几大湾区的经济体量，当前面临着区域金融危机和风险，从全球范围来看，香港作为全球金融中心，是全球资本聚集地之一，需要建立起防范某种机制来预防全球性的金融危机。从区域来看，香港、澳门域内的金融合作越来愈密切，这就意味着危机传播的可能性更大，需要建立起区域性防范风险和化解风险的机制。亚洲金融危机的发生即当时并没有相应的区域风险化解机制，而粤港澳大湾区具有建立这种机制的优势，香港、澳门应加强与内地的合作，互相提供有关资本流动的完全信息，这样无论国际投资者试图攻击哪一方的金融市场，其他地区都能够起到阻止的作用，同时应联合三地建立金融机构基础设施。

3. 联动汇率机制

汇率稳定对于一个地区有着非常重要的意义。无论是港币、葡币，还是人民币的汇率都会受到全球经济影响而产生波动。汇率的不稳定对一个地区的经济、金融会产生很大的损害。

2015 年“8. 11”汇改后，人民币汇率市场化程度明显上升，人民币汇率弹性增大，有助于抵御外部经济波动冲击，有助于保障宏观经济平稳运行，尤其是有助于避免货币政策在内外平衡方面陷入困境，使货币政策可以专注于应对国内经济问题。而港币是和美元挂钩的，区域内的汇率制度的不同会带来一些问题，所以要联动汇率机制、打通三地汇率机制。

4. 单一货币区

单一货币区是区域金融合作的最高层次，目前粤港澳大湾区内存在人民币、港币和葡币三种货币，但是三地的贸易往来中人民币已经成为主要货币。单一货币区可以极大地减少交易成本，改善生产要素的配置效率。根据最优货币区理论，建立最优货币区的前提条件包括生产要素的高度流动性、相近的工业结构、开放度、相近的经济政策偏好、有利于区域联盟的历史文化等。

蒙代尔（1961）提出，如果通过合适的方式将一个区域划分为若干货币区，各个区域使用统一的货币或者固定汇率制度，不同的区域之间实行浮动汇率制度；那么就可以兼顾两种汇率制度的优点，克服弱点。他将最优货币区定义为：相互之间的移民倾向很高，足以保证其中一个地区面临不对称冲击时仍能实现充分就业的几个地区形成的区域。

建立单一货币区不仅能够减少交易成本，促进生产要素自由流动，还能够给各个城市带来潜在的政治收益和风险化解收益，地区间经济依赖的加深有利于维护地区安全，地区合作加深也可以提高一个区域在国际上的经济地位。

二、区域金融融合所面临的挑战

区域金融融合一般情况下面临着制度差异、文化差异、空间分布以及经济差异等问题。与世界其他及大湾区相比，粤港澳大湾区所面临的挑战主要来自以下几个方面。

1. 大湾区内部经济发展不协调，城市间金融发展水平差距较大

广东本来就存在着珠三角和粤东西北地区发展不平衡的问题，特别是在金融领域存在着严重的“一九现象”，即珠三角地区掌握着90%的金融资源和金融机构，在粤港澳大湾区这种现象更加严重，广州—深圳—香港一线占据了大湾区90%以上的金融资源，2020年末香港、深圳、广州三个城市拥有的上市公司家数占大湾区总数的90.56%。这三个城市的金融机构存贷款余额占全区域的75.82%，而其他的九个城市只占有剩下的少量金融资源，这种不平衡与长期以来粤东西北的基础设施建设相对落后有关，由于无法互通互联，人力、资本等往来受到很大程度的影响。

2. 金融辐射能力不强

粤港澳大湾区是全国金融领域的高地，但是金融资源配置方面却不是最强的，现阶段仅有香港交易所，深圳交易所与2020年新揭牌的广期所三家交易所，但是香港交易所并非全国性质，而广州期货交易所尚不成熟，所以除了深交所以外广东省缺乏全国性质的成熟的金融市场；证券保险和银行三大金融行业中大湾区也仅有平安集团，招商集团以及香港的几家大

型龙头企业，相对全国范围内较少，尤其是在证券行业缺乏类似于龙头企业。本书从金融发展来看香港对大湾区的金融辐射范围只有广州、深圳等地，而澳门的金融辐射范围只有珠海的横琴，香港和澳门并没有完全发挥金融领头羊的作用。

3. 金融服务实体经济的能力尚有偏差

广东省作为制造业大省，近年来珠三角却出现了金融业过度房地产化，70%的金融资源一度投向房地产行业，而制造业占 GDP 的比重却在下行，近年来政府相关部门认识到金融业投向房地产资源过度，已经开始整治相关问题；同时，在中美贸易摩擦，新冠肺炎疫情肆虐的大背景下大湾区内的华为、中兴等制造业龙头受到美国金融制裁，现阶段如何将大湾区金融业导向实体经济，提高金融业支持实体经济的效率是大湾区金融业的一个重大问题。

4. 金融业支持科技创新力度不足

粤港澳大湾区科技创新水平居世界前列，2019 年粤港澳大湾区的发明专利数量分别是东京湾区的 2.38 倍、旧金山湾区的 5.72 倍、纽约湾区的 8.16 倍。粤港澳大湾区 PCT 专利总量在四大湾区中位居第二，仅次于东京湾区。2019 年，粤港澳大湾区 PCT 专利总量达 27 815 件，约占我国 PCT 专利总量的 47.15%①。2015—2019 年，粤港澳大湾区 PCT 专利总量保持上升趋势，但自 2017 年后增速有所放缓。其中，广州、深圳、东莞、佛山是粤港澳大湾区 PCT 总量位居前列的创新城市，近五年间均保持较快增长。但与之配套的科技金融服务滞后：具备上市条件的高新技术企业仅占企业数量的 1%；每年发生在广东的创投融资额约为北京的一半，且创投退出渠道狭窄。

5. 制度差异与文化差异

粤港澳三地在配置资源方式上的不同，体现在不同的法律制度中，这是阻碍粤港澳大湾区城市群融合发展的主要因素。粤港澳虽然在地理位置上处于同一区域，但是由于历史原因，三地在方方面面仍存在着不小的差异，例如，货物通行需要海关查验，人员流动须持有通行证，并且三地的

① 人民网．知识产权局：2019 年中国 PCT 专利申请跃居世界第一［EB/OL］，http：//ip.people.com.cn/n1/2020/0409/c136655 - 31667098.html.

货币也不同。这就会导致三地在资源配置方式，经济发展目标上的不一致，从而不利于大湾区金融融合发展。

三、区域金融融合一体化理论与经验

1. 区域金融一体化概念

关于金融一体化的概念国际货币基金组织曾经做出过定义，是一种金融联合动态发展的状态。中国人民大学金融与证券所课题组在2007年指出金融一体化可以从三个方面进行分析：一是金融一体化是各个国家或者各个区域间金融活动、金融政策以及相关金融市场相互作用而形成的一个金融整体；二是金融一体化可以从静态和动态两个方面来解读，从静态来看金融一体化是区域内金融机构相互交叉，金融活动相互渗透的一种状态，从同台来看区域金融一体化是一个逐渐融合的过程，在这个过程中区域内的金融机构，金融业务相互渗透，促进发展；三是金融一体化会使区域内逐渐从区域金融结算、汇兑业务合作等初级阶段逐步发展到区域间借贷资本自由流动、金融市场逐渐融合的高级阶段，最后到区域内使用统一的货币，各国完全牺牲货币政策的独立性。国外的相关文献更多地注重金融一体化衡量的方式，而国内文献更多注重金融一体化的具体方式。

2. 世界三大湾区经验

湾区经济目前是世界经济的主力军，2021年世界五百强企业中有99家坐落在世界四大湾区（纽约湾区、旧金山湾区、东京湾区、粤港澳大湾区），这些湾区内也集聚着全球大部分的技术创新和经济资源，其他三个湾区较粤港澳大湾区来说发展起步较早，现在也较为成熟，我们进行粤港澳大湾区金融融合的过程中可以借鉴他们的经验。三个湾区都有着自己的特色，旧金山湾区是一个高科技著称的湾区，拥有大批科技类巨头；纽约湾区的特色是金融业发达，成为金融湾区；东京湾区则是一个产业湾区。

旧金山湾区主要发展科技行业，拥有世界著名的硅谷以及多所高等学校等科技研究机构，也因此诞生了非常多的科技创新型企业，在硅谷内有着硅谷银行专门对湾区内科技创新型企业进行扶持；纽约湾区主打金融业，是华尔街的所在地，并且聚集了全美六家大银行以及全球大型银行、证券、保险等金融机构超过3 000家的总部，其即金融业非常的发达；东京湾区是一个产业湾区，依托东京湾沿岸的6个大型港口，东京湾区吞吐量超过5亿吨，在港口群的带动下聚集了工业带，成为日本最大的工业城市群，并成长成为国际性金融中心。三大湾区均有其独特的产业对弯曲进行支撑，总结其共性我们发现以下特点。一是拥有全球知名的特大城市，旧金山、纽约、东京都是人口密度非常高的世界级大城市，可以担任起大湾区的核心城市的重任，而其他的城市也会进行配合从而形成一体化发展的模式，核心城市与周边城市的分工也会错位协作，根据自身优势定位不同。二是三大湾区都各在自己的领域是全球的发源地，例如，纽约华尔街是全球金融业最发达的地方、也是金融业发展的源头之一，旧金山湾区则是电子计算机产业的发源地之一，这些城市之所以成为发源地与内部高校密不可分，聚集一流的科研院所和研发团队，再配合上完善积极的创新创业生态系统，在世界改革浪潮中始终站在最前沿，引领世界发展，促进知识创造、科技发明、产业升级，源源不断推动创新发展。三是都担任着全球性资源配置的角色，湾区本身作为大湾区拥有发达的航运行业，其高度发达的综合交通和信息网络会聚集大量的国际性组织和龙头企业，成为资源要素聚集的重要枢纽。四是湾区经济是全球经济的重要引擎，湾区内部聚集着世界一流的大中小企业，带动预取经济快速发展，世界一流的大湾区不仅是一个国家的经济增长重要支撑，更是全球经济的核心支柱。

粤港澳大湾区在发展的过程中要对标世界三大湾区，找到自身的不足，挖掘内部优势，在百年未有之大变局中抓住机会迎头赶上。粤港澳大湾区与三大湾区对比主要的劣势在产业层次较低，科技创新能力有待提高，资源配置能力需要加强，全球影响力要加强。作为大湾区首先要具备足够的影响力，在全球资源配置方面要有一定影响力，合理利用全球资源发展自身经济，加强与国际市场规则接轨，积极参加国际市场规则制定和标准体系的建设；借鉴旧金山湾区科技创新生态系统的建设，以科学技术为引领，提高科技转化为产能的能力，搭建相应平台吸引更多参与主体，完善创新产业链政策，提高国际科技创新水平。

第三节　打造世界级金融湾区

一、湾区三地亟需加强协调机制建设

大湾区金融融合最重要的是协调机制的完善，目前大湾区的一切事情只能靠市场、签协议或相互协商解决，各方只能发布各自的支持政策。大湾区金融不能简简单单是 11 个城市完全靠着市场来进行融合，和需要一个完善的协调机制来统筹各方。例如，2017 年粤港澳三地签署了《深化粤港澳合作推进大湾区建设框架协议》。这个框架协议没有产生太好的效果，各方面的措施没有积极落地；2019 年 2 月，中共中央国务院发布了《粤港澳大湾区发展规划纲要》，但它也只能对广东省政府提出要求，要求广东省政府和香港、澳门特别行政区政府要加强沟通，协商解决实际问题；2019 年 7 月，广东省委省政府发布了《关于贯彻落实〈粤港澳大湾区发展规划纲要〉的实施意见》和《广东省推进粤港澳大湾区建设三年行动计划（2018—2020 年)》，这些也只是从广东省的角度来考虑和推进大湾区的建设，只依靠协议和政策并不能够有效地解决金融融合发展中遇到的问题。

在一个国家、两种制度、三种货币、三种金融体制的特殊条件下推进粤港澳大湾区金融合作，需要三方进行全面谋划和通力协作，恰当选择合作发展的路径和切入点。粤港澳大湾区金融融合发展首先就要进行战略规划，三地经济体制存在着差异，所以金融融合不会一蹴而就，是一个动态的过程。首先三地需要通过协商，发文并成立专门的机构推进金融融合发展，在这个过程中将会成立责任机构，并形成专门的金融融合框架性体系；其次是各方金融机构互相设立分支机构，实现互联互通、融合发展；最后才是破除体制障碍，实现真正的金融一体化。在政府政策层面应加强以下几个方面：第一，加强领导能力，统筹推进，积极协同中央驻粤金融监管部门，省级相关部门，港澳相关部门合力进行相关政策制定，充分利用中央有合约港澳等地区各方优势促进大湾区金融融合发展。第二，携手港澳台共建常态化的工作机制，金融融合作为一个动态发展过程需要粤港澳三

地紧密联系，加强规则堆积，完善常态化工作机制，其中包括金融机关沟通联络机制，定期进行金融监管沟通，探讨建立统一的监管体系以满足在粤港澳大湾区内开展跨境业务的需求，防范区域性金融风险，提高金融危机化解的能力。

二、推动单一通行证机制，建立大湾区统一的金融市场

截至 2021 年，大湾区内部有香港证券交易所、深圳证券交易所、广州期货交易所三家金融交易所，香港证券交易所和深圳证券交易所已经开通“深港通”包括南向和北向两个方向进行交易所的联动，能够支持部分上市公司证券交易联动，截至 2021 年 8 月港股通标的达到 522 家，深股通标的数量达到 851 家，但是这距离实现金融融合还存在很大的距离。

“单一通行证”机制，是指在认可“单一通行证”的区域内，只要金融机构在注册地获得准入，该金融机构便获得“单一通行证”，可在其他认可该“单一通行证”的地区跨境展业或设立分支机构，展业地原则上不再施加其他额外的监管要求，金融机构也无须在展业地额外设立单独的子公司或单独申请准入许可。目前粤港澳大湾区可以通过借鉴欧盟区采用的“单一通行证”机制降低金融业机构展业审核的复杂程度，使三地金融机构在跨境提供金融服务实无需再单独申请准入，从而促进金融机构互设分支机构，打造跨境金融市场“高速公路”，推动金融市场一体化进程。从欧盟的经验来看，“单一通行证”机制对于金融融合是有积极效应的，虽然其在 2008 年金融危机时面临一些挑战，但近年来随着金融科技等发展，这种机制也在不断进步，目前大湾区已经具备采用该机制的条件：第一，大湾区金融市场有较大需求，截至 2021 年一季度末。广东省自贸区累计办理贸易外汇收支便利化试点业务 7. 84 万笔，粤港澳大湾区跨境人民币结算金额累计超过 18 万亿元，大湾区内部需要更加便利的跨境消费、跨境保险等金融服务产品；第二，湾区内金融机构有相应的基础，由于“深港通”开通，已有不少金融机构在三地开设了分支机构提供相应的金融服务，一些金融服务机构已经开始对三地开始市场分析；第三，在监管方面有共识，港澳多个金融监管部门在多次交流中表现出推动金融一体化的共识，乐于

支持推动“单一通行证”机制。

“单一通行证”机制可借助深圳这个金融改革高地进行实现，率先在深圳、香港、澳门开展试点，利用好中央在《支持深圳建设中国特色社会主义先行示范区意见》中赋予深圳更多的政策弹性空间，具体措施如下：设立粤港澳三地政府组成的大湾区金融事务委员会和“单一通行证”管理机构；设立“大湾区国际商业银行”配合实行“单一通行证”的资金流需求；降低准入门槛，加强支援中小型金融机构；加强金融互联互通的广度和深度；在香港设立大湾区跨境金融事务法庭和仲裁中心；将香港定位为“单一通行证”制度下外资进入大湾区的主要注册平台等。在深圳与港澳地区先行积累经验，再向大湾区逐步推广，最终形成统一的金融市场。

三、围绕服务实体经济推动大湾区金融融合发展

大湾区金融融合一定要坚持金融服务实体经济的原则，以服务大湾区实体经济发展为出发点和落脚点。继续在大湾区推广广东自贸区贸易便利化试点，目前试点业务规模已经走在全国前列，在货物贸易、服务贸易以及贸易外汇收支便利化试点方面将持续扩大规模，为大湾区贸易提供更加便利的环境。加大自由贸易账户的推广力度，让更多的科技创新型企业可以从中受益，目前全省已经开立自由贸易账户（FT）4 687 个，办理业务达到 3 940 亿元的规模，下一步将扩大自由贸易账户适用范围，让更多的企业能够从中受益。“十三五”期间，广东省建设了中小融平台，是一项深化金融供给侧结构性改革，提高金融服务实体经济的典型案例，平台支持中小企业融资匹配，可以适当将平台范围扩大至粤港澳大湾区全区域，吸纳更多的资金进入平台从而可以帮助更多的实体企业进行融资。持续引入粤港澳三地银行、保险以及财政资金共同设立“大湾区发展基金”，用来支持大湾区中长期优质项目的建设，以政府牵头鼓励更多的资金设立人民币基金，从而扩宽大湾区跨境投融资渠道。大湾区内部拥有众多金融机构以及制造业龙头企业，应推动政府企业联合设立相关产业基金，以扶持产业上下游企业发展，打造产业金融高地。

四、优化广东和港澳金融空间布局

合理的金融空间分布可以推动区域金融融合健康发展，目前大湾区金融发展速度非常快，但是我们也可以看到金融空间分布非常不合理，在香港、澳门、深圳、广州聚集了大量的金融资源，而肇庆等地的金融资源却相对匮乏。携手“9+2”城市群共同打造大湾区国际金融枢纽，共同建设广州南沙、深圳前海、珠海横琴深度金融合作平台，加强珠海与澳门，深圳广州与香港的合作形成“以点带线，以线带面”的金融发展模式，从而简称辐射粤港澳大湾区全区域的金融国际枢纽，增强大湾区内部资源配置能力。具体来说有以下几点。

1. 提升深圳先行示范区金融能效

深圳毗邻香港，具有金融改革发展的先天优势，支持深圳进行深度金融创新，在科技金融、文化金融、供应链金融等重点领域先行，持续提高深圳金融配置资本的能力和效率，加速建设全球性的创新资本形成。深圳应抓住数字人民币试点政策的优势，大力推进数字人民币相关技术发展，建设金融科技高地。同时，深圳应加强向周边城市金融辐射的能力，通过与周边城市合作发展带动金融空间合理布局。

2. 打造广州城市金融高地

随着广州期货交易所的揭牌，广州市将吸引全球投资者和各类企业机构参与广州金融建设，广州应以更高的标准完善期货产业体系，探索期货国际标准，打造金融风险管理中心，同时推动广州南沙金融中心平台发展，形成金融联动效果，建设面向全球的财富管理中心和具有重要影响力的国际化金融资源配置中心。

3. 粤港澳其他地区依据自身优势建设成为特色金融区域

珠海应依托靠近澳门的优势，打造珠海—澳门跨境金融合作示范区，吸引更多的澳门资金与本地金融机构进行合作，加强在跨境债券发行，金融科技创新等方面的深度合作；依托东莞松山湖、惠州仲恺等国家级高新区打造金融高质量发展区域，积极承接深圳金融外溢，促进金融与本地实体经济深度融合，打造特色金融中心。

4. 在广东省内要补齐“粤东西北”金融短板

实施“粤东西北金融倍增工程”，探索建设粤北地区普惠金融试验区，完善相关政策支持体系，推动金融对口帮扶机制，积极引导珠三角城市金融资源回流。支持大型龙头金融机构平安集团、越秀金控等在粤东西北地区增设分支机构，推动粤东西北地区科创企业上市，优化各地市金融服务网络，大力提升当地金融服务中方小企业的水平。

五、加强金融科技合作

大力发展金融科技，全面支持金融数字化智能化转型，云计算、大数据、人工智能、区块链等新科技重塑了传统金融业态的业务模式与竞争格局，金融科技日益成为金融业竞争的高地。大湾区应充分利用腾讯、华为、中兴、平安等龙头企业优势，大力促进金融科技发。现代金融科技技术可以广泛应用于金融便利化、金融服务实体经济以及金融业监管。未来想要在粤港澳大湾区内发展好金融科技有以下几个抓手：第一，建立高效的跨进数字金融服务体系在广东省“中小融”平台的基础上研究粤港澳三地金融数据的互通互联机制，以跨境贸易为突破口推动三地海关、物流、资金、人力等信息的交流，为全域内中小企业提供更加便捷的金融服务；第二，推动智能金融的发展，大湾区是国内电子制造业高地，拥有华为、中兴、广电运通等一批优质金融交易基础设施制造商，而要发展新一代只能金融就必须推进这些企业助力实现金融交易系统、金融机构数据库和经营系统底层硬件和技术的国产化，保证金融安全；第三，以深圳数字货币试点为契机，向全球输出金融科技服务。广东省作为数字人民币的先行者，可以通过示范效应向“一带一路”沿边国家以及不发达国家输出金融科技服务，帮扶金融发展程度低的地区和国家提供相应金融科技服务，提升大湾区金融影响力；第四，在金融科技高速发展的背景下推动监管科技的发展。加快金融基础设施和金融监管信息的互联互通，通过物联网、区块链、跨境第三方支付等手段，在关境管理、跨境资金流动监管方面探索有效的信息化监管方式，推动大湾区人流、物流、信息流和资金流的畅通融合，积极探索建设金融监管的“防火墙”。第五，三地共同构建粤港澳大湾区金融科技创新人才发展机制。金融科技的发展离不开高端金融人才，所以高端人才的培养引进和使用成为了金融科技发展水平的决定性因素之一，大湾区内部应建立相应人才发展机制，将前海、南沙、横琴三个金融中心平台的特殊政策复制到整个粤港澳大湾区，对于国外高端人才，可以建立合作机制吸引他们短期工作或远程工作，推动高校与企业合作，采用校企合作的办法为大湾区培养针对性的金融科技人才。

六、促进绿色金融发展

绿色金融亦是粤港澳大湾区的发力重点。香港和广州分别在绿色债券和绿色贷款领域处于发展前列，深圳则在发展绿色基金和绿色保险方面成效显著。在大湾区内应高质量建设绿色金融改革创新试验区，争取气候投融资试点。将亮橙色金融改革试验区的经验向整个大湾区进行推广，建立健全支持绿色金融发展的风险补偿机制、增信机制、推动绿色项目的发展。确立大湾区内部城市的绿色金融功能定位，基于“产业发展分工协作”的核心理念，可以将大湾区绿色金融分布定位于“双核驱动，互联互通，优势互补，集聚发展”，以香港国际绿色金融中心和广州国家级绿色金融改革创新试验区为两个核心，以广州期货交易所等绿色金融平台为载体搭建完整的绿色金融合作体系：利用香港、澳门、广州、深圳雄厚的资本建设金融融资服务平台，以佛山、东莞、江门、惠州等地为主的制造业主导城市则打造绿色产业园区，珠海和肇庆则可以依靠生态环保和自然资源建设绿水青山示范区，各城市依托自身优势扩大珠三角地区绿色产业与港澳金融市场要素双向开放和联通，推动大湾区绿色金融达到世界水平。打造香港国际绿色金融中心。香港作为全球最大的人民币离岸市场，处理全球70%的离岸人民币支付交易可以通过具体项目实施，在地区绿色融合、绿色金融合作、绿色金融机构，跨境人民币等方面创新合作，推动香港成为绿色金融离岸、在岸一体化中心。在绿色金融资产、绿色债券募集、交易和认证等方面积极推进相关认证机构进香港，提升香港的中心地位。澳门近年来大力发展特色金融，主要内容是财富管理、中国—葡语国家人民币清算中心及融资租赁，利用优势可以将澳门打造成为大湾区的绿色金融特色产品示范区。

七、加强金融基础工作建设，完善配套人才体系

大湾区金融工作有待加强，要增强金融业资源配置的能力，加快大湾区内部国际性商业银行分支机构开立工作，持续完善广州期货交易所平台中心地位，通过营造国际化的金融环境吸引境内外优质金融机构，整合辖区内交易场所，整合现有金融市场资源搭建具有一定区域议价能力的大宗商品交易市场。建设国际型创投和风投中心，加快完善多层次的资本市场体系，创新区域性股权融资中心。加大对基础设施投资融资的支持力度，大湾区基础设施需要加大补齐力度，有效利用跨境资金在境内外发行债券进行基础设施建设。

人才资源是大湾区发展的最大优势之一，保持大湾区人口吸引力先要依靠经济的发展和产业升级灯影建设是，还需要建立完善的社会保障制度和良好的居住环境，在大湾区内部完善各种银行、保险、证券等配套的金融服务公司，对照香港的人身险，健康险等产品，大湾区内部也需要提供与经济水平社会保障水平相适应的保险产品，但是即便这样大湾区内部社会福利水平依然是极不均衡，应建立相应机制引入香港保险业与大湾区内部保险业相融合，提高湾区内保险业平均水平，从而提高整体金融服务水平。人才吸引的另外一项重要因素是生态环境，《规划纲要》已经将绿色发展作为基本原则之一，未来低碳绿色的发展模式要加快形成，这就需要绿色金融的支撑配合。

八、加强监管，护航金融融合

粤港澳大湾区目前具有“三套金融监管体系、多个金融监管机构”，在金融监管方面区域间存在着监管壁垒，在金融融合的过程中金融监管将是保驾护航的重要方面，大湾区金融发展需要适当的容错机制，设立一个“缓冲区”，加强宏观审慎管理，提高金融风险防范能力和化解金融危机的能力。具体来说首先要建立起审慎管理框架，从总量上评估跨境资本流动所带来的流动性风险，适时开展逆周期调控，并提高政策的透明度，以便减少对市场的冲击。加强三地的金融监管合作，创新金融监管方式，为大

湾区金融合作发展提供监管保障：第一，创新灵活安全的金童监管体制，确立三地金融监管的内容和相应标准，适时推出金融“监管沙盒”，“监管沙盒”是一个缩小般的金融市场具有较为宽松的金融环境，可以在其内部实验创新的金融产品服务，本质上“监管沙盒”的实施目的是提高金融运行效率并使消费者受益，应避免其成为规避监管、实现监管套利的工具。因此，在“监管沙盒”创新的金融产品和服务体量均不宜过大，须重视防范可能带来的相应风险。第二，利用金融科技加速筑牢“安全网”，建立起跨境金融的“电子围栏”，通过物联网、区块链、跨境第三方支付、大数据共享等手段构筑起跨进资金流通的“安全网”，从而保证湾区金融融合能够更健康的发展。第三，建立长效统一的风险预警机制，通过大数据共享以及云上平台等手段建立起全区域网络信息安全通报机制，完善反洗钱，防范电信诈骗等方面的监管机制，同时要建立起统一的金融消费者权益保护机制。

本章参考文献

[1] 陈孝明，谢冬敏．粤港澳大湾区金融合作对区域创新影响研究——基于空间杜宾模型的分析 [J]．金融与经济，2021 (06)：16 - 23.

[2] 冯邦彦．深化粤港金融合作，加快深穗区域金融中心发展 [J]．华南师范大学学报（社会科学版），2014 (05)：116 - 123、163 - 164.

[3] 郑水珠，何燕婷．深化粤港金融合作的对策研究——以深圳自贸区为视角 [J]．边疆经济与文化，2021 (02)：19 - 21.

[4] 郁万荣，王永胜．粤港澳大湾区金融融合发展文献综述 [J]．中国经贸导刊（中），2020 (11)：183 - 184.

[5] 邹颖．粤港澳大湾区金融融合发展研究 [N]．珠海特区报，2020 - 12 - 21 (011).

[6] 巴曙松，王志峰．从粤港澳大湾区看珠海和澳门的金融融合发展 [J]．金融博览，2019 (04)：16 - 17.

第四章　广东贸易结构转变的驱动要素

改革开放四十多年来，广东作为对外贸易的先行地和桥头堡，充分发挥“天时地利人和”的优势条件，包括毗邻港澳、交通便捷的地理优势和国家赋予深圳、珠海、汕头三大经济特区的政策优势。通过外引内联集聚了大量资本、廉价劳动力和高端人才资源，形成了明显的要素禀赋优势，由此推动了对外贸易的超高速发展，进而对广东的经济发展起到了极其重要的拉动作用。改革开放初期，广东主要依靠劳动力、原材料等生产要素成本低廉的比较优势参与国际贸易和分工体系。进入21世纪，广东积极鼓励和大力支持科技创新，扶持高新技术产业发展，促进高附加值、高技术含量的产品贸易，这一前瞻性的政策是保证广东对外贸易和经济发展拥有持续动能和巨大潜力的重要基础。如今，高端人才资源的快速增长、科技创新活动的蓬勃开展、科研成果的高效率转化，已经成为广东领先于全国的竞争优势，使广东在全球产业链、贸易链和价值链中的地位从下游向上游不断攀升。这一点在广东对外贸易商品结构和方式结构的变化上已经得到体现：高新技术产品进出口占进出口总额的比重从20%左右提升到40%以上，贸易方式也从以加工贸易为主转变成以一般贸易为主。

第一节　广东外贸要素禀赋变化的实证分析

一、模型构建

前文的理论分析中指出，来源于要素禀赋结构的比较优势开启了广东对外贸易发展的进程。伴随着经济水平的不断提高，经济社会发展到新的阶段，要素禀赋结构改善、规模经济效益提升以及专业化技术能力积累所形成的竞争优势，则在国际贸易和分工体系中发挥着更为重要的作用。这其中，对外贸易商品结构和方式结构的升级是广东参与全球产业链、价值链竞争力增强的直接体现。基于此，本书运用实证分析方法，根据广东2001—2019年的宏观经济数据，探究其对外贸易商品结构和方式结构发生转变的驱动因素。

在考虑模型可操作性和数据可得性之后，本书将本国资本存量、劳动力数量、技术水平和FDI作为影响对外贸易商品结构和方式结构的主要因素。其中，本国资本存量、劳动力数量和FDI属于较传统的要素禀赋，而技术水平属于创新的要素禀赋。本书以对外贸易的商品结构和方式结构作为因变量，以本国资本存量、劳动力数量、技术水平和FDI作为自变量，采用时间序列回归方法来研究这些变量之间的相关关系。所构建的数学模型如下。

$$GS = \beta_0 + \beta_1 \ln K + \beta_2 \ln L + \beta_3 \ln TECH + \beta_4 \ln FDI + \mu \tag{4-1}$$

$$MS = \beta_0 + \beta_1 \ln K + \beta_2 \ln L + \beta_3 \ln TECH + \beta_4 \ln FDI + \mu \tag{4-2}$$

其中，因变量GS表示对外贸易的商品结构，MS表示对外贸易的方式结构；自变量K表示本国资本存量，L表示劳动力数量，TECH表示技术水平，FDI表示外商直接投资。由于因变量均为比重指标，单位为%；而自变量均为总量指标，单位不统一且数值较大。为避免异方差过大，将所有自变量取自然对数进行处理。

二、指标选取与数据说明

1. 商品结构

由于高新技术产品的出口和进口差别较大，因此分别测算高新技术产品在出口中、进口中的比重来表示出口和进口的商品结构。国内外学者在研究对外贸易的商品结构时，常用的指标大致分为两类：一是Hausmann等（2007）和Xu（2006）等学者提出的出口贸易复杂度，从商品的技术含量着手，通过测度技术含量来说明商品结构；二是采用国际分类标准对不同要素密集型的产品进行分类，直接利用分类产品进出口值占贸易总额的比重来衡量商品结构，例如，根据国际贸易分类SITC将产品划分为资源密集型、劳动密集型、资本密集型、技术密集型等（杨汝岱、朱诗娥，2008）。本书采用《广东统计年鉴》公布的高新技术产品出口和进口值，分别计算其占出口和进口总额的比重，来衡量广东对外贸易的商品结构。

2. 方式结构

国际贸易的方式可分为一般贸易、加工贸易、保税贸易和其他贸易方式。由于广东省内在深圳、广州、珠海和汕头存在6个保税区，而保税贸易涉及到保税区的建设和政策影响，不适宜此模型的分析。因此，本书的研究范围只限于一般贸易和加工贸易。本书同样是采用《广东统计年鉴》中的数据，计算一般贸易进出口值占进出口总额的比重，来衡量广东对外贸易的方式结构。

3. 本国资本存量

对于资本存量的计算，当前学术界普遍采用的是 Goldsmith（1951）所创立的永续盘存法，其计算方法如下。

$$K_t = K_{t-1}(1-\delta_t) + I_t/PIF_t \quad (4-3)$$

其中，K_t 表示 t 期的资本存量，δ_t 表示 t 期的折旧率，I_t 表示 t 期的投资额，PIF_t 表示 t 期的固定资产投资价格指数。

本书同样也采取这种方法来计算广东的资本存量，并参考张军等（2004）对广东省物质资本存量的估算方法和结果。对基期资本存量的测算，本书将1978年的固定资本投资形成除以10%，作为广东的初始资本存量。基年越早，其数据对当前数据的影响越小，偏离也就越小。1978年距2001年间隔20多年，且早期物质资本存量和固定资本投资规模都较小，对研究时段内数据的影响几乎可以忽略不计。对折旧率的确定，综合国内建筑、设备等各类固定资产的平均使用寿命，按9.6%进行计算。固定资产投资价格指数，数据来源于《广东统计年鉴》，以此来消除价格波动对实际投资额的影响。

4. 劳动力数量

本书采用《广东统计年鉴》公布的年末从业人口，作为劳动力数量的统计指标。

5. 技术水平

因为技术水平对贸易结构和方式的影响主要是通过提高各行业的劳动

生产率来实现，因此本书用全社会劳动生产率来表示技术水平，数据来源于《广东统计年鉴》。

6. 外商直接投资

根据《广东统计年鉴》公布的实际利用外资额数据，计算其每年的增加量，同时去除价格因素的影响。由于广东省统计局在2001年以后才公布固定资产投资价格指数，所以选取与之几乎相近的广东省城市居民消费价格指数作为替代。以1978年作为基期，将实际用外资增加额除以每年的城市居民消费价格指数。因为每年的实际利用外资增加额有正有负，所以把每年的数值减去增加额最小值，得到实际利用外资的相对增加量。

指标选取情况见表4-1。

表4-1　　指标选取

变量	变量解释（单位）	变量类型	数据来源
商品结构（GS）	高新技术产品出/进口值占对外贸易出/进口总额的比重（%）	因变量	《广东统计年鉴》
方式结构（MS）	一般贸易进出口额占全部进出口总额的比重（%）		
本国资本存量（K）	按上述公式（3）计算（亿元）	自变量	
劳动力数量（L）	年末从业人员数量（万人）		
技术水平（TECH）	全社会劳动生产率（万元/人）		
外商直接投资（FDI）	实际利用外资的相对增加量（万美元）		

三、实证分析与结果

1. 平稳性检验

在经典计量经济学模型中，具有单位根的时间序列容易出现伪回归现象。因此，在进行数据回归之前，有必要进行平稳性检验。本书采用ADF方法检验各个时间序列是否存在单位根过程。

ADF检验基本模型包括以下三种。

$$Y_t = \gamma Y_{t-1} + \mu_t \text{（无趋势项，无常数项）} \tag{4-4}$$

$$Y_t = \alpha + \gamma Y_{t-1} + \mu_t \text{（无趋势项，有常数项）} \tag{4-5}$$

$$Y_t = \alpha + \beta_t + \gamma Y_{t-1} + \mu_t \text{（有趋势项，有常数项）} \quad (4-6)$$

在对外贸易商品结构指标中，用 exhightech 表示高新技术产品出口比重，用 imhightech 表示高新技术产品进口比重；在对外贸易方式结构指标中，用 gentra 表示一般贸易进出口额占全部总进出口额比重。所有变量均为广东省 2001—2019 年经济数据。

运用 Stata16 软件对各变量进项 ADF 检验，结果如表 4 - 2 所示。

表 4 - 2　　ADF 检验结果

变量	检验类型（c，t，k）	ADF 统计量	1%临界值	5%临界值	10%临界值	是否平稳
exhightech	（c，0，1）	-4.103	-3.750	-3.000	-2.630	平稳 ***
imhightech	（c，t，1）	-3.638	-4.380	-3.600	-3.240	平稳 **
gentra	（c，t，1）	-3.298	-4.380	-3.600	-3.240	平稳 *
lnK	（c，0，1）	-2.690	-3.750	-3.000	-2.630	平稳 *
lnL	（c，0，1）	-5.037	-3.750	-3.000	-2.630	平稳 ***
lnTECH	（c，0，1）	-3.333	-3.750	-3.000	-2.630	平稳 **
lnFDI	（c，0，1）	-3.062	-3.750	-3.000	-2.630	平稳 **

注：在（c，t，k）中，c 表示模型中是否具有常数项，t 表示模型中是否含有时间趋势项，k 表示模型中的滞后项长度；*、**、*** 分别表示在 10%、5%、1% 的显著性水平。

表 4 - 2 的 ADF 检验结果显示，这些时间序列的 ADF 统计量至少在 10% 的水平下显著，证明其均是平稳的，即为零阶单整序列 I(0)，故可在此基础上进行 OLS 回归分析。

2. 回归分析与结果

将各变量指标代入所构建的模型中，具体的回归模型如下。

$$exhightech = \beta_0 + \beta_1 \ln K + \beta_2 \ln L + \beta_3 \ln TECH + \beta_4 \ln FDI + \mu \quad (4-7)$$

$$imhightech = \beta_0 + \beta_1 \ln K + \beta_2 \ln L + \beta_3 \ln TECH + \beta_4 \ln FDI + \mu \quad (4-8)$$

$$gentra = \beta_0 + \beta_1 \ln K + \beta_2 \ln L + \beta_3 \ln TECH + \beta_4 \ln FDI + \mu \quad (4-9)$$

运用 Stata16 软件进行计量回归，结果如表 4 - 3 所示。

表 4-3　　回归结果

	(1)	(2)	(3)	(4)	(5)
VARIABLES	exhightech	imhightech	gentra	imhightech	gentra
lnK	-23.285***	4.673	24.575***	3.832	19.177***
	(4.235)	(7.182)	(4.376)	(3.371)	(1.672)
lnL	59.531***	31.486	-6.725	26.681	-37.568***
	(17.313)	(24.667)	(20.993)	(16.578)	(8.038)
lnTECH	21.014*	-3.000	-19.256		
	(10.175)	(16.995)	(13.348)		
lnFDI	-0.214***	-0.072	0.043	-0.077	0.011
	(0.053)	(0.068)	(0.033)	(0.069)	(0.030)
Constant	-261.048	-273.598	-142.920	-228.690**	145.336**
	(149.559)	(227.748)	(192.581)	(106.326)	(51.269)
Observations	19	19	19	19	19
R-squared	0.8760	0.9407	0.9791	0.9406	0.9751
Adj R-squared	0.8406	0.9237	0.9732	0.9287	0.9701
Prob > F	0.0000	0.0000	0.0000	0.0000	0.0000

注：括号中为标准误；*** $p<0.01$，** $p<0.05$，* $p<0.1$。

从第一列可以看出，对（4-7）式进行 OLS 回归的修正可决系数较高，且 F 检验的 p 值为 0.000，代表解释变量联合起来对于因变量的解释程度较高。lnK、lnL、lnFDI 的系数都具有 1% 的显著性水平，lnTECH 的系数也有 10% 的显著性水平，对解释变量系数的估计较为准确。虽然常数项不显著，但这并不影响自变量对因变量的解释。

从第二列可以看出，对（4-8）式进行 OLS 回归的修正可决系数较高，且 Prob > F = 0.000，但解释变量的系数均不显著。同样，从第三列可以看出，对（4-9）式进行 OLS 回归的修正可决系数很高，且 Prob > F = 0.000，但除了 lnK 之外其余解释变量的系数也都不显著。出现这种现象的原因，初步判断方程可能存在多重共线性。因此，采用方差膨胀因子法检验其多重共线性，检验结果如表 4-4 所示。VIF 值越大代表多重共线性越强。如果 VIF 值大于 10，则一般认为式子具有较严重的多重共线性。

表 4-4　　方差膨胀因子检验结果

Variable	VIF	1/VIF
lnTECH	300.96	0.003323
lnL	128.13	0.007804
lnK	91.63	0.010913
lnFDI	1.08	0.926933
Mean VIF	130.45	

经过方差膨胀因子法检验，方程平均的 VIF 值远大于 10，故存在较高的多重共线性。采用剔除变量法降低方程的多重共线性，尝试剔除 VIF 值极大的 lnTECH 变量，之后对方程进行回归的结果如表 4-3 第四列和第五列所示。

从第四列可以看出，剔除造成多重共线性较严重的 lnTECH 变量后，对方程（4-8）进行 OLS 回归，其修正可决系数较高，且 Prob > F = 0.000。但剔除变量并不能使其他解释变量的系数变得显著，并且这样可能导致方程出现设定误差。考虑到多重共线性只能降低无法消除，为避免方程设定误差，仍然保留 lnTECH 这一自变量。对方程（4-8）的拟合估算继续采用第二列的回归结果，不再多做处理。

从第五列可以看出，剔除造成多重共线性较严重的 lnTECH 变量后，对方程（4-9）进行 OLS 回归，其修正可决系数较高，且 Prob > F = 0.000。由于剔除变量后使得其他解释变量的系数变得显著，并且一般贸易的商品并不全是技术含量较高的产品，技术水平的提高并不能直接体现在对外贸易方式结构的转变上，这一点从第三列 lnTECH 的系数为 -19.256 这一回归结果上也可以看出。因此，经过上述分析，对方程（4-9）的拟合估算采用第五列剔除 lnTECH 变量后的回归结果。

根据回归结果，可以得到以下三个拟合方程。

$$\widehat{exhightech} = -261.048 - 23.285\ln K + 59.531\ln L + 21.014\ln TECH - 0.214\ln FDI \quad (4-10)$$

$$\widehat{imhightech} = -273.598 + 4.673\ln K + 31.486\ln L - 3\ln TECH - 0.072\ln FDI \quad (4-11)$$

$$\widehat{gentra} = 145.336 + 19.177\ln K - 37.568\ln L + 0.011\ln FDI \quad (4-12)$$

从（4－10）式可以看出，本国资本存量、外商直接投资与高新技术产品出口比重呈负相关，劳动力数量、技术水平与高新技术产品出口比重呈正相关。本国资本存量每增加1%，高新技术产品出口比重将降低0.23285个百分点；劳动力数量每增加1%，高新技术产品出口比重将提升0.59531个百分点；技术水平每增长1%，高新技术产品出口比重将提升0.21014个百分点；外商直接投资每增长1%，高新技术产品出口比重将降低0.00214个百分点。引起广东高新技术产品出口比重增长的原因可能在于：技术水平的提升推动了当地高新技术产业的发展，高科技含量、高附加值的产品被越来越多地生产出来；同时劳动力数量的增加也带来高端人才资源的增长，其所蕴含的人力资本也充分发挥作用。技术水平、知识水平和管理水平的提升共同作用，增加了技术密集型、知识密集型产业产品的国际竞争力，促进广东对外贸易出口商品结构的优化升级。

从（4－11）式可以看出，本国资本存量、劳动力数量与高新技术产品进口比重呈正相关，技术水平、外商直接投资与高新技术产品进口比重呈负相关。本国资本存量每增加1%，高新技术产品进口比重将提升0.04673个百分点；劳动力数量每增加1%，高新技术产品进口比重将提升0.31486个百分点；技术水平每增长1%，高新技术产品进口比重将下降0.03个百分点；外商直接投资每增加1%，高新技术产品进口比重将下降0.00072个百分点。引起广东高新技术产品进口比重增长的原因可能在于：随着经济水平、科技水平的提高，本国资本越来越倾向于投资高利润率、高回报率的高新技术产业；同时劳动力数量增长，越来越多的从业人员转向高新技术产业就业。技术密集型、知识密集型产业的发展，需要从国外引进各种高新技术产品，带来广东对外贸易进口商品结构的改变。

从（4－12）式可以看出，本国资本存量、外商直接投资与一般贸易进出口额占比呈正相关，劳动力数量与一般贸易进出口额占比呈负相关。本国资本存量每增加1%，一般贸易进出口额占比将提升0.19177个百分点；外商直接投资每增加1%，一般贸易进出口额占比将提升0.00011个百分点；劳动力数量每增加1%，一般贸易进出口额占比将下降0.37568个百分点。引起广东一般贸易进出口额占比提升的原因可能在于：加工贸易产品要求低端劳动力较多并且成本低廉，但随着经济水平的提高，劳动力数量虽然增长，但同时其成本也在不断上升。廉价劳动力这一比较优势随着高端人才资源的不断增长而逐渐消失，进而导致本国资本和外商直接投资转向投入利润率、回报率较高的一般贸易产品，促进广东对外贸易方式结构的转变改善。另外，如前文分析，一般贸易的商品并不全是技术含量较高的产品，技术水平的提高并不能直接体现在对外贸易方式结构的转变上，这一点通过技术水平与一般贸易进出口额呈负相关的回归结果可以证实。

3. 格兰杰因果检验

由于回归分析只能说明变量之间的相关关系，而不能说明因果关系。为进一步探究要素禀赋是否影响贸易结构，尝试做格兰杰因果检验。格兰杰因果检验是一种检验序列 X 是否为序列 Y 产生原因的方法，如果 X 是 Y 的格兰杰原因，那么 X 将有助于预测 Y，而 Y 却不能帮助预测 X。验证思路为首先将 Y 对于其滞后项进行回归，估计其被滞后项所能解释的程度，然后再将 X 的滞后项引入式子，考察解释程度是否显著提高。格兰杰因果检验的前提条件是序列平稳，根据此前的 ADF 检验结果，变量 exhightech、imhightech、gentra、lnK、lnL、lnTECH、lnFDI 均为平稳时间序列，可以进行格兰杰因果检验。

在进行格兰杰因果检验时，可以通过 AIC、BIC 模型来确定滞后阶数。AIC、BIC 的数值越小越好，直到不能再滞后。由此确定因变量对自变量因果检验的滞后阶数为 5，自变量对因变量因果检验的滞后阶数为 1。对于上述变量的格兰杰因果检验结果如表 4－5、表 4－6 所示。

表 4－5　　　　格兰杰因果检验结果（一）

原因/结果	exhightech	imhightech	gentra
lnK	是（0.0000）	是（0.0000）	是（0.0000）
lnL	是（0.0007）	是（0.0000）	是（0.0133）
lnTECH	是（0.0000）	是（0.0000）	是（0.0000）
lnFDI	是（0.0225）	不是（0.0622）	是（0.0000）

注：括号内为 Prob > chi2 值，滞后阶数为 5。

表 4-6　　格兰杰因果检验结果（二）

原因/结果	lnK	lnL	lnTECH	lnFDI
exhightech	是（0.0000）	不是（0.0668）	不是（0.1433）	不是（0.4040）
imhightech	是（0.0165）	是（0.0121）	不是（0.4933）	不是（0.3189）
gentra	是（0.0008）	不是（0.6273）	不是（0.8817）	不是（0.2734）

注：括号内为 Prob > chi2 值，滞后阶数为 1。

从格兰杰因果检验结果可以看出：本国资本存量、劳动力数量、技术水平、外商直接投资都是高新技术产品出口比重的格兰杰原因，其中本国资本存量与高新技术产品出口比重存在双向因果关系。本国资本存量、劳动力数量与高新技术产品进口比重存在双向因果关系；而技术水平是高新技术产品进口比重的格兰杰原因，但只存在单项因果关系；外商直接投资与高新技术产品进口比重之间不存在格兰杰因果关系。本国资本存量、劳动力数量、技术水平、外商直接投资均是一般贸易进出口额占比的格兰杰原因，其中本国资本存量与其存在双向因果关系，其他变量与其都是单项因果关系。

通过格兰杰因果检验证明了这些变量在统计意义上的因果关系。本国资本存量、劳动力数量、技术水平都是引起广东对外贸易商品结构与方式结构发生改变的原因，外商直接投资也能够引起出口商品结构和贸易方式的变化，但外商直接投资并未被证明是进口商品结构改变的格兰杰原因。但考虑到外商直接投资也属于一种资本，其与劳动力、技术等其他要素的联合作用不可忽视，并不能基于统计上的非因果关系而轻易否认其作用。同时，通过双向因果检验也可以看出，贸易商品结构和方式结构的改变对广东资本存量的增长有明显作用，但对广东技术水平的提升和外商直接投资并没有显著影响，进口商品结构的变化对广东劳动力数量的增长存在一定影响。

四、结论

通过实证分析证明，广东参与国际贸易和分工体系的竞争力不仅来源于要素禀赋结构改善所带来的比较优势，而且来源于科研技术水平提高所带来的竞争优势。尽管“人口红利”即劳动力成本低廉不再发挥优势，但劳动力数量增加（尤其是高端人才资源）所蕴含的人力资本的提升依然是推动广东贸易结构和方式改善的重要原因。在教育培训、科技研发、人才政策、产学研协同合作等多种方式的共同作用下，近年来广东丰富的人才资源得到充分发挥利用，这也能够解释广东在融入全球产业链、贸易链、价值链过程中所展现出的强大创新竞争力。广东的技术水平和创新能力不断提高，促使本地各大产业朝着价值链高端不断延伸，核心竞争力不断增强，更多的高附加值、高技术含量产品被生产出来，逐渐从国际贸易和分工体系中的下游向上游迈进。先进制造业、高端服务业、高新技术产业逐渐成为广东参与国际贸易的“领头羊”，成为广东对外贸易增长的主动力。同时，技术进步也带来传统优势产业的不断升级革新，继续筑牢广东对外贸易的基础。因此，从对外贸易的角度来看，广东已经和正在进行优势演化，从单纯依靠低成本生产要素的比较优势，逐渐转向主要依靠高端要素尤其是科技创新、人才资源所形成的竞争优势。

人力资源知识水平、产业科研技术水平的提升，代表着要素禀赋结构的高端化；而高新技术产品、一般贸易方式占对外贸易总量比重的提升，代表着对外贸易结构的高端化。加快禀赋结构和贸易结构的高端化进程、提升外贸商品品牌价值、建立自主营销渠道等方式，能够增强对全球产业链的主导能力，提高在全球价值链中的地位作用，进而推动广东对外贸易向更高水平发展。

广东对外贸易的发展过程，也是其参与全球化分工不断深入、国际竞争力不断加强、全球价值链地位不断提升的过程。商品结构升级、方式结构优化，对外贸易的发展由粗放型增长转向集约型增长。高新技术产品进出口在对外贸易中的占比逐步提升，出口商品从以劳动密集型、资源密集型为主转变为以技术密集型、知识密集型为主，说明科技创新和人才资源的竞争优势正在凸显。与此同时，一般贸易占进出口总额比重上升，而加工贸易占进出口总额比重下降。由于加工贸易的对外依存度较高，广东更多地依靠一般贸易会使其未来对外贸易的发展更加稳定，为广东经济社会的发展提供强劲引擎和不竭动力。

第二节　广东外贸发展成就与挑战

20世纪80年代以来，广东省对外贸易持续、稳定地发展，外贸大省的地位已经确立。早在2008年国际金融危机发生后，广东就意识到加快贸易转型的重要性，并下定决心积极推动贸易结构优化升级，促使“广东制造”逐渐从贸易产业链中的低端向中高端迈进，由外贸大省向外贸强省转变。

一、外贸发展奠定了提质升级的坚实基础

1. 货物贸易优化发展

（1）贸易方式结构优化，一般贸易占比提升

广东省作为我国的外贸大省，在构建“双循环”新发展格局的大背景下，为了争取在国际产业链、供应链上更大的主动权，抓住机遇，利用粤港澳大湾区的优势资源，进一步夯实外贸发展的产业基础，推进外贸转型升级，从而激发了更大的市场潜力。2020年广东贸易方式结构持续优化，一般贸易所占比例呈现增长态势，跨境电商贸易额大幅增长。2020年全年广东一般贸易进出口值达到36 285.4亿元，增长约3.5%，在广东进出口总值的占比达到51.2%；保税物流进出口值达到10 987.3亿元，增长约为6.4%；其他贸易出口值达到3 458.8亿元，增长约23%；跨境电商货物贸易收支为310亿美元，同比逆势增长31.9%；反观加工贸易、来料加工、进料加工的降幅都在10%以上。

（2）外贸区域结构明显优化

2020年广东对外贸易的区域分布有了明显的变化，对东盟进出口增幅较大，东盟现已超越中国香港成为广东第一大贸易合作区域，而对美国和欧盟的进出口虽有回升，但是增幅偏小，美国重回广东第三大贸易伙伴的地位，欧盟位列第四。根据海关发布的数据，2020年广东省对东盟进出口总值达10 859.8亿元，同比增长6.5%；广东省对美国进出口总值增长4个百分点，对欧盟增长1个百分点，对我国香港则下降8.8个百分点；值

得注意的是，广东对“一带一路”沿线国家（地区）进出口值达1.76万亿元，增长2.3个百分点。

（3）外贸易商品结构升级

从对外贸易商品结构上看，机电产品在进出口业务中的主导地位较为稳固，资源类商品和农产品进口增速较快。2020年广东集成电路、农产品和自动数据处理设备及其零部件进口增速分别为7%、14.2%和6%，呈现总量大、增速快的特征，国内资源类物资需求旺盛，而且国际市场价格低迷，铜、铝等金属材料的进口增速惊人；如表4－3所示，在出口方面，自动数据处理设备及其零部件增速为9.2%，电工器材为4.5%；受全球疫情影响，宅家商品出口增长较为明显，防疫防护物资等出口规模大幅度上升；其中宅家必备的家用电器增幅为16.2%，包含口罩在内的纺织纱线、织物及其制品则达到102%。面对全球复杂的疫情防控形势和诸多经济因素的不确定性，各国对医疗防控物资以及居家用品的需求将会在一定时期内保持强劲势头，这对广东省短期内的出口规模可以形成一定的支撑。

2. 服务贸易居于全国前列

服务贸易在全球经济发展和贸易中的重要性被长期低谷，但近年正日益成为全球自由贸易进程的重点与焦点，也日益成为衡量一个国家、一个地区经济发展水平的重要标志。根据联合国贸发会议统计，2020年全球服务贸易总额为96 650.3亿美元，中国的服务贸易进出口总额为6 617.17亿美元。我国GDP占全球比重大约17%，货物贸易大约占16%多，而服务贸易仅占大约6%，我国发展服务贸易的任还很重任重道远。

广东以粤港澳深化合作为契机，引领了中国服务贸易发展潮头。《粤港澳大湾区发展规划纲要》实施以来，大湾区逐步构筑了以商贸、金融、物流、文化创意为引领的现代服务体系，成为联系国际和国内市场的重要纽带。从现实情况看，2017年广东省的服务贸易额占外贸总额的比重为10.9%。2003年内地与香港、澳门分别签署了CEPA协议，服务业领域的开放与合作是协议最重要与最具特色的内容。2014年12月18日，中央政府分别与香港、澳门特别行政区政府签订了《CEPA关于内地在广东与港澳基本实现服务贸易自由化的协议》（以下简称《广东协议》）。随后《CEPA服务贸易协议》在2015年11月顺势推出，粤港澳服务贸易自由化“负面清单”开放部门达153个，服务贸易开放比例占服务贸易部门总数

95%以上，政府逐步取消服务领域产业准入限制，为全面实现内地与港澳服务贸易自由化奠定了制度基础，加快了粤港澳服务贸易自由化进程。2017年6月《CEPA投资协议》和《CEPA经济技术合作协议》的签署，粤港澳服务贸易开放力度进一步加大，开放领域不断拓宽，在重点领域如电信、文化、金融投资、技术合作等方面采取了更加优惠的开放措施。

二、面临的问题与挑战

1. 外贸创新发展对外依赖性较大，核心竞争能力有待提高

以研发创新引领特区潮流的深圳经济特区为例。深圳的创新能力、创新活力较强，但深圳科技创新资源存在先天不足，国家级大院大所较少，重大基础研究平台不多，现有高等院校科技创新能力不强，缺乏参与或承接国家重大科技研发项目及重点工程的能力以及组织开展重大关键技术攻关的能力。虽然拥有深圳大学、南方科技大学等高校，但目前还没有一所国家“双一流”大学。深圳全社会研发投入占GDP比重高达4.13%，在全国遥遥领先。但深圳市R&D经费主要源自企业，政府资金只占很少的一部分。更需要指出的是，有限的政府资金和企业资金一样都明显向技术应用发展倾斜，基础研究没有得到足够的重视，比如2015年深圳基础研究经费支出只有6 833万元，占R&D经费支出比重仅为0.2%。忽视基础研究和重大核心应用研究的直接结果就是，基础研究和应用研究的源头创新不足，对国际市场的依存度较高，抵御突发事件能力需要尽快提高。类似美国对华为、中兴的打压所造成的被动局面，将问题彻底暴露在力争走向全球产业链、贸易链高端的经济特区面前。

2. 要素成本上升，同时面对国内外激烈竞争

国家在建设发展的新时代已经全面整体布局，先后提出了西部大开发、振兴东北、中部崛起等发展战略，并在上海浦东、成渝地区、武汉城市圈和长（沙）株（洲）（湘）潭城市群设立四个综合配套改革试验区，以及在全国建立高新技术产业开发区、保税区、出口加工区等120多个。这些政策的出台都伴随着中央政府在政策上的配套布局，传统的经济特区已经不是优惠政策的集中地。

仍以深圳特区为例。深圳城市面积是北京的1/8，上海、广州的1/3，是

我国地域最小的“特大城市”，1 991 平方公里的土地面积上承载着近 2 000 万人的就业和生活，高密度发展、高强度开发特征明显。经过 40 年的开发，深圳可用的土地只剩下 20 平方公里左右，城市可开发土地面积不足，现有一定规模的未批、未建规划产业用地仅剩 20 平方公里左右，已经进入以存量用地开发为主的城市更新发展阶段。城市建设用地和生态用地彼此消长，难以适应和兼顾经济社会发展的需要。在其他要素方面，深圳的劳动力成本、办公楼租金以及出行成本都比较高。深圳的在岗职工平均工资达到 81 034 元/年，甲级楼租金每年为 3 032. 7 元/平方米，这两者成本仅次于北京和上海。人均交通通信费用在 2013 年曾达到最高的 6 401 元/年，高居所有大中城市之首。工资、用地、能源与生活成本不断上升，并很可能持续下去。在国内，同类产业面临要素价格较低城市的竞争，特区本地产业和企业有可能转移。在国外，面临印度等国家在信息技术外包服务、中高端制造等方面的竞争。

3. 贸易结构高端化面临贸易保护主义阻滞

在 2008 年全球金融危机爆发、世界经济进入下行调整长周期后，为维护本国的经济增长，一些国家重新捡起经济和贸易保护主义手段。西方选举政治与民粹主义合流，一些国家滥用知识产权和贸易救济措施、技术性贸易壁垒、国家安全例外等为代表的隐蔽性贸易保护措施使问题更加突出化、长期化。特朗普上台后，四面出击，频繁挑起贸易摩擦。美国经济转型和扩大出口并非完全遵守市场竞争规则，而是凭借其国内法和对国际机制的主导权来谋求私利。如在美国大力发展新能源、谋求新产业制高点的同时，却对中国的风能加征惩罚性关税，对中国太阳能产品发起“双反”调查。1995 年以来，我国就连续成为全球反倾销措施的最大受害者。尤其是金融危机爆发以来，国外对华反倾销调查激增，对我国出口产品造成的损失也不断增加。在未来中国和广东经济社会发展的上升期，贸易摩擦将持续处于高发期，针对中国和广东的技术壁垒、环保标准、社会壁垒、国有企业补贴和所谓“国家资本主义”等非贸易壁垒可能有增无减。经济特区走在中国高端产品“走出去”的最前列，在国际上竞争优势较大的一些产业正面临着国际贸易保护主义的巨大压力和严重损害，不仅面临印度、拉美等发展中国家保护本国较弱产业而设置的保护壁垒，也面临美国、欧盟等长期把持着高端产业的发达地区设置的各种各样的市场进入壁垒。

展望未来，中国宏观经济论坛（CMF）发布的2021年中国宏观经济月度数据分析报告指出，2020年年初暴发的新冠肺炎疫情对中国经济贸易乃至全球经济发展带来了极大的冲击，但是得益于中国疫情防控政策以及经济稳定增长政策的有效推进，中国经济逐步得到恢复，并实现全年的逆势增长。2021年中国经济发展的主旋律依然是新冠肺炎疫情后的经贸修复，但是经济运行依然受到来自国内和国际的多重挑战。新冠肺炎疫情对逆全球化的影响深远，短期内不会消除，疫情带来的债务压力迫使西方国家自危、自利、自保的倾向显露，国际贸易格局或将面临深度调整，全球经贸摩擦也会随之加剧。

第三节 新时期引领新潮流的重点举措

一、进一步推动广东外贸转型升级

1. 推动外贸企业建立多元化市场布局

积极组织广东企业开拓国际市场，在欧洲、东盟、南亚、非洲等地区举办广东商品展览会，扩大与相关国家和地区的经贸往来。进一步发挥好广交会等各类进出口展销会平台作用，向世界展示中国产品的品牌形象和实力，增强出口商品国际竞争力和影响力。加大政府引导、资金支持力度，鼓励广东优秀贸易龙头企业参与到全球贸易渠道体系的战略竞争和布局中，助力高新技术、装备制造、品牌产品扩大出口，大幅提升“广东制造”在全球贸易体系中的市场定价权。帮助广东企业开拓国内市场，提升产品的国内渗透率，加大内销比例，降低对外部市场的依赖程度。

2. 提升企业自主创新能力

统筹建立一批重大创新平台和成果转化基地，开展基础研究和关键核心技术攻关，在资金安排、人才政策、税收等方面给予支持，增强高端创新资源的聚集能力，促进科技成果转化落地，加快培育更多具备自主知识产权和核心竞争力的创新型企业。充分利用广东电子信息等行业已经形成的产业集聚、创新意识强的优势，设立基础研究补贴、产业发展基金、研发税费优惠等多种措施，鼓励广东制造业加大技术研发投入，增加核心技术储备，提高核心配件和材料的国产替代能力。

3. 促进外资外贸高质量发展

继续深化外汇管理改革，加快推动市场需求强烈的便利化政策在广东尽快落地实施。大力推进“互联网+政务服务”改革，实现外汇行政许可业务网上办理，为企业经贸往来提供便捷高效的资金结算外汇服务。积极引导港澳资金投向粤港澳大湾区，探索开展更多的外汇和跨境人民币业务创新试点，及时将可复制推广的创新政策推广至全省。支持广东企业走出去，参与“一带一路”沿线国家和地区建设，推进各层次经贸合作，组建全球价值链和产业网。支持和鼓励跨境电商、市场采购、外贸综合服务等贸易新业态、新模式的发展，加快培育贸易增长新动能。持续改善广东营商环境，提高利用外资质量，推动利用外资向引资、引技和引智相结合转变，为产业转型升级增添活力。

4. 深化金融供给侧结构性改革

一方面，改善金融服务供给结构，加大资金支持力度。充分利用差异化信贷政策、抵押补充贷款资金等政策工具，加大对广东外贸企业的资金支持力度；为外贸企业开拓国际市场、保单融资、出口业务专项融资等提供政策扶持；扩大出口信保规模和覆盖面，降低短期出口信用保险平均费率。另一方面，提升金融服务效率，降低融资成本。搭建政银企数据服务平台，提高银企对接效率，健全信用担保制度，构建政策性融资担保和风险分担缓释体系，促进产融对接，引导融资成本下行。同时，推动适应高质量发展需求的金融创新，引导和支持金融机构综合利用投贷联动、资产证券化、产业基金等工具和产品，引导和动员更多社会资金，投入到产业转型升级、新旧动能转换等高质量发展的重点领域。

二、完善促进企业转型升级的政策体系

加快企业转型升级，完善鼓励企业向价值链上下游延伸的贸易政策。全球价值链改变了传统产业升级方式，产业或部门升级已经逐步转变为在

全球价值链背景下的工艺、产品、功能和价值链等多重形态的升级。

1. 完善促进向价值链上游跃升的贸易政策

价值链上游活动（如创新、研发、品牌和设计环节）具有较高的资本和知识密集度，第二代贸易政策下促进价值链上游升级主要包含投资、资本流动、知识产权、创新政策、技术和科研、教育培训、文化合作、金融支持和数据保护等多个方面。尤其是价值链上游活动具有较高的前期沉没成本和投入，需要放宽对跨境资本流动的管制，促进 FDI 的流入；全球价值链贸易涉及知识产权的转移，因此加大知识产权等无形资产的保护力度将为向价值链上游升级提供制度支持。加强教育培训和 R&D 投入，加快广东产业技术向国际标准看齐，提升出口产业的硬实力（如交通、仓储和冷链等）和软实力（如价值链风险管理）。

2. 加强企业向价值链下游延伸（物流、营销和售后等环节）的政策支持力度

在第二代贸易政策下促进向价值链下游延伸的政策主要包括教育和培训、中小企业、社会事务、信息、健康等多个领域。要提高各种运输方式联通性为向价值链下游延伸提供物质基础，开展多式联运，进一步提升广东物流、信息、电子商务等的安全性、可预测性及运营效率。在劳动密集的下游环节，建立与国际接轨的劳动保护政策，通过深入实施 CEPA 协议，促进专业技术服务人员的可流动性，提高外籍员工的居住条件等。

三、综合性竞争优势“虹吸”国际先进要素

提升向全球价值链高端跃升能力。植根全球价值链是稳定外贸发展的前提，而价值链的区位布局与成本和环境密切相关。

1. 进一步降低商务成本打造综合性竞争环境优势

中低端制造环节往往对要素成本变化较为敏感，而高端环节乃至创新环节对商务成本比较敏感。广东要迎接要素成本上升挑战并进一步扎根全球生产分工体系，在继续发挥传统比较优势的同时，更加注重在基础设施、产业配套环境、降低税费、提高政府效率和法治化水平等领域先行先试，打造更具竞争力的综合成本优势。

2. 以珠三角国家自主创新示范区为依托，“虹吸”国际先进生产要素，提升创新驱动发展能力

充分利用跨国公司“逆向创新”战略布局的新机遇，将广东巨大潜在市场规模优势，转化为吸引发达国家跨国公司将创新要素向广东集聚，在广东进行“逆向创新”的新优势。同时加快培育本土高级创新要素，在以要素流动和国际碎片化生产为主导的国际分工模式下，不同类别生产要素在全球范围内重新组合有着更高要求，广东要进一步加大职业教育和培训，着力打造“招才引智”的优良环境，增强“虹吸”效应。

3. 以广东自贸区为载体，加快与国际贸易标准和规则接轨步伐

全球经济规则正向高标准高质量方向发展，唯有达到高标准的要求，才能进一步融入到全球价值链分工中去，“不达标”则极有可能被边缘化。广东自贸区要加快构建与国际投资贸易通行规则和商事管理相衔接的基本制度框架，形成具有国际化水平的营商环境新优势。

四、建立中小企业国际贸易摩擦联合应对机制

1. 稳定供应链

长期以来，广东中小外贸企业的经营模式以单纯的贸易代理型为主，仅仅作为客户与供货商之间的交易中介。这种简单、低层次的中介服务工作缺乏创造性，业务附加值低。广东中小外贸企业要实施专业化经营战略，就不能仅仅作为中间商，而应该对供应链进行战略规划，成为供应链的参与者与整合者，重新确立在价值链中的战略地位。供应链管理强调的是把主要精力放在企业的关键业务上，充分发挥自身优势，同时与全球范围内合适的企业建立战略合作关系，非核心业务由合作企业完成。企业必须认真分析并明确自身的核心优势所在，积极采取措施努力提升自身的核心竞争力。具备较强市场调研能力的中小外贸企业，应以研发为核心业务；拥有较强国际商务磋商能力的中小外贸企业，应以销售为核心业务；拥有开拓国内市场和落实货源能力的中小外贸企业，应以采购为核心业务；具有办理海关、运输、金融、商检和税务等外贸业务操作能力的中小外贸企业，应以物流为核心业务。企业钻研核心业务不仅可以帮助企业在供应链竞争中谋求一席之地，还可以帮助企业在其他业务领域横向拓展，打造核心竞

争力。

2. 延伸价值链

中小外贸企业由于内部资源有限，宜采取向价值链延伸的方式，一是向上游工厂延伸，充当中小制造企业出口的领导者和信息获取者。广东中小企业的产业和区域集中度较高，产生了较强的产业集群效应。中小外贸企业可以立足于本区域产业集群，与中小制造商结成战略联盟，控制一部分加工企业及原料来源，广泛联系货源。联合出口管理就是一种可取的经营模式，它是传统外贸经营模式中佣金采购代理模式的一种衍生。它是指在一家或多家公司采购并整合货物以满足现有订单或投放到国外市场。二是向下游销售终端延伸，在国外市场建立自己的营销网络，加快“走出去”步伐，是有效规避国际贸易壁垒、促进广东中小外贸企业转型的有效途径。在竞争激烈的国际市场上，必须从贸易出口走向现代国际营销，以顾客需求、顾客成本、顾客便利、顾客沟通为导向，树立国际营销战略思维，加大市场营销力度，在国外市场建立独立营销网络。

五、推动服务贸易加快发展

1. 推进粤港澳服务贸易自由化

香港是广东省最大的服务贸易伙伴，是广东省最大的服务出口目的地和进口来源地，粤港服务进出口总额占全省比重超过一半。要充分发挥香港作为世界上重要的以国际贸易、现代物流和金融业为主的服务业中心，澳门作为世界上具有吸引力的博彩、旅游中心这一区域性的商贸服务平台，制定港澳服务业投资广东的促进政策，完善 CEPA 框架下港澳服务业进入广东的便利化措施，利用港澳的服务贸易优势促进广东的服务贸易加快发展。

2. 发展现代服务贸易

要重点推动信息技术服务做大做强，积极发展基于互联网、物联网的服务产业，完善信用、物流、支付等电子商务支撑体系。推动建立服务全国面向全球的技术进出口交易平台。加快建设现代金融市场体系，加快发展环境和节能服务。

3. 培育服务外包示范园区

建立以广州、深圳为中心，辐射珠三角的服务贸易发展基地，发展与广东制造业配套的金融、保险、法律、会计、会展、管理咨询、现代物流等现代服务业，逐步开拓信息网络服务、视听娱乐服务、知识产权与专利服务、软件设计、信息服务外包、技术转让等新兴领域。同时，支持广州南沙、深圳前海、珠海横琴等重大合作平台先行先试，高起点做好现代服务贸易发展规划，推动服务外包企业进园入区集聚发展。

4. 鼓励承接服务业外包业务

以承接软件外包业务为重点进入国际服务外包市场，逐步拓展业务流程外包业务；引导广东企业与国外大型外包公司进行分包合作，逐步建立自己的营销网络；利用我国香港、新加坡等服务业发达地区的语言、技术等优势，建立我国香港、新加坡等地接单，省内交单的业务模式，共同开拓国际服务业外包市场；引进国外服务业外包企业来广东建立国际服务业外包基地，逐步形成国际服务业外包的完整产业链。

六、加快大湾区贸易新业态发展

1. 鼓励新业态新模式持续不断涌现

随着科学技术的进步，贸易新业态新模式还在不断创新之中。新型贸易业态组织更为分散和多元，对市场化体制和创新的自由度有着更高的要求。同时，新业态新模式尚不成熟、不完善，更加需要鼓励创新、相对包容、允许试错的环境；在探索中逐渐规范，在发展中不断完善。未来，湾区也应进一步优化营商环境，营造允许试错的氛围，鼓励新业态新模式持续涌现。

2. 出台扶助政策：推动贸易新业态做大做强

需要研究制定适合新业态自身发展特点的支持措施，为新业态的发展提供良好的制度环境和政策支撑，推动贸易新业态做大做强。应该进一步促进跨境电商公共服务平台建设，提升配套金融服务；支持 B2B 出口、直购进口和网购保税进口龙头企业做大做强，推动网购保税出口试点；探索推进“跨境货栈 + 直购进口”“全球跨境电商配送中心”“跨境电商 + 实体新零售”等新模式。健全电子支付管理体系，加快发展跨境电子商务物流服务，推动跨境电子商务产业集群发展。重视新型外贸产业联盟等新模式作用，以服务企业为核心，打造采购、生产、服务一体化电子信息平台。支持企业建设境外营销、支付结算和仓储物流网络。加大对外贸综合服务企业在通关、融资等方面的支持力度。培育和支持具备较强供应链服务能力的外贸综合服务企业，依托各类产业聚集区和外贸产业基地，把基地内中小微企业出口潜力转化为出口实绩。抓紧完善外贸综合服务企业退（免）税分类管理办法；简化结汇手续，推进收款便利化。加大对新型贸易业态企业融资的支持，根据其创新成果及其产业化进度和资金需求程度，给予其一定的贷款担保，并可为其补贴贷款利息，鼓励其创新发展。

3. 推广成熟业态：促进新业态的复制和快速扩散

一些已被证明成功、有效的新业态新模式应该快速推广、助其做大。例如，当前可以将适用于广州花都皮革皮具市场的市场采购贸易方式延伸至中山灯具、增城牛仔、佛山家具等大型专业市场集群，进而逐步拓展至湾区所有专业市场。

4. 规范监管规则：适应新形势新环境，持续创新监管模式

创新监管模式。监管部门要从鼓励创新出发，深入研究跨境电子商务、外贸综合服务等新业态发展的新要求，及时调整监管理念、监管程序和监管措施，实现外贸新业态监管模式的持续创新。具体来说，要加强探索“一般出口、特殊区域出口、直购进口、网购保税进口”等跨境电商新型监管模式；推动搭建市场采购“网上商城”、理货中心，促进市场采购贸易健康快速发展；在外贸综合服务方面，需要进一步优化管理模式，明确主体责任，提升便利化水平。

健全管理体制。宜按照“大部制”的要求，进行条块归并，通过管理机构的融合来促进部门间的资源重组和信息共享，推动垂直管理向水平管理转变。加大行政审批制度改革力度，先鼓励发展，再规范治理；凸显“强化事中事后监管”理念。设立警示和退出制度，对一些有不良行为的新型贸易业态经营者限制其市场准入。鼓励新型贸易业态经营者进行行业自律，支持有关行业组织对经营者的服务进行监督和协调。健全法规。进一步完善与新型贸易业态发展直接相关的法律法规，如市场交易制度、信用制度、公平竞争制度、知识产权制度等。有针对性地制定新型贸易业态地方配套法规。

七、推进“新基建”，加快发展数字外贸

新型基础设施建设简称“新基建”，是以信息网络为基础，技术创新为驱动，全面推动社会经济实现生态化、智能化、数字化高速发展模式，主要包括大数据中心、人工智能、5G基站、城际交通、物流、市政基础设施、工业互联网等七大领域。在互联网的“技术赋能”下，将数字技术广泛应用于生产生活的各个领域，加快我国经济数字化的产业转型。加快建设数字化外贸平台，引导企业与数字外贸平台合作，开展线上洽谈、实现线上交易，以信息数字技术促进贸易发展，拓宽贸易渠道。加快建设广交会线上交易会，实现传统展销的智能化、数字化；积极拓展和发挥海外平台的推广作用，搭建多元化数字平台服务系统；支持外贸领域新业态新模式发展，改变原有的市场开拓模式，鼓励企业向跨境电商、数字外贸、掌上贸易等方向转型，为未来经济增长提供新动能。

本章参考文献

[1] 黄凯锋．新发展理念下提升广东国际贸易竞争力的思考［J］．全国流通经济，2021（9）：33－35.

[2] 袁照稳．后疫情时代广东外贸发展的现状与路径探析［J］．顺德职业技术学院学报，2021（7）：15－19.

[3] 曹银华，拓晓瑞，谢艺欣．提升广东省高新技术产品进出口贸易的路径［J］．科技创新发展战略研究，2021（1）：39－46.

[4] 宾红霞，陈晓，柳时强．畅联通稳外贸广东加快建设世界级港口群［N］．南方日报，2021，7，7：A07.

[5] 朱炳钦，李志翠．对外贸易与产业结构关系研究——以广东为例［J］．科技和产业，2020（11）：153－158.

[6] 梁育民，黎紫涵．深圳贸易结构优化的动力分析——基于要素禀赋视角［J］．城市观察，2020（4）：45－57.

[7] 赵炎卿．高新技术产品贸易对地区产业结构调整的影响［D］．华东师范大学，2020.

[8] 吴鹏．产业结构与贸易结构的关联匹配——影响因素及经济效应

研究［D］. 浙江工业大学，2020.

［9］ 李思敏 . 新时期广东外贸转型升级之路［J］.《中国金融》，2019（15）：44－46.

［10］ 周骏宇，杨军 . 粤港澳大湾区发展贸易新业态研究［J］. 城市观察，2019（6）：35－43.

［11］ 刘德学，喻叶 . 要素禀赋与出口技术复杂度——基于制度的门槛回归分析［J］. 商业研究，2019（4）：81－89.

［12］ 邓平平 . 对外贸易、贸易结构与产业结构优化［J］. 工业技术经济，2018（8）：27－34.

［13］ 张建华，何宇，陈珍珍 . 国际贸易冲击与产业结构变迁：基于经济稳定视角［J］. 经济评论，2018（4）：31－44，83.

［14］ 杨广丽 . 推进外贸转型升级提升广东全球产业分工价值链的对策建议［J］. 广东经济，2018（3）：21－25.

［15］ 栾申洲 . 对外贸易、外商直接投资与产业结构优化［J］. 工业技术经济，2018（1）：86－92.

［16］ 张永旺，宋林 . 中国制造业要素结构升级与贸易结构转型［J］. 经济经纬，2018（1）：47－54.

［17］ 张永恒，郝寿义 . 新常态下的要素禀赋变化与区域经济增长动力转换［J］. 江海学刊，2017（4）：60－66，238.

［18］ 丁欣荣 . 国际贸易保护主义下广东中小外贸企业战略转型路径分析［J］. 对外经贸，2017（4）：32－37.

［19］ 燕卿 . 培育新常态下广东外贸发展新动能［J］. 北方经贸，2017（4）：17－22.

［20］ 赵文佳 . 广东省对外贸易结构与产业结构互动关系研究［D］. 广东外语外贸大学，2017.

［21］ 康增奎 . 对外贸易与产业结构优化［J］. 开放导报，2016（6）：43－46.

［22］ 温焜 . 广东对外贸易结构调整与产业结构升级的相关性研究［J］. 岭南学刊，2016（3）：101－109.

［23］ 孙强，温焜 . 对外贸易结构调整与产业结构升级的相关性研究［J］. 贵州大学学报（社会科学版），2016（1）：67－75.

[24] 史学贵，施洁．技术进步、对外贸易与产业结构转型——中国产业结构演进动力分析 [J]. 经济问题探索，2015 (4)：63 -69.

[25] 刘飞．广东对外贸易转型升级影响因素的实证研究 [D]. 广东外语外贸大学，2014.

[26] 余娟娟．全球价值链分工下中国出口技术结构的演进机理与路径 [J]. 产业经济研究，2014 (6)：31 -40.

[27] 薛蕊，苏庆义．要素禀赋是否影响了贸易结构？——基于经验研究文献的述评 [J]. 中南财经政法大学学报，2014 (2)：57 -64，159.

[28] 郭浩淼．中国出口产品结构优化路径研究 [D]. 辽宁大学，2013.

[29] 苏庆义．贸易结构决定因素的分解：理论与经验研究 [J]. 世界经济，2013，36 (6)：36 -58.

[30] 胡江云．深圳市贸易结构转型及其国际竞争力分析 [J]. 中国市场，2013 (12)：6 -12.

[31] 徐作林．深圳对外贸易结构变化和对外贸易发展趋势 [J]. 中国商贸，2012 (22)：209 -210.

[32] 冯梅．中国制造业比较优势演化与要素禀赋特征分析 [J]. 统计与决策，2012 (10)：120 -123.

[33] 李文；潘英丽．比较优势、国际贸易和产业结构——基于比较优势理论的分析 [J]. 现代管理科学，2011 (9)：39 -40，119.

[34] 李荣林，姜茜．我国对外贸易结构对产业结构的先导效应检验——基于制造业数据分析 [J]. 国际贸易问题，2010 (8)：3 -12.

[35] 朱燕．对外贸易对中国产业结构升级影响研究 [J]. 特区经济，2010 (3)：256 -257.

[36] 石冬莲，任长龙．国际贸易促进产业结构升级的机制探讨 [J]. 商业时代，2009 (11)：35，51.

[37] 高敬峰．中国制造业比较优势变化及其要素禀赋特征分析 [J]. 商业经济与管理，2009 (4)：53 -59.

[38] 何峰．深圳高新技术产业从比较优势走向竞争优势的思考 [J]. 特区经济，2008 (8)：44 -46.

[39] 杨汝岱，朱诗娥．中国对外贸易结构与竞争力研究：1978—2006

[J]. 财贸经济, 2008 (2): 112 - 119, 128.

[40] 余剑, 谷克鉴. 开放条件下的要素供给优势转化与产业贸易结构变革——基于比较优势战略的中国改革开放实践的考察 [J]. 国际贸易问题, 2005 (11): 5 - 11.

[41] 张军, 吴桂英, 张吉鹏. 中国省际物质资本存量估算: 1952—2000 [J]. 经济研究, 2004 (10): 35 - 44.

[42] Ricardo Hausmann, Jason Hwang, Dani Rodrik. What you export matters [J]. Journal of Economic Growth, 2007, 12 (1): 1 - 25.

[43] Xu B.. Measuring the Technology Content of China's Exports [J]. China Europe International Business School, 2006.

[44] Lucas JR. On the Mechanics of Economic Development [J]. Journal of Monetary Economics, 1988, 22 (1): 3 - 42.

第五章 三个关税区共同促推产业发展

建设粤港澳大湾区是习近平总书记谋划、部署、推动的国家战略，也是广东进一步深化改革扩大开放的重大历史机遇。

广东《“十四五”规划和2035年远景目标建议》强调，要准确把握、全面贯彻中央战略意图，举全省之力推进粤港澳大湾区建设和支持深圳先行示范区，把“双区”打造成为现代化建设的主引擎。

在“十四五”期间，发挥好粤港澳大湾区作为我国经济增长新动能、全球经济新支点的作用，就必须坚持在“一国两制”方针下，发挥《基本法》赋予的“三个关税区、三种货币、三种法律”这一最重要优势，注重把香港、澳门国际联系广泛、专业服务发达等优势同内地市场广阔、产业体系完整、科技实力较强等优势结合起来，推进粤港澳大湾区高质量发展，构建比肩国际一流湾区和世界级城市群的大湾区。

第一节 《基本法》赋予粤港澳“三个关税区、三种货币、三种法律”

在“一国两制”方针下，粤港澳三地实行不同的社会制度，分别属于不同的关税区，实施不同的货币政策和法律制度。

一、《基本法》确认香港单独关税区地位

香港单独关税区的法律地位源自世贸组织协定，是经我国政府同意，并经《中华人民共和国香港特别行政区基本法》确认，由世贸组织多边规则确立，获得世贸组织其他成员认可的法律地位。

中国收回香港和加入世贸组织（WTO）后，香港既是我国的特别行政区又是自由港，关税制度在国际贸易中有别于中国内地，由 WTO 赋予其单独关税地位。

1981 年，党中央决定 1997 年收回香港但保持原有资本主义制度不变。1983 年 4 月，经中央政治局批准的解决香港问题“十二条”方针政策的第六条，1984 年 12 月，我国与英国政府签署的香港前途问题联合声明第三（6）条，1990 年 4 月，全国人大通过的《中华人民共和国香港特别行政区基本法》第 114、116 条，都已明确规定：保持香港的自由港和单独关税区地位。

在“一国两制”方针下，香港除外交及国防事务由国家直接管理外，香港可以以中国香港的名义参与国际组织，在经贸合作领域，香港作为世界贸易组织的一个非主权国成员，可以自行与其他国家保持和发展双边合作，国际社会普遍认同香港在经济上的独立地位，香港的法律、关税制度等事宜也不同于内地。

目前中国、美国互相制定的关税措施，对我国内地的外贸进出口产生的一定的影响，但香港作为单独关税区，香港的进出口并不受到直接影响，即香港出口到美国的农产品、科技产品不会被征税。

二、回归后港澳单独关税区地位得到保护和尊重

我国政府对香港、澳门恢复行使主权后，港澳将继续实行原有资本主义制度，保持原有的社会、经济制度不变，生活方式不变，法律基本不变，依法保护私有财产权。香港、澳门作为中华人民共和国的特别行政区，除外交事务和国防事务由中央人民政府管理外，享有基本法赋予的高度自治权，包括行政管理权、立法权、独立司法权和终审权。

我国政府对香港、澳门恢复行使主权后，港澳特别行政区继续作为自由港和单独关税地区，可以用“中国香港”和“中国澳门”的名义单独同各国各地区及有关国际组织保持和发展经济关系。港澳特别行政区保持财政独立，实行独立的税收制度，中央政府不在港澳征税。港澳特别行政区依法自行制定经济、贸易、金融货币、教育、医疗卫生、科学技术、文化、宗教等方面的政策，世界各国各地区在港澳的经贸活动和投资利益，都将

依法受到保护。

中央政府对港澳的方针政策和港澳特别行政区基本法的各项规定，完全符合国家和港澳的根本利益，也符合各国投资者的利益，是保持港澳长期稳定发展的根本基石。港澳特别行政区基本法是港澳的宪制性法律，也是全国性的法律，不仅港澳要遵守，全国上下都要遵守。中央政府各部门和全国各地方，都不会也不允许干预港澳特别行政区依据基本法规定的自行管理事务。

港澳回归祖国后，港澳单独关税区地位得到基本法的保护和世界各国的承认和尊重。内地与港澳不断推动和深化互利互惠的经贸合作，港澳自由港和单独关税区地位得到进一步提升和巩固，这充分说明港澳的高度自治运作良好。香港特别行政区长官林郑月娥强调，粤港澳大湾区是国家金融发展的重要窗口，对国家整体经济发展有无可比拟的作用，大湾区内有“一国两制”下的三个关税区、三种货币以至三套不同的法律制度。这既是粤港澳大湾区与其他国际一流湾区最大的不同，也是粤港澳大湾区建设的最大优势。

三、粤港澳三个单独关税区各具特色、各有优势

在粤港澳三个独立关税区的架构下，香港和澳门是成熟的、发达的现代市场经济体，是自由贸易港，在经济运行、社会治理、规则标准、政府管理等方面与国际更加接轨。广东是内地经济总量最大的省份，是我家改革开放的先行示范区。改革开放以来，广东经济快速发展，改革开放先行先试，已形成世界级现代制造业基地，创造了使世人瞩目的发展奇迹。进入新时代，广东正在发生历史性变化，全面深化改革开放继续向纵深推进，粤港澳大湾区建设和支持深圳建设中国特色社会主义先行示范区加快推进，自主创新成为发展主动力，经济进入高质量发展新阶段，“一核一带一区”区域发展新格局正在加快构建，广东在多个领域、多个方面取得具有历史意义的新成就。

上述三个地方同处一个湾区，文化同源，人缘相亲、民俗相近，经济结构各有优势、各具特色，彼此加强紧密合作，必将产生协同效应和放大效应。当然，粤港澳大湾区在科技创新、要素流动、体制机制衔接方面也

不可避免地存在着一定挑战。

第二节　CEPA 开创粤港澳三个单独关税区合作典范

CEPA 是我国最早签署、全面落实并完成世贸组织（WTO）审议的自由贸易协议之一。十八年以来，CEPA 及其一系列补充协议始终保持着我国最高的开放程度。正如习近平总书记评价的那样，CEPA 作为“一国两制”方针在经济领域的成功实践，建立了内地与港澳在经贸领域制度性合作的机制，不仅促进了港澳经济繁荣稳定发展，也为内地扩大开放做出了贡献。在 CEPA 框架内广东与港澳率先实现服务贸易自由化，从而推进内地服务业市场的开放，并为全面实行准入前国民待遇加负面清单管理模式积累了经验。

一、消除粤港澳在贸易投资方面的障碍

港澳回归以来，港澳两地作为单独关税区，实行与内地不同的经济体制，如何按照“一国两制”方针逐步消除内地与港澳在贸易、投资方面的障碍、加强交流与合作，是摆在港澳与内地的一个全新课题。受亚洲金融危机冲击，港澳经济发展面临严重困难，特别是香港楼市、股市泡沫破灭，通货紧缩，失业率高企，迫切需要注入新的经济发展活力。与此同时，在经济全球化的大潮下，区域经济一体化的发展态势不断加快，全球许多国家和地区都在加强区域贸易投资互利合作。在这一大趋势下，内地与港澳通过建立更紧密经贸联系，将进一步把香港国际金融、贸易、航运中心的优势与内地的市场和资源优势有效结合起来，将为香港经济转型升级提供有利条件，也有利于推动澳门经济适度多元化发展。

2001 年 12 月起，按照党中央和国务院部署，商务部会同国务院有关部门与香港特别行政区、澳门特别行政区政府正式开启 CEPA 协议磋商。

由于香港、澳门实行自由港制度，在商品进口和服务业投资方面基本没有限制，因此，如何在符合 WTO 规则的前提下，与港澳商谈自由贸易协

议，主要遇到以下三个方面的问题。一是在货物贸易方面，由于港澳都是自由港，特别是香港是内地进出口货物最大的转口港，既要考虑港澳业界的期盼、又要防范外国产品以港澳产品名义搭车享受零关税。二是在服务贸易方面，港澳是以服务业为主的经济体，如何既能为港澳服务业发展提供新的空间、又要避免其他经济体以港澳公司名义突破我国加入 WTO 承诺。三是内地与港澳在法律制度、管理体制、经济结构、经济规模、发展阶段等方面都有较大差异，如何通过协商减少和消除彼此在贸易、投资方面的制度性障碍，开创经贸合作典范，加速相互间人员、资本、货物等要素的自由流动。

2003 年“非典”疫情暴发使缓慢复苏的香港经济又遭受巨大打击。为支持香港经济尽快走出低谷，在国家各部委的通力支持下，通过内地加强与港澳密切沟通，高效率高质量地完成了经贸谈判，产生了既符合“一国两制”原则、又符合 WTO 规则的高水平的自贸协议。在货物贸易方面，充分考虑港澳经济结构的具体情况，制定了专门的原产地规则和两地海关联合监管措施，并从 2006 年 1 月 1 日起对原产于港澳的产品全部实施零关税，CEPA 降税范围之广、幅度之大、速度之快远超其他自贸协议；在服务贸易方面，充分考虑到港澳高度国际化和服务业发达的特征，对港澳“服务提供者”做出了专门规定，18 个服务行业均在我国加入 WTO 承诺的基础上进一步对港澳做出大幅度的开放，服务贸易方面内容占比较大，与其他侧重于货物贸易的自贸协定相比，创新力度更大；在贸易投资便利化方面，既包括促进贸易投资等方面的合作、也包含具体产业合作内容，开拓和丰富了此前自贸协定所规定的领域和范畴，这一显著特征在日后接受 WTO 审议时得到其他成员的高度评价。

2003 年 6 月 29 日，香港回归祖国 6 周年前夕，在时任国务院总理温家宝的见证下，商务部时任副部长安民与时任香港财政司司长梁锦松在香港签署了 CEPA。

CEPA 的签署和实施，为香港经济注入一剂强心针。2003 年 6 月 16 日，时任香港特首董建华先生宣布 CEPA 磋商取得实质性进展，即将签署。第二天，香港股市重上一万点大关，全天上升 168 点，收市报 10 030 点，创 7 个月的新高。CEPA 促进港澳经济加快复苏，特别是 CEPA 关于快速降税、开放内地居民个人赴港澳旅游等措施，增强了投资者和港澳居民投资、消费信心，带动酒店、运输、零售、餐饮、等行业景气迅速回升，带动股票市场回升和房地产市场回稳。

CEPA 作为符合“一国两制”方针和 WTO 经贸规则的创举，为内地以后的自由贸易协议谈判积累了宝贵经验；CEPA 在可控范围内把港澳服务提供者的竞争和国际化经营模式引入内地，客观上提升了内地服务业的水平。与此同时，在 CEPA 的谈判、签署和实施过程中，内地与港、澳分别成立了 CEPA 联合指导委员会，建立了中央政府与港澳特区政府经贸合作领域全面合作机制和沟通平台。

二、CEPA 为粤港澳改革开放提供有力支撑

党的十八大以来，以习近平总书记为核心的党中央高度重视内地与港澳经贸交流与合作，立足国家改革开放大局，审时度势，精心谋划，为 CEPA 在新时代的发展指明了新的方向。党中央、国务院在原有的内地对外开放最高水平的基础上，提出了“十三五”推动 CEPA 升级的目标。随后，内地与港澳成功签订《服务贸易协议》《投资协议》《经济技术合作协议》《货物贸易协议》等 CEPA 子协议，为港澳高水平参与国家改革开放、深度融入国家发展大局提供了有力支撑。

党的十八届三中全会明确要求“探索对外商投资实行准入前国民待遇加负面清单的管理模式”。准入前国民待遇加负面清单是指对外资在市场准入阶段就实行国民待遇，少量与国民待遇不符的准入限制以“负面清单”的形式应予以明确列举，作为准入前国民待遇的例外。以“负面清单”方式推进投资和服务贸易自由化，开放程度更高，政策的透明度、可预见和稳定性更强，已成为全球主要经济体所普遍接受并采用的新型对外开放方式。

内地长期以来实行的外商投资管理体制，对外资准入采取的是逐案审批制，对外资进入行业和领域都有一定限制，与“准入前国民待遇加负面清单”管理模式存在较大差别，内地对外商签的自贸协议也都是采取“正面清单”方式予以列举。

为服务国家改革开放大局，党中央指示，要以 CEPA 基本实现服务贸易自由化为试点，探索对港澳率先实行“准入前国民待遇加负面清单”管

理模式，为我国与美欧等开展投资协定谈判和构建开放型经济新体制积累经验。

在这一背景下，《CEPA 服务贸易协议》就是要以国际上最先进的“准入前国民待遇加负面清单”开放方式基本实现内地与港澳的服务贸易自由化，这是一项复杂的系统工程，使命光荣而任务艰巨。

首先，对照国际标准找到差距。经过对以往 CEPA 共计 786 项措施及加入 WTO 近 800 项措施的梳理，完整勾画出内地在服务贸易领域对外开放的蓝图。通过将其与内地近 400 部法律法规的上万条管理措施逐一比对，描绘出 CEPA 负面清单的原始轮廓。

其次，以“壮士断腕”精神削减负面清单，主动简政放权。商务部广泛征求港澳特区政府、工商界和地方意见，了解各种诉求，吸收了各方面约 360 项开放建议，使负面清单大幅“瘦身”。

最后，为了落实 CEPA 高水平开放承诺，需要建立健全与负面清单相适应的配套管理制度。为此，国务院批准并发布了《国务院关于在内地对香港、澳门服务提供者暂时调整有关行政审批和准入特别管理措施的决定》(国发〔2016〕32 号)，累计修改制定法规规章 180 余部。其中，国家商务部根据负面清单对外商投资管理体制做出了重大优化调整，对港澳投资负面清单以外的开放领域，将其公司设立及变更的合同、章程审批改为备案管理，此项改革措施目前已由 CEPA 对港澳试点推广至所有外资领域。

CEPA 积极在我国改革开放的深水区开展创新探索，在对外开放总体布局中率先试点对港澳开放，为我国全面深化改革和扩大开放，探索了新途径，积累了新经验。通过 CEPA 的商谈、签署和实施，内地各有关行业主管部门提升了管理水平，健全了政策法规，强化了监管流程。CEPA 对新时代国家改革开放事业起到了积极的示范带动作用。

三、CEPA 支持粤港澳融入国家重大发展战略

党的十九大报告指出要“支持港澳融入国家发展大局”。CEPA 通过支持港澳加快融入“一带一路”建设、粤港澳大湾区建设等国家重大发展战略，为港澳业界拓展内地巨大市场提供先机；而港澳在实现自身更好、更全面发展的同时，也为内地带来了全新的经营理念和先进的服务方式，有

效提升了内地各行业发展水平。内地与港澳在 CEPA 框架下共同推进改革开放事业取得累累硕果。突出体现在如下方面。

CEPA 助力港澳专业服务人士进一步融入国家战略发展大局。例如，CEPA 的合伙联营有利于两地律师服务业更紧密结合，首家合伙联营律师事务所的香港合伙人表示，成立合伙联营可以同时提供两地的法律意见，香港律师可以作为内地与“一带一路”国家的桥梁，为内地客户“走出去”提供一条龙法律服务。

CEPA 成功推动两地金融业作取得新突破。例如，港澳银行可以在广东省内开设异地支行，恒生银行执行董事表示，CEPA 开设异地支行的资本要求较低，使其可于短时间内扩大覆盖网络，接触更多客户。

CEPA 促进两地文化产业实现高质量发展。香港电影业在 20 世纪 80 年代在国际上享负盛名，然而黄金年代过后也面临市场狭小、融资困难等问题。CEPA 将香港与内地合拍的影片视为国产影片在内地发行，将香港优秀的电影从业员与内地的市场和资金相结合，诞生《卧虎藏龙》《叶问》《寒战》等家喻户晓的佳作，不仅支持香港电影业再次振兴，而且受到内地观众的广泛欢迎。前香港影业协会负责人曾表示，“如果没有 CEPA，香港电影业可能将不复存在”。

党的十九大报告提出，到 21 世纪中叶我们要建成社会主义现代化强国，届时，港澳也将分别迎来回归祖国 50 周年。习近平总书记指出，“对香港、澳门来说，‘一国两制’是最大的优势，国家改革开放是最大的舞台”。CEPA 已走过 18 年的发展历程。展望未来，共建“一带一路”、粤港澳大湾区建设等国家战略为港澳提供了新的重大机遇，粤港澳要坚决贯彻落实党中央、国务院的重大部署，进一步“认识和把握香港、澳门在新时代国家改革开放中的定位”，支持港澳融入国家发展大局，促进港澳繁荣稳定发展。

第三节　粤港澳三个关税区合作中存在的深层次问题

目前，制约粤港澳单独关税区发展的突出问题主要集中在法律服务、金融服务、科技创新、服务贸易和投资便利化、以及吸引技术移民等五大方面。

一、法律制度和体制机制问题

一是在“一国两制”背景下，粤港澳分属于不同的关税区，三种流通货币市场一体化水平仍然不高，要素自由流动的良好局面尚未形成。并且三地在法律制度、经济自由化、市场开放、营商环境等方面都存在不小差异。这些差异决定了大湾区建设面临世界上其他湾区所没有的法律制度和体制机制问题。

二是大湾区各市的立法权限存在显著差异，这使地区间的平等合作、资源共享方面存在现实障碍，广东及珠三角九市能够自主参与的范围和程度非常有限，难以承担参加大湾区法治建设的重任。

三是粤港澳三地的法治建设水平和市场成熟程度还存在一定差距。广东法治化、市场化水平虽然较国内其他地方较为发达，但是大湾区一体化市场还没有完全建立起来，地区之间还存在广泛的壁垒，行政区划分割、经济区与行政区的划分是制约大湾区合作的最大障碍之一，限制了区域内要素的自由流动，扭曲要素价格，破坏市场的公平公正原则。

四是大湾区三地九市改革试点权限不同、无序竞争激烈，导致法律基础设施建设存在分散状、分布式、同质化发展态势，大湾区内部各地差距依然较大，尚未形成一体化的法律服务平台，给“贸易便利化”“投资便利化”“人员货物流通便利化”带来了重大挑战，增加了制度成本、选择成本和学习难度。

二、金融管理合作问题

一是顶层设计与地方统筹协调不够。目前，金融管理事权主要集中在中央层面，而推进大湾区金融合作需要发挥粤港澳三地的积极性，只有在区域层面先行先试，才能为全局金融改革开放积累经验、提供示范效应。为此，需要加强金融顶层设计，从全球和全国大局着眼，把握大湾区金融协调合作的路径和方向，把未来发展和现实可能、长远目标和近期工作结合起来加以通盘考虑，健全更协调的金融合作长效机制。

二是以人民币为结算的改革方式必须加快推进。CEPA 及其补充协议、粤港澳服务贸易自由化协议签署与实施以来，粤港澳三地经贸合作不断扩大，这必然要求三地的金融协同必须随之增强。然而，目前粤港澳三地的经贸往来仍然有 60% 以上采用美元作为结算货币，人民币结算所占的比例不足三成。这就不利于粤港澳经贸合作降低交易成本，还会增加以美元结算带来的汇兑成本和汇率风险。

三是支持经济发展的金融创新机制尚不完善。粤港澳正在协同支持实体经济创新创业，建设全球科技创新中心。然而，支持实体经济发展的金融合作融资机制还不完善，一个突出表现是创新板块在证券市场的融资比例仍然偏低。过去十年，纽约证券交易所、纳斯达克的上市企业中，创新板块市值占比已超过五成；而深圳证交所占比重不足两成，香港证交所占比就更低了。

四是金融业相互开放不平衡问题突出。从“引进来”方面看，CEPA 补充协议允许港资金融机构在广东省、深圳市各设立 1 家合资证券公司。目前，除深圳外，合资证券公司还未在广东内其他城市落地。CEPA 补充协议就港澳地区金融机构在广东设立保险机构作出了安排，但目前还没有港澳资保险公司在广东设立营业机构。从“走出去”方面看，内地金融通过港澳开拓海外市场进展仍然迟缓。广东已有 14 家法人银行进入“全球银行 1000 强”之列，但目前只有招商银行在香港、广发银行在澳门各设 1 家分行，金融业利用港澳“走出去”、拓展国际市场的进度与我国全面对外开放的要求不相适应。

三、科技交流合作问题

当前粤港澳科技创新要素仍然未实现自由流动，科技教育交流合作的深度和广度不够，协调创新能力有待进一步充分发挥。

（一）协同创新机制仍不够完善

近年来，粤港澳三地在科创方面的合作机制与模式不断升级，但还没有专门的联合机构及时对科创协同发展中出现的问题进行规划和协调。同时，大湾区内九市之间利益分配协调机制不完善，在科创领域还存在行政壁垒和地方保护主义，彼此之间的合作缺乏动力机制和政策环境，科技服务协同创新网络尚未形成，广深港澳科技创新走廊、珠三角自主创新示范区等虽取得了一定成效，但仍存在重复投入和重复建设，无法将有限的资源聚焦支持本地的优势产业。

（二）创新要素跨境流动存在障碍

一是科研人员到港澳进行学术交流及合作研究面临手续繁杂、经办时间长、在港澳逗留时间过短等问题。二是由于通信管理、福利保障等多方面的管理制度差异，影响了专业人才的流动。如广东内地移动支付、电话卡、网约车等业务办理，港澳身份证无法通过实名认证；港澳人士在购买飞机票、火车票等业务上无法通过手机或网站等办理；内地与港澳医疗保障体系不同，导致部分港澳居民由于在广东无法享有与港澳地区一样高的社会保障福利。三是在专业资格互认方面，港澳专业人士除在金融、会计、税务、建筑等领域可直接在广东自贸区内执业外，其他领域专业资格互认和执业地点还存在限制。四是在资金方面，尽管国家和广东层面科研项目经费过境港澳使用问题已基本得到解决，但香港的金融优势对湾区科技企业发展的支撑仍较弱，港澳企业、经济组织或个人到内地投资仍面临资质要求、持股比例、经营范围等准入限制措施。

（三）创新资源共享缺乏长效机制

总体而言，湾区内城市及与港澳之间尚未建立起统一的科技信息资源共享体系和平台，在大科学装置、重点实验室、大型科研仪器设备、科学数据、专家库等创新资源的共享上还不充分。这一方面是由于大湾区科技资源的共享缺少法律、制度及实施细则等方面的保障，尚未界定政府和科技资源管理部门的权责利，且开放共享需协调粤港澳三地科技主管部门、高等院校、科研院所等众多机构，科技资源共享在实际操作中很难真正放开；另一方面在大湾区“一国两制”的环境下，如何在促进科技成果转移转化的同时保障数据资源安全和不被窃取，保护技术成果所有者的知识产权，将是未来大湾区推动实现科技信息资源充分流动中需要解决的重要问题。

（四）科技教育合作的深度和广度不够

近些年来，粤港澳不断拓展科技和教育合作，但仍存在科研合作领域偏窄、科研成果转化率低等问题。一方面，粤港澳三地科研合作形式单一，主要以政府课题合作为主，仅在部分领域开展合作；港澳可申报内地科研项目在经费和类型上也有一定限制，涉及科技信息安全领域港澳高校或企业不能申报，而在科研课题经费申请上，港澳必须以内地的机构或在内地分设的机构名义进行申报，在课题审批、成果考核上也没有统一标准。另一方面，粤港澳大湾区高校之间、高校与企业之间协同发展仍不足，如香港拥有5所进入世界100强的一流大学，同时在发光二极管技术、云计算、生物医学和电动汽车等方面具备技术储备优势，但由于三地高校、科研院所、企业的产学研合作信息不对称，港澳基础研究优势和内地健全的产业链优势未能有效结合，导致科技成果转化率不高。

四、服务贸易和投资便利化问题

由于粤港两地制度的不同，政府运作模式和工作效率存在较大差异，给香港服务业进入广东造成了一定的阻碍，使服务贸易和投资便利化难以落到实处。

1. 投资门槛仍较高

由于目前港资金融机构准入内地的条件还比较高，例如，港资保险公司进入内地必须受到政府监管部门规定的经营年限、总资产和规模等条件的限制，而香港保险公司大都规模较小，因此使大量的港资保险公司难于进入内地经营，而内地的许多市民又往往喜欢前往香港购买保险产品；又如，香港银行和香港财务公司进入内地仍有总资产、开业年限、设立网点和代表处的限制要求。这些投资门槛在很大程度上制约了香港企业来广东投资的信心和热情，因此，有必要适当降低投资准入门槛，为香港服务业提供者进入广东创造有利条件。

2. 部分条款迟迟无法落实

CEPA允许香港公司以独资形式在内地提供相关的货物分拨和物流服务，但却未明确相关的审批流程和具体要求，使想要进入内地的港资企业不知应当如何办理。而要制定这些实施细则，除了地方根据相关政策，结合当地实际，研究形成具体的配套措施和细则之外，还必需将这些实施细则层层上报，经国家部委审批之后才能执行。这种由上至下，再又由下至上的运作程序，周期长，费时费力，而且导致操作细则不能及时出台，使部分条款迟迟无法落实，在一定程度上影响了改革的效率。

3. 开放领域有待进一步拓宽

港资大型电信运营商都非常希望能进入内地开展基础电信业务，但是鉴于目前的政策以及对于香港企业投资比例、资格条件的严格限制，他们根本不可能进入内地。又如，港资经营人身保险业务的寿险公司要想进入内地，必须寻找一个内地实力雄厚的大型企业集团来合作，各自出资组建一个合资寿险公司，其中港方投资比例不得超过公司总股本的50%。也就是说，港资企业不能独资，也不能控股。类似这种对开放领域及开放程度严格限制的状况，导致了粤港产业合作难以有效推进。

4. 体制机制和配套服务存在差异

由于粤港体制的不同，法律法规的差异，信息透明度的不足，审批程序的繁杂，沟通渠道的不畅，服务业标准存在较大差别，从而降低了香港企业参与的积极性。例如，香港医疗卫生服务业要进入广东，开设港资医院需要经过中央和省市卫生部门、外经贸部门的批准，还要到医院所在地的国土、消防、环保等部门进行申请和报批，手续繁琐复杂，所需要时间比较长，有的数月甚至数年，另外，香港医生在内地执业，还需要申请内地医师资格认定。目前，引进港资企业进行工商登记，虽然采取了“先照后证”的改革做法，但仍然要进行前置审批，程序复杂。两地体制和配套服务的差异，降低了CEPA在促进广东与香港之间经济合作与发展的实效。

5. 在促进粤港产业转型升级方面存在的问题

在CEPA协议下，香港与内地的合作由过去的地产、旅游、加工生产和消费等传统产业逐渐向科技创新领域转移。香港的创新优势在于技术先进和知识产权保护做得好，劣势是本地市场狭小、技术转化效率不高，而广东市场广阔、技术需求旺盛、两地互补，为科技创新合作提供了巨大的发展空间，也对香港的产业转型创造了有利条件。目前，CEPA的内容主要是实现货物贸易零关税，扩大服务贸易市场准入，实行贸易投资便利化，较少提到香港与内地科技创新的融合发展。而随着科技的迅速发展，粤港必将深入推进经贸合作，因此，如何在科技创新方面加强双方合作，拓展发展空间，带动科技经贸发展，显得非常必要。

五、吸引技术移民问题

把粤港澳大湾区建设成世界一流湾区，把深圳建设成中国特色社会主义先行示范区，离不开建设一支规模宏大的人才队伍。大湾区九市在吸引技术移民方面积极尝试制度创新和突破，已取得一定成效。但受法律法规限制，还存在很大的差距和不足。例如，外籍人才的国民待遇得不到全面保障，对高端外籍人才来大湾区创新创业的吸引力明显不够。中央和国务院相关文件都对引进人才、打造高端人才队伍提出明确要求，特别是支持深圳在技术移民上先行先试。要结合大湾区特点和深圳实际来制定一套符合深圳自身的技术移民政策体系，试行好这一政策，对于大湾区其他城市乃至全国实行技术移民提供经验借鉴，具有十分重要的理论和实践意义。要发扬敢闯敢试、敢为天下先的改革创新精神，探索完善引进和培养国际化高端人才的新模式新机制，为粤港澳大湾区和深圳先行示范区高质量发展提供强大人才支撑。

第四节　发挥“三个关税区、三种货币、三种法律”最大优势

习近平总书记指出，“一国两制”是历史遗留的香港问题的最佳解决方案，也是香港回归后保持长期繁荣稳定的最佳制度安排，是行得通、办得到、得人心的。实践已经充分证明，“一国两制”是保持港澳长期繁荣稳定的最佳制度安排，要全面准确贯彻“一国两制”“港人治港”“澳人治澳”、高度自治方针，保持战略定力，增强发展自信，确保“一国两制”的方针不会变、不动摇，确保“一国两制”的实践不变形、不走样。

鉴于粤港澳大湾区建设的环境独特，政策敏感性强，在“十四五”期间，仍然要继续坚守“一国”之本，善用“两制”之利，要严格依照宪法和基本法办事，特别要注意尊重港澳的社会制度和法律制度，尊重港澳特

别行政区的高度自治权。避免粤港澳大湾区陷入低水平、同质化竞争，推进粤港澳大湾区建设向更高水平发展。因此，粤港澳大湾区建设必须确保“一国两制”“不动摇”“不变形”“不走样”，就此而言，坚持三个关税区、三种货币、三种税收制度的现有格局，才是对“一国两制”方针最有力的保障。

一、发挥资源禀赋优势

粤港澳大湾区内城市资源禀赋各异，只有坚持各自特色并精准发力，“禀赋”才能转化成“比较优势”，“比较优势”才会变成“核心竞争力”。

香港经济的国际化营商环境高度发达，在金融、贸易、航运、专业服务等方面具有全球竞争力，“超级联络人”作用非常明显。澳门是全球旅游休闲中心，在推进与葡语国家经贸合作方面具有独特优势。深圳是全球领先的科技创新中心，广州是粤港澳大湾区联系内地、辐射内地的桥梁和纽带，佛山、东莞、珠海、惠州、中山、江门、肇庆具备扎实雄厚的制造业基础，都是由计划经济向市场经济过渡中成长起来的。这些各具特色的经济优势，是基于“一国两制”背景下制度的差异性形成的。“十四五”时期，继续保持现有的发展格局，粤港澳大湾区各城市就会形成各具特色的核心竞争力。

二、推动深圳先行示范区建设

推进深圳现代化国际化创新型城市建设，打造高层次国际人才集聚区，建设光明科学城、西丽湖国际科教城，发挥战略性新兴产业优势。推进深圳加快综合改革试点，赋予深圳更大改革自主权，探索创新省级行政管理权限负面清单管理模式，构建与国际接轨的金融创新规则体系，推进人民币国际化先行试点，加快在改革监管等方面先行先试，在重要领域和关键环节改革方面取得标志性成果。以深圳综合改革试点为抓手，构建全省统筹、全域协同、全链条衔接的工作机制和创新生态，带动广东改革开放向纵深推进，为全国制度建设作出重要示范。

三、建设广州建设国际大都市

支持广州实现老城市新活力和“四个出新出彩”，加快建设国际化大都市。强化广州省会城市功能，建设国家中心城市和综合性门户城市，构建国际综合交通枢纽、教育医疗中心和对外文化交流门户。支持广州重点发展新一代信息技术、生物医药、智能汽车等产业，高水平建设人工智能与数字经济试验区，加快总部经济发展，打造具有全球影响力的现代服务经济中心。支持广州强化城市更新，加快宜居环境建设，全面提升城市品质。

四、拓展经贸合作空间

粤港澳三地制度的差异性，给经贸合作提供了更广阔的发展空间。改革开放以来，广东得益于毗邻港澳优势，既有国内市场为依托、又能借助港澳的经贸合作平台便捷联通全球经济，从而实现了经济飞速的发展。香港以内地的改革开放为依托，巩固和提升了国际金融、贸易、航运三大中心的地位。例如，香港资本市场，把握“一国两制”的独特机遇，快速超越台湾、新加坡、韩国等资本市场，现在市值已超过 5 万亿美元，仅次于美国、中国 A 股和日本，内地上市公司总市值占港股全部市值的比重超过 70%。如果香港没有内地经济和企业支撑，仅仅与国际接轨的制度，其资本市场不可能具有如此重要地位。总之，粤港澳三地现有的发展格局，有利于促进粤港澳各地区的互利共赢。

五、优化资源配置功能

优化资源配置是建设好粤港澳大湾区的关键。香港、澳门最缺的是土地和人口资源，而广东有比较大的土地、比较多的人口。因此，加强粤港澳三方合作，港澳地区的制造业可以到广东扩大生产规模，从而腾出宝贵的空间和人力专注于全球金融、贸易、航运等产业的发展。科技创新合作是粤港澳大湾区主攻方向之一，香港和澳门有一批全球一流的高校和科学家，有很强的原始创新能力和配置全球创新资源能力，而珠三角地区在把科技成果转化为生产力方面具有巨大优势，粤港澳三地发挥各自优势，就能实现“1+1>2”的成效。反之，如果在管理制度、管理方式上把整个粤港澳大湾区同构化，则所有这些资源将趋于平均分布，资源优化配置的效用就会明显弱化。

六、避免低水平重复竞争

粤港澳大湾区发展同样必须遵循竞争与合作的市场规则。按照以往经验，如果人为把粤港澳大湾区变成同质化的发展区域。这看似和国际接轨了，但恰恰是制约了大湾区独特的体制优势和发展潜力，最后极有可能是深圳抢香港的优势、珠海抢澳门的优势、广州抢深圳的优势，导致九个城市竞争大于合作，九个各具动力特征的引擎变成了一个平常发动机，造成大湾区内部的低水平竞争局面。比如，香港金融制度使港币与国际货币是一体化的，也让香港成为一个独特的国际金融中心。如果片面强调大湾区金融制度一体化，不仅不能增强湾区内各城市的金融竞争力，反而会束缚和制约香港金融发展，甚至弱化香港国际金融中心地位。因此，保持大湾区现有各自发展格局，才能有效促进大湾区内各城市的差异化发展，从而避免低水平同质化竞争。

总之，正是由于粤港澳大湾区所具有三个关税区、三种货币、三种法律制度的差异性、具有经济互补性的优势，才有效促进了资本、人才、技术的汇聚流动和优化配置，形成在全球湾区中的独特重要地位。

第五节　加强协同发展，打造“双区”现代化建设核心引擎

“十四五”期间，全力打造“双区”现代化建设的核心引擎，为中国乃至全球经济发展注入强劲动能，就必须发挥“一国两制”制度优势，港澳国际化优势和广东先行先试优势，全面推进粤港澳互利合作，在坚持“三个独立关税区”的同时加强区域协同发展，探索制度对接，搭建“政策桥”，促进粤港澳三地的资源要素高效流通，推进市场一体化发展。要着

重从重大合作平台建设、重大合作项目落地、规则相互衔接等方面寻求突破，打造内地与港澳深度合作示范区，营造全球际一流营商环境，携手参与国际竞争合作，打造“一带一路”建设的重要支撑区。增强大湾区发展活力和竞争力，展现“一国两制”新实践的勃勃生机。

一、打造国际化营商环境

优化营商环境是粤港澳大湾区打造国际化优质生活圈、建设世界一流湾区的重要条件。要注重发挥市场在资源配置中的决定性作用，要更多地运用市场机制来配置和汇聚全球优质资源，形成稳定、公平、透明和可预期的一流营商环境，为建设富有活力和国际竞争力的一流湾区和世界级城市群提供重要动力。

粤港澳要加强规则对接研究，着力破除大湾区人流、物流、资金流、信息流规则障碍，加快提升大湾区国际竞争力；推进大湾区投资和贸易自由化，促进港澳更好融入国家发展大局，共建粤港澳合作发展大平台；发挥港澳的开放平台与示范作用，保障“一带一路”建设，推动全方位对外开放的目标。

（一）推动服务标准、制度规则融通

加快推进“一事三地”“一策三地”“一规三地”等创新改革举措，加强粤港澳在法治保障、市场准入、标准认定、产权保护等领域的规则对接，促进人员、资本、货物等各类要素自由流动。优先在营商环境、科技创新、金融市场、民生领域等粤港澳三地共识度高的领域实现突破。

在营商环境规则对接方面，广东全面贯彻国家关于放宽服务贸易业、制造业等领域的外资准入政策，加强粤港澳在标准制定、资格互认、人才培养等服务贸易相关领域的合作；进一步优化大湾区内部在法治保障、市场准入、产权保护、政务服务等方面的规则对接；健全一体化在线政务服务平台，切实解决企业在开办施工许可、联合审图等方面的难点问题；争取国家支持，尽快推出大湾区吸引境外、境内人才的税收优惠政策。

在科技创新政策对接方面，广东切实落实好国家允许科研仪器设备在港澳、珠三角九市异地购置使用政策；加快建立健全大湾区重大科研基础

设施和大型科研仪器共享使用的机制；以广州南沙科技创新产业基地，珠海横琴中医药产业园等平台为重点，争取国家支持，开展便利粤港澳三地科研人员、仪器设备、生物样品等便捷流动的政策措施。

在金融市场互联互通方面，广东将支持符合条件的港澳银行、保险机构，在深圳前海、广州南沙、珠海横琴设立金融机构，支持粤港澳保险机构合作开发创新性跨境机动车保险、跨境医疗保险等产品，加快推进跨境电子支票联合结算、跨境电子账单直接缴费、支付工具跨境使用等金融创新服务。

在民生领域的规则对接则方面，推进有居住证的港澳居民在广东参加城乡养老保险、医疗保险，享受与内地居民同等的财政补贴和社保待遇；推动粤港澳专业技术人员职业技术资格互认，降低港澳专业人才职业门槛；争取国家支持，加快大湾区出入境便利化改革的试点。

（二）推动口岸通关模式改革

关检互联互通是经贸融合的重要手段。例如，中欧班列的常态化运营，就得益于各国海关实现了“互通”。推动关检一体化，是粤港澳大湾区打造具有全球竞争力营商环境的重要突破口。推进关检一体化，不是要把三个海关合并成一个海关，而是要真正做到“信息互换、监管互认、执法互助”，口岸管理服务要更加便利高效，但依然是执行各自的法律、各自的关税。当前，粤港澳尤其要抓住内地关检机构整合的契机，大力推进粤港海关快速通关，实现“一个窗口、统一受理、互联互通、并联审批、同步作业”。

促进人员和货物往来的便利化。例如，要促进口岸基础设施更紧密互联互通，提升口岸通关能力。推进深圳莲塘/香园围口岸、珠海青茂口岸、珠海横琴新口岸等重点口岸建设，加快深圳皇岗、沙头角和珠海拱北、九洲港等老口岸改造，进一步推广“一站式”“合作查验、一次放行”新型通关模式。此外，还要推动完善粤港澳海陆空联运体系，畅通与港澳之间的物流大通道。广东自贸试验区要率先创新与港澳港口的通关模式，发展海空联运中转业务，建立与香港机场的快件海空联运、铁空联运通道等。

（三）推广国际贸易“单一窗口”

探索建设大湾区区域国际贸易“单一窗口”。完善广东电子口岸平台建设，全面推广国际贸易“单一窗口”标准版应用功能，推进口岸通关时效评估系统建设，推进口岸物流信息电子化。加强粤港、粤澳“单一窗口”交流合作。

（四）加强在法律服务领域的合作

加强广东九市与港澳法律制度衔接，组建大湾区律师团队，制定发挥司法机构和律师事务所促进大湾区法律制度衔接的实施方案。逐步放宽港澳律师可从事的案件类型范围。允许在广东自贸区的港澳与内地合伙联营律师事务所扩大执业范围；允许取得内地法律职业资格的港澳律师扩大执业范围。

（五）建立技术移民管理体系

随着粤港澳大湾区建设规划的快速实施，大湾区人才流动将会进一步呈现集聚化与中心化。为抓住时机吸引外籍优秀人才和海外人才，亟需学习和借鉴发达国家的先进经验，进行体制创新。

加快研究制定“粤港澳大湾区技术移民管理暂行办法”，实现粤港澳三地的规则衔接，为建立先进、科学、简明、易行的技术移民体系提供制度保障。同时，切实落实和保障技术移民的国民待遇，进一步理顺体制机制、健全政策法规、优化申请条件、简化工作流程，在出入境、居留、工作许可以及公共服务和配套服务等方面为技术移民提供充分便利，尤其是要重点解决永久居留问题；充分发挥技术移民政策的导向、规范和调控功能。

二、打造“一带一路”重要支撑区

粤港澳大湾区处在“一带一路”建设中的核心枢纽地位，打造粤港澳大湾区，有利于推进“一带一路”建设；而“一带一路”建设的加快推进，也为提升粤港澳大湾区国际竞争力、更高水平参与全球合作和竞争开拓了新空间。因此，粤港澳三地不仅要加强内部协调合作、还要抱团走出去，共同参与“一带一路”建设。

1. 推动粤港澳抱团“走出去”

加强基础设施产业与港澳会计、投资、法律、保险、商务咨询等服务业合作，开展跨国投资、跨国并购，开拓“一带一路”沿线国家市场。

粤港澳合作构建“走出去”公共服务体系，建立“走出去”专业服务联盟、信息服务平台、重点项目库、人才培训机制。鼓励港澳企业加入广东“走出去”能源基础设施产业联盟、“走出去”照明产业联盟、境外园区合作联盟等，支持粤港澳有条件的产业链上下游企业、优势互补企业推进国际产能与装备制造合作。

2. 联合开展“引进来”工作

构建高水平的粤港澳大湾区海外联合推介和招商机制，粤港澳联合赴欧美日发达国家推介粤港澳大湾区，与旧金山、纽约、东京等世界主要湾区建立经贸交流合作机制，推进大湾区与世界各国的借鉴交流。打造北美欧洲招商重大平台，组织开展中国（广东）—美国投资合作交流会、中国（广东）—欧洲投资合作交流会。三地政府联合举办粤港澳经贸合作交流会，重点吸引欧美地区及“一带一路”沿线国家（地区）企业参会，面向国际宣传大湾区投资环境。推动广东驻海外经贸办事处建设，与驻在区域的港澳驻外代表机构建立合作机制，共同开展大湾区投资营商环境推介。

3. 携手开拓国际市场

着力建设粤港澳产品全球展览平台网络，在东盟、南亚、非洲、南美洲、欧洲等地区举办粤港澳商品展览会等等。

4. 推进“一带一路”物流项目建设

推动“中欧班列”稳定运行高质量发展，助推粤港澳大湾区物流节点建设，衔接川贵广—港澳—南亚等国际物流大通道，加快产业集聚发展。

三、进一步促进贸易投资便利化

大湾区是我国改革开放的前沿阵地，应加快对接国际通行的高标准投资贸易规则，在我国构建开放型经济新体制的进程中充分发挥引领示范作用。

首先，进一步探索推进服务贸易全面自由化。一是推动修订 CEPA《服务贸易协议》，探索尚未开放领域在广东自贸区先行开放，开展风险压力测试。二是适度降低 CEPA 门槛，放宽港澳“服务提供者”在港澳经营年限、业务场所等限制条件，简化审核要求。在专业资格互认方面，试点简化或取消港澳居民在内地执业要求、居住时限等规定，建立与港澳接轨的管理模式。同时，港澳也应放宽和简化广东九市居民到港澳工作的资质认证。三是清理法律法规，协调解决与粤港澳开放措施相冲突的规定。

其次，建议中央给予政策支持，在大湾区范围内就“公司多地注册”现象进行制度优化。一是先行先试探索一体化政策，实施“一次注册，九市通行”。二是研究推出大湾区内企业和个人开立银行账户的简易流程，推广香港居民通过代理见证开立内地个人银行账户。三是优化提升司法部中国法律服务公司（香港）正在建立的平台系统运行效率。

四、强化自贸区示范引领作用

为更好建设粤港澳大湾区合作示范区，广东自贸试验区将充分发挥制度创新优势，不断突破粤港澳深度合作的体制机制障碍，为粤港澳大湾区建设发挥示范引领作用。

1. 强化前海、南沙、横琴先导作用

强化深圳前海深港现代服务业合作区功能，发展金融、贸易、物流、文化创意等产业。加快河套深港科技创新合作区建设。建设广州南沙粤港澳全面合作示范区。推进横琴粤澳深度合作区建设，推动澳门经济适度多元发展。打造珠江口西岸新的经济增长极。推进建设粤港澳青年创新创业基地等一批交流合作平台。

2. 推进系统性重点改革事项

积极开展首创性的改革探索。广东省相关部门和广东三个自贸试验区在国际化营商环境、投资贸易自由化便利化、金融开放创新、粤港澳深度合作等领域积极开展首创性、差异性、系统性改革创新，累计形成了584项制度创新成果，348项在全省复制推广，41项在全国复制推广。

不断优化国际化营商环境。省政府向三个片区下放了三批134项省级管理权限，实施全国最短外商投资负面清单，率先探索商事登记确认制改革，对528项涉企经营许可事项实施“证照分离”改革，着力打造“无证明自贸区”，实现企业注册登记“零审批”、政务服务“零跑动”、业务办理“零证明”。

大幅提升贸易门户枢纽功能。打造“线上海关”创新贸易监管模式，实现324项海关事项线上办理，助力国际贸易新业态快速发展，全球中转集拼业务量超过1 000亿元，跨境电商网购保税进口占全国1/5，汽车平行进口量居全国前三。建设“离港空运服务中心”，启动“陆铁联运”，实施粤港澳大湾区“一港通”，构建了连通大湾区辐射泛珠三角的“海陆空铁”大通关体系。

率先探索跨境投融资政策，积极试点跨境贷款、跨境资金池、跨境资产转让、跨境股权投资等可兑换试点，跨境人民币结算领域从贸易拓展至投资和金融交易，实现碳排放权跨境人民币结算、‘熊猫债’募集资金在境内使用、“点心债”募集资金回流。

加强与港澳制度规则衔接。设立全国首家港澳资控股或独资的银行、证券、基金机构，首家港资大宗商品交易平台、港资相互保险社和港资独资船舶管理公司，创新开展粤港澳跨境支付结算、跨境车险和医疗保险、跨境住房按揭、跨境医保试点等。

3. 构建自由贸易通道

建设粤港澳“自贸通”，简化货物通关安排，支持国际中转集拼业务发展，创新国际货物转运监管模式。研究制定粤港澳大湾区自由贸易通道建设方案，建立以香港和澳门自由港为依托、以广东自贸试验区三个片区为基点，将环珠江口东西两岸重点区域串珠成链的自由贸易通道。

发挥单独关税区优势吸引全球资源要素，推动内需和外需、进口和出口、引进外资和对外投资协调发展。全面建设大湾区贸易强区，实施贸易高质量发展“十大工程”，加快推进服务贸易、数字贸易，促进跨境电商、市场采购贸易、离岸贸易等聚集发展，努力实现贸易新业态五年倍增。扩大优质商品进口，建设大宗商品进口分销基地。提高商品出口竞争力，引导大湾区本土企业发展成为全球一流的加工贸易企业和服务外包企业，高水平办好广交会、高交会、加工贸易博览会、“粤贸全球”等展会。推动粤港澳内外贸一体化发展，拓展国内国际市场布局，加强贸易方式，商品结构、促进内外贸监管体制、经营资质、质量标准等相衔接。在推动国内国际双循环中粤港澳华人优势。

4. 深化科研创新合作

粤港澳大湾区内有173所高等院校，多于旧金山湾区的73所，东京湾区的120所，仅次于纽约湾区的227所。应充分发挥这一教育优势，积极吸引和对接全球创新资源，构建国际化、开放型区域创新体系，建设广州—深圳—香港—澳门科技创新走廊，推动四地加强科研合作，促进创新资源共享，打造大湾区科技创新中心。

第一，国家给予政策授权，推动大湾区科研管理制度有效衔接。为充分调动港澳科研人员的积极性，在创新合作区可先行探索接轨香港的科研管理制度。一是科研项目管理引入第三方机构，对政府资助的科研项目实施全过程管理，同时采用国际通用的同行评议机制。二是深化科技成果权益管理改革，推进职务发明科技成果权属混合所有制改革，提高科技人员成果转化收益比例。三是采用香港及国际上通行的实验室管理规则，赋予港澳籍科研人员与内地技术人员同等的技术线路决策权。

第二，建立粤港澳统一的知识产权保护制度，制定粤港澳大湾区知识产权保护相关法规，推动在司法、行政、仲裁等层面形成强大的知识产权保护合力。

第三，成立科技资源共享联席会议制度，促进粤港澳合作交流，实现科技资源互联互通，推动科技资源共享，提高科技资源利用率，共创科技资源共享良好氛围。

第四，在推进科技产业合作方面，建设粤港澳产业发展数据库、技术路线图数据库、创新主体信息数据库和高端人才信息数据库，整合、发布粤港澳创新资源和科技合作供需信息；支持香港纳米科技及先进材料、资讯及通信技术、物流及供应链管理应用技术等研发中心以及国家科技兴海产业示范基地等落户广东自贸试验区。

第五，发挥港澳科技创新优势和珠三角产业创新优势，探索促进创新要素跨境流动和区域融通的政策措施，加强粤港澳创业孵化、金融科技、成果转化等领域的合作，发挥珠三角国家自主创新示范区辐射引领作用，加快广深港、广珠澳科技创新走廊建设。

五、推进产业差异化发展

大湾区产业经济发展必须加强顶层设计，强化规划引领，注重政策协调，提高区域发展的整体性。目前，粤港澳主导产业的城市间差异化程度还不明显，需进一步细化和明确各城市的核心功能，整合产业集群，用产业链的思维参与全球化竞争，把本地区最能发挥优势的产业搞上去，加快向全球价值链高端迈进。

推动产业差异化发展，有利于促进粤港澳大湾区产业健康发展。广州重点发展汽车制造、电子信息、生物医药、现代物流产业，把石化和钢铁、造船转移到湛江等地。深圳聚焦高新技术产业、金融业、物流业、海洋经济等现代产业。佛山主要发展家电、家居陶瓷，东莞重点打造电子信息、服装制鞋、玩具家具。珠海侧重发展电子信息、石油化工、航空、机械制造；惠州主要从事电子信息、石油化工。中山和江门主要发展电子信息、五金、轨道交通、摩托车、服装。肇庆重点推进电子信息、金属加工、机械制造发展，这样就能形成比较合理的产业结构，更好地促进产业转型和升级。

推动大湾区城市群合理分工。明确香港、澳门、深圳广州四大中心城市的功能定位。香港巩固和提升作为国际金融、贸易、航运中心和国际航空枢纽的地位，推动金融、贸易、专业服务、物流等向高端高增值方向发展，加快发展科技创新产业，建设亚太地区国际法律及争端服务中心。澳门着力建设世界休闲旅游中心、中国与葡萄牙语国家的商贸合作服务平台，促进经济适度多元发展。深圳发挥作为国家经济特区、全国性经济中心城市和国家创新型城市的示范引领作用，努力建成具有世界影响力的创新创意之都。广州强化国家中心城市的引领作用，增强国际商贸中心、综合交通枢纽和科技教育文化中心功能。

强化广佛肇城市群、深莞惠城市群、珠中江城市群作为为大湾区城市群的核心组成部分。推进中小城市和特色小镇实现特色化、差异化发展，形成特色产业、特色文化、特色功能。多圈层、多组团、多中心的城镇格局将有利于粤港澳的城镇功能互补和共同繁荣发展。

激发大湾区科技创新活力。协调粤港澳行业企业、学术组织、金融机构、研究院所，统筹利用国内外科技创新资源，优化区域内部合作创新发展模式，构建国际化、开放型区域创新体系。促进人流、物流、信息流、资金流的自由流动，最大限度地发挥粤港澳优质创新人才、科技成果和资本优势，推动创新型经济发展，形成协同发展效应。围绕大湾区的产业优势，集聚优势资源，推动形成若干个千亿级的产业集群。加速形成以香港为龙头，以深圳、广州、澳门、珠海为依托，以前海、南沙和横琴为节点的大湾区金融核心区。

六、打造创新产业新高地

习近平主席强调："建设好大湾区，关键在创新。"建设更高水平的粤港澳大湾区，需要实施科技创新和制度创新双轮驱动战略，加快"粤港科技创新走廊"建设，带动粤港科技创新资源向产业链高端集聚。加强现代科技创新合作，建设具有全球影响力的科技和产业创新高地。

1. 加强科技创新合作

充分借鉴香港科技园公司在科技园区开发管理、企业引进、科技孵化服务等方面的先进经验，推动广东科技创新园区发展。支持在广东设立面向"一带一路"的国家级科技成果孵化基地，承接和孵化港澳科技创新成果，合作共建科技成果转化和国际技术转让平台，重点吸引信息技术、物联网、新材料等香港优势产业来广东开展联合研发攻关。

2. 发展科技创新产业

打造大珠三角产业转型升级新平台。深化粤港澳三方的产业对接能力，促进更多成熟的技术成果在广东转化落地。发挥港澳资金及科技优势，依托珠三角制造业发展基础，推进与港澳在人工智能、新能源汽车、高端装备、信息技术、生命健康等现代产业方面的投资合作，进一步拓展粤港澳产业发展空间，推动"广东制造"迈向"广东创造"。

3. 抢占前沿领域制高点

发展新一代智能信息产业是抢占科技创新发展的制高点。建设粤港澳大湾区，需要粤港澳在云计算、大数据、物联网、人工智能等前沿领域加强合作，加快建设国际信息港。

（1）发挥互联网集成功能

促进以云计算、物联网、大数据、人工智能、量子计算为代表的新一代信息技术与现代制造业、金融、商贸、交通、物流、文化、教育、医疗等领域的融合创新，以互联网思维、手段、技术推动转型升级，再造粤港澳产业集群优势。

（2）形成全球化网络基础

粤港澳建立具有国际先进水平的网络基础设施，孵化培育网络创新企业，形成国际知名的互联网产业和服务集聚基地，全球领先的信息经济体；以互联网技术激发创新动力、创造潜力、创业活力；实现数据、网络、计算和人的实时交流互动，使粤港澳三地进入一个“万物互联”时代，使粤港澳跨界式协调融合成为产业发展的主流模式。

(3) 培育信息化发展新业态

粤港澳联合制定实施“互联网+”行动计划。加快建设深圳、广州、东莞、佛山等物联网产业示范基地，加快推进深圳、珠海、惠州等国家首批信息消费试点城市建设，以及深圳、广州、东莞等国家电子商务示范城市创建工作。培育一批综合性电商平台和网上商城，推动传统市场、展会和企业加快应用电子商务，加快跨境电子商务配套体系建设。

七、构建综合交通系统

“对标”世界湾区的发展路径，基础设施互联互通是经济融合发展的基础。在综合交通水平方面，与纽约、旧金山、东京等世界湾区相比，粤港澳大湾区还有较大差距，纽约、旧金山、东京庞大的港口群和世界上最密集的轨道交通网，对加快发展城市产业集群形成了巨大支撑。首先，要高效联通全球。要发挥香港作为国际航运中心优势，带动大湾区其他城市共建世界级港口群和空港群，形成铁水联运、空铁联运、公铁联运、公水联运等综合交通优势。其次，要强化与内地联系。优化铁路交通、高速公路网络布局，加强珠三角与粤东西北中心城市和泛珠周围省市的紧密联系。最后，要畅通湾区内部。完善环大湾区的城际轨道网，尽早建成“一小时城轨交通圈”，发挥好港珠澳大桥、广深港高铁、粤澳新通道等对空间优化的引领作用。总之，大湾区要以区位空间条件为基础，以现状产业布局为依托，以高效交通设施为引导，提高通勤效率，促进大湾区经济交流和资源整合，构建交通、产业、空间协调发展的世界级城市群。

八、推进大湾区金融协同合作

1. 加强大湾区金融统筹协调

协同有序推进大湾区金融合作，推动组建由国家金融管理部门、广东、香港、澳门参与的粤港澳大湾区金融专项工作小组，协同有序推进大湾区金融合作，在强化金融管理中央事权的同时，充分发挥粤港澳三地的积极性和创造性。同时，加强大湾区金融合作的政策衔接，实现大湾区金融开放与区域经济高质量发展的有效联动、相互促进。

推进人民币国际化战略，推动人民币成为大湾区内地九市与港澳地区之间经贸往来的主要计价、结算货币和融资、交易货币，扩大人民币在大湾区与其他国家和地区之间的跨境使用。支持香港特区政府、澳门特区政府增加人民币储备资产，逐步减少对美元的依赖，更加积极主动地支持国家推进人民币国际化。

推进金融业双向开放，在 CEPA 框架下推动内地金融业扩大开放对港澳地区先行先试，创新内地与港澳金融合作的路径和模式，支持港澳深度融入大湾区金融合作与发展、融入国家金融改革开放格局。支持中资金融机构和企业更加主动地参与港澳地区金融市场活动、大力发展特色金融业务，在金融领域强化内地与港澳地区的互补、互助和互动关系。

2. 完善大湾区金融服务体系

在资金流通方面，由于粤港澳大湾区涉及两种制度、三个关税区、三种货币、三种税制，跨境资金管理非常复杂。2020 年，粤港澳大湾区跨境资金流动累计 14.82 万亿元，占全国的 25% 左右。因此，促进与港澳资金互通、市场互联，完善粤港澳大湾区金融服务体系已刻不容缓。

大湾区要实现资金流的顺畅，第一，需要金融基础设施的标准化和一体化。目前，大湾区内银行层面有粤港、深港外币清算系统，企业层面有票据联合结算系统，可提高湾区内资金的流动效应，广东还设有外汇交易分中心，未来可以挂牌小币种的货币交易，增加湾区的辐射力。在跨境支付上，腾讯微信钱包在香港已经实现双向支付。

第二，要扩大跨境资金的融通渠道。可根据试点情况和国内形势，增加 QDLP（合格境内有限合伙人）、QFLP（合格境外有限合伙人）、深港通、基金互认、债券通等跨境资金流动机制以及配套政策，扩大跨境人民币贷款业务，深化跨国企业集团人民币集中营运及外币资金池集中营运管理政策。此外，要支持在海关特殊经济区开展期货保税仓单金融创新。

第三，资金流方面应该配合产业链发展的需求，在现有三个自贸区的基础上试点发展供应链金融。广东自贸试验区要建立放得开、管得好、守得住的金融开放试验示范窗口。积极推动跨境人民币贷款业务、跨境双向人民币债券试点、跨境双向人民币资金池业务、跨境双向股权投资试点、跨境金融资产转让等“五个跨境”，推动自贸试验区与港澳地区金融市场有效对接。

第四，优化粤港澳金融空间布局，推进大湾区金融市场互联互通，粤港澳共建全球金融枢纽。全力构建多层次金融市场，以深圳证券交易所和广州期货交易所为核心，加快资本、期货等要素市场建设，提高上市公司质量，提升直接融资比重。积极培育普惠金融、绿色金融、科技金融，增强金融业对欠发达地区及科技企业、中小微企业的支持，积极探索发展创业投资等。推动金融向数字化、智能化转型，推进数字货币试点，打造粤港澳金融科技高地。支持珠三角中小银行和农村信用社的健康发展。完善金融机构组织体系，健全地方金融监管体制。

第五，发挥香港、澳门的金融及法律优势，拓展“一带一路”建设。在推进与沿线国家和地区基础设施互联互通，加强海港、空港合作，加快技术标准体系融通对接，拓展第三方市场合作。深化国际产能合作，加强产业链供应链协同合作，带动装备、技术、品牌、服务、标准走出去。高质量建设境外经贸合作区。

第六，要提升跨境资金流的管理水平，加强广东地区事中事后的监管能力建设，尤其是通过三地各部门业务系统互联互通、大数据和金融科技等来提高跨境资金有效性和针对性。充分释放前海金融资产交易所的可作为空间，加快制定对境外机构投资境内不良资产的专项监管和工作细则。

九、为产业发展提供支撑和保障

推动粤港澳在教育、金融、文化、医疗等领域进一步开放，增加优质公共服务供给等方面加强标准对接和资质互认，共建宜居宜业宜游的优质生活圈。

深入贯彻习近平总书记关于发展粤港澳大湾区的重要指示精神，认真落实《粤港澳大湾区发展规划纲要》，深化教育、卫生健康、文化旅游、体育等领域改革与开放合作，增加优质公共产品和服务供给，为推进粤港澳大湾区发展提供支撑和保障。

优化大湾区高等教育结构布局，吸引国际知名高校到大湾区合作办学，支持在粤高校重点实验室、科研资源向港澳高校和科研机构开放，推进世界一流大学和一流学科建设。要加强粤港澳职业教育的交流合作，探索共建共享实训基地、共建职业教育园区和区域职业教育标准化建设，进一步提升职业教育质量，为大湾区发展培养高技能人才。促进大湾区医疗合作与人才交流。

积极落实涉港澳医疗机构和医师准入政策，高起点建设创新型综合性医学中心，深化中医药领域合作，打造全国医疗卫生事业创新发展新高地。

编制大湾区文化和旅游发展规划，挖掘传统文化资源，支持合作开发跨境旅游产品，拓展旅游市场。推进大湾区体育事业和产业发展，在体育人才培养、赛事活动举办、体育用品研发等方面，培育一批国际性、区域性品牌。

本章参考文献

[1] 习近平：2020，《在深圳经济特区建立40周年庆祝大会上发表重要讲话》，新华网，http：//henan. people. com. cn/n2/2020/1015/c351638 - 34350488. html。

[2] 习近平在会见香港澳门各界庆祝国家改革开放40周年访问团时的讲话，《人民日报》，2018年11月13日。

[3] 习近平：《经济特区成功经验要坚持并不断完善》，新华网，http：//news. china. com. cn/2018 - 10/25/content_68068441. htm。

[4]《中共中央国务院关于支持深圳建设中国特色社会主义先行示范区的意见》，新华网，http：//news. china. com. cn/2019 - 08/18/content_75112206. htm。

[5]《以习近平同志为核心的党中央关心粤港澳大湾区建设纪实》，新华网，http：//www. xinhuanet. com//2019 - 02/21/c_1210064983. htm。

[6] 中共广东省委关于制定广东省国民经济和社会发展第十四个五年规划和二〇三五年远景目标的建议，《南方杂志》，2020年12月18日。

[7]《中国共产党广东省第十二届委员会第十四次全体会议决议》，南方日报网络版，http：//www. gd. gov. cn/gdywdt/zwzt/ygadwq/zdgz/content/post_3442419. html.

[8]《横琴方案》《前海方案》印发——为粤港澳大湾区建设注入新动力，《人民日报》，2021 年 9 月 10 日。

[9]《香港公布北部都会区发展策略！将与深圳构建“双城三圈”》，南方网，http://www.cnbayarea.org.cn/homepage/news/content/post_612859.html。

[10]《马兴瑞主持召开省政府常务会议 强调加快粤港澳大湾区国际金融枢纽建设》，《南方日报》，http://politics.people.com.cn/n1/2020/1109/c1001-31924571.html.

第六章　广东文化和旅游业发展实证分析

2019 年 2 月，《粤港澳大湾区发展规划纲要》公布，明确提出要积极拓展粤港澳大湾区文化和旅游合作，共同打造宜居宜业宜游的优质生活圈，提出共建“人文湾区”，构筑“休闲湾区”两大目标。2021 年 1 月，国家文化和旅游部、粤港澳大湾区建设领导小组办公室、广东省政府联合印发《粤港澳大湾区文化和旅游发展规划》明确提出，要推动粤港澳大湾区文化和旅游交流合作与协调发展，繁荣发展文化事业和文化产业，建设具有国际影响力的人文湾区和休闲湾区。同时，围绕“人文湾区”“休闲湾区”两大目标进一步从资源保护与传承、公共文化服务体系建设、文艺创作支持、产业政策扶持、休闲产品与实体开发等方面进行了更加细致的规划。文化和旅游发展既是推动经济高质量发展的重要一环，也是支持粤港澳大湾区建设的重要部分。

粤港澳大湾区 11 个城市一衣带水、文脉相亲。丰富的文化旅游资源与良好的经济实力为文化和旅游发展提供了优质的基础条件。自 2003 年内地与香港、澳门政府签署《关于建立更紧密经贸关系的安排》（以下简称“CEPA”）以来，内地与港澳城市在文化和旅游合作上不断深化，建立了良好的合作基础。粤港澳大湾区在促进文化和旅游繁荣上已经初具实力。而构建“人文湾区”“休闲湾区”对新时代的湾区城市发展提出了更高的要求。同时，这也是城市建设与区域发展的机遇。

第一节　湾区城市文化和旅游发展的实践探索

作为改革开放的排头兵，广东率先实现经济腾飞，也率先将文化产业与旅游产业打造成为经济发展的支柱产业，“十三五”期间，广东文化和旅游产业指标稳居全国前列，文化及相关产业增加值、旅游总收入、入境过夜游客数量长期位居全国第一，珠三角城市近年来文化与旅游产业更是高速增长。这些成绩离不开湾区各个城市在政策导向、发展理念等方面的不断探索与实践。

一、内地城市文化和旅游发展的实践探索

作为制造业大省，广东的文化产业发展以文化产品制造业的兴盛为发端。随着信息技术的发展，其竞争力已经逐渐转变为以创新驱动的文化创意。而文旅融合时代的到来打通文化与旅游的壁垒，文化旅游消费市场急剧增加，供给与需求的双向并进促使公共文化事业、文化产业与旅游产业都面貌一新。珠三角九个城市在文化旅游发展上不断推陈出新，从文旅资源整合、文旅业态升级、公共文化服务提升等方面付诸实践。

1. 文旅融合促进资源整合深化

文化是旅游的灵魂，旅游是文化的载体。2018 年，随着中华人民共和国文化和旅游部正式组建，诗和远方的结合更加紧密。文化与旅游的融合是既是资源的整合，也是资源的深化，将文化内涵寓于旅游实体，旅游有了精髓，文化有了实体。这一改革打破了因文化和旅游分割而导致的文化传承不继、旅游产品单一的缺点，使文化旅游产业迸发生机与活力。文旅融合为城市文化和旅游发展提出了更高的要求，不仅需要加强文化资源的保护与利用，加强文化创意发展，促进文化向产品与服务转化，也要求具有文化深度、多样丰富的旅游实体建设。

广东省各市积极推进文旅融合发展。近年来，先后出台了《关于促进文化旅游融合发展的实施意见》《关于贯彻落实深入推进文化金融合作的实施意见》《广东省关于加快文化产业发展的若干政策意见》《广东省加快推进文化和旅游融合发展三年行动计划（2020—2022 年）》等文件，修订了《省级文化产业示范园区管理办法》，不断健全文化和旅游产业政策体系。一是加强文化保护与开发，支持岭南特色文化传承利用；二是推动粤

美乡村、公共文化设施等文化旅游实体建设，开发广东历史文化游径、南粤古驿道等文游IP，鼓励提升旅游产品文化内涵；三是强化文化旅游产业支撑，通过支持文旅企业做大做强、促进文化旅游消费升级；四是落实保障措施，通过“放管服”改革、省级资源整合、文旅项目财政补贴，加强人才培养等方式多方面措施着力保障文旅融合深化发展。

2. “文化+”“旅游+”推动文化旅游业态升级

近年来，居民文化和旅游消费偏好更加重视体验性与创新性，科学技术的发展为开发新的文旅业态提供了新的可能性，文化和旅游的发展体现出文旅产品创新化、文化服务精细化、旅游管理智能化等特点。广东把满足人民对美好生活的向往作为核心目标，因势利导，主动适应新时代文旅行业新需求，在《广东省旅游业发展“十三五”规划》中明确将创新驱动作为旅游业发展的重头戏，积极推动“旅游+”产业融合创新发展，先后出台了《广东省推进文化创意和设计服务与相关产业融合发展行动计划(2015—2020年)》《广东省人民政府关于促进旅游业改革发展的实施意见》《广东省促进全域旅游发展实施方案》，《广东省促进文化和科技深度融合实施方案（2021—2025年)》，将科技赋能、产业融合作为重要抓手促进文化旅游业态升级。在文化旅游资源保护与利用上，通过VR等科技手段进行预防性保护与数字化开发；在产品与服务上，利用互联网等手段实现传统文化行业升级，推动文化产业数字化，大力培育新兴文化产业，支持打造文化创意、动漫游戏、影视音乐等产业集群，同时充分利用旅游资源、打造红色文化旅游，生态农业观光、康养旅游、“云游”等旅游新业态，增强旅游产品差异性与多样化；在旅游管理方面，运用互联网、云计算等方式打造智慧景区，在旅游预约，人流监测、游客服务上实现智能化；在人力、资金保障方面，积极推进旅游职业院校建设，输送文化旅游专业人才，同时进一步加大开发性金融支持文化产业和旅游产业高质量发展。

3. 健全公共文化服务体系

加强公共文化服务体系建设是新时代广大人民群众对美好生活向往的要求，广东省以公共文化高质量发展为主题，提升公共文化服务标准化、均等化水平，提高公共文化产品和服务供给能力，增强公共文化的覆盖面和适用性。一方面，广东不断投入中央和省级财政资金用于基层公共文化设施建设，不断推进县级及以上图书馆、文化馆、乡镇（街道）综合文化站、行政村（社区）综合性文化服务中心建设，支持流动图书馆建设，率先试点以总馆-分馆的形式扩大公共文化机构影响范围，目前各市基本已经实现市、县、镇、村多级文化设施全覆盖；另一方面，支持文艺精品创作、展览讲座策划、文艺交流等相关活动，打造文化惠民工程，使文化服务走进社区、乡村、学校，为群众提供优质高效的公共文化服务。此外，广东也在文化服务的管理上探索提升文化服务新路径。为明确公共文化服务体系建设标准，广东出台了《广东省公共文化服务促进条例》《广东省基本公共文化服务实施标准（2015—2020年）》，在国家基本要求的基础上加入广东特色，构建省级、市级基本公共文化服务实施标准体系；同时鼓励各市积极进行文艺院团等文化机构治理机制改革，以产出文艺精品为目标进行科学管理。

二、香港、澳门文化和旅游发展的实践探索

1. 香港——打造国际旅游目的地与文化创意之都

由于历史渊源与地理条件的特殊性，香港成为东西方文化交汇的舞台，形成了兼具中华传统文化、西方艺术创意的香港文化。此外，得益于自由港的独特地位、海滨城市的自然风貌，香港成为享誉全球的旅游目的地，旅游业更是成为香港的四大支柱产业之一。在香港一直着力于打造“好客之都”“购物天堂”城市形象，通过购物游、邮轮游、都市游等多元旅游产品吸引高增值游客过夜旅游。近年来还不断培育拓展具有香港特色的旅游项目，将古迹、历史街区、创业街区、郊野公园等项目纳入旅游发展计划。香港特区政府自2008年开始着力将西九文化区打造成为香港文化名片，近年来又推出“大城小区”项目，先后进行“旧城中环”及“深水埗”地区推广，带领旅客体验地区深度游。

香港一直致力于打造中西合璧的“文化创意之都”，其文化创意产业不断发展，逐渐成为香港的优势产业。2009年开始，香港政府专门设立“创意香港”部门，以促进文创人才的培育与支持初创企业的发展，推动香港成为“亚洲创意之都”。同时，政府通过“创意智优计划”“电影发展基金”“设计创业培育计划”“时装创业培育计划”等专项资金计划资助创意

产业的发展，鼓励艺术设计、服装设计、印刷出版、电影等领域内的创新创业活动。

2. 澳门——打造世界旅游休闲中心

澳门一直以博彩娱乐业和美食闻名海内外，娱乐休闲旅游也成为澳门的特色并长盛不衰，澳门独特的中葡文化融合也吸引力无数旅游来澳，旅游业成为澳门经济发展中最重要的产业之一。澳门特区政府一直持续支持旅游业不断发展，2017 年，澳门特区政府发布《澳门旅游业发展总体规划》，将打造“世界旅游休闲中心”作为愿景与目标，期望通过增加非博彩的娱乐休闲元素发展多元旅游，同时充分挖掘澳门文化历史元素，丰富旅游的文化内涵并推动文创产业的培育，推动“智慧旅游”，提升旅游品质，以全面助力旅游业可持续发展。近年来，澳门持续将“美食”作为推动文化和旅游形象的主题，先后举办“2018 澳门美食年”“澳门国际美食论坛”，推出“绿色美食之旅”，扩大旅游推广影响力。在多元旅游发展上，澳门将文创、体育等特色融合旅游产品，推出海上游、文化旅游计划，举办“艺文荟澳”等大型文艺展会。此外，澳门还大力支持“智慧旅游”建设，与阿里云合作开展智慧客流应用；持续推进“星级旅游服务认可计划”，提升旅游服务品质。

中国澳门与葡语国家有着紧密联系，中葡文化在此融合形成独一无二的文化风貌，建筑、历史街区、美食都成为澳门独特的文化资源。《粤港澳大湾区发展规划纲要》将澳门定位为建设“以中华文化为主流，多元文化共存的交流基地”，在此定位下，澳门通过各项举措加强中华文化传承，持续推动多元文化在澳门的交流合作。在文化遗产保护、演艺节庆活动、文博展览、文化传承等多方面着力，凸显澳门文化元素，提升城市文化艺术氛围。同时，澳门也大力支持文化创意产业发展，将其作为推动多元经济发展的重要一环。通过实施系列人才培养计划、文创产业系列补助计划、推动文创平台建设等措施，为澳门文化创意产业营造良好的发展条件。

第二节　湾区城市文化和旅游的发展现状

文化和旅游作为既是促进经济高质量发展的增长点，也是城市的民生工程。内地九个城市在省级政策的引导下，多年来尤其是在"十三五"时期在文化旅游资源保护与开发、公共文化服务建设、产业政策引导等各方面着力投入，珠三角九个城市文化和旅游发展逐步加速。而香港和澳门公共文化服务基础较高，近年来更是凭借国际化都市的优势着力追求文化创意产业的发展。整体而言，粤港澳大湾区文化旅游资源不断丰富，公共文化事业不断完善，文化旅游产业竞争力不断增强。

一、文化旅游资源丰富

广东既是岭南文化的中心地，也是海上丝绸之路的发祥地，中国近现代革命的策源地，拥有得天独厚的历史文化资源与自然景观。大湾区各城市基于各自特色因地制宜，积极挖掘文化资源，开发旅游品牌。截至2019年，珠三角九市省级非遗项目达到320项，省级文保单位达326处，A级及以上景区共计227处，各市资源如图6－1所示。据2019年香港澳门发布的官方数据（见图6－2），香港认定的非物质遗产为20项、法定文化遗产有126项，文物景点有41处；澳门认定的非物质文化遗产有12项，不动产有147项，文物景点有147处。同时，各市发挥自身优势。通过文旅资源整合、旅游业态升级创造出一大批格局特色的文旅品牌，如表6－1所示。

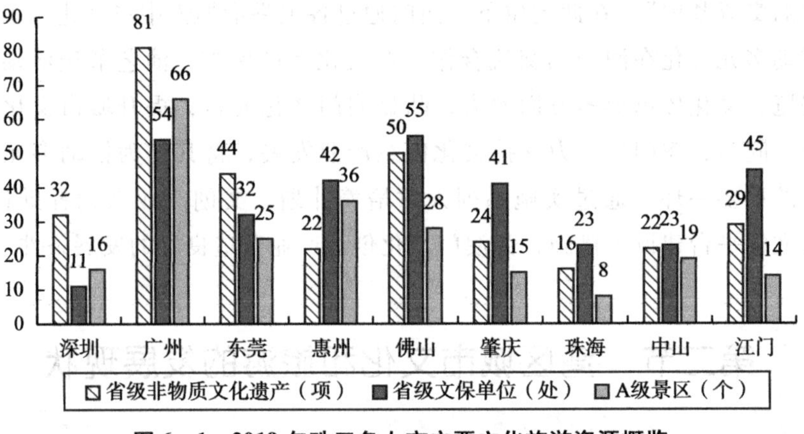

图6－1　2019年珠三角九市主要文化旅游资源概览

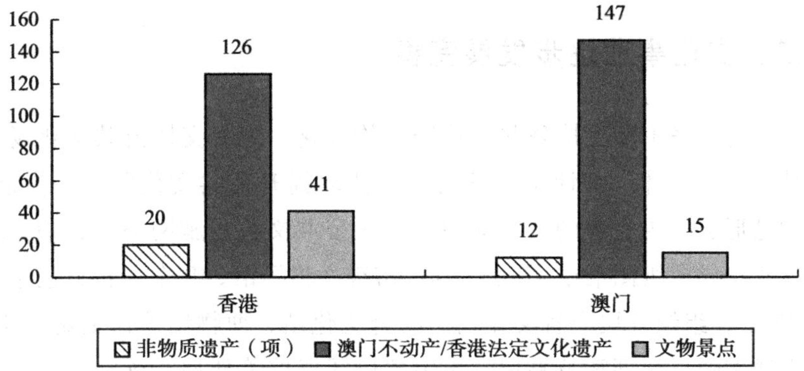

图 6－2　2019 年香港、澳门主要文化旅游资源概览①

表 6－1　珠三角 9 市代表性文旅品牌及其特点

城市	代表性文旅品牌	发展特色
广东省省级资源整合	粤美乡村、南粤古驿道、粤剧	乡村旅游、历史文化旅游
广州	长隆旅游区、新羊城八景、北京路历史文化街区	都市旅游、历史文化旅游、红色旅游、
深圳	世界之窗、华侨城、西涌、大小梅沙旅游区	都市旅游、海滨旅游
珠海	横琴旅游区、外伶仃岛、东澳岛	海滨旅游
东莞	下坝坊、银屏山、松山湖、大屏障森林公园、鸦片战争博物馆	民俗旅游、生态旅游、红色旅游
惠州	客家文化、大亚湾、巽寮湾、罗浮山	民俗旅游、海滨旅游、康养旅游
佛山	祖庙、南风古灶、南国桃园度假区	乡村旅游、历史文化旅游
肇庆	鼎湖山－七星岩风景区、盘龙峡	生态旅游、历史文化旅游
中山	孙中山故居、中山詹园、岐江景区、民歌	历史文化旅游
江门	碉楼、古镇、川山群岛	乡村旅游、海滨旅游
香港	维多利亚港、迪士尼、南丫岛	都市旅游、海滨旅游
澳门	金沙度假区、大三巴、威尼斯人、历史城区	博彩娱乐旅游、度假旅游

①　香港、澳门文化与旅游领域统计口径与内地不同。本书列出了两市与内地城市省级非物质文化遗产、省级文保单位、A 级景区大致相对应的项目。香港分别为康文署网站所发布的地区非物质文化遗产、法定文化遗产以及旅游景点，澳门分别为《文化局年报》发布的地区非物质文化遗产，不动产、文物景点。

二、文化事业逐步发展完善

广东近年来不断支持公共文化服务均等化，大力支持公共文化场馆建设，鼓励艺术团体、文博单位开展文艺活动提升公共文化服务提供能力。广东省已形成较为完善的省市县镇村五级公共文化设施网络。其中，珠三角城市共建成市级图书馆 47 个，其他市级文化场馆 349 个，官方艺术表演团体 37 个，组织开展全省文化馆、综合文化站、博物馆等评估定级工作，涌现出粤书吧、深圳智慧书房、佛山邻里图书馆等新型阅读空间。省市级艺术团体在文化部门的支持下支持开展文艺演出惠民工程，省群众艺术花会、粤读越精彩等全省性品牌活动丰富多彩，文化事业得到稳步发展。香港、澳门尽管受面积限制、公共文化机构不多，但其人均指标仍然可观，且均有细致的文化艺术相关的社区推广计划，文化活动覆盖度较高，有着较强的公共文化服务能力。大湾区城市的主要文化设施情况如图 6－3 所示。

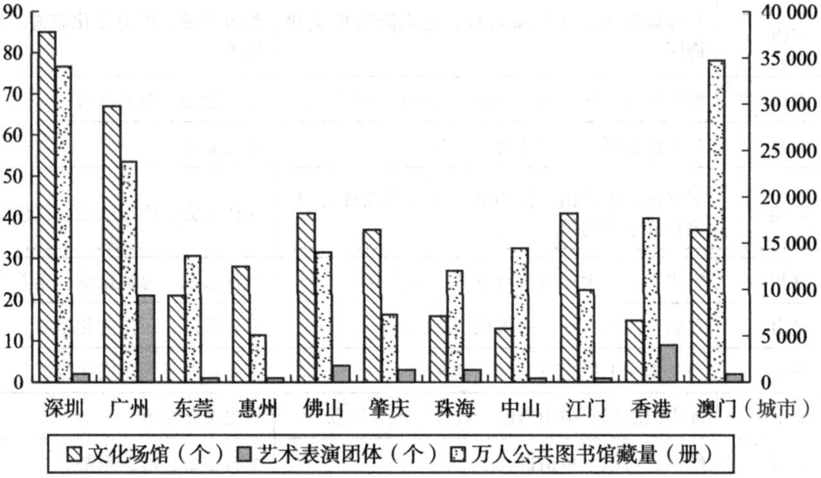

图 6－3　粤港澳大湾区城市主要文化设施情况

三、文化旅游产业规模增加

湾区各个城市均将发展文化旅游产业作为推动经济高质量发展的重要抓手，实现经济效益与社会效益的有机结合。随着文化旅游消费市场的兴盛，文化旅游产品供给能力的提升，文博演艺、景区旅游以更优质的产品与服务为吸引力，带动了民宿酒店、特色产品销售、演艺等传统文旅消费产业不断升级，科技赋能也萌生了一大批产业新形态，如广州已形成了千亿级的数字文化产业，囊括了游戏、动漫、电竞、直播、数字音乐、数字设计等新型业态；广州、深圳、广州集聚形成穗深惠等 3 个 4K 产业集群，4K/8K 超高清视频产业全国领先。香港、澳门两地都在积极发展文化创意产业，建设文化创意之都。香港的文化创意产业是优势产业之一，在 2008 年至 2018 年期间文化创意产业的名义增加值的平均每年上升 6.4%，目前文化创意产业对香港本地生产总值的贡献率为 5% 左右，文化创意产业的就业人数达到 21 万人以上，占就业从人数的 5.6%。澳门将文化创意产业作为促进多元经济发展的重要部分，文化创意产业还处于起步阶段，2019 年其经济增加值为 29.8 亿澳门元，对地区生产总值的贡献率还不足 1%。总体来看，湾区城市中，广州、深圳、澳门与香港都是闻名海内外的现代都市，也是国际旅游城市，旅游业更是澳门与香港的支柱产业，以四城为引领，湾区的游客数量与旅游收入规模不断上升。

粤港澳大湾区文化及相关产业①主要指标如图 6－4 所示。可以看出，广州、深圳、东莞、惠州的文化及相关产业增加值大于 5%，已经成为地区支柱产业。港澳两地文化企业数占总企业数比重均超过 4%，远高于大湾区其他城市。粤港澳大湾区文化旅游市场只要指标如图 6－5 所示。除澳门外，

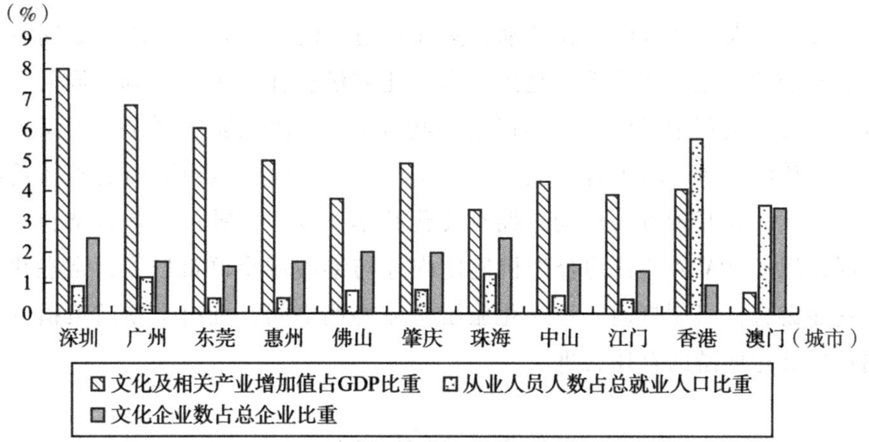

图 6－4　粤港澳大湾区文化及相关产业主要指标

① 香港、澳门所涉及的指标均为文化创意产业。

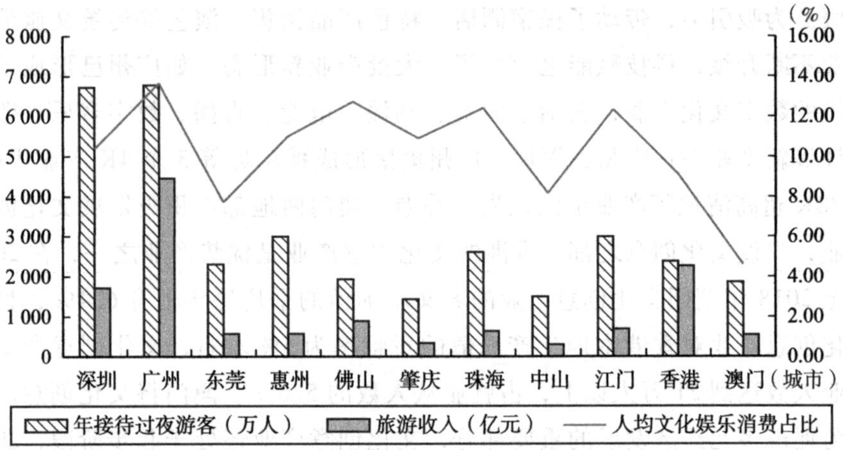

图 6－5　粤港澳大湾区文化旅游市场主要指标

人均文化娱乐消费支出占比均超过 7%，最高为广州达到 13%；广州，深圳接待过夜游客数远超其他城市，达到 6 500 万人次以上；广州旅游收入达到 4 000 万以上，远超其他城市，而香港、深圳的旅游收入在 2 000 亿元左右。

第三节　内地与香港、澳门文化旅游合作态势

粤港澳大湾区城市一衣带水、文脉相通。内地与香港、澳门之间有着无法割裂的文化亲缘关系，是湾区内文化旅游合作的天然基础。同时，各城市现代化进程中形成了各具特色的城市文化，湾区城市群丰富而又独特的文化旅游资源为城市合作提供了广阔的空间。湾区城市群沿着整体传统文化主线，相互理解与认同，拥有文化共享、资源互补的合作优势；与此同时，以 CEPA 为基础的合作机制使内地与港澳城市群策群力，常态化的文化旅游合作机制打通三地文化旅游交流协调空间，推出多项政策措施共同促进文化旅游的合作共进。

一、两岸三地文化共享，优势互补

粤港澳大湾区内城市群地缘联系紧密，人员往来顺畅，语言互通，岭

南文化、妈祖文化在湾区三地被普遍认同，文化相亲是湾区城市合作的最大优势，城市之间更容易在文化的合作与交流中获得理解与认同，通过共同发掘文化资源、参与文化保护、开发文旅产品达成文化共享。广东珠三角城市经济实力强劲，文化旅游产业发展快速，拥有湾区城市群最为巨大的文化旅游市场；香港是国际性的金融、信息、物流中心，文化创业产业特色、优势明显；澳门则与欧盟、葡萄牙语系国家关系密切，是世界上最具吸引力博彩、旅游中心之一和区域性商贸平台。三地优势互补，拥有广泛的合作空间。2020 年 12 月，文化旅游部和粤港澳大湾区建设临到小组办公室联合发布《粤港澳大湾区文化和旅游发展规划》，明确将优势互补、区域协同作为粤港澳三地文化旅游合作的规划原则之一。粤港澳三地在加强政策协调和规划衔接的基础上，不断优化区域功能布局，增强区域发展整体性、协调性和互补性，促进了粤港澳大湾区文化和旅游协同发展。

香港、澳门陆续回归祖国以后，三地的文化旅游合作不断加深，从最初简单的旅游交往逐渐扩展到文化旅游产品开发、文化旅游产业合作，尤其在建设粤港澳大湾区的背景下，三地合作的形式不断丰富，机制不断创新。近年来，粤港澳三地通过多种方式在演艺文博、文旅资源保护与开发、文化产业合作等方面展开合作。在演艺文博方面，三地文博和考古机构联合推出多个专题展览并在三地巡回展出，推出多项粤港澳大湾区主题展览，如在 2019 年第十五届中国（深圳）国际文化产业博览交易会上首设“粤港澳大湾区文化产业馆”。在文旅资源保护与开发方面，粤港澳大湾区各城市在充分挖掘自身文化遗产资源的基础上，加强与湾区内其他城市的合作，将各自的旅游资源组合起来形成新的文旅项目。第一批和第二批粤港澳大湾区文化遗产游径的发布完整的呈现了粤港澳大湾区内部的丰富文化旅游资源，海上丝绸之路邮轮旅游串联起大湾区文化历史肌理。在文化产业合作方面，三地在直播行业、影视行业、创意设计等领域合作不断升级，通过成立文化创意联盟、共建影视基地、共建直播平台等方式实现优质资源共建共享。在文化交流活动方面，粤港澳大湾区积极创新方式，策划精品活动，开辟交流渠道，拓展合作平台，三地之间的文化旅游交流合作得到了有力有效的开展，增进了文化共识，拉近了感情纽带。2009 年至今，粤港澳青年文化之旅已经成功举办了 13 届，成功推动了推动粤港澳大学生相互了解与沟通，加深对中华传统文化的认同和对祖国内地的认同感。2011

年起，粤港澳三地配合文化和旅游部推进实施“港澳青少年内地游学工程”。广东省内各艺术单位积极创建粤港澳青年文化交流平台，包括粤港澳青少年艺术交流夏令营、粤港澳青年戏剧交流计划等，提升艺术创演水平和对外传播能力。粤港澳大湾区城市文化旅游拥有统一且深厚的文化根基，也有各具特色的地域文化资源，通过对传统文化的挖掘和特色文化资源的互补，使粤港澳文化旅游更具一体性的同时，也提升了整体的质量。

二、合作机制多样

内地与香港、澳门的文化旅游合作由 CEPA 开始，自 2003 年 6 月开始，允许广东省境内居民赴港旅游、其后陆续在 CEPA 补充协议中提出放宽视听、旅游、文娱服务等方面的市场准入标准。在提出粤港澳大湾区后，为了充分利用两岸三地的文化资源，促进资源互补，三地政府在有关协议和政策上达成高度一致，共同加强在旅游宣传和推广方面的合作。三地政府遵循市场主导，政府推动，顶层设计的原则，充分利用国家政策、三地双边协议以及合作框架协议的叠加优势，形成了一套完整的合作机制。这些机制在一定程度上为粤港澳文化旅游合作扫清了障碍、提供了便利，使三地文化旅游合作可以顺利进行。

（一）产业发展协同

产业协同发展需要打通资金、人才、物流、信息等各方面的资源流动，需要政府、企业、媒体多方联动。政策引导将对资源集聚起到重要作用，粤港澳大湾区建设如火如荼，广东省出台了一系列政策推动文旅产业协同发展。一是支持大型文旅企业开发重点文旅项目，形成规模效应。目前，大湾区已经建成融创文旅城、深圳华侨城等大型文旅项目，横琴国际休闲旅游岛、粤港澳大湾区（肇庆）旅游港也在筹建当中。二是增强产业扶持力度，通过粤港澳大湾区文化产业投资基金、文化和旅游产业发展专项资金等资金资助计划吸引港澳两地共同参与产业建设。三是成立粤港澳大湾区文化创意产业促进会，在科学研究、人才培养、产学研结合等方面合作，共同推进文创产业发展，最终打造粤港澳大湾区文化产业资源共同体。

（二）创新服务管理

服务体系的创新是粤港澳三地文化旅游发展十分重要的一环，要实现“三地联动”，需要在设计创意旅游产品和服务，推动旅游交通、信息共建、政策管理等多领域进行协作。

一是通过构建有效的沟通平台促进信息、人才等资源的沟通交流。三地政府自2002年开始持续开展“粤港澳文化合作会议”，通过会议沟通机制深化文化领域不断深化，在文博演艺、票务合作、人才交流多方面推进合作，同时建立粤港澳文化资讯网统一发布文艺资讯；三地相继成立了粤港澳大湾区文化产业联盟、粤港澳大湾区旅游联盟、粤港澳大湾区文化旅游融媒体传播联盟等平台，集结专业领域企业、机构及人才开展通力合作。二是共同协作推进旅游同城化。通过开发“一程多站”旅游产品，推动穗港澳旅行社和导游资质互认、允许144小时过境免签等方式打造具有粤港澳大湾区特色的便捷旅游服务。以推动粤港澳游艇自由行为例，广东省政府于2019年印发《广东省优化口岸营商环境促进跨境贸易便利化措施的通知》，提出推动粤港澳大湾区口岸通关管理模式改革创新，通过研究完善港澳游艇出入境管理机制和操作规范、推进建立完善港澳游艇出入境担保方式等方法，加快促进游艇自由行这一项目规范快速发展。三是完善管理监督体系。2020年9月，湾区城市共同签署了《粤港澳大湾区“9+2”城市旅游市场联合监管协议书》，各方决定遵循开放合作、互利共赢原则，联手整治大湾区旅游市场突出问题，共同维护旅游者和经营者的合法权益。

（三）发展便捷交通

粤港澳大湾区的快速发展离不开完善的交通、海关等配套设施。为了进一步加强三地之间的联系，粤港澳政府通过一系列重点基础设施的建设，使三地之间联系日益密切，人员流动日益顺畅。其中，广珠城轨、澳门横琴轻轨、珠江口隧道以及深江铁路等的规划极大地缩短了广东珠三角城市之间以及与香港、澳门之间的交通时间，很多文化旅游线路借助高铁、轻轨可以做到一日双城甚至三城，无疑增添了粤港澳三地文化旅游线路的丰富程度和吸引力。除此之外，粤港澳三地进一步完善了水上交通设施的建设。例如，创新“定点检验、指定停泊”的自由行出入境检验方式，推进游艇码头对外开放，为游艇自由行过程中的停靠提供了良好的配套设施。

第四节 文化产业竞争力指标评价体系

文化是一个国家的软实力，也是一个城市竞争力的重要组成部分。文化产业繁荣发展既有经济效益，也利于增进民生福祉，创造富有文化的社会氛围、构建文明的社会风气。随着中国特色社会主义建设进入新时代，文化产业健康繁荣发展符合人民对于美好生活的向往，文化产业的重要性越发凸显。在建设粤港澳大湾区的背景下，文化产业的繁荣有利于为打造“人文湾区”积累创意与活力，为推动文化“走出去”创造更大的吸引力。

目前，学术界关于文化产业竞争力的研究主要集中于以下四个方面：一是在理论层面理顺文化产业发展逻辑，进而阐明竞争力来源；二是对于某一地区的文化产业竞争力进行综合评价；三是分析文化产业竞争力的影响因素、发展策略与提升路径；四是探究产业政策等因素对于文化竞争力的影响。单从理论层面的分析相对较少。曹海峰（2017）保持民族文化个性的文化创新能力的强弱是提升文化产业核心竞争力的关键；秦枫（2017）认为稀缺性是地区文化产业的增长点与核心竞争力；而较多学者则更关注构建指标体系进行综合评价以及探索其影响因素并提出文化产业的发展策略和提升路径，而两者在分析方法上并无太大差异，“钻石模型”在衡量产业竞争力上应用广泛，因此多有学者多结合“钻石模型”对文化产业竞争力的影响因素进行解构，将其分解为生产要素、需求条件、相关支持性产业、企业发展、政府和机遇的共同作用，并在钻石模型基础上添加关键因素以修正模型，如辛诚（2011），邓文君（2016）、蓝庆新（2019）等，也有学者。近年来，随着VRIO模型在衡量企业竞争优势上得到应用，VRIO也被引入对于文化产业竞争力的评价，如郑奇洋、年福华（2021）等构建VRIO修正模型从价值、稀缺性、不可模仿性与组织四个层面构建文化产业竞争力评价指标体系。综合分析以往文献的评价体系可以发现，评价体系已形成了较为稳定的总体架构，文化资源、市场因素、创新能力、政府环境往往均被囊括其中，一些学者也将对外开放纳入体系进行分析，如马勇（2012）、袁渊（2020）等。目前，对地区文化产业竞争力水平测度比较多见，然而对于粤港澳大湾区却还缺乏研究。

需要指出的是，内地与香港、澳门两地在文化与旅游领域与统计口径差别较大，无法在粤港澳大湾区范围中开展城市的竞争力评价，因此将研究范围缩小至大湾区中内地的九个城市。本书将构建文化产业竞争力评价指标体系，以期能尽可能多方面地对珠三角地区九个城市的文化产业竞争力展开评价，了解其优势与不足。

一、文化产业竞争力指标评价体系的构建

本书认为，文化产业竞争力与其他产业不同，其力量根植于地区的文化内涵，既包含文化内容的吸引力，也包含文化产业的发展水平。因此，在参考以往文献的基础上，本书将文化产业竞争力的来源划分为文化基础、文化市场、发展潜力以及文化影响四个方面。文化基础是地区文化产业发展的根基与文化独特性的来源，包括文化资源与公共文化设施与服务；文化市场是文化产业竞争力的市场表现，包括产业发展规模与市场需求；发展潜力是支持文化产业健康繁荣发展的必要条件，来源于政府政策、制度环境等外部因素，和创新能力这一内在因素；文化影响则是社会对于地区文化的心理认同，尤其对外交流也体现着地区文化对于国际社会的吸引力，且由于珠三角城市对外开放程度高，文化交流的影响力更加突出，因此将对外交流体现的文化吸引力也纳入评价范围。综合考虑评价指标科学性和数据可得性，本书构建了包含 4 个一级指标，9 个二级指标，26 个三级指标的文化产业竞争力评价体系，如表 6 - 2 所示。

表 6 - 2　　文化产业竞争力指标评价体系

一级指标	二级指标	三级指标	单位
文化基础	文化资源	非物质文化遗产项目数	个
		A 级景区数	个
		市级及以上文保单位数	个
	公共文化设施与服务	文化场馆数	个
		艺术表演团体数	个
		万人公共图书馆藏量	册/万人

续表

一级指标	二级指标	三级指标	单位
文化市场	产业规模	文化增加值占 GDP 比重	%
		文化产业从业人员占全社会从业人员比重	%
		文化企业数占法人企业总数比重	%
	文化消费需求	人均消费支出	元
		年接待过夜游客数量	万人
		人均文化娱乐消费占人均消费支出比重	%
发展环境	政府支持	文化体育与传媒和教育经费占政府一般公共预算支出比重	%
		文化体育与传媒和教育经费人均值	元
		文化体育和娱乐业固定投资增长速度	%
	制度环境	文化部门行政许可受理数	件
		知识产权纠纷结案率	%
		文化相关法规和行政规章数量	件
	创新能力	文体娱相关专利申请量	个
		文化保护与文创支持计划数	个
		R&D 经费（万）	万
文化影响	文化吸引	国际旅游外汇收入	万美元
		入境人次	万人
		文化、体育和娱乐行业实际利用外资额	万美元
	文化辐射	友好城市数	个
		城市网络知名度（百度指数全年均值）	—

二、数据来源与预处理

本书采用 2019 年珠三角 9 个城市的截面数据进行分析，数据主要来源于《广东省统计年鉴 2020》和各市 2020 年统计年鉴以及各市文旅体广局网站。一些城市 2019 年的文化增加值并未公布，文化增加值则根据往年增加值和新闻所报告的增长率进行估算，最终计算出文化增加值占 GDP 比重；文化部门的行政许可受理数来自广东省行政执法信息公示平台；知识产权纠纷结案率数据根据《广东知识产权统计数据》中的相关数据进行测算，文化、体育与娱乐相关专利申请量来源于soopat专利网站[①]；文化相关法规和行政规章数量来源于文化旅游部、广东省文化旅游厅、各市文化广电旅游局公布的国家法律、地方法规、部门规章的整理与统计；文化保护与文化创意支持计划数来源于各市文化广电旅游局网站和财政局发布的相关财政扶持计划；城市网络知名度来源于百度指数网站，采用2019年年度百度指数的日均值衡量。

由于各个指标的单位不统一需要去除量纲，且熵值法会用到对数运算要求不能存在负数，因此对数据进行标准化处理。本书选用规范化方法（即min－max法）对指标进行标准化处理，由于体系中的指标均为正向指标，我们采取（6－1）式处理。

$$X_{ij}=\frac{x_{ij}-\min[x_j]}{\max[x_j]-\min[x_j]} \tag{6-1}$$

x_{ij}为第i个评价对象的第j项指标的原始样本值，$\max[x_j]$为第j项指标中的最大值，$\min[x_j]$为第j项指标中的最小值，X_{ij}为第i个评价对象的第j项指标的预处理后的标准值。

三、基于熵权—层次分析法的实证分析

1. 指标评价方法选择

指标评价方法可分为主观赋值法和客观评价法，主观评价法以层次分析法、模糊综合评价法等较为常用，客观分析法则包括主成分分析法、因子分析、熵权法、TOPSIS、灰色关联分析等，由于单个方法往往具有一定的缺陷，进而衍生出多重方法的组合如熵权—层次分析法、熵权TOPSIS、模糊层次分析法等。已有文献对于文化产业竞争力的评价涉及多种评价方法，杜心灵（2014）、胡洪斌（2016）运用主成分分析法，崔治文（2014）、杨头平（2018）等运用因子分析法，袁渊（2020）等用熵权TOPSIS方法，李正彪（2016）、邹樵（2017）等用层次分析法对中国或某一地区的文化产业发展水平开展评价。本书认为，文化的价值在于根植于文化内涵的文

① 在soopat专利网站（http：//www.soopat.com/）以艺术、文化、体育、娱乐为关键词对专利名称进行搜索，其后筛选出2019年的相应的专利申请数量进行汇总。

化认同感，文化本身也是一种主观的理解且每个人对于文化的理解均不相同。因此，如果客观评价法对文化产业竞争力评价体系进行赋权，容易忽略文化竞争力的精髓，可能把权重更多赋予不太重要的因素，如果采用主观评价法又容易囿于个人主观认识与价值判断所造成的偏差，因此本书综合主观评价和客观评价的优点，拟采用熵权—层次分析法对文化产业竞争力评价体系进行赋权。

2. 熵权—层次分析法的思路与步骤

熵权—层次分析法即为熵权法和层次分析法的组合，首先分别采用熵权法和层次分析法计算指标权重，然后用两种方法得到了权重结果计算组合权重，最后以组合权重计算竞争力水平。

具体步骤如下。

（1）熵值法计算指标权重

熵是描述系统中无序程度的量，计算指标的熵值则是通过测算指标样本的混乱程度而衡量信息量的大小。某项指标越混乱，信息量则越大，熵值越小，该指标分配的权重也就越大，反之亦然。计算步骤如下。

步骤一：建立决策矩阵。

$$X = (X_{ij})_{m \times n},\ (i = 1, 2, 3, \cdots, m;\ j = 1, 2, 3, \cdots, n) \qquad (6-2)$$

共有 m 个评价对象即 m 个地区、n 个指标构建 m × n 矩阵。

步骤二：按列进行归一化处理。

$$p_{ij} = \frac{X_{ij}}{\sum_{i=1}^{m} X_{ij}} \qquad (6-3)$$

步骤三：计算第 j 个指标的熵值①。

$$e_j = -1 \sum_{i=1}^{m} p_{ij} \ln p_{ij} \qquad (6-4)$$

其中，k 取值为 k = 1/lnm，m 为评价对象的数量。

步骤四：根据熵值确定权重。

$$w1_j = \frac{1 - e_j}{\sum_{j=1}^{n} (1 - e_j)} \qquad (6-5)$$

① 归一化后有 0 存在，采用非负平移的方法使上一步骤的结构平移 0.01，以便于对数运算。

（2）层次分析法计算指标权重

层次分析法是主观评价法的常用方法，是将与决策相关的元素分解成目标层、若干准则层、方案层，将复杂问题通过层次划分逐渐简单化，在此基础上进行定性和定量分析的方法。此方法适合与分层评价体系的权重赋值。具体步骤如下。

步骤一：构建层次结构模型。

将层次解构为目标层、准则层、方案层。本书所构建的指标评价体系可直接作为层次结构模型，即文化产业竞争力为目标层，一级指标与二级指标均为准则层，三级指标为方案层。

步骤二：构建判断矩阵并请专家进行评价

用每一层次的各元素构造判断矩阵以便进行两两比较，根据两两元素对于上一层次对应指标的重要性进行标度的判断，标度包括 1～9 共 9 个级别。如判断矩阵 $D=(d_{ij})_{u\times u}$中，元素 i 比元素 j 稍微重要，则标度 $d_{ij}=3$，$d_{ji}=1/3$。

为减少个人主观因素的影响，本书共邀请 5 为专家进行评价，共得到 70 个判断矩阵。

步骤三：单次层排序与一致性检验

判断矩阵的最大特征值 λ_{max}对应的特征向量经归一化后即可得到相对重要性的排序权重，且判断矩阵应通过一致性检验，即计算一致性指标 CI 和一致性比例 CR。

$$CI=\frac{\lambda_{max}-n}{n-1} \qquad (6-6)$$

$$CR=\frac{CI}{RI}\text{，RI 为可查找的平均随机一致性指标} \qquad (6-7)$$

本书利用 haahp 软件辅助进行层次分析法的相关操作，70 个判断矩阵均满足一致性检验。

步骤四：层次总排序及一致性检验

层次总排序即自上而下地将单层次的排序权重进行合成，并再次进行一致性检验。分别对每个专家的评价进行层次总排序，得到$w2_{jr}$，r＝1，2，3，4，5，表示第 r 个专家对于指标 j 的排序权重。

步骤五：集结各专家排序权重结果

采用算数平均法将五位专家各自的排序权值进行综合，得出最终权重，即：

$$w2_j = \frac{\sum_{r=1}^{5} w2_{jr}}{5} \tag{6-8}$$

（3）指标权重组合

对熵权法得到的权重$w1_j$和层次分析法得到的权重$w2_j$按照式（6-9）进行组合，得到熵权—层次分析法组合权重，即：

$$w_j = \frac{w1_j\, w2_j}{\sum_{j=1}^{n} w1_j\, w2_j} \tag{6-9}$$

权重结果[①]如表6-3所示。

表6-3　各级指标权重结果

一级指标	二级指标	三级指标	熵权法指标权重	层次分析法指标权重	组合权重
文化基础 0.2091	文化资源 0.074341	非物质文化遗产项目数	0.029361	0.0304	0.025237
		A级景区数	0.007469	0.048	0.010136
		市级及以上文保单位数	0.026556	0.0519	0.038968
	公共文化设施与服务 0.134759	文化场馆数	0.025342	0.0415	0.029735
		艺术表演团体数	0.101113	0.0264	0.075474
		万人公共图书馆藏量	0.021638	0.0483	0.02955
文化市场 0.235071	产业规模 0.113488	文化增加值占GDP比重	0.023347	0.0875	0.05776
		文化产业从业人员占全社会从业人员比重	0.032407	0.0327	0.029962
		文化企业数占法人企业总数比重	0.017162	0.0531	0.025766
	文化消费需求 0.121583	人均消费支出	0.062997	0.0366	0.065191
		年接待过夜游客数量	0.038874	0.0352	0.038689
		人均文化娱乐消费占人均消费支出比重	0.009707	0.0645	0.017702

① 一级指标、二级指标下标示的权重为组合权重。

续表

一级指标	二级指标	三级指标	熵权法指标权重	层次分析法指标权重	组合权重
发展潜力 0.352644	政府支持 0.052001	文化体育与传媒和教育经费占政府一般公共预算支出比重	0.008491	0.0423	0.010155
		文化体育与传媒和教育经费人均值	0.036854	0.0256	0.026675
		文化体育和娱乐业固定投资增长速度	0.026829	0.02	0.015171
	制度环境 0.123168	文化部门行政许可受理数	0.082401	0.027	0.062905
		知识产权纠纷结案率	0.015485	0.0128	0.005604
		文化相关法规和行政规章数量	0.049317	0.0392	0.05466
	创新能力 0.177474	文体娱相关专利申请量	0.062997	0.0556	0.099034
		文化保护与文创支持计划数	0.011933	0.0192	0.006478
		R&D 经费（万）	0.054617	0.0466	0.071962
文化影响 0.203185	文化吸引 0.119771	国际旅游外汇收入	0.037087	0.0474	0.049704
		入境人次	0.042758	0.0235	0.02841
		文化、体育和娱乐行业实际利用外资额	0.085164	0.0173	0.041657
	文化辐射 0.083415	友好城市数	0.054393	0.0291	0.044753
		城市网络知名度（百度指数全年均值）	0.035702	0.0383	0.038662

从组合权重结果来看，一级指标中发展潜力对于文化产业竞争力的权重贡献最大；二级指标中创新能力的权重占比远大于其他指标，可见创新能力是衡量文化产业竞争力的重要标准。公共文化设施与服务、制度环境以及文化消费需求也具有较大的权重贡献，对竞争力的影响较大。在三级指标中，文体娱相关专利申请量这一指标权重最大，艺术团体表演数、R&D 经费、人均消费支出、文化部门行政许可受理数、文化产业增加值占 GDP 比重、文化相关法规和行政规章数量也对竞争力具有较大影响。由此可见，增加文化产业创新能力、提供良好的公共文化设施与服务可以有效增强地区文化产业竞争力。

第五节　珠三角九市文化产业竞争力综合评价

一、文化产业竞争力评价结果

基于熵权—层次分析法所得权重对无量纲化数据进行加权计算，最终得出九个城市文化产业竞争力得分以及在文化基础、文化市场、发展潜力、文化影响四个维度上的得分。计算方法为：

$$S_i = \sum_{j=1}^{n} w_j X_{ij} \qquad (6-10)$$

文化产业竞争力得分及排名如图 6－6 所示。

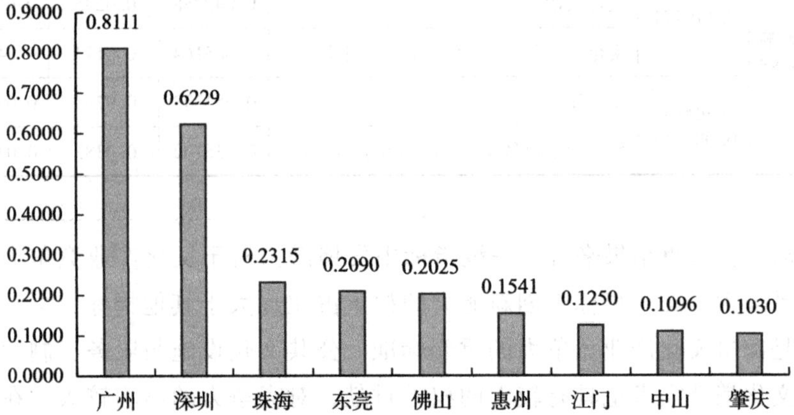

图 6－6　2019 年珠三角城市文化产业竞争力得分及排名

二、文化产业竞争力总体分析

可以明显看出，珠三角城市的文化产业竞争力呈现梯度特征。按照竞争力大小可分为三个梯度，第一梯度为广州、深圳，广州、深圳的文化产业竞争力远高于其他城市。广州以 0. 8111 的得分排名第一，深圳紧随其后以0.6229的得分位列第二。广州属于广东的政治经济文化中心，深圳则是汇聚创新资源的国际化都市，其文化产业竞争力领先不足为奇。两者突出的文化产业竞争力说明，珠三角城市群的文化产业发展仍以广深为核心。珠海、东莞、佛山是处于第二梯队，其竞争力均处在0.20~0.30区间，有极大发展空间。而惠州、江门、中山、肇庆于第三梯队，其竞争力均处在0~0.20区间，文化产业竞争力相对较弱。

总而言之，珠三角城市的文化产业竞争力呈现广州、深圳一骑绝尘，其余城市相对薄弱的总体特征。珠三角城市的文化产业发展需要广州、深圳两市发挥更大的辐射作用，也需要其他城市更加重视文化产业的发展，促使本地文化资源发挥出更大的经济与社会效益。

三、分维度评价文化产业竞争力

本书按照一级指标中文化基础、文化市场、发展潜力、文化影响四个维度计算维度得分。将维度范围内的指标按照权重比重加权计算，得出珠三角九市各维度得分，结果如表6-4、图6-7所示。

表6-4 珠三角九市文化产业竞争力分维度得分及排名

城市	文化基础		文化市场		发展潜力		文化影响	
	得分	排名	得分	排名	得分	排名	得分	排名
广州	0.9132	1	0.8411	1	0.7814	1	0.7227	1
深圳	0.3570	2	0.8302	2	0.6100	2	0.6789	2
珠海	0.0891	9	0.3367	3	0.1340	5	0.4257	3
东莞	0.1872	4	0.2398	4	0.2436	3	0.1359	5
佛山	0.3288	3	0.2324	5	0.1191	6	0.1828	4
惠州	0.1649	5	0.2282	7	0.1141	8	0.1268	6
江门	0.1600	7	0.1361	9	0.1169	7	0.0901	7
中山	0.1054	8	0.1379	8	0.1371	4	0.0336	8
肇庆	0.1647	6	0.2302	6	0.0358	9	0.0090	9

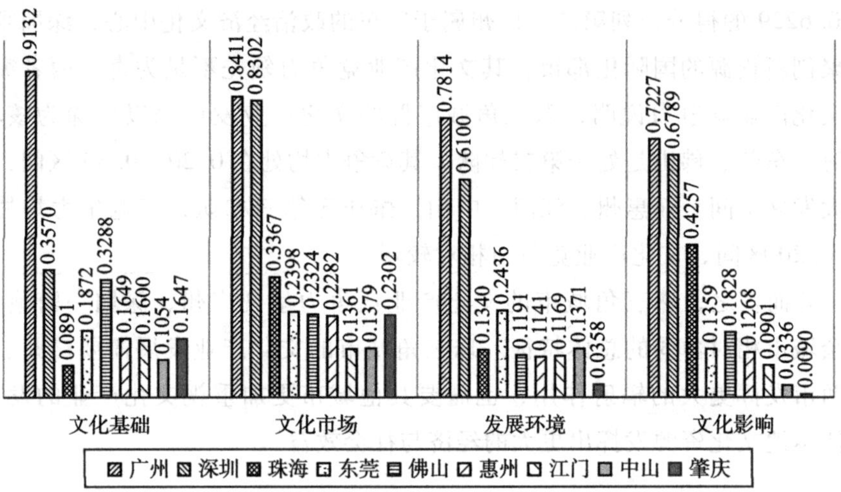

图 6-7　2019 年珠三角城市文化产业分维度得分

可以发现，无论在哪一维度，穗深两市均保持遥遥领先，引领地位毋庸置疑。而其他城市的竞争力虽较为薄弱，但也分维度各具优势。

从文化基础来看，其他城市对广州望其项背。广州文化基础竞争力最大，达到 0.9132，深圳仅有 0.3570 排名第二，佛山以 0.3288 得分稍微落后于深圳排名第三。而广州竞争力先于深圳，其最大优势正是文化基础实力更为雄厚，在文化资源上广州历史悠久，文化遗留更加丰富，在公共文化设施与服务上也拥有更多的艺术表演团体可以支撑文化事业的创意产出。东莞、惠州、肇庆、江门文化基础实力均强于珠海但彼此相差不大。珠海综合竞争力，虽排名第三，但文化基础实力垫底，应加大文化资源发掘与活化，提升公共文化服务。

从文化市场来看，广州、深圳文化市场竞争力居高，广州文化市场得分为 0.8411，深圳为 0.8302，两者仅有微小差距。珠海以 0.3367 排名第三，肇庆、东莞、佛山、惠州文化市场竞争力次之但彼此相差不大，均在 0.23 左右，江门和中山最小，仅有约 0.13。广州与深圳文化市场繁荣，得益于其较高的人均消费、文化产业增加值以及游客数量，生产（服务）规模较大，消费市场繁荣，庞大的供给与需求为文化产业发展提供了强大动力。而珠海文化企业占比与文化从业人员比重较高，供给市场繁荣成为文化产业市场发展的强大动力。

从发展潜力来看，广州、深圳东莞以 0.7814、0.6100 的得分仍然稳居前二，东莞以 0.2436 排名第三，其他城市与这三者还有较大差距。从指标数据来看，穗深两市较高的文体娱相关专利申请量与 R&D 经费为文化产业发展提供了良好的创新环境，其发展潜力巨大，而东莞的发展潜力较高的原因在于政府较为注重文化与教育，其文化教育经费占财政支出比重为九市最高。

从文化影响来看，广州、深圳、珠海的文化影响力最大，而江门、中山、肇庆影响力则很小。究其原因，广州、深圳均为国际化都市，在国内外知名度较高，更易吸引境外人士前来旅游或进行文化交流。而珠海的文化影响主要体现其文化、娱乐行业能够吸引大量的外商直接投资。

四、各市文化产业竞争力构成

为进一步更细致地了解各市产业竞争力构成各个方面的优势与劣势，本书进一步计算二级指标各维度得分。方法与计算一级指标各维度得分方法相同，结果如图 6-8 所示。

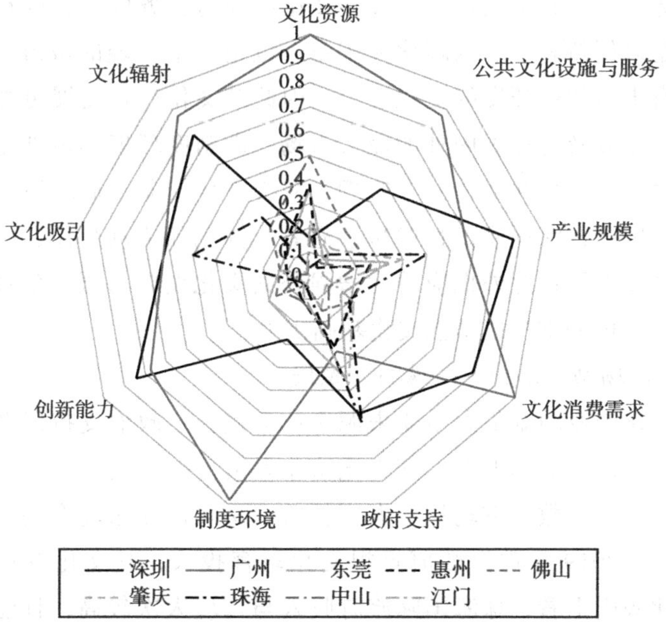

图 6-8　珠三角各城市文化产业竞争力构成情况

可以看出，在构成产业竞争力的文化资源、公共文化设施与服务、产业规模、文化消费需求、政府支持、制度环境、创新能力、文化吸引以及文化辐射九个维度下，各市均显示出不平衡性。九个城市中，广州仅在政府支持上稍显薄弱，其余维度均都体现出强大的优势，其他各市优势则各有偏重，因此按照优势不同本书将之大致分为“相对均衡型”“资源型”“市场型”“创新型”“政府支持型”城市。

（1）“相对均衡型”城市——广州

广州在各个维度均有较大优势，其中尤以丰富的文化资源、较好的制度环境以及繁荣的文化消费需求为甚，而其政府支持却相对薄弱。政府支持力度不强主要原因在于文化产业的固定投资后劲不足。数据显示，2019年广州文化产业的固定投资额增长速度为 -48%，这意味着文化产业投资规模萎缩，政府政策并未较好地引导资本进入文化产业领域。广州如进一步加大文化产业投资力度，可结合文化资源和文化市场优势，极大增强其文化产业竞争力。

（2）“创新型”城市——深圳

深圳在创新能力、文化辐射、产业规模以及文化消费需求方面都具有较大的优势，但是其文化资源、公共文化设施与服务以及制度环境明显不足。深圳是以创新著称的国际化大都市，也是一个年轻的城市。这也注定深圳不会有丰富的可开发的文化资源，因此其文化产业发展更加依赖于文化的创意产出以及对接国内外的庞大市场。而制度环境不足则是在于其地方的法律法规对于公共文化服务管理、完善文化产业营商环境的支持力度有待提高。因此，深圳应扬长避短，充分发挥创新驱动作用，引导文化产业向创意产业发展；此外也应着力增强公共文化设施与服务建设，加大对于艺术表演团体的支持以增强文化基础实力。

（3）“市场型”城市——珠海、肇庆

珠海文化产业的竞争力主要来源于产业规模、政府支持以及文化吸引三个方面。从产业规模上看，其文化从业人员占全社会从业人员比重以及文化企业占总企业数比例均居于九市榜首，文化产业市场充满活力。从政府支持上看，2019 年珠海政府重视文化教育投入，其文化教育人均值较高。从文化吸引上看，珠海国际旅游收入与入境人次较高，且能够吸引大量外资参与文化产业投资，足以证明，珠海对于境外人士具有较大的文化吸引力。珠海文化产业发展的薄弱之处也非常明显，文化资源和公共设施与服务薄弱，文化消费不足，产业发展的制度环境需要改善。此外，尽管珠海文化从业人员占比和文化企业数占比上珠海有较大优势，但其文化产业增加值占 GDP 比重并不高，可以看出珠海文化企业规模较小。因此，珠海应加强文化资源开发、提升公共文化服务，加大文化产业投资力度提高文化产业规模，可借助与港澳的紧密联系以进一步扩大文化消费市场。

肇庆文化产业综合竞争力最小，其唯一优势在于产业规模，要继续发扬其优点：一方面，应重视文化资源的开发的利用、提高公共文化服务水平以提高基础竞争力，同时加强文创项目对外推广以壮大消费市场；另一方面，政府应引导文化创新，通过开设支持文化创意基金、引入文化艺术人才等方式提升创新能力。

（4）“资源型城市”——东莞、佛山、惠州

佛山是“资源型”城市的典型代表，其文化资源相比其他维度具有绝对优势，其他维度的竞争力均有待提升。佛山是广府文化的发源地，遗留了众多历史遗产，优秀灿烂的传统文化更应得到继承与发扬。佛山重视文化资源的开发与利用，探讨传统文化的在现代的保存的创新，以广府特色打开文化产业市场。

东莞与惠州也具有相对丰富的文化资源，但与佛山不同之处在于两市政府对文化产业支持力度更大。尽管两者有相对丰富的文化资源，但其公共文化设施与服务水平、制度环境、创新能力并未跟上，因此文化资源的保护与开发将不能得到有效保障，也不能表现出良好的社会经济效益，更遑论其文化影响。因此，两市应充分利用现有文化资源，重视文化资源的开发与利用，通过地方法规或部门规章进一步改善产业营商环境并鼓励文化创新。

（5）“政府支持型”城市——中山、江门

江门的政府支持优势突出，可以看出政府对于文化产业发展的重视，但其掣肘产业规模太小且创新能力不足。因此，应重视文化产业投入，可通过构建文创产业园等方式鼓励文化类企业进驻市场参与文化创新。

中山也具有较强的政府支持优势，同时其在文化资源、产业规模以及创新能力方面已积累了一定优势，其劣势主要在于公共文化设施与服务竞争力不强，消费市场薄弱，文化影响力不足。中山应着力于提升公共文化

服务水平，加强文化的推广从而加强文化影响以扩大文化消费市场。

第六节　深化合作，释放湾区文旅活力

粤港澳三地地理相邻，文化相亲，促进文化和旅游发展与合作是推动粤港澳大湾区建设的重要组成部分。本书梳理、分析、总结了粤港澳大湾区城市群文化和旅游发展的实践探索、发展现状以及合作态势。同时通过构建文化产业竞争力评价体系对珠三角城市展开评价。在建设粤港澳大湾区的国家政策引导下，广东省以及湾区各市均积极寻求文化和旅游发展兴盛之路，湾区城市群在本土发展与跨境合作上都取得了一定的成绩。但仍然发现，湾区各市仍然由于城市经济实力、资源环境等因素的不同，竞争力有较大差别。从文化产业发展来看，珠三角九市文化产业竞争力呈现三级梯度特征，即广州、深圳竞争力遥遥领先，作为区域核心城市引领文化产业发展，珠海、东莞、佛山三市文化竞争力相对较弱但各有优势，惠州、中山、江门文化产业竞争力较弱；香港的文创产业是其优势产业之一，但由于市场有限产业规模无法进一步提高；澳门的文创产业发展方兴未艾，尚未形成规模效应。从旅游发展来看，各市在打造特色旅游项目上苦下功夫，形成了兼容并包、百花齐放的旅游产品，但在服务品质、品牌效应上仍上游不足。从粤港澳三地推动文化和旅游的合作效果来看，目前合作还处于机制探索、产品开发的起始阶段，湾区文旅项目多地开花，协同发展的影响力还并未完全凸显。值得关注的是，由于新冠肺炎疫情的影响，旅游业受到较大影响、尤其是香港澳门两市文旅行业受损明显至今仍尚未恢复，这也进一步影响了三地文旅合作的推进，文旅合作面临疫情考验。因此粤港澳大湾区各城市还应构建良好的发展环境，推动文旅产业提质增效，在产品、服务、机制等各个层面协同共进，加强合作，继续推动文旅资源的整合，促进资源共享、优势互补。

首先，应重视文化和旅游基础实力提升。产品或服务的吸引力来源于丰富的文化内涵与创新型的旅游体验，因此应重视文旅资源开发与利用、完善公共文化服务体系，加强旅游产品的创新设计，继续发挥文旅融合的优势，以更优质的产品供给激发市场活力。

其次，应构建良好的产业发展环境尤其是要注重创新能力的培养。良好的发展环境是产业竞争力的重要支撑。无论是本都产业发展，还是粤港澳三地合作都离不开政府政策支持、良好的制度环境以及创新驱动效应。因此，要进一步完善产业协同发展的机制安排，通过省级统筹完成文旅资源的整合；要重视法律法规的监督作用并提升文化和旅游部门的执法能力，加强与港澳合作，进一步完善联合监管机制，促进旅游市场规范化、标准化；要鼓励文化保护与创新，支持传统文化资源与现代科技结合增强文化产业发展活力，鼓励积极利用“文化＋科技”“文化＋互联网”等新的现代产业模式提升自身竞争力。

最后，各城市应因地制宜根据产业发展具体情况制定发展策略。粤港澳大湾区各城市的文化产业发展各有优势，应扬长避短或是取长补短。如深圳这一“创新型”城市虽然文化资源相对缺乏，但其具有较强的创新能力，因以创新之长补资源之短，利用国际化都市的地位和创新科技在数字出版、动漫、设计、时尚等现代文化产业领域发挥优势。亦如珠海可借助区位优势吸引港澳资本或人士参与合作，既能促进两地文化交流、也可壮大文化市场。

本章参考文献

[1] 郑奇洋，年福华，张海萍. 基于VRIO修正模型的长三角文化产业竞争力评价［J］. 地域研究与开发，2021，40（01）：44－49.

[2] 袁渊，于凡. 文化产业高质量发展水平测度与评价［J］. 统计与决策，2020，36（21）：62－66.

[3] 胡红杰. 文化产业竞争力绩效评价及区域高质量发展——基于黄河流域八省区的实证分析［J］. 河南师范大学学报（哲学社会科学版），2020，47（05）：38－44.

[4] 胡联，沈鹏程. 基于熵权－层次分析法的东部地区经济活力评价［J］. 江汉大学学报（社会科学版），2020，37（03）：80－88、126－127.

[5] 张祥建，徐晋，李向民，王晨. 终极竞争力：全球文化竞争力的评价与分析［J］. 贵州大学学报（社会科学版），2020，38（02）：53－71.

[6] 蓝庆新，窦凯. 中国数字文化产业国际竞争力影响因素研究［J］. 广东社会科学，2019（04）：12－22、254.

[7] 杨头平，潘桑桑. 中部地区文化产业竞争力评价与差异分析 [J]. 经济地理，2018，38 (12)：119 – 125.

[8] 曹海峰. 全球化视域下文化认同建构与文化产业发展研究 [J]. 大连理工大学学报（社会科学版），2019，40 (01)：58 – 64.

[9] 邹樵，肖世姝. 基于 AHP 的文化创意产业竞争力评价指标体系设计 [J]. 统计与决策，2017 (24)：58 – 60.

[10] 曹海峰. 全球化、文化认同与民族文化产业的创新发展 [J]. 兰州学刊，2017 (08)：83 – 91.

[11] 秦枫. 稀缺与通约：地方文化的产业逻辑 [J]. 中国文化产业评论，2017，24 (01)：242 – 257.

[12] 李凤亮，潘道远. 新业态视域下的广东文化产业竞争力研究 [J]. 广东社会科学，2017 (04)：21 – 29、254 – 255.

[13] 李正彪，薛勇军. 基于 AHP 模型的文化产业竞争力评价——以云南省为例 [J]. 资源开发与市场，2016，32 (03)：293 – 297.

[14] 邓文君，温雯. 法国文化产业竞争力的钻石模型分析 [J]. 学术研究，2016 (01)：166 – 170.

[15] 肖军，栾晓梅. 基于 TOPSIS 法的湖北文化产业竞争力评价 [J]. 统计与决策，2015 (02)：80 – 82.

[16] 崔治文，钱华锋，李昊源. 我国省级区域文化产业竞争力研究 [J]. 产业经济评论，2014 (05)：46 – 54.

[17] 杜心灵. 文化产业竞争力的分析与评价——以广东为例 [J]. 经济问题，2014 (01)：78 – 82.

[18] 马勇，陈慧英. 旅游文化产业竞争力综合评价指标体系构建研究 [J]. 中南林业科技大学学报（社会科学版），2012，6 (01)：4 – 7.

[19] 赵彦云，余毅，马文涛. 中国文化产业竞争力评价和分析 [J]. 中国人民大学学报，2006 (04)：72 – 82.

第七章 广东数字新基建产业区域发展概述

数字新基建作为新型基础设施，因其具有基础、融通、普惠等特性而能够为经济建设、社会发展提供新的基础性支撑，也因其不断发展繁荣而成为新业态、新产业。粤港澳大湾区数字新基建产业发展迅猛，5G通信、大数据、人工智能、工业互联网等成为新兴产业，无论是规模、还是质量在我国均处于领先地位。这种新兴产业正在不断发展演变过程中，其内涵外延尚未完全确定，对其评估、测算上难以做到全面、精准。本书大量参考借鉴政府部门、行业组织、新闻媒体发布的信息内容，对粤港澳大湾区数字新基建产业进行初步分析并尝试作粗略描述。

第一节 5G产业

粤港澳大湾区5G相关企业众多，广东全省有1 600多家5G企业，绝大多数都落户珠三角核心区，其中更有华为、中兴、海格通信等多家5G行业龙头。粤港澳大湾区5G产业发展已经初显全球最大5G产业集聚区的轮廓。

广东是网络大省、信息通信强省，信息通信基础设施与服务在全国保持领先水平。广东通信网络能力占全国1/10，而且承载占全国1/9的电信用户，创造全国约1/8的电信业务收入。信息传输、软件和信息技术服务业营业收入连续多年位列全国第一。电信业务量、用户规模、投资额、收入额等均排全国各省（区、市）第一。拥有华为、腾讯、迅雷等一大批全国软件业、互联网业领军企业。早在2017年底，广东光网覆盖率达184%，基本建成“高水平全光网省”[1]。近年来，广东率先推进5G网络铺设和5G技术商用，新型通信基础设施发展迅速，2019年建成并开通的5G基站规模全国第一——多达3.69万座[2]，5G用户数达98.1万户。2020年，全省新建5G基站8.7万座，累计建成5G基站12.4万座，数量全国第一。截至2021年上半年，广东全省已建成5G基站13.1万个，5G移动电话用户达到2 739.9万户，基站和用户规模均为全国第一。2021年1—8月，全省基础电信业运营数据信息基础设施网络建设情况显示，移动通信基站数为85.4万个，其中4G、5G基站数分别为51.3万个、13.5万个，NB-IoT基站为6.6万个。电信用户发展情况：移动宽带用户14 928.6万户，5G用户数为3 204万户[3]。根据《粤港澳大湾区工业互联网发展白皮书》，截至2020年第三季度，大湾区累计建成5G基站89 753座，占全国总量的13%[4]。

粤港澳大湾区重要城市广州、深圳引领大湾区各地发展势头，截至2020年4月，广深两市分别累计建成5G基站17 471座、16 431座。同年8月，深圳的5G基站数量大幅增加到46 480个，形成了全国第一的基站密度，与此同时，5G产业发展迅猛，5G基站和终端出货量全球第一[5]。

深圳建成5G基站超过4.6万个，5G基站密度国内第一，成为全国首个5G独立组网全覆盖的城市；深圳5G标准必要专利总量全球领先，5G产业规模、5G基站和终端出货量全球第一。《2020年5G通信发展白皮书》显示，在全国所有城市中，深圳5G手机用户占比位居第一，达到4.3%。作为全球知名的“硬件高地”，深圳拥有一大批5G技术龙头企业和行业应用领军企业。早在2019年就有统计显示，5G产业链的各个环节都有深圳企业，并且在全国都有一定的竞争力。除了华为、中兴基本涵盖5G行业全产业链，海思半导体、中兴微电子等在芯片领域居于行业领先地位，日海等企业是核心器件领域的龙头企业。值得注意的是，华为、中兴通讯两家

① 姚翀：《广东建成“高水平全光网省”》，载于《南方日报》，2017年12月9日。

② 《广东：瞄准数字服务　培育高质量发展新动能》，载于中国网信，2020年11月9日。

③ 2021年8月基础电信业运行情况，载于广东省通信管理局网站。

④ 广东推动1.5万家工业企业数字化转型　粤港澳大湾区打造工业互联网创新高地，大洋网，2020-12-02。

⑤ 赵超：《深圳宣布成为全国首个5G独立组网全覆盖城市》，载于人民网，2020年8月17日。

通信设备龙头企业总部均设在深圳[①]。

珠三角核心区其他城市也各具特色。东莞5G基站站址数量规模居全省第三，信息基础设施稳步推进，有利于创造5G产业的良好环境。在基础设施建设方面，从2019年到2020年5月，东莞市5G基站累计建设5 885座。其中，依托华为"三部手机"和东莞市工业产业特色，重点建设松山湖高新区等5G综合试验网，带动全市5G产业发展。以5G智能终端为代表的5G产业高速发展，覆盖基站系统、网络架构、智能终端、融合应用等环节，涌现出华为终端、华贝电子、生益科技等近40家产值超10亿元龙头企业，年产值1亿~10亿元（不含）企业40多家，以及产值5 000万~1亿元（不含）企业10多家，为东莞市发展5G产业奠定了良好的基础。其中，松山湖形成了以华为5G企业为龙头的信息技术产业，已经发展成为数千亿规模的支柱产业，在通信设备、智能终端等领域达到世界先进水平，四周分布着生益科技、华贝电子、记忆存储科技等5G企业，为5G产业发展提供强有力支撑。东莞市5G产业创新实力雄厚，拥有以生益科技国家电子电路基材工程技术研究中心为代表的36个省级以上技术创新中心，以及电子科技大学广东电子信息工程研究院、中科院云计算中心、华南设计创新院等5个省级新型研发机构和松山湖材料实验室。东莞市不断加强5G产业相关公共服务平台建设，为5G产业提供技术研发、资源整合等服务。目前，东莞市拥有包含国家级松山湖材料实验室、中国散裂中子源等25家专业性公共服务平台。

珠海集成电路设计业和软件及信息服务业规模、信息通信网络建设水平均位居全省前列。2018年，珠海市家庭宽带接入普及率、光纤入户率均位居全省第一，全市软件和信息服务业主营业务收入逾848亿元。珠海在无线通信芯片设计、射频器件研发制造、通信网络运维系统研发制造、智能终端制造、ICT系统集成等领域涌现出一批骨干企业，目前部分企业已开展了5G相关技术和产品研发，如魅族科技的5G智能手机研发、东信和平的5G SIM卡研发、世纪鼎利的网络测试仪表研发等。

惠州市5G产业发展集聚程度较高，在智能终端制造、关键元器件的设计生产、5G应用场景等方面拥有良好的产业基础。在智能终端制造领域，惠州市龙旗电子是国内前三的智能终端设计和制造公司；拥有TCL移动全

---

① "全球5G'第一城'，为什么是深圳？"载于深圳发布，2021年1月31日。

球智能手机研发生产基地；光弘科技，长城开发，创维液晶、海格科技、国美通讯等是国内领先的以手机制造为主的智能终端企业，并聚集有海弘、米琦、鼎智、福盛等一批中小型终端生产企业。同时，在超高清显示、智能汽车电子、智能家居、智能穿戴、通信设备等与5G紧密关联的领域也具有较好的产业基础。在关键元器件的设计生产方面，惠州市中京电子、硕贝德、伯恩、信利等企业在线路板、天线、玻璃盖板、柔性显示屏等5G关键元器件设计和生产具有较强能力。在核心器件方面，聚集手机玻璃盖板产商伯恩光学，手机零部件供应商比亚迪电子、格林精密、盈旺精密、华辉信达、迈腾伟业，电源管理系统企业德赛蓝微电子，手机电池企业德赛电池、欣旺达、凤凰新能源、豪鹏科技，高密度线路板企业胜宏、中京、骏亚、华通，无线通信智能终端天线企业硕贝德，偏光片企业富丽电子，散热片的讯强电子，摄像模组企业桑莱士、星聚宇等骨干企业①。

近年来，粤港澳大湾区大力推进区域内城市间互联宽带扩容，2019年3月中国联通、香港电讯、澳门电讯三方合作研发运行“粤港澳大湾区精品网”，光纤固定宽带网络“同城化”运行，以“一张网”实现粤港澳光纤固网互联互通、粤港澳同网同速，创新打破原有的区域通信壁垒，率先广州到香港固网时延低于3毫秒②。粤港澳三地在电信业务上的协作创新，目前广东省三家基础电信企业在售的湾区特色套餐产品超过了20款，电信、移动、联通三大运营商以“资费叠加包”等方式降低或取消粤港澳手机长途和漫游费，还探索面向港澳青年创新创业园区推出精准降费优惠活动。2019年3月，香港事务所管理局就宣布，将三家主要的电信服务商（中移动香港、香港电讯、数码通）申请调到5G频段，从2019年的4月开始香港大规模的提供5G网络服务到2020年4月香港各大通讯运营商5G网络服务全部开启，这标志着香港正式进入5G时代。社会应用的普及背后，是5G基础设施的建设完善。截至2020年上半年，中国移动香港已在香港中西区、湾仔及铜锣湾等区域布局建成并开通5G基站500个。澳门已建成上百个5G基站。澳门5G建网工程于2020年6月完成户外全覆盖后，加

① 重磅消息！惠州入选广东省5G产业园区，载于惠州市工业和信息化局官方澎湃号2020-09-09.

② 姚翀：《粤港澳首次实现固网宽带互联互通》，载于《南方日报》2019年3月23日。

快推动5G信号在澳门境内室内外的全覆盖，并着手启动引进网络切片、边缘计算、超低时延、海量连接等5G技术。基于逐步完善的5G基础设施，澳门电讯牵头推动澳门探索和发展5G应用场景，着重推动5G技术在金融、医疗、媒体传播、科研教学、市政管理、酒店会展等领域的创新应用①。

2019年广东出台《广东省加快5G产业发展行动计划（2019—2022年）》（粤府办〔2019〕108号），明确打造世界级5G产业集聚区，培育壮大5G企业，大力发展5G高端产品，加强5G产业支撑平台建设。提出到2020年底，珠三角中心城区5G网络基本实现连续覆盖和商用；全省5G产值超3 000亿元。到2022年底，珠三角建成5G宽带城市群，全省5G产值超万亿元。目前看来，2020年各项目标均已达到，涌现出美的5G厨电、南方电网5G智能电网、湛江钢铁5G智慧钢厂等应用标杆，2022年粤港澳大湾区成为世界级5G产业集聚区指日可待。

产业园区是构建产业生态，加快产业集聚发展的重要载体。珠三角核心区发展形成众多5G产业园，5G主导地位突出，大型5G企业集聚。其中，以广州、深圳、东莞的省级5G产业园区最为典型。

1. 广州市5G产业园

广州市5G产业园包含3个核心产业基地、2个融合发展基地、6个应用创新基地。

（1）5G高端制造应用产业基地

依托中新知识城，重点开展5G设备及终端的关键材料和核心器件的设计、研发、测试、制造，集聚5G产业上中下游研发与制造生态。在南沙布局开展5G芯片模组联合研制，筑牢5G与智能网联汽车、智慧城市、智能制造、智慧安防等领域深度融合的“芯”基础。加快建设增城信创产业园，重点打造国产计算机处理器、服务器、操作系统以及整机生产等5G相关的信创生态基地。

（2）5G应用创新研发基地

依托黄埔科学城引入5G专业公共服务平台和创新孵化平台，提供5G网络规划与测试等服务，开展5G应用创新研究。依托天河广州软件谷和广州（国际）科技成果转化天河基地，充分发挥五山—石牌高教片区软件产

① 王晨曦：《澳门完成5G移动通信首阶段建网工程》，载于新华网2021年1月9日。

业创新策源地优势，推动5G应用创新研发，打造集聚5G高端软件产业创新平台和成果转化平台，做精做优5G应用软件。

（3）5G高端服务产业基地

5G高端服务产业基地依托天河软件园、平云广场、明珠智慧产业园开展5G网络规划建设、应用服务研发，推动人工智能、物联网等细分领域整体解决方案的商业化推广、实施。

（4）“5G＋互联网”融合创新基地

依托琶洲互联网价值创新园，重点发展移动互联网、信息服务、量子通信等5G相关创新产业，创新5G商业模式，开展相关前沿领域技术研究突破。

（5）“5G＋人工智能”融合创新基地

依托南沙国际人工智能价值创新园，重点发展人工智能产业，依托园区内优质的人工智能创新企业，加速创新要素集聚，开展5G与人工智能技术的融合创新。

（6）5G＋智能制造产业基地

在黄埔区和白云区的重点企业园区和重点工业园区规划“5G＋智能制造”产业基地，探索基于“5G＋工业互联网”底层架构的智能制造综合解决方案，带动智能制造产业链中游智能装备的不断壮大以及上游网络架构和网络设备的升级，驱动以“5G＋工业互联网”为核心底层支撑的智能制造衍生业态不断壮大。

（7）5G＋超高清视频产业基地

依托越秀区花果山超高清视频产业特色小镇，通过注入新一代信息技术特色产业（4K影视、动漫、电竞），将花果山片区打造成为以数字内容制作为核心千亿级超高清视频产业特色小镇。

（8）5G＋智慧交通核心产品研发及解决方案基地

依托番禺汽车城智能网联新能源汽车价值创新园、天河智能网联汽车产业园，建设全球智联新能源汽车的创新枢纽。建设黄埔自动驾驶综合应用示范区，打造5G车联网先导区。推进国内领先的智能网联技术协同创新研发测试生态建设，争创国家5G智能网联先导区。依托文远知行等智能驾驶龙头企业，积极推进5G车联网研发。依托南沙国际人工智能价值创新园的人工智能技术研发企业，与番禺区“5G＋智慧交通”核心产品研发制造协同，聚焦自动驾驶与智慧交通的产业孵化研发创新，建成国家级自动驾驶与智慧交通示范区。

（9）5G 智慧医疗与智慧教育产业基地

发挥中山大学、省医、广医等优质医疗资源，开展5G与健康医疗技术的融合创新，推动健康医疗产业发展。依托越秀区内省市教育信息资源，推动5G技术在教育教学方面的应用。

（10）5G 智慧物流与智慧航运产业基地

依托白云太和镇5G智慧物流园，加快货运场、汽配城等各个物流园升级改造，形成航运物流、货运物流、汽配物流为特色的5G智慧物流园。

（11）5G + 智慧农业产业基地

依托增城区五大现代化农业产业园，开展5G与智慧农业的融合应用，着力智慧农业机械、智慧农业服务，打造“5G + 智慧农业”衍生产业生态。

2. 深圳市5G产业园

2019年先行启动建设2个产业发展基础较好、配套设施相对完善的5G产业园区，分别是坪山区5G产业园、龙岗区5G产业园，后续将对具备一定产业发展基础、配套设施不断完善的其他区域，按照“成熟一个、建设一个”原则，形成梯次规划建设格局。

（1）坪山区5G产业园

坪山区5G产业园集聚了比亚迪、村田科技、昂纳信息、国人射频、共进电子、鸿合创新等26家国内领军企业，涵盖了5G关键元器件、设备及应用环节；自主创新能力强，创新生态体系日益完善，自主创新能力不断提升，拥有15个市级以上科技创新平台。在“5G + 制造”方面，有国家新型工业化产业示范基地、广东省智能制造示范基地（“聚龙智谷”）、深圳市坪山智能制造新兴产业集聚区等智能制造基地。在“5G + 医疗”方面，有深圳国家生物产业基地的应用优势，其中远程医疗应用领域，基地内企业理邦精密已结合自身医疗器械研发、制造的优势，运用大数据、人工智能等技术，实现了远程快速精准治疗的目的。在“5G + 交通”方面，坪山区是深圳市重点布局区域，全球新能源汽车龙头比亚迪已布局智能网联汽车领域，市区两级正在加快建设市级重点项目——深圳市智能网联交通测试示范平台。在“5G + 智慧”城市方面，坪山区将充分利用作为深圳首个5G试点区域的机遇，以建设“智慧城市”为目标，将5G网络建设融入坪山区城市规划建设项目，推进坪山区智慧城市建设。

（2）龙岗区5G产业园

基本初步形成华为、中软国际等骨干企业为龙头带动，各类芯片组件、显示组件、MEMS器件、通信模组等核心元器件与零部件专业化分工，基础电子元器件、制造装备、EMS/ODM/OEM专业制造等上下游产业协作配套的5G产业体系，涵盖5G硬件、平台、软件等全产业链环节。坂雪岗片区作为5G产业支撑之一的通信行业实力极为突出，具有较强国际竞争力，其配套的元器件与配件产业也可为其上下游产业提供有力支撑。园区具有5个5G产业链相关研发机构，分别是国家宽度移动通信核心网工程技术研究中心，研发领域为网络通信；无线通信接入技术国家重点实验室，研发领域为无线通信；互联网医疗系统与应用国家工程实验室，研发领域为互联网医疗；云计算异构系统关键技术工程实验室，研发领域为云计算；下一代互联网网络与交换技术工程实验室，研发领域为互联网。

3. 东莞市5G产业园

近年来，东莞市5G产业发展迅速，集聚效应明显，形成以松山湖高新区为主要区域的空间布局，在5G智能终端、5G基站系统、5G网络架构和5G应用等四大模块形成了较为完善的产业链体系。特别是在5G智能终端领域，已经涌现一批5G龙头企业。例如，5G终端应用的华为，5G基础材料和关键器件领域的生益科技、大普通信等企业，5G网络架构领域的亨通光电、铭普光磁等。东莞市5G产业园区核心承载区域是松山湖高新区，包括N个具体产业园区，辐射周边其他区域，形成以松山湖高新区为核心的5G产业空间布局。围绕松山湖高新区，全市其他重点区域（如滨海湾新区、长安镇等），也是5G产业发展的重要区域。5G产业核心承载区：松山湖高新区。包括华为终端研发总部研发基地产业园、华为机器产业园、生益科技产业园、松山湖机器人产业园区、光大We谷产业园、中集集团5G智慧园区等具体园区。松山湖高新区以华为终端研发基地为核心，布局5G关键技术和核心设备研发、应用研发及服务，建设5G测试实验室、认证实验室等专业化配套设施，完善众创空间、孵化器和加速器等科技创新平台，打造5G产业核心区。其他区域：一是滨海湾新区，包括紫光芯云产业城、欧菲光电影像产业园、正中创新综合体产业园等具体园区；二是长安镇，包括OPPO智能制造中心产业园、步步高vivo研发生产产业园区、长安华茂智能终端产业园、祥鑫科技东莞5G通信设备智能制造产业园等具体园区。此外，水乡功能区、南城街道、凤岗镇、银屏合作创新区等区域也将作为东莞市5G产业发展未来重要布局。水乡发展5G产业的主要集中在东莞水乡功能区5G战略性新兴产业基地、5G临港产业基地。南城街道主要以东莞市天安数码城园区和中天联科国际信息产业园为主。凤岗镇以都市丽人智能产业项目为载体推动5G应用。银屏合作创新区以粤海装备技术产业园项目为载体推动5G应用[①]。

第二节　大数据产业

粤港澳大湾区大数据产业基础良好，发展水平较高。大湾区集聚了华为、中兴通讯、腾讯、紫晶信息存储、神州数码等大数据产业的龙头企业，形成了完备的产业链条和较强的产业竞争力。粤港澳大湾区大数据产业的发展目标是：全球竞争优势的大数据产业发展集聚区、全球大数据硅谷和国际数据经济创新中心[②]。

目前，粤港澳大湾区大数据产业发展在全国处于领先地位。据中国电子信息产业发展研究院发布的《中国大数据区域发展水平评估白皮书（2020年）》，全国各省市大数据发展水平差异仍较为显著，排名首位的为广东省，遥遥领先，综合指数为56.43分。其中，广东以51.34分的基础环境指数得分居全国第一位，并且超过排名第二位的江苏11.2分；以68.96分的大数据产业发展指数位列全国第一，高出排名第二的北京（61.51分）约8个比分比[③]。

大数据产业的发展有赖于数据中心的建设，从大湾区数据中心的发展情况可窥探到其大数据产业发展的深厚基础和迅猛势头。粤港澳大湾区数据中心建设方兴未艾。截至2019年底，广东全省已投产使用的数据中心数

---

① 资料来源：各地政府部门官网、官微以及南方网等媒体关于世界5G大会的相关报道。

② 2017年4月，广东省出台《珠江三角洲国家大数据综合试验区建设实施方案》（粤办函〔2017〕184号），明确加强大数据技术创新和产业化，积极培育大数据骨干企业，涌现一批大数据新技术、新产品、新标准，布局建设大数据重点项目和大数据产业园区，加快构建完善的大数据产业链，打造具备全球竞争优势的大数据产业发展集聚区；2019年7月印发《关于贯彻落实〈粤港澳大湾区发展规划纲要〉的实施意见》，提出携手港澳建设粤港澳大湾区全球大数据硅谷和国际数据经济创新中心。

③ 该研究聚焦基础环境、产业发展、行业应用三个大数据发展关键领域，形成了由3个一级指标、13个二级指标、30余项三级指标组成的中国大数据区域大数据发展水平评估指标体系。

量约为160个，折合标准机架数接近22万个[①]，在使用的标准机柜13.5万架，上架率约为61.8%，服务器超过86.4万台，其中主要是集中在广州和深圳两个区域。预计到2022年底，规划建设在用折合标准机架数将累计达到约47万个[②]。目前，数据中心主要集中在粤港澳大湾区珠三角地区，分布在珠江口岸各地的数据中心占全省总量的约七成，其中广州、深圳在用的数据中心又占珠三角地区的约六成。例如，位于广州市海珠区沙溪的中国电信广州云计算数据中心，是一座8层的建筑，按照一类防火、8级抗震建筑建造，整体建筑面积达到4.7万平方米，可提供近6 000个机架，容纳8万台服务器。是中国电信广东分公司在华南以及粤港澳大湾区最重要的网络及数据节点之一，拥有高达1 040G的出口带宽，全国网络最快的数据中心，随着大数据的发展，该大数据中心正预备从一个简单的数据中心，升级为支撑整个中国华南互联网的重要节点。

考虑到数据中心对能耗、土地、电力等的特殊要求，广东近年鼓励引导全省各地积极建设数据中心，明确广州、深圳是全省数据中心的“双核”，规划新建中型及以下的数据中心，承载边缘计算类、低延时类大数据业务[③]。粤港澳大湾区的惠州、河源市具备大力发展大数据中心的资源条件，成为全省大数据中心建设的新热点地区。中国移动在惠州市惠东建设粤港澳大湾区（惠州）数据中心，项目定位于成为区域内最高标准的数据中心，规模达到3.2万架装机能力，总投资50亿元。阿里巴巴在河源建设广东云计算数据中心河源源城区项目，计划未来2020—2022年三年投入2 000亿元，面向未来的数据中心建设，开展云计算操作系统、服务器、芯片、通讯网络等关键核心技术和重大应用的研发，2020年2月，阿里云宣布可容纳超过30万台服务器的河源数据中心正式对外提供服务。新的建设趋势显示，广东紧锣密鼓推进数据中心新建项目向沿海经济带、粤北生态发展区布局，珠三角地区部分已建在用的中、高延时数据业务逐步迁出，集中打造低时延、高附

① 《广东“数谷”地图出炉：广深双核，清远、惠州数据中心规模暴增》，《南方都市报》2020年8月28日。

② 《广东省工业和信息化厅关于印发〈广东省5G基站和数据中心总体布局规划（2021—2025年）〉的通知》（粤工信信软〔2020〕73号）。

③ 根据传输节点在发送数据时使数据块从结点进入到传输媒体所需的时间，数据中心分为：低时延类（时延≤20ms）、中时延类（20ms < 时延≤200ms）、高时延类（时延 > 200ms）。

加值、产业链带动效应明显的数据应用区，重点发展工业互联网、车联网、网络游戏、金融证券、远程医疗等应用。广东省工业和信息化厅印发《广东省5G基站和数据中心总体布局规划（2021—2025年）》，规划并推进全省形成“双核九中心”的数据中心建设、发展布局。穗、深两市大力建设中型级以下规模的数据中心①，紧跟技术前沿、贴近高端大数据应用需求，着力打造高可靠、低时延数据能力，成为广东省在全国具有强劲竞争力的大数据领域“双核”城市；将地处珠三角地区的惠州（惠东、龙门县）、肇庆（广宁、德庆、封开、怀集县），在粤东地区的汕头、汕尾，地处粤北地区的韶关、梅州、清远、云浮，地处粤西地区的湛江打造9个数据中心集聚区，大力建设中型以上规模的数据中心，发展云计算、大数据、区块链、人工智能、视频播放、网页浏览、数据存储、数据备份等应用（见表7－1）。

表7－1　　广东数据中心集聚区规划建设机架数　　单位：个

聚集地区		2020年		2021—2022年			2023—2025年		
		累计折合标准机架数	上架率	增加量	累计折合标准机架数	上架率	增加量	累计折合标准机架数	上架率
珠三角	惠州	24 065	55.92%	24 349	48 414	65.00%	47 243	95 658	75.00%
	肇庆	2 757	37.35%	5 891	8 647	65.00%	11 786	20 433	75.00%
粤东	汕头	14 995	46.85%	16 954	31 949	65.00%	17 557	49 506	75.00%
	汕尾	12 603	72.00%	20 021	32 624	75.00%	39 411	72 035	75.00%
粤北	韶关	11 539	56.30%	38 290	49 829	65.00%	76 496	126 325	75.00%
	梅州	1 724	37.82%	5 199	6 923	65.00%	10 435	17 358	75.00%
	清远	45 284	33.58%	11 178	56 462	65.00%	20 752	77 214	75.00%
	云浮	4 721	60.11%	7 172	11 893	65.00%	14 077	25 970	75.00%
粤西	湛江	17 306	47.02%	16 546	33 853	65.00%	16 556	50 409	75.00%

数据来源：《广东省工业和信息化厅关于印发〈广东省5G基站和数据中心总体布局规划（2021—2025年）〉的通知》（粤工信信软〔2020〕73号）。

① 数据中心的规模以标准机架的数量为依据，分为超大型数据中心、大型数据中心、中型数据中心、小型数据中心，分别指10 000（含）个以上标准机架的数据中心、3 000至10 000个标准机架的数据中心、1 000个至3 000（含）个标准机架的数据中心、少于1 000（含）个标准机架的数据中心。

2019年香港的数据中心的数量是70个机房，在运营的数据中心面积75万平方米，总体的市场规模是80亿元，在未来香港的数据中心产业将保持15%左右的增长速度。

澳门的数据中心产业发展较晚，目前仅有三个在运行的数据中心。澳门的数据中心发展主要是两个方面，第一是建设边缘数据中心，澳门有一些数据中心的发展政策，边缘数据中心是其中一个主要应用形态。第二是推动琴澳合作，在横琴与珠海共建数据中心，推动琴澳合作，共同打造大湾区新的国际带宽入口。

产业的集聚化是大数据产业发展的关键性手段。广东分批建设省级大数据产业园，在粤港澳大湾区珠三角核心区推进建设了广州开发区大数据产业园、广东福能大数据产业园、中山美居智能制造大数据产业园、江门“珠西数谷”大数据产业园等园区建设。

1. 广州开发区大数据产业园

在广州科学城、知识城、生物岛等区域按“一园七区”的方式规划建设，重点发展IDC、云计算、制造业大数据平台、智慧城市大数据平台、大数据创新孵化基地、双创空间等，重点建设中国电信创新孵化基地、中国联通大数据基地、中国移动创新中心、鹏博士大数据基地、中兴能源大数据中心等项目。阶段性发展目标是2020年底前，大数据及相关产业产值突破1 000亿元；建成孵化平台5个，省级以上研发机构3家；主营业务收入超过10亿元的龙头企业4家，超1 000万元的骨干企业100家。

2. 广东福能大数据产业园

在佛山市禅城区按“一园三区”的方式规划建设，重点发展大数据应用、电子商务、产业平台、跨境电商、动漫设计等，建设国家电子政务华南分中心、广东南方数据科学研究院、世纪互联云计算华南总部基地、中国电信佛山数据中心、浪潮集团泛珠三角云计算中心等项目。阶段性发展目标是2020年底前，大数据及相关产业产值达到50亿元；IDC机柜超5万个；引进培育20家以上重点企业。

3. 中山美居智能制造大数据产业园

在中山城区、石岐区和火炬区按“一园三区”的方式规划建设，重点发展互联网家装、基于大数据的工业企业新型公共服务等，引进培育硕泰智能、黑子科技、中国移动园中园、美居网络、安乐窝、暴风科技、威盛网络、易安居等项目。阶段性发展目标是2020年底前，大数据及相关产业累计产值达到240亿元；建成2个以上公共服务平台；引进培育20家以上重点企业。

4. 江门“珠西数谷”大数据产业园

在滨江新区以“一园多址”模式建设，重点发展小微企业双创平台、公共数据资源开放平台以及“小微双创”“江门智造”、公共资源共享数据库，建设智能装备制造协同创新研究院、中国南方教育装备创新产业城、生命科学产业园、浪潮集团大数据等项目。阶段性发展目标是2020年底前，大数据及相关产业产值超过100亿元；引进培育20家以上重点企业。

5. 广东省健康医疗大数据产业园

在顺德乐从镇，建设医学大数据中心、数字化医学影像设备孵化区、智能医疗设备与“互联网+健康”孵化区、生物技术孵化区和大学生创业平台、国际技术转移中心等；重点引进腾讯微医集团、赛伯乐投资集团、蓝盾信息安全技术股份有限公司、汉柏科技有限公司等项目。阶段性发展目标是2020年底前，大数据及相关产业产值达到50亿元；建成健康医疗大数据公共服务平台；引进培育20家左右以色列医疗器械重点企业；聚集100家以上大数据及相关领域的中小企业①。

表7-2　广东省省级大数据产业园名单（一至三批）

第一批	中山美居智能制造大数据产业园	第二批	广州增城大数据产业园
	广东福能大数据产业园		韶关“华南数谷”大数据产业园
	肇庆大数据云服务产业园		惠州潼湖生态智慧区数据产业园
	深汕特别合作区大数据产业园		广梅共建大数据产业园
	云浮云计算大数据产业园		佛山市南海区大数据产业园
	广东省健康医疗大数据产业园		东莞市松山湖（生态园）
	广州开发区大数据产业园		中山市火炬大数据产业园
	江门市“珠西数谷”省级大数据产业园	第三批	珠海智慧产业园

说明：根据公开报道资料整理。

① 珠江三角洲国家大数据综合试验区重点项目表（《广东省人民政府办公厅关于印发珠江三角洲国家大数据综合试验区建设实施方案的通知》，粤办函〔2017〕184号）。

第三节　工业互联网

工业互联网是当前新一代信息基础设施融合发展的重点和热点，以“制造业 +”为强大推动机制，工业互联网成为前景广阔的新兴产业。粤港澳大湾区是世界级制造业基地，制造业企业众多，加上互联网和信息通讯技术创新应用活跃，在制造业龙头企业的带动下，工业互联网较早得到应用推广，并不断升级、发展，形成了较为厚实的工业互联网基础。截至2021 年 8 月，广东全省物联网终端用户数为 25 136.5 万户，其中智能制造、智慧农业、智能交通和车联网、智慧公共事业终端用户数分别为 1 646.9 万户、52.2 万户、3 715.4 万户、7 273.2 万户①。

近年来，广东高度重视发展工业互联网，推动变革传统制造模式、生产组织方式和产业形态，构建起全要素、全产业链、全价值链全面连接的新型工业生产制造和服务体系。一方面围绕电子信息、先进装备、食品医药、轻工材料等重点行业，支持行业骨干企业和领军企业牵头开展工业互联网应用，以小带大、链条式牵引，形成示范带动效应。另一方面，大力推动中小型工业企业“上云上平台”。截至目前累计推动 1.7 万家规模以上工业企业数字化转型，带动 55 万家中小微企业“上云用云”。产业集群是广东产业发展的重要特征。目前，广东围绕家电、电子信息、注塑、消费品等行业，已在广州花都狮岭箱包皮具、东莞松山湖电子信息、佛山顺德小家电、揭阳揭东塑料日用品等 16 个产业集群开展试点，探索集群数字化转型新路径。预计到 2025 年，推动超过 5 万家规模以上工业企业云数字化转型，带动 100 万家企业“上云用云”②。

如果工业互联网是第四次工业革命的基石，那么工业互联网平台就是新工业革命的关键性基础设施。它基于 5G 技术、大数据、人工智能等聚集资源和能力，构建起赋能广大中小型制造企业、推进工业智能化发展的综合平台。目前，工业互联网平台“国家队”成员中广东最多。广东围绕重

① 2021 年 8 月基础电信业运行情况，载于广东省通信管理局网。

② “广东推动 1.7 万家规模以上工业企业数字化转型”，载于《中国青年报》2021 年 9 月 23 日。

点行业，培育了美云智数、云工厂等一批专注于垂直行业的工业互联网平台，重点培育了华为、富士康、树根互联、腾讯4家企业成为国家级跨行业跨领域工业互联网平台，国家工业和信息化部公布了15家工业互联网“双跨平台”（国家级跨行业、跨领域工业互联网平台），广东占4家，全国最多，分别是华为“FusionPlant 工业互联网平台”、富士康“BEACON 工业互联网平台”、树根互联“根云工业互联网平台”、腾讯“WeMake 工业互联网平台”。另外，广东省还着力打造“工业互联网产业生态供给资源池”，创新推动工业互联网的发展和应用。截至2020年年中，已有接近400家企业被列为“省工业互联网产业生态供给资源池”企业，带动大量工业企业“上云上平台”。以国家级“双跨平台”“省工业互联网产业生态供给资源池”企业为引领，大湾区企业加快企业数字化转型升级步伐，工业互联网应用规模日益壮大，预计2020年有20万家企业“上云上平台”，在工业企业“上云上平台”、工业互联网标杆示范、产业集群数字化转型等方面，涌现出大量或促进产业升级或推动商业模式创新或实现经济社会效益提升的成效明显的典型案例。

表7-3　　　　广东四家国家级“双跨平台”简况

平台	定位	发展成效
FusionPlant 工业互联网平台	华为发挥跨行业、跨领域平台的独特能力，聚焦“联接+云”，基于30年ICT技术积累和制造经验打造的开放式平台	服务企业用户10万多家，连接设备超过240万台套，工业应用软件（工业App）数量超过2 000个，以电子信息制造为重点并涵盖化工、钢铁、汽车、装备等多个行业；依托东莞松山湖工业互联网创新中心，围绕电子信息、智能装备及机器人两大集群，推动70多家集群企业开展了工业互联网应用
BEACON 工业互联网平台	富士康以物联网平台数据采集为基础，通过整合生产制造、连网技术、数据分析、云端存储及工业互联网解决方案等建成的工业互联网平台	构建起物联网平台、智能数据平台、智能制造平台、影像大数据平台，实现智能化工厂的快速部署。支持设计、制造、销售全产业链的广泛应用
ROOTCLOUD 工业互联网平台	树根互联聚焦机器互联和机器关系管理，提供成本最低、效率最优、可靠性最强的端到端工业互联网解决方案	服务企业用户9万多家，连接工业设备超过72万台套，工业应用软件（工业App）数量超过5 000个，建立第三方开发者社区，月活跃第三方开发者超过千人，具备丰富的跨行业跨领域服务能力

续表

平台	定位	发展成效
WeMake 工业互联网平台	腾讯云面向工业行业，整合云产品、优图工业 AI、大数据中心、物联网中心、微瓴、企业微信、企点等多个内部产品，以平台载体将产品能力对外输出而打造的工业互联网平台	孵化 20 多个解决方案，覆盖 11 个制造业细分领域。与工业富联、三一重工、忽米网等企业达成合作 通过 WeMake 平台，充分整合自身技术优势和行业生态资源，在一些工业基础好、交通比较发达的地区，结合产业结构和特点打造区域工业互联网平台，为企业提供支撑工业制造能力的数字底座。在全国各地已经覆盖超过 10 个工业云基地

工业互联网标识解析体系是工业互联网网络的关键基础设施，其中的标识解析体系顶级节点是国家工业互联网核心资源和重要基础设施，被视为支撑工业万物互联互通的神经枢纽。粤港澳大湾区拥有国家工业互联网标识解析顶级节点（广州）并于 2018 年底正式开通，在顶级节点的带动下，大湾区陆续建成一批标识解析二级节点并接入顶级节点，2019 年底湾区内 14 个二级节点现场正式接入广州国家顶级节点，标志着大湾区工业互联网发展迎来了一个崭新的里程碑，进入了标识解析集成创新的规模化、场景化应用阶段，大湾区将继续引领我国工业互联网建设与应用落地，推动制造业的数字化、智能化转型升级。

广东试点建设 8 个“5G + 工业互联网应用示范园区”，除了一个示范区园区在湛江，其余 7 个均在珠三角核心区。通过重点推动行业龙头企业与运营商合作，运用 5G 技术开展内网改造，在粤港澳大湾区探索有价值的“5G + 工业互联网”应用场景，打造了美的、格力等一批“5G + 工业互联网”应用标杆示范项目。目前，生产数据无线采集、云化无人控制车、机器视觉检测、虚拟现实人机协作等场景已实现了初步应用。

第四节　人工智能产业

粤港澳大湾区人工智能产业基础较强，创新创业环境和条件良好，无论是核心产业、还是相关产业，发展规模均位居全国前列。仅珠三角地区，人工智能产业规模就占到全国的1/3左右。

广东是国内高端新型电子信息和智能制造产业的主要优势区域，具备较强的产业和技术基础，为人工智能产业的发展提供了良好条件。中山大学、华南理工大学、暨南大学、广东工业大学、华南农业大学等高校均在人工智能前沿技术和理论研究领域有所部署，拥有一批核心知识产权。人工智能创新创业日益活跃，一批龙头骨干企业加速成长，在国际上获得广泛关注和认可。医疗保健、金融、物流、制造、零售和教育等领域数字化程度高，人工智能的应用场景极为丰富。数据开放程度较高，广州、佛山、东莞数据开放平台进入全国政府数据开放平台前十，为产业发展提供丰富的沃土①。

2017年，广东人工智能核心产业规模约260亿元，约占全国1/3，带动机器人及智能装备等相关产业规模超过2 000亿元，人工智能核心产业及相关产业规模均居全国前列。在重点终端产品方面，拥有机器人制造重点企业156家，2017年全省工业机器人产量20 662台，同比增长50.2%，占全国产量的16%，保有量约8万台；民用无人机产量283.12万架，同比增长69%，产值占全国超7成的市场份额；智能手机产量8.28亿台，占全球产量约1/3。

广东已基本形成以产业应用为引导、以技术攻关为核心、以基础软硬件为支撑的较为完整的产业链条。基础软硬件支撑实力较强，拥有高水平的云计算支撑平台，广州、深圳、珠海三大集成电路产业集群具备较强的竞争优势，智能传感器技术水平居全国前列。技术攻关加速布局，算法、算力、数据等领域的科技专项支持力度不断提升，一大批科技创新成果成功落地转化。产品应用前景广阔，智能机器人及智能装备产业迎来爆发性增长，民用无人机产业在全球居领先地位，无人船和无人驾驶产业蓬勃发展，智能技术场景应用不断增加，智能技术向国民经济各领域渗透的广度和深度进一步拓展。

创新企业规模不断扩大。随着人工智能进入蓬勃发展期，广东陆续涌现了一大批创新创业企业，初步形成了以腾讯、华为等大型龙头企业为引领，众多中小微企业蓬勃发展的格局。2017年，广东人工智能企业数超过300家，广州、深圳是广东人工智能的主要集聚地，拥有大疆、柔宇科技、

① 《广东省人民政府关于印发广东省新一代人工智能发展规划的通知》（粤府〔2018〕64号）。

碳云智能、优必选、魅族5家独角兽企业，其中，大疆占全球消费级无人机超50%的市场份额，2017年营业收入达到180亿元。广东人工智能企业融资规模、融资频率均居全国第二，平均单笔融资额超千万美元。

近年来，人工智能与其他产业加速融合，涌现出智能制造、智能医疗、智能家居、智能农业等一批新兴业态，呈现出蓬勃的发展态势。在智能制造方面，数控成型机床、高档数控系统等高档机床优势明显，产业发展速度不断加快，2017年全省10个智能制造示范基地产值达到10 230亿元，同比增长10%。在智能医疗方面，计算机辅助诊断和治疗、医学影像分析等领域在全国处于领先地位，形成了一批以腾讯觅影为代表的重大科研成果。智能家居方面，美的M－Smart智慧家居平台和格力智能环保家居系统成效显著，智能家电技术水平居全国前列。智能农业方面，涌现出智能采摘机器人、智能农田管理系统等一大批科技成果，农业设备、生产管理、农产品加工等智能化水平不断提升①。

2018年，《广东省新一代人工智能发展规划》《广东省加快发展新一代人工智能产业实施方案（2018—2020年）》出台，加快新一代人工智能产业发展，推动珠三角地区建成全国重要的人工智能产业集聚区，并提出到2020年广东人工智能核心产业规模超过500亿元，带动相关产业规模超过3 000亿元。到2025年，广东人工智能基础理论取得重大突破，部分技术与应用研究达到世界先进水平，产业核心规模突破1 500亿元，带动相关产业规模达到1.8万亿元，形成人工智能深度应用发展格局；到2030年，人工智能基础层、技术层和应用层实现全链条重大突破，总体创新能力处于国际先进水平，聚集一批高水平人才队伍和创新创业团队，人工智能产业发展进入全球价值链高端环节，人工智能产业成为引领国家科技产业创新中心和粤港澳大湾区建设的重要引擎。广东各地纷纷抢占人工智能高地。广州、深圳是广东人工智能的主要集聚地，拥有多家独角兽企业。从2017年3月开始，广州推出一项旨在推动制造业升级的战略，其中包括建设人工智能千亿级产业集群。深圳则提出，建设人工智能制造业创新中心以及一批工业互联网平台和智能工厂。与人工智能相关的研发机构和产业平台在广东纷纷成立。人工智能产业的集聚发展水平逐渐提升，产业园区发展日新月异。

---

① 《广东省人民政府关于印发广东省新一代人工智能发展规划的通知》（粤府〔2018〕64号）。

表 7-4 广东省人工智能产业园

第一批	广州市琶洲互联网创新集聚区 南沙国际人工智能价值创新园 深圳湾科技生态园 珠海智慧产业园 广东省仲恺高新区人工智能产业园
第二批	广州黄花岗科技园人工智能产业园区 深圳金地威新软件科技园 惠城区数字经济产业园
第三批	中大国际创新谷 深圳南山智园 佛山高新区人工智能产业园

近年来，广东发力推进一系列基于新一代信息基础设施的“智慧+”工程，人工智能发展全面铺开。在能源领域，在广州南沙粤港澳全面合作示范区、广州中新知识城、深圳前海深港现代服务业合作区、东莞松山湖高新技术产业开发区等开展新一代智能变电站示范工程，部署建设智慧的电厂、智能电站，促进能量流、业务流、信息流“三流”整合，实现“三化”（智能化、模块化、集成化），显著提升全省电厂配网自动化、智能化水平。在全省大规模建设智能充电桩、加氢站，形成点线面结合的智慧能源推广应用示范。在交通领域，港珠澳大桥智能化运维技术集成应用效应显著，全息感知、高度智能的运行监测体系逐步建立。积极运用5G传输网络技术与设施，开展车与路协同的智慧化应用探索，大力推进新一代国家交通控制网和智慧公路试点工程。在广州建设智能网联汽车与智慧交通应用示范区、南沙国家级自动驾驶与智能交通示范区，在深圳建设无人驾驶示范区等试点示范区。在乐广高速、南沙大桥、深圳外环高速等应用北斗系统与车路协同、ETC等技术融合，建设路侧智能感知设施。另外，智慧铁路、智慧港口、智慧机场群建设持续推进，智能化铁路路网列车调度指挥系统、智慧化港航设施、智能化示范港区、智慧综合客运枢纽、建设运营管理全生命周期智慧化机场等方兴未艾。在市政工程领域，积极推广应用5G、物联网、传感技术，智慧灯杆、智慧井盖、智慧管网等城市基础市政设施与新一代信息传输和感应技术融合发展，智能电表、智能水表、智能燃气表等民生服务基础设施与大数据采集技术融合发展。针对城市交通

拥堵突出问题，探索建设智能交通灯、智能潮汐车道、智能停车引导、智慧立体停车等智慧治堵措施。针对现代社会应急管理，推动发展低轨卫星、高空飞艇、高空无人机、空投探空等航空航天感知新技术，部署建设“海陆空”全域覆盖的应急感知系统，着力建设生产安全、自然灾害、生态环境、海洋环境、城市安全、应急处置现场等感知网络和应急5G通信专网。在环保领域，依托广东省自然资源和空间地理基础信息库及公共支撑平台（“粤政图”平台），部署建立全省统一的空、天、地一体化全要素生态环境监测网，推进生态环境监测、垃圾处理、再生资源回收的智慧化。在物流领域，加强物流相关要素（货物、运输工具、物流站场等）的数字化建设，试点开展国家物流枢纽综合信息服务平台空港物流基础设施与信息平台、第三方冷链物流全程监控平台等的建设，谋划推进广州国际生物岛“广州市5G自动驾驶应用示范岛”、广州、深圳、珠海无人机智慧配送试验区建设。在医疗领域，积极谋划推进国家生物信息中心粤港澳大湾区节点建设，为国家生物信息大数据的汇集与转化应用发挥重要作用。建设“互联网+医疗健康”示范省，制定落实《广东省促进“互联网+医疗健康”发展行动计划（2018—2020年）》，开展广东省全民健康信息综合管理平台项目建设，在全省医疗机构部署推广电子健康码，促进居民电子健康码与医保电子凭证融合应用，实现全省医疗健康服务“一码通用”。截至2020年3月，广东省电子健康码在汕头、韶关、河源、梅州、汕尾、江门、阳江、湛江、茂名、肇庆、清远、潮州、揭阳、云浮等14个地级市136家县级医院以及三级以上公立医院全面试用。与此同时，加强各地市市级健康码的互认对接，广州、深圳、佛山、珠海、中山、东莞、惠州等七市的市级电子健康码管理平台实现对接。早在2014年，广东省就建设了全国首家网络医院，随后多家医院开始尝试“互联网+医疗健康”，截至2020年底，广东全省互联网医院超过200家，自2019年广东首批22家互联网医院集中上线服务，不到两年时间，广东省互联网医院数量增长了近10倍[①]。广州作为全省医疗资源最为丰富的地区，80%以上三甲医院已建立互联网医院，优质医疗资源延伸服务全省甚至全国群众。例如，广东省

① 张漫：“广东现有200多家互联网医院约5%患者线上复诊”，载于《信息时报》2021年1月19日。

第二人民医院阳山医院开通互联网医院，将城市的医疗服务通过现代互联网和人工智能技术覆盖到全县13个乡镇159个村诊所，互联网医院乡村服务点打通服务群众健康的最后一公里。在农业和水利领域，智慧农业、智慧水利多点开花，将遥感技术、物联网技术融入高标准农田建设，多部门合力打造全省高标准农田建设农“一张图”和监管系统、水利专业大数据智能应用系统，部署开展智慧农机装备管理应用平台、5G智慧现代农园、数字化畜禽养殖场、农产品质量安全追溯系统等，面向粤港澳大湾区构建农林水利智慧化应用体系。

在大湾区的窗口地区，珠海横琴整合利用中科院、中国科学技术大学等十多所高水平科研机构、新基建企业的力量，合作建设“横琴先进智能计算平台项目”，搭建珠澳合作新型支撑平台。珠海大横琴科技发展有限公司与阿里云联合发布的全国首个跨境服务应用——“琴澳通”App是珠澳深化合作打造粤港澳大湾区门户枢纽的一个新亮点，该App构建起跨境多维大数据服务云平台，有效整合服务资源，连接服务供需，实现入境、居住、出行等众多领域的“一站式”便利化服务①。广州南沙港将“南沙港区四期工程”打造5G智慧港口，建设粤港澳大湾区首个全自动化码头，以全球新一代物联网感知、5G、大数据、云计算等先进技术赋能南沙港区大幅提升集装箱吞吐量增至2 200万标箱以上，届时年吞吐量将位居全球单一港区前列，强化粤港澳大湾区作为我国“一带一路”出海大通道地位。

本章参考文献

[1] 广东省工业和信息化厅：培育创新动能　广东打造数字经济强省[J]. 中国电子报，2018-12-27.

[2] 王月琴. 广东：加快制造业数字化转型　建设工业互联网示范区[J]. 中国电子报，2021-4-16.

[3] 郭跃文. 粤港澳大湾区建设报告（2020—2021），中国社会科学文献出版社，2021.

① 陈宇轩，徐弘毅：《设施“硬联通”机制“软联通”——新基建夯实粤港澳大湾区高质量发展基础》，载于新华网2020年12月8日。

[4] 曾坚朋，王建冬，黄倩倩等．打造数字湾区：粤港澳大湾区大数据中心建设的关键问题与路径建构［J］．电子政务，2021（6）．

[5] 丁兆威．粤港澳大湾区中国大数据主战场［J］．中国公共安全，2020（5）．

[6] 崔爽．粤港澳大湾区驶入5G发展“快车道”［J］．科技日报，2020．

[7] 安明明，章雷．粤港澳大湾区人工智能产业人才资源状况分析［J］．对外经贸，2019（6）．

[8] 彭琳，欧志葵，许宁宁．加快推动大湾区制造业数字化转型［J］．南方日报，2021．

[9] 白亚斐，童锋．网络强国战略思想开启广东数字经济发展新征程［J］．广东经济，2021（6）．

[10] 阎逸，夏谊，姚海滨．广东数字经济发展的经验及启示［J］．浙江经济，2019（16）．

第八章　区块链在大珠三角的广泛应用

区块链作为一项新兴技术，近年来得到国家的大力支持，正进入一个多行业布局、应用加速落地的新发展时期。与此同时，国家出台政策推进粤港澳大湾区基础设施互联互通，共建粤港澳合作发展平台。从顶层设计上把粤港澳大湾区有机结合在一起，意在促进区域内人流、物流、资金流、信息流的通畅。区块链可以通过自身技术特点及优势，为粤港澳三地搭建信息交换平台；反过来，大湾区良好的产业基础能促进区块链技术与更多行业的融合发展。

第一节　引　　言

2016 年 G20 杭州峰会上，国家主席习近平提出将发展数字经济作为中国创新增长的主要路径，会议对数字经济的概念做了明确界定：数字经济是以使用数字化的知识和信息作为关键生产要素、以现代信息网络作为重要载体、以信息通信技术的有效使用作为效率提升和经济结构优化的重要推动力的一系列经济活动。数字经济的本质在于信息化，其中信息的生产和应用是两大关键方面。区块链技术，作为数字经济的基础设施，具有分布式和不可篡改的特点，能够为信息构筑起诚信大厦。同年，工业和信息化部发布《中国区块链技术和应用发展白皮书（2016）》。白皮书正式介绍了中国区块链技术发展路线蓝图以及未来区块链技术标准化的方向和进程。国务院印发《“十三五”国家信息化规划》，首次将区块链技术列入国家级信息化规划内容。2019 年 10 月 24 日，在中央政治局第十八次集体学习时，习近平总书记强调“把区块链作为核心技术自主创新的重要突破口”“加快推动区块链技术和产业创新发展”。2021 年 5 月，工业和信息化部、中央网络安全和信息化委员会办公室发布《两部门关于加快推动区块链技术应用和产业发展的指导意见》，进一步规范并推进区块链技术的产业化发展。目前，区块链技术得到各界的广泛关注，其应用也延伸到金融、供应链管理、医疗健康等多个领域，成为经济发展的新动能。

粤港澳大湾区包括香港特别行政区、澳门特别行政区和广东省广州市、深圳市、珠海市、佛山市、惠州市、东莞市、中山市、江门市、肇庆市。是我国开放程度最高、经济活力最强的区域之一，在国家发展大局中具有重要战略地位。2019 年 2 月 18 日，中共中央、国务院印发了《粤港澳大湾区发展规划纲要》（以下简称《纲要》）。《纲要》指出，要加快大湾区基础设施互联互通，建设宜居宜业宜游的优质生活圈，共建粤港澳合作发展平台。这是国家从顶层设计上把粤港澳大湾区有机结合在一起，意在促进区域内人流、物流、资金流、信息流的通畅。区块链技术能够凭借自身特点为粤港澳三地搭建信息互联互通的平台，而大湾区凭借良好的数字化基础，能够促进区块链技术在更多的应用场景落地，取得蓬勃发展。因此有必要对区块链技术在大湾区的应用情况进行研究。

当前，以信息技术和数据为基础的数字化经济迅速发展，已逐渐成为我国经济增长的重要动能。同时，加快发展数字经济也有利于巩固我国的大国地位。粤港澳大湾区，作为我国重要的战略开放门户，定位为打造具有全球影响力的国际科技创新中心，更需要创新驱动、发展数字经济，需要将新技术应用于大湾区的整个生态中，促进三地共同发展。区块链技术的应用和研究目前还处于初期阶段，存在很多制约区块链技术的发展的问题，但作为一项重要的底层基础技术，区块链未来可以在众多应用场景找到用武之地。因此，研究区块链在大湾区的应用现状并探索更多的应用场景，不仅具有理论意义、也具有现实意义。

第二节 区块链的基本概念和技术特征

一、区块链的起源

区块链技术最早是比特币的底层技术。2008 年，有学者以“中本聪”

为笔名发表了一篇名为《比特币白皮书：一种点对点的电子现金系统》的论文。在全球金融危机的背景下，论文提出了一种完全通过点对点技术实现的电子现金系统，首次提出比特币这一新型电子货币的设想。

这一电子现金系统使得交易双方可以在没有第三方机构的参与下，直接由一方发起交易，支付给另一方。现金系统在点对点的环境下运行，每笔交易的数据以区块的形式存在，通过实施随机散列给每个区块加上时间戳，每个时间戳都将前一个时间戳纳入其随机数列值，每一个随后的时间戳都对前一个时间戳进行增强，这样就形成了一个链条。为了防止对区块进行篡改，系统在区块中补增一个随机数，要找到这个随机数就需要一定的工作量，而由于之后的区块是连接在该区块之后的，想要更改该区块中的信息就需要同时完成以后所有区块的全部工作量。最长的链条被看作来自 CPU 计算能力最大的池，只要大多数 CPU 的计算能力没有打算联手对全网进行攻击，这一交易系统就是足够安全的。

系统约定，将每一区块的第一笔交易进行特殊化处理。该交易产生一枚由该区块创造者拥有的新电子货币。由此可知，与传统货币相比，比特币没有一个统一的货币发行方。任何人都有可能成为比特币的创造者。比特币具有去中心化、全世界流通、低交易费用以及匿名性的特点。

二、区块链的基本概念

区块链是一种多主体参与并共同维护，应用密码学保证数据传输和访问安全，能够实现数据的一致存储，并防止篡改记录的记账技术，也被称为“分布式账本技术”。区块链上各参与主体产生的数据被打包为一个数据区块，这些区块按时间顺序排列成链条。通过非对称加密技术为参与者生成账户，记录当前的信息，各参与主体掌握相同的数据信息，并且无法单方面篡改。只有当满足约定比例的主体同意时，信息才能被修改，且只能增添新的信息，不能删除以往的信息。这些既定的规则通过算法在各个节点之间达成一致，形成共识机制。参与者之间还可预先针对某些交易做出承诺，通过编码定义相关的规则和条款，达到条件后系统就会自动执行。这被称为“智能合约”。

三、区块链的技术

1. 分布式账本

分布式账本是指交易记账由分布在不同地方的多个节点共同完成，每一个节点都记录完整的账目信息，共同参与监督交易的合法性，也可以共同为其作证。参与记账的各方之间通过同步协调机制，保证数据的防篡改和一致性，规避了复杂的多方对账过程。跟传统的分布式存储不同，区块链的分布式存储的独特性主要体现在两个方面：一是区块链每个节点都按照块链式结构存储完整的数据，而传统分布式存储一般是将数据按照一定的规则分成多份分别存储；二是区块链每个节点都是独立的、地位等同的，依靠共识机制保证存储的一致性，而传统分布式存储一般是通过中心节点往其他备份节点同步数据。

2. 非对称加密

传统的对称加密又称作单密钥加密，是指用一个密钥对信息进行加、解密。好处是加解密都很快，只要密钥一致，就可以立刻实现数据解密。但也存在缺点是加密数据易篡改、易破解。对称加密对数据传输通道的安全要求很高，钥匙的传输环境必须十分安全，否则就存在被别人偷取伪造的可能。而且对称加密要求每个通信双方都有一套单独密钥，通信人数越多、密钥就越庞大，管理起来过于繁杂。非对称加密可以解决以上问题。在区块链系统内，所有权验证机制的基础是非对称加密算法。非对称加密算法需要两个密钥：公开密钥和私有密钥。加密时用公开密钥，公开全网可见，所有人都可以用自己的公钥来加密一段信息。解密时用的私有密钥，只有信息拥有者才可以知道，被加密过的信息，只有拥有对应私钥的人才能够解密。

3. 共识机制

共识机制是指所有记账节点之间如何达成共识，共同认定一个记录的有效性。这既是信息生成的过程，也是防止篡改的手段。区块链提出了四种不同的共识机制，适用于不同的应用场景，在效率和安全性之间取得平衡。区块链的共识机制具备“少数服从多数”以及“人人平等”的特点，其中“少数服从多数”并不完全指节点个数，也可以是计算能力、股权数或者其他的计算机可以比较的特征量。“人人平等”是指当节点满足条件时，所有节点都有权优先提出共识结果、直接被其他节点认同后并最后有可能成为最终共识结果。以比特币为例，采用的是工作量证明，只有控制了全网超过51%的记账节点的情况下，才有可能伪造出一条不存在的记录。当加入区块链的节点足够多时，伪造需要的工作量基本不可能实现，从而杜绝了造假的可能。

4. 智能合约

智能合约与传统的纸质合约类似，只是用计算机语言来描述，通过计算机执行，可以在没有第三方信任的情况下进行可信的合约触发和执行。智能合约相对于传统合约具备很多优点，目前传统合约的条件触发和执行是异步的。也就是说，当人们发现客观事件已经满足了合约某条款的触发条件，再人工地去触发条款的执行，这一过程是低效的，特别是在追责追债中很容易给执行对象一定的窗口时间进行周旋和出逃。

四、技术特征

1. 去中心化

分布式账本，是一种多方共同维护、不存在单点故障的分布式信息系统，数据的写入和同步不仅仅局限在一个主体范围之内，需要通过多方验证数据、形成共识，再决定哪些数据可以写入。系统内不存在中介机构，所有节点掌握的信息都是相同的，即便有节点停工，也不会对整个系统的运作产生任何影响。

2. 去信任

区块链系统建立起来的去信任，也称为“去第三方信任”。在其他系统中，互不相识的双方必须通过双方都信任的第三方的背书，才有可能建立起有限程度的信任。而且这种信任将随着双方对第三方信任程度的变化而变化，还会随着第三方信任链条长度的增长而逐级衰减。区块链采用基于协商一致的规范和协议，比如一套公开透明的算法，这使整个系统中的所有节点能够在去信任的环境自由安全的交换数据，使对人的信任转变成对机器的信任，任何人为的干预都不起作用。

3. 匿名性

除非有法律规范要求，单从技术上来讲，各区块节点的身份信息不需要公开或验证，节点之间的交换遵循固定的算法，其数据交互是无需信任的（区块链中的程序规则会自行判断活动是否有效），因此交易对手无须通过公开身份的方式让对方自己产生信任。

4. 开源

区块链技术基础是开源的，除了交易各方的私有信息被加密，区块链的数据对所有人开放，任何人都可以通过公开的接口查询区块链数据和开发相关应用，因此整个系统信息高度透明。

5. 不可篡改

一旦信息经过验证并添加至区块链，就会永久的存储起来。除非能够同时控制系统中超过51%的节点，否则在单个节点上对数据库的修改是无效的。因此，区块链的数据稳定性和可靠性极高。

五、区块链的发展阶段

区块链技术大概经历了三个发展阶段。

第一阶段：可编程货币。以比特币为代表的加密货币，试图塑造一个平行于实体世界的金融系统。

第二阶段：可编程金融。由以太坊为代表的智能合约的出现，使从业者期望将整个系统记载的数据从虚拟的数字货币扩大到实物资产，例如：股权，债权，版权等。

第三阶段：可编程社会。区块链将继续被应用于社会中的其他领域，用于更大规模和范围的资源分配与管理，提升资源配置和使用效率。

六、区块链的三种模式

区块链有三种不同的应用模式，优势各有不同，可供不同场景选择使用。其中，公有链是指任何人都可以随时参与系统中读取数据、发起交易的区块链，是一种完全去中心化的结构，典型代表应用为比特币。私有链则是组织内部的封闭网络，完全不公开；比如公司内部的区块链网络，区块链成员的读写权数和记账权由组织指定。联盟链介于公有链与私有链之间，部分公开，是若干个机构共同参与管理的区块链，也是金融领域应用的主要方向。

表8-1　　区块链的类型

类型	特点	应用
私有链	中心化结构，成员的读写权和记账权由组织指定	公司内部网络
联盟链	部分中心化，若干个机构共同参与管理	金融领域
公有链	完全去中心化结构	比特币

第三节　国内外区块链产业发展现状

一、全球区块链产业现状

2019年以来，区块链在各领域应用落地的步伐不断加快，正在贸易金融、供应链、社会公共服务、选举、司法存证、税务、物流、医疗健康、农业、能源等多个垂直行业探索应用。从行业分布上来看，当前全球区块链企业38%集中在加密货币领域，23%的企业专注于区块链技术研发。互联网、金融行业是应用最多的两个领域。

在政策方面，各国政府对区块链发展所持的态度有所不同。由于当前区块链产业在各国发展阶段不同，各国政策在鼓励技术与政策监管方面各有侧重。多数国家重视区块链技术在实体经济中的应用，少数国家对区块链及加密货币持“积极拥抱”的态度，部分国家对加密货币明确了监管政策。

国际科技公司也竞相布局区块链，推动了相关技术和产业的健康发展。总体来看，其布局主要分为三个方向：To B底层平台、To C行业应用、区块链+物联网。底层服务平台最初由微软与IBM公司提出，之后越来越多的互联网巨头加入相关研发中。对全球科技公司而言，区块链之争也是底层平台之争，拥有安全性更高，可扩展性更强的平台是在未来区块链技术发展中获得主动权的关键。在 To C 端的企业应用中，大企业侧重于自有场景问题的解决方案，使其变得透明、安全、可靠，应用主要集中于金融、溯源、公益等领域。区块链 + 物联网则是未来科技公司布局的重点。

二、我国区块链产业现状

我国区块链产业目前处于高速发展阶段，创业者和资本不断涌入，企业数量快速增加，专利申请量也逐年快速增加。区块链技术正在推动新一轮的商业模式变革，成为打造诚信社会体系的重要支撑。

从行业应用来看，金融行业是目前区块链技术落地项目最多、场景最为丰富的行业，如供应链金融、资产证券化、征信与风险控制等。中央部委扶持的大部分是区块链技术在审判执行、农村互联网金融、维权溯源、安全防护、数字身份、网络提速降费和扩容升级、食品安全监管、军工等领域的研究和应用。

在政策扶持方面，国家及各省市地区为促进区块链产业发展出台多项政策，全国超过 30 个省市地区发布政策指导文件，开展区块链产业布局，截至 2019 年底各省市已出台区块链相关政策 106 项，从地区分布来看，浙江省发布的政策最多，为 11 项，北京市和广东省均以 8 项位列第二名。

从区块链硬件来看，目前全球最主要的数字货币挖矿设备供应企业都位于中国，仅仅是比特大陆、嘉楠耘智、亿邦科技三家挖矿设备企业就占据了市场超过 90% 的市场份额。2016 年以来，大型 IT 互联网企业，百度、阿里巴巴、腾讯、华为等纷纷布局区块链，产业规模不断扩大。

第四节　区块链相关产业发展概况

区块链是建立信任的工具，通过分布式 IT 架构带来数据的流动、维护和使用的改进和提升，并能进一步带来在业务和社会治理方面的价值。随着技术的不断升级，区块链与各行业、各产业的融合发展逐渐成为主流趋势。目前，我国区块链产业处于高速发展时期，市场规模于 2020 年已经达到5.61亿美元，提供区块链技术相关服务的企业超过千家。区块链在各行业的应用非常多元，从金融领域到实体经济、政务民生均有用武之地。

一、金融领域

金融市场中交易双方的信息不对称导致无法建立有效的信用机制，产业链条中存在大量中心化的信用中介和信息中介，减缓了系统运转效率，增加了资金往来成本。区块链技术凭借其开放式、扁平化、平等性的系统结构以及操作简化、实时跟进、自动执行的特点，能够提供信任机制，具备改变金融基础架构的潜力，各类金融资产，如股权、债券、票据、仓单、基金份额等都可以被整合到区块链账本中，成为链上的数字资产，并在区块链上进行存储、转移、交易。区块链技术的去中介化，能够降低交易成本，使金融交易更加便捷、直观、安全。

1. 供应链金融

(1) 供应链金融的定义

供应链金融是指以核心客户为依托，以真实背景为前提，运用贸易融资的方式，通过应收账款质押登记、第三方监管等专业手段封闭资金流或控制物权，围绕供应链上的核心企业，基于交易过程向核心企业以及上游供应商和下游分销商或客户提供的综合金融服务。供应链金融由供应链事件引发，通常用于赊销交易。其包括基于应收账款的供应链金融业务，例如，应收账款贴现、应付账款融资等；还包括基于贷款或放款的供应链金融业务，例如，对应收账款的贷款或放款、经销商融资、对存货的贷款或放款、装运前融资等。供应链金融正处于不断发展的过程中，随着供应链基础业务的开展，在采购周期、转化周期（库存和生产）、销售周期的不同环节，能够开展不同种类的供应链金融。

(2) 供应链金融的特点

①真实事件驱动。实体供应链上的各类事件，例如，订单、应收账款、应付账款、存货等都会引发金融需求，供应链金融则针对这些需求提供融资服务。在供应链的运作过程中，企业会因为生产和贸易的原因形成存货、预付款或应收款等众多资金沉淀环节。这些流动性较差的资产是供应链金融服务的针对目标。

②多主体参与。供应链上涉及多类交易主体，包括银行和其他金融机构、上下游企业及核心企业以及物流公司、监管机构等主体。在多角色参与交易过程中，需要对每个主体的权利和义务进行界定，协调多主体之间的关系，也需要记录每个主体的行为轨迹，便于日后产生纠纷进行追责。相对而言，供应链中的中小企业，尤其是成长型的中小企业是供应链金融服务的重点，通过供应链金融服务，这些企业的资金流得到优化，提高了经营管理能力。

③多技术需求。实体供应链的追踪及控制业务流程的技术为供应链金融自动触发并介入提供了条件。因此，实体供应链的运行质量在很大程度上决定了供应链金融的服务质量。此外，供应链金融需要基础贸易流程对融资提供方具有可见性，这通常需要通过技术平台和先进信息技术来实现。从电子采购到电子发票，再到电子物流，加上数据驱动的决策过程，当前供应链金融与信息技术的结合已经延伸到了自动化、虚拟化和众多其他技术领域。

（3）区块链技术与供应链金融

由供应链金融的特点可知，区块链技术可以很好地契合供应链金融的需求。区块链技术有助于供应链上的信息传递。实体供应链上的信息存在不透明、不通畅的问题，并且随着国际分工的深化，链上的参与方会越来越多，涉及的业务类型也会增加。由于企业的类型多种多样，不同企业的数据标准不统一，数据质量也参差不齐，供应链上的一些中小企业提供的数据质量不达标，难以为金融机构提供有效的授信支持数据。区块链技术有助于解决这些问题。第一，区块链可以有效的整合数据。在区块链架构下，融资业务驱动的数据在节点进行公开和集中，形成由基础合同、单证、支付等结构严密、完整的交易记录，不同参与者都可上传数据，实现数据透明。链上各主体均可使用已经集中的一致数据，而无须单独去寻找分散在各节点、各系统的数据。第二，区块链能保障数据安全。区块链加密记录在各参与方在线签署的情况下，形成不可改变的记录，这些几乎不可能受到损害，能够达到金融级别的安全性。区块链提供的分布式数据库是全网共有的公开账本，所有运作规则（算法）公开透明，可以随时清算、审计，解决了传统财务体系的痛点。区块链数据的记录不会丢失、无法篡改，解决了现实中存在的单证伪造、遗失等问题。

区块链有助于核心企业传递信用。在供应链场景下，核心企业为可信的贸易做背书，银行由于很难深入供应链进行信息获取和放款，只能服务于核心企业的融资需求，其他中小企业难以证明自身还款能力以及贸易真实存在，因此很难获得贷款。在区块链技术和供应链结合的情况下，上下游的中小企业可以更高效的证明贸易行为的真实性，并共享核心企业的信用。

区块链能够防范履约风险。交易方之间的支付和结算受限于各参与主体的契约精神和履约意愿，不确定因素较多，存在恶意违约的风险。区块链的智能合约在满足执行条件时可自动执行，因此可以确保贸易行为中交易双方或多方如约履行义务。机器信用的效率和可靠性，提高了交易双方的信任度和交易效率，能够有效控制履约风险。

2. 跨境支付

世界银行数据显示，全球跨境支付市场（国际汇款）规模以每年约5%的速度持续增长，2021年将达到7 670亿美元。各地区跨境支付业务利润均保持增长趋势，尤其是在亚洲地区。与此同时，跨境支付成本居高不下。世界银行估计，到2020年第四季度，跨境汇款的平均交易费用百分比约为6.51%。通过银行发起交易的交易金额甚至更高，平均高达11%。在交易时间方面，平均国际付款需要2～3天才能完成，对比非跨境支付，例如，国内日常的支付，几乎实时的处理时间和低廉甚至没有的费用，跨境支付存在处理时间长、费用高，而且缺乏透明度等缺点。

（1）传统跨境支付的方式

电汇：电汇是指汇出行应汇款人申请，以加压电报、电传或SWIFT（环球同业银行金融电讯协会）形式发给国外汇入行，指示其交付一定金额给收款人的汇款结算方式。中国境内银行的跨境电汇业务普遍采用SWIFT形式向境外汇入行发送报文。电汇一般2～3个工作日到账，除手续费外还收取电报费，一般用于大额汇票业务。

国际专业汇款公司：通常与银行、邮局等机构深入合作，借助他们分布广泛的网点设立代理点，以迅速扩大地域覆盖面。相对传统银行汇款，速度较快，手续费也相对低廉。但其缺乏监管中介，交易安全性较低。

国际信用卡：国内信用卡制度不完善，国际信用卡组织为保证客户交易的安全性，为亚洲地区信用卡添加了3D密码验证服务，以减少商户恶意欺诈的可能性。但与此同时增加了操作的复杂性，并且支付成功率也比较低。此外，国际信用卡诈骗也屡见不鲜。

国内第三方支付公司：与国际信用卡组织合作，能够增强国际信用卡支付通道成功率，降低支付风险。同时也与境内外的银行合作，为买方代理购汇并完成支付。相对于银行直接与买方对接，第三方机构的参与简化了银行的工作流程，也简化了用户的交易操作。

（2）区块链应用于跨境支付的优点

应用区块链技术能够显著提高交易速度。传统跨境支付模式中存在大量人工对账操作，银行在日终进行交易的批量处理，通常一笔交易需要至少24小时才能完成。而应用区块链的跨境支付可提供7×24小时不间断服务，并且减少流程中的人工处理环节，缩短清结算时间。

应用区块链技术能够有效降低交易成本。麦肯锡报告数据显示，通过代理行模式完成一笔跨境支付的平均成本高达数美元，是完成一笔国内支付成本的10倍以上。传统跨境支付模式中存在支付处理、接收、财务运营和对账等成本。区块链技术能够实现点对点交易，因此可以绕过中介银行，削弱交易流程中的中介机构作用，提高资金流动性，实现实时确认和监控，能够有效降低交易各环节中的直接和间接成本。这样不仅可以全天候交易，还能瞬间到账、节省大量手续费用。

区块链在跨境支付上的应用，对于金融机构，可以改善成本结构，提高盈利能力；对于终端用户，可以减少各类交易费用，使原先成本过于高昂的小额跨境支付业务成为现实，因而更具普惠价值。此外，区块链去信任，匿名性，信息不可篡改的特点，加强了跨境支付的安全性，透明性。

3. 证券

（1）证券业存在的问题

传统的证券行业也存在很多可以通过区块链技术改进的地方。首先，随着市场和产品的创新发展，证券审批领域的寻租腐败方式也更加多样。涉及证券市场的很多案件是通过结构化产品、股权代持、期权等较为隐蔽的手段进行利益输送。其次，在传统证券交易中，证券所有人发出的交易指令需要证券经纪人、资产托管人、中央银行和中央登记机构这四大机构依次进行处理，整个流程较为复杂，效率较低。最后，在资产证券化领域，传统模式下，ABS（资产证券化）业务链条较长，包括基础资产的打包发行、为ABS提供财产担保等，涉及的资产类型也较多，包括基础资产、担保资产、ABS份额等。流程中的资产现金流管理以及底层资产监管透明性和交易效率亟待提高。

（2）证券业应用区块链的优点

在证券发行方面，可以将证券发行、分配、交易等行为电子化，提升发行效率。区块链的交易信息透明化可以实时暴露多种曲线敛财的违法行为、降低信任成本，也有助于监管机构的监督。除了传统的信息披露，区块链技术能够把IPO业务过程中的信息提供给市场参与者和监管部门，方便监管部门、社会中介机构便捷地对数据进行查询、比较、核验，进一步提升公司IPO的透明度。在证券清算与交收方面，通过智能合约可以直接实现买方与卖方的自动配对并且自动实现结算和清算，减少中介环节、简化结算流程。在资产证券化（ABS）领域，基于区块链技术支持的ABS具有以下优势：第一，有利于改善ABS资产透明度，区块链技术具有自动账本同步与审计功能，能够实现资产包在不同机构平台间的流通和共同监管，有效缓解信息不对称，同时更有效地监督金融机构适度使用金融杠杆，合理利用ABS手段；第二，利用智能合约功能实现款项自动划拨、资产循环购买和自动收益分配等功能，降低人工成本与出错率，提高清算效率。

4. 保险

保险领域存在的最大问题就是信任问题。对于保险公司，保险公司需要对投保人提交的信息进行审核以及投保人在保险存续期内可能存在道德风险。引入区块链技术后，在投保阶段可以快速通过电子身份审核投保人是否满足条件；在理赔阶段可以通过智能合约技术，在事件满足赔偿条件时，自动触发赔偿流程。这在提高保险公司后端处理效率的同时，为用户带来了优质的体验；也能使各保险公司更好地对抗保险欺诈，包括杜绝重复保险，或利用同一保险事故进行多重索赔的情况；还能够通过数字证书建立所有权机制，避免了身份伪造等情况。

对于投保人，由于保险公司通过区块链技术减少了人力成本和骗保等损失，因此可以为投保人提供保费更低的保险服务。而智能合约技术带来的自动理赔机制会大大减少投保人的等待时间，也会避免其与保险公司产生纠纷。

5. 征信

中国的征信市场空间巨大。在目前的征信机构中，无论是资本市场信用评估机构、商业市场评估机构，还是个人消费市场评估机构，都需要进行数据的安全共享，同时降低金融风险和数据获取成本也是各机构努力的方向。传统中心化的技术实现名单共享存在很多问题，例如：信息容易被篡改、数据无法追溯等。这导致共享信息的真实性无法保证，并且传统技术很难做到数据在各个机构间实时同步，存在数据一致性和实时性的问题。

利用区块链的联盟链对接各个合作机构的征信名单业务系统，建立公用的存证平台，将分散在各个征信机构间的名单数据整合在一起，实现数据共享、系统自治。这种方案带来的好处是成本低，对现有系统改造小、数据可追溯，也能做到各机构的数据实时同步。

二、实体领域应用

区块链技术通过优化传统产业升级过程中遇到的信任和自动化等问题，来提高产业效率，逐步进入电子信息存证、版权管理和交易、产品溯源、物联网、智能制造等领域。

1. 电子存证

电子证据是指以数字形式存储的证据信息。例如，电子合同、电子发票、电子文章、电子邮件等。区块链因其具备不可篡改、可追溯特征，非常适合与电子存证相结合。区块链技术应用在电子存证领域主要有两个优势：存证安全和提高取证效率。

传统电子证据被存储在自有服务器或云服务器中，文件在备份、传输等过程中容易受损，导致证据不完整。此外，除了加盖电子签名的电子合同具有不可篡改性，其他形式的数据和证据在被传输到云服务器的过程均有遭受攻击和篡改的风险，降低了电子证据可信度。应用区块链技术后，在电子证据生成时被赋予时间戳；检验证据时通过比对哈希值来验证数据完整性；在传输过程中采用不对称加密技术对电子证据进行加密保障传输安全。充分确保了证据的真实性和安全性。由于区块链的存证方式为分布式存储，司法机构、仲裁机构、审计机构等机构可接入区块链系统，在各自的节点上共享电子证据，降低取证的时间成本，优化仲裁流程，提高协作效率。

2. 版权管理

版权是指作者对计算机程序、文学著作、音乐影视作品等的复制权利的合法所有权。伴随产业升级，中国内容产业蓬勃发展，但同时侵权问题也层出不穷，盗版作品给产权方带来巨大的经济损失。区块链技术应用于版权保护有助于解决盗版横行的现状。

在所有权确认环节，传统机制下的专利申请流程耗时长、效率低下。区块链的分布式账本使全网对版权所属迅速达成共识成为可能；不对称加密技术保证了版权的唯一性；时间戳技术有利于确认版权归属方。因此，专利所有人可以方便、快捷地完成确权这一流程，解决了传统确权机制低效的问题。传统的版权交易环节面临需求难以匹配，中间成本高的问题。发行商、中心化平台的存在使得内容创作者的利益被分走了一大部分。应用区块链技术后，版权方通过智能合约执行版权的交易流程无需中间商的介入，可以解决版权内容访问、版权分发和获利分配的问题，能将版权交易透明化的同时能帮助创造者获取最大收入。传统的维权环节面临维权成本高、侵权者难以追溯等问题。借助区块链的不对称加密和时间戳技术，版权归属和交易环节清晰可追溯，版权方能够第一时间确权或找到侵权主体，为维权阶段举证。未来，如果数字产品能够全部被记录上链，建立完整的数字版权库，维权和清除盗版产品的成本将会被极大降低。目前，互联网巨头中，蚂蚁区块链、百度超级链都为版权保护提供了解决方案。

3. 商品溯源

溯源是指对商品的生产、加工、运输、流通、零售等环节的追踪记录，需要上下游企业的共同参与。由于食品安全与医疗卫生在居民生活中的重要程度之高，我国目前溯源服务应用最广泛的领域是食品和药品。我国溯源行业尚处于早期发展阶段，存在信任缺失，多数溯源链条上下游的参与者各自维护一份账本。这可能导致拥有者受利益驱使而对账本进行篡改或集中事后编造，造假成本极低。

区块链不可篡改、分布式存储等技术为溯源行业的信任缺失提供了解决方案，从算法层面为商品的信息流、物流和资金流进行信用背书。通过供应链上下游多方记账并共享账本的方式，保证了即便存在单方账本伪造、也难以找到半数以上节点来协作拟合其造假数据，使造假成本大幅上升。

4. 物流领域

中国物流行业具有市场规模巨大、格局高度分散、物流效率低下的特点。物流行业缺乏统一的运输标准，中小物流企业缺乏有效的供应链管理手段。这导致出现货主和货车供求没有良好匹配、空车运输、多次转运、无效运输等情况，造成了极大的资源浪费。

区块链的去中心化特征与供应链的多方协作十分契合，物流信息被存储在分布式账本中，信息公开透明可追溯，为企业优化物流管理提供了数据支撑；区块链的不对称加密技术可以保证寄件方和收件方身份的真实性，只有在收件方提供私钥后，物品方能被确认签收，避免了他人代签、物品损坏丢失无法追责的可能性，不对称加密也能避免个人身份信息泄露的情况。

在全球贸易物流领域，贸易涉及出口商、进口商、承揽商、运输商、监管机关等多主体。主体之间信息离散程度高，大量的纸质文件使供应链缺乏透明度，且协同效率低下，进而造成各主体难以及时了解货物运输实时状态，容易出现运输资源利用率降低、运输时间延长、货物潜在损坏度提高、成本提高的风险。应用区块链技术后，构建物流平台对各个参与主体开放，通过双方以及多方数字签名和凭证对所有上传平台的信息进行全网验证。物流、港口、海关、供应链、运输交通等参与主体同时协作管理，保证所有信息实时共享。对进口商、出口商、制造商来说，端到端的信息透明可以实时全流程的物流监督，增加各个环节沟通效率；对港口和集装箱管理来说，提高了空箱利用率；对海关等检查机关来说，正确的信息提高批审效率；对运输管理商来说，能够更好地优化货物运输路线和日程安排。

5. 财务管理

区块链的不可篡改、加密等特性使得它在财务管理领域有较好的应用场景。利用区块链技术可以保证会计信息质量的可靠性、及时性、相关性。可以在区块链中记录具体的交易业务，比如记录数据库中的总账、分类账、日记账等与业务相关联的信息，并提供相关交易的实时数据。

在与其他企业的合同签订以后，将合同植入基于区块链技术的企业信息管理系统，通过区块链信息系统追踪在这个过程中发生的各项业务。在此链条中将有一个和合同、订单、现金流相关的唯一私钥，并通过区块链实现彼此的联系。此链不仅能提供会计和业务记录，还能将双方的交易记录在一本共享的区块链帐本中，如此便能将企业从复杂的发票、合同以及对账、支付等流程中解放出来。

6. 政务民生

（1）税收征纳

无论是交易活动中的物流、资金流，还是信息流，在区块链使用过程中都可以被完整、清晰地以时间戳的形式记录，实现“三流合一”。基于此，可以尝试为每个企业或个人建立一个分布式账本数据库（即税务“私有链”），以记录每一笔资金流动并通过智能合约相互验证，实现每笔账目都不能被人为篡改且可追溯源头。同时，在区块链上记录交易的成本和收入，税务机关可以轻松获取企业的相关信息，用交易的实时记录代替定期申报。这也意味着交易和支付之间不会有任何延迟，有效控制税收规避行为。

（2）政府数据共享

随着电子政务应用纵向深化，我国已积累了大量的政务数据，但在数据质量、数据共享和数据安全等方面亦存在诸多不足。区块链技术的特点有助于政府高效利用数据。采用“分布式账本”记录部门证件执照和事项办理信息；采用“共识机制”明确政务服务上链数据是否合规；采用“智能合约”确定数据共享规则；采用“非对称加密”技术明确不同部门的数据读写权限。因此，利用区块链技术可以实现各级政府之间、各部门之间的数据共享，有利于提升工作效率，降低行政成本，为公众带来更好的政务服务体验。

（3）精准扶贫

我国精准扶贫存在的一些问题也可以通过区块链技术得到解决。首先，精准扶贫存在识别精度不高，数据真实性不足的问题：一方面由于我国贫困人口数额是由国家统计局通过量化方法测算而得，与地方实际贫困情况可能有出入；另一方面村干部存在动机瞒报少报，或是用关系户替代实际贫困户。其次，扶贫工作存在资金使用不透明的现象，扶贫资金被冒领或挪作他用。最后，扶贫工作的成效难以衡量，现有考核形式易产生官员间的互相包庇，并且内部考核通报导致考核结果公开度不高，难以发挥社会监督的作用。

运用区块链技术的共识机制能够有效识别出真正的贫困户。扶贫工作者需要将所有待选的贫困户以及相关的数据及时准确地录入区块链系统。

这些数据不仅要包括他们的收入和支出等显性量化指标，还要结合贫困成因的其他相关数据，如存款、医疗、劳动力人口等指标，建立基于区块链技术的扶贫数据管理平台，通过共识机制，采用多维动态标准识别贫困户，这样可以准确识别出真正的贫困户。区块链技术的不可篡改性有利于保证数据的真实完整性；可追溯性有助于精准使用扶贫资金；而去中心化的特点可以把社会意见纳入考核体系，更加重视贫困户的切身感受和基层的真实声音，让人民群众为扶贫工作打分，从而形成多元主体、多维指标的考核体系。

表 8-2　　区块链在各民生领域的作用

领域	作用
税收征纳	税务机关可轻松获取企业交易的实时记录，有效控制税收规避行为
政府数据共享	各级政府、各部门之间进行数据共享，能够提升工作效率、降低政府成本，同时能为公众带来更好的服务体验
精准扶贫	基于链上贫困户的多维度家庭信息，共识机制能有效识别出真正的贫困户；可追溯性有助于监管扶贫资金的真正去向；去中心化的特点可将社会意见纳入考核体系
公益	解决信任缺失问题，能够追溯资金真实流向
数字货币	政府可搭建去中心化的消费缴费平台，通过数字货币发放各种补贴

7. 工业

传统的工业互联网主要以“工业云”为载体。这种巨型工业云方案非常昂贵。它的基础设施和维护费用极高，需要中心化的云服务、大规模的服务器集群和网络设备来支撑。当工业互联网深度推进，生产单元中联网的人和设备以数十亿级别的速度增长时，它们之间要处理的通信量和成本消耗都是极其惊人的，而且出现一个故障点可能就会导致整个网络的崩溃。同时，不同生产单元各自支持的云服务架构不同使它们之间的通信非常困难，没有一个云服务商可以服务于社会生产的所有单元，不同的云服务商也不会保证它们之间的兼容性。

利用区块链技术，有望实现比大部分采用中心化的工业云技术效率更高、响应更快、能耗更低的工业生产网络。整个供应链上的交易流程全部由智能合约自动执行，可以解决工业生产中的账期不可控等问题，大幅提高经济运行效率。订单信息、操作信息和历史事务等全部记录在链上，分布式存储，不可篡改，所有产品的溯源和管理将更加安全便捷。同时，通过区块链技术与数字化工厂技术的结合，可以为每一个物理世界的工业资产生成对应的虚拟世界的数字化资产，并进行确权和流转、完成工业资产的数字化。并且这些数字化资产全部通过智能合约与产业链上下游相连，终端用户的一个订单确认，会触发整个产业链的迅速响应，全流程可实现数据流动自动化，助推制造业的转型升级。

第五节　区块链在大珠三角的应用现状

粤港澳大湾区具有区块链技术发展的充足条件。区块链的发展不是单独某项技术、某个行业能完成的。它需要整个产业生态环境的构建。在基础设施方面，底层平台的建立需要计算机技术、密码学、智能合约、节点部署等开发技术的支持，也需要高性能计算芯片等硬件设备的支撑；在应用方面，需要所在区域拥有相对完整的产业结构；还需要资本市场、信息服务、人才培养及其他各种配套服务机构。目前，区块链技术已经应用到大湾区的多个领域，如表8－3所示。

表8－3　　　　区块链在大湾区的应用

领域	应用	作用
政务民生	电子发票	广州、深圳搭建电子发票区块链平台，由税务局主导、互联网企业提供底层技术，实现交易、开票、报销的全流程自动化，完善税企之间的信任机制，提升税务局“放管服”水平
	仲裁链	将线上交易数据全部上链，保证信息的真实性，简化证据的审核工作，提高处理效率。2020年2月至3月抗击新冠肺炎疫情期间，广州仲裁委员会通过仲裁链的应用，高效处理150余件金融借款案件
	商事服务	广州黄埔区的“商事服务区块链平台”为企业开办者提供在线注册公司的服务，该平台还探索实现港澳企业商事服务线上化办理，为粤港澳大湾区打造具有竞争力的营商环境

续表

领域	应用	作用
金融服务	供应链金融	中国人民银行深圳支行上线“粤港澳大湾区贸易金融区块链平台”，为企业的贸易融资等金融活动提供服务，同时方便监管机构对平台各项金融活动进行监测，有利于对贸易背景真实性的审核并防范重复融资
	普惠金融	中国建设银行广东省分行推出普惠金融区块链平台，将劳务分包商的应收账款提前变现，实现民工工资全线上定向准时发放，有效解决了民工工资发放难这一社会问题
	商品溯源	顺丰在深圳上线“丰溯 Go”项目，搭建区块链平台实现对商品生产、运输的全流程溯源，使消费者能够全面了解商品品质，尤其解决了跨境商品的身份认证问题
法律	电子存证	广州互联网法院上线“网通法链”智慧信用生态系统，将电子证据储存在区块链平台上，利用智能合约实现调取、认证的自动化，使互联网纠纷的在线审理更加高效
	破产审判	东莞第三法院联合平安银行东莞支行搭建区块链平台，将破产审理的全流程上链，提升了案件的审理效率
	数字身份	深圳市政务服务平台“i 深圳”上线，居民能够将身份证等 24 类常用电子证照上链，保护个人隐私的同时，使企业、市民携带纸质证明办事的不便大大降低

第六节　区块链在大珠三角的发展前景及政策建议

对于发展区块链产业，大湾区具备诸多优势。在基础设施方面，大湾区具有软硬件俱佳的双重优势。软的基础协议，湾区诞生了全球首条百万 TPS① 的迅雷链；在硬件方面，深圳、东莞等城市的电子信息制造业发达；在行业应用方面，区块链已经渗入金融、物联网、溯源、法律、等各个领域；在生态服务层方面，大湾区比起全国其他地方有重要的优势，因为港澳的法律法规环境不同，分布式交易所、tokenfund（专注于数字资产领域的数字资产财富管理平台）、博彩、电子竞技等一批内地难以展开的业务可

① 每秒钟系统能够处理的交易或事务的数量。

以在港澳实现，仅仅香港就有40余家加密货币交易所；在保障产业发展的配套设施方面，大湾区具备较为完善的服务体系：粤港澳大湾区拥有多所世界知名高校，有利于为区块链产业输送人才；而深圳、广州在媒体服务、企业孵化等方面有着非常成熟的经验。因此，大湾区能为区块链技术进入各个领域创造良好条件。

一、区块链在粤港澳大湾区的应用前景

目前，区块链技术已经在大湾区的多个领域发挥作用，为人们的生活带来诸多便利，也有力地推动了经济增长。但从整体上看，区块链技术的发展仍处于初级阶段现，区块链的整体商业模式尚未完全清晰，在各行业的应用也还有很大的发展空间。结合粤港澳大湾区的地域特点，本书认为未来在以下几个领域区块链大有可为。

1. 供应链金融

大湾区发展供应链金融具有良好的产业基础。大湾区的很多城市（如广州、深圳、东莞等）实体经济发达，个体经济活跃，是中国中小企业的重要集聚地。大湾区内有很多顶级港口，物流运输体系发达。香港作为国际金融中心，金融机构众多，金融制度成熟，能帮助企业运营资本、筹措资金，香港的金融资源，会给广东地区的经济注入更多活力。随着国际分工深化，供应链上的参与方会越来越多，结合区块链技术的供应链能够实现物流、商品流、资金流、信息流等多流合一；同时方便中小企业共享核心企业信用，为融资提供便利，进而促进市场活力，推动大湾区经济高质量发展。

2. 知识产权保护

知识产权对高科技企业发展尤为重要，大湾区企业间的协同创新需要企业之间合作研发，共享成果、共担风险，从而提高研发效率。但由于知识产权是企业的核心价值，高新企业往往对本企业核心知识进行保密，不泄露于合作方；因此带来的企业对知识产权的过多保护，会与合作方产生一种隐形的隔阂，很可能导致合作失败。特别是对于跨区域合作，将会面临更多客观条件的限制。然而，如果不重视知识产权保护，造成其他企业在其基础上进行模仿创新，就会打击科研人员的积极性、主动性。大湾区

拥有被誉为中国“硅谷”的深圳，高新技术产业发达，处理好知识产权问题能够进一步促进科技的发展。

将区块链技术应用于知识产权领域有诸多好处。首先，区块链的开放性可以让任何人在任何时间任何地点向区块链写入信息，使版权登记不受时间、空间的限制，可以减少登记时间，降低登记成本。其次，区块链上的信息一经写入就无法篡改，所有的版权信息都是公开透明的，可有效进行维权，防止抄袭现象。最后，通过区块链实现链上知识产权交易，所有交易信息都可以被追踪和查询，避免了多重授权、定价混乱、欺诈等现象。

3. 跨境物流

粤港澳作为国家“一带一路”海上丝绸之路的交通要地，探索粤港澳大湾区核心竞争力，发挥三地优势互补、共生发展的优势，加快粤港澳物流一体化是粤港澳大湾区经贸合作发展的基础。大湾区跨境物流目前存在的问题有：广东与香港和澳门在行业管理上缺乏地方政府引导，管理标准不一。三地的工商、税务、外汇、海关因政府管理机制的差异，合作进展速度。同时，国内的物流行业专业管理体制与国际通用的做法也存在一些差异，限制了三地物流一体化的进程。并且，由于粤港澳属于不同的关境，海关手续烦琐，导致三地货物流转速度不快，物流成本较高。

将区块链技术逐步引入跨境物流领域，可先在海关服务系统植入区块链技术，简化和自动化海关手续流程，待其运行成熟后逐步扩展到其他的物流环节，如商检、卖家信息、买家信息等。也可以建立三地跨境物流运输体系，将区块链技术应用于物流运输体系中，通过双方以及多方数字签名和凭证对所有上传平台的信息进行全网验证。物流、港口、海关、供应链、运输交通等参与主体同时协作管理，保证所有信息实时共享。对进口商、出口商、制造商来说，端到端的信息透明可以实时全流程的物流监督，增加各个环节沟通效率；对港口和集装箱管理来说，提高了空箱利用率；对海关等检查机关来说，正确的信息提高批审效率；对运输管理商来说，能够更好的优化货物运输路线和日程安排。

4. 证券

香港的金融业十分发达，而深圳的优势在于科技创新，深圳和香港可以优势互补，推动金融科技成果产出。在证券领域，传统的证券交易需要依赖中心化交易所的存在，交易效率低且手续费昂贵。区块链的智能合约技术有望实现买方卖方自动配对和清算，减少中介环节，降低交易成本。在证券发行领域，区块链技术使得交易信息透明化，有利于监管部门对IPO业务全过程进行监管，间接利益输送无法实施。

二、粤港澳大湾区进一步应用区块链技术的政策建议

1. 提升产业科技基础

一是加强区块链专业研究载体建设。通过校企合作、内外共建等方式，鼓励产业龙头企业牵头，联合国内外区块链领域科研平台及实验中心等研发机构，积极建立产业实验室、公共技术研发平台、企业研发中心等协同创新平台。基于创新平台联合打造或加入区块链产业技术创新联盟，强化分布式计算与存储、加密算法、共识机制、智能合约及跨链技术等关键核心技术研究、数据保护、网络框架等前沿理论和智能合约、电子签名等应用领域的探索性研究，大力推动技术研发和成果转化，系统提升区块链产业科技创新能力。二是增强人才智力支撑。坚持培养和引进相结合，积极引进海内外区块链领域高层次人才，重点培育复合型、专业型人才，加强人才储备和梯队建设。通过相关平台建设，集聚区块链高端人才，在若干重点领域形成一批高水平创新团队。支持高校院所合作办学、试点课程、设立相关专业、设置交叉学科，支持高校院所、产业联盟和骨干企业合作，建设面向重点行业应用的区块链人才实训基地，形成区块链普及、教育、培训体系。加大区块链产业人才培育力度，建立区块链产业人才库，加速互联网人才向区块链人才转型，建立人才评价标准与认证体系，细化海内外高端复合型区块链人才落户优惠政策。

2. 构建互联互通平台

目前，粤港澳大湾区内制度标准存在差异，导致人才、资金、信息的流动存在壁垒，解决这些问题对于大湾区未来发展至关重要。粤港澳三地的有关部门应积极探索推动标准规则的一致化，促进大湾区内规则对接、政策联通。同时，将区块链技术深入各个领域的事务，用技术创新来弱化制度差异，在各领域搭建交流平台，促进大湾区内高校、企业、政府之间的信息共享、协同合作。

3. 审慎与鼓励并存的监管

建议相关部门研究并制定一系列政策，支持引导区块链技术在粤港澳大湾区的健康持续发展，可以采用创新激励、人才培养、税收优惠等手段。可以借鉴杭州经验，疏通中小企业创新基金、行业发展专项投资、天使投资等风投资金渠道，引导国内外社会资本设立创投企业，培育成熟的科技中介服务组织，加强区块链应用市场建设。引导更多的合格区块链中小企业进入高新技术企业培育库，优先扶持重点中小企业在多层次资本市场上市，催生更多的区块链企业快速成长为区块链领域的独角兽企业。同时，制定相应的监管措施，为新兴技术的发展提供积极支持的同时，坚决打击恶意违法诈骗行为，营造良好的市场环境。

本章参考文献

[1] 林宏伟，邵培基. 区块链对数字经济高质量发展的影响因素研究[J]. 贵州社会科学，2019 (12)：112 - 121.

[2] 许荻迪. 区块链技术在供应链金融中的应用研究 [J]. 西南金融，2019 (02)：74 - 82.

[3] 姚忠将，葛敬国. 关于区块链原理及应用的综述 [J]. 科研信息化技术与应用，2017，8 (02)：3 - 17.

[4] 中国信息通信研究院，可信区块链推进计划. 区块链白皮书(2018 年) [OL]. http：//www. caict. ac. cn/kxyj/qwfb/bps/201809/ P020180905517892312190. pdf，2018. 9.

[5] 可信区块链推进计划. 区块链与供应链金融白皮书 (1.0 版)[OL]. http：//www. caict. ac. cn/kxyj/qwfb/bps/201811/P020181101530141614382. pdf，2018. 10.

第九章　广东法律服务业区域交流合作与经验借鉴

《粤港澳大湾区发展规划纲要》要求："深化落实内地与香港、澳门关于建立更紧密经贸关系的安排（CEPA）对港澳服务业开放措施，鼓励粤港澳共建专业服务机构，促进会计审计、法律及争议解决服务、管理咨询、检验检测认证、知识产权、建筑及相关工程等专业服务发展"。发展涉外法律服务业是促进产业转型升级、实现高质量发展的重要举措营造现代化国际化营商环境的重要支撑，是贯彻落实"一带一路"、粤港澳大湾区建设等国家重大战略的重要抓手。

第一节　律师服务

一、香港律师服务

香港致力于发展成为国际法律及争议解决中心。在《粤港澳大湾区发展规划纲要》及"十四五"规划中，香港定位为亚太区国际法律及解决争议服务中心。香港律政司近年来不遗余力致力于发展和推动香港成为亚太地区主要法律及争议解决服务中心，积极争取国际争议解决机构在香港落户，以应对"一带一路"和大湾区发展而增加的法律及争议解决服务需求。

香港的法律服务水平卓越，吸引了众多优秀的国际法律专业人才在港执业。截至 2021 年 4 月底，香港共有 948 家本地律师事务所，另有 85 家外地律师事务所在香港设有办事处，当中包括超过半数的全球百大律师事务所。持有执业证书的律师有 10 812 名，大律师 1 585 名，注册的外国律师有1 530名。据统计，2019年香港的法律服务输出总值达4.24亿美元，较前一年上升9.8%①。

香港《上市新规》的变革给香港律师服务业带来大量新机遇。2018年4月30日，香港证券交易所新的《上市规则》生效，其中新增三个章节，首次允许未有收入的生物科技公司、采用不同投票权架构的新经济公司及合资格的海外上市公司来香港上市。新的《上市规则》带来了一系列的市场变化，大批量中国科技和生物科技公司在香港上市，截至2021年3月31日，已有146家新经济公司在港交所上市，总融资额达到6 822亿港元，占香港新股融资额的61%。大量新经济公司上市给香港的律师服务行业带来了一系列新的机会，如Freshfields Bruckhaus Deringer为全球最大的移动电信塔运营商中国铁塔公司在香港69亿美元上市提供了咨询，这是当年度全球最大的上市，其后，香港几家律所代表美团进行42亿美元的首次公开募股。

二、澳门律师服务

目前，澳门特区的律师制度主要由特区政府颁布的《澳门律师通则》以及澳门特区律师公会颁布的一系列规章制度和行为守则组成，对律师群体的任职资格、权利义务、业务范围、执业形式等做出了全面的规范。在历史上，澳门法律服务业一度被葡萄牙人或出生在澳门的葡萄牙裔所垄断。20世纪80年后，澳门政府开始对律师服务业进行规范。1991年《澳门律师通则》颁布，首次就澳门律师资格确认和执业管理等律师管理制度作出规定②。澳门律师公会提供的数据显示，2020年注册的执业律师有441人，较上一年度增加21人③。

三、内地9城市：广州、深圳法律服务业增长迅速

近几年，广州、深圳律师行业发展迅速，律师人数增长较快。根据广

① 潘焯匡：香港法律服务业概况，载于https：//research. hktdc. com/tc/article/MzEzODc5NTk5.

② 李可：《GATS框架下粤港澳法律服务自由化问题浅析》，载于《澳门法学》2014年第7期。

③ 数据来源：https：//www. womendb. ias. gov. mo/www/ratio/search？ratioId = 54106249563d4e12b880501a74a12df6&lgType = tx – mo.

州市律师协会的统计，截至2021年5月，广州市有执业律师18 280人；近三年律师人数年平均增长在10%以上，在全国城市稳居京沪之后第三位。2019年律师行业总收入达76.34亿元，近几年以超20%的速度递增，远高于广州GDP增速，已经成为服务广州经济社会高质量发展的重要力量①。2020年广州平均每一万人拥有11.1名律师，律师事务所数量达到814家，包括普通合伙所548家、特殊的普通合伙所39家（包含23家分所）、合伙联营所4家、个人所199家，法律援助处和公职律师所各12家②。另外，深圳律师队伍规模业也在持续扩大，在2017年至2019年间，从业人数每年以约12%的速度增长，截至2021年9月28日，深圳共有律师17 542名，其中专职律师17 379名，该数据尚不包括兼职律师、公职律师、公司律师人数。律师事务所共1 043家。③

广州市现有公证机构11家，公证员148人；司法鉴定机构42家，司法鉴定人员630人；人民调解组织3 272个，专职、兼职人民调解员1.5万人，均居全国省会城市首位。2019年上半年，办理公证业务212 153件，全国首创手机秒办公证；办理司法鉴定业务3.8万件；2019年1月至5月，各类调解结构排查化解纠纷30 307件，调解成功率99.19%，涉及金额约为4.0452亿元；承办法律援助案件15 929件，提供法律咨询18 235人次，挽回经济损失16 771.67万元。

四、特设大湾区律师执业考试

早在2004年，港澳居民便可以参加国家司法考试，但由于内地与港澳法律体系及观念的差异，加之简、繁体字的差异和司法考试的高难度，司法考试成为港澳律师进入内地的法律服务市场的“拦路虎”，历年来港澳居民司法考试的通过率为10%左右，并不理想。据司法部的统计数据，在2004年到2018年间，有香港居民5 164人次报名参加考试，澳门居民601人次报

① 广州市律师协会：《广州律师行业发布首个五年规划，将打造律师执业最具幸福感城市》，载于 http：//www.gz.gov.cn/ysgz/jyzc/fzzc/content/post_7271262.html.

② 广州市律师协会：《重磅！2020年广州律师行业大数据报告发布》，载于 http：//sfj.gz.gov.cn/xxgk/sjfb/content/post_7141416.html.

③ 深圳市律师协会：载于 http：//www.szlawyers.com/.

名参加考试，共有香港居民440人、澳门居民42人被授予法律职业资格①。

为了促进大湾区法律服务业的发展及回应港澳法律业界的诉求，内地在2019年11月与香港、澳门分别签署《〈内地与香港/澳门关于建立更紧密经贸关系的安排〉服务贸易协议》的修订协议，允许香港/澳门法律执业者通过特定考试取得大湾区执业资质，从事一定范围内的内地法律事务。为落实该修订协议，2020年10月22日，国务院印发《香港法律执业者和澳门执业律师在粤港澳大湾区内地九市取得内地执业资质和从事律师职业试点办法》，允许累计具有五年执业经历的香港法律执业者和澳门执业律师通过特设考试获得从事内地法律特定范围的执业资格；特定范围是指位于大湾区内地九市的高级、中级、基层人民法院和有关专门法院受理的民商事案件和满足条件的非诉讼案件。2021年7月31日，首次粤港澳大湾区律师执业考试正式开考，司法部在9月30日已公布成绩，及格分数为120分。广东省司法厅在9月28日发布《广东省司法厅关于香港法律执业者和澳门执业律师在粤港澳大湾区内地九市执业管理试行办法(征求意见稿)》，对港澳律师来大湾区内地九市执业的条件和办理程序、业务范围、权力义务、监督管理作出初步规定。

大湾区特设律师执业考试受到港澳法律服务业界的欢迎。据了解，首次考试便有90多名澳门执业律师参加，而全澳门的执业律师规模约为500人左右。香港律政司司长郑若骅表示，该措施落实会吸引更多的香港法律执业者参与，取得内地执业资质为大湾区投资的企业服务，增加香港法律服务界服务范围，有助拓展香港的专业法服务。同时，企业可以聘用取得大湾区执业资质的香港法律界在大湾区为其提供内地和香港的法律意见，为投资制定稳妥的法律基础，继而让大湾区吸引更多投资。②

五、联营律师事务所：门槛降低，范围扩大

2003年11月27日，司法部通过《香港特别行政区和澳门特别行政区律

① 司法部举办港澳居民法律职业资格证书颁发暨交流活动，载于 http：//www. moj. gov. cn/news/content/2019 - 04/27/bnyw_233973. html.

② 郑若骅：把握大湾区机遇 拓法律专业服务，https：//www. news. gov. hk/chi/2020/10/20201026/20201026_145929_008. html.

师事务所与内地律师事务所联营管理办法》（以下简称《管理办法》），自2004年1月1日起实施后，司法部于2005年、2009年、2012年对《管理办法》进行了三次修订。根据现行的规定，“联营，是由已在内地设立代表机构的香港、澳门律师事务所与一至三家内地律师事务所，按照协议约定的权利和义务，在内地进行联合经营，向委托人分别提供香港、澳门和内地法律服务”，“不得采取合伙型联营和法人型联营。香港、澳门律师事务所与内地律师事务所在联营期间，双方的法律地位、名称和财务应当保持独立，各自独立承担民事责任”。

内地与港澳律师事务所合伙联营的意义主要体现在为客户提供一站式的跨境法律服务，免除客户在港澳来回找律师的不便，实现了内地对港澳在法律服务上的进一步开放，有利于内地与港澳的经贸深度合作。此外，内地与港澳联营律所联营对探索不同法系、跨境法律规则的衔接也大有裨益。

2014年8月4日，广东省司法厅颁布了《广东省司法厅关于香港特别行政区和澳门特别行政区律师所与内地律师事务所在广东省实行合伙联营的试行办法》（以下简称《试行办法》），该《试行办法》在2016年、2018年、2019年历经了三次修订。根据2019年最新修订的《试行办法》，粤港联营律师事务所采用特殊普通合伙形式设立。“特殊普通合伙”是指依据我国《合伙企业法》第五十七条的规定承担责任的普通合伙企业，其“特殊”主要体现在只在一种情况下减轻了合伙人的责任，就是当一个合伙人或者多个合伙人在执业过程当中因为故意或者重大过失造成合伙企业债务的，其他合伙人以其在合伙企业中的财产份额为限承担有限责任，只有在这种情况下才把其他合伙人的责任从无限责任转变为一种有限责任，这也就是特殊的普通合伙的特别之处所在。修订后的《试行办法》放宽合伙联营律师事务所的设立条件、管理和经营范围，比如2016年规定港澳方出资比例为30%～49%，联营所不可以自己的名义聘用律师，只能接受派驻律师，联营所不得受理、承办涉及内地法律适用行政诉讼法律事务；2019年修订的《试行办法》删除了港澳方出资比例30%的下限，允许联营所聘用律师，允许联营所受理、承办行政诉讼法律事务。

2018年5月，国务院印发《关于做好自由贸易试验区第四批改革试点经验复制推广工作的通知》将“扩大内地与港澳合伙型联营律师事务所设立范围”列为在全国范围内复制推广的改革事项。2018 年 12 月 14 日，商务部与香港、澳门特别行政区政府通过换文对《CEPA 服务贸易协议》进行了修订，将内地与港澳合伙型联营律师事务所的设立范围扩大到全国，自 2019 年 3 月 1 日起正式实施。

在大湾区内，联营律师主要集中在深圳、广州、珠海、东莞。这深圳、广州、珠海三个城市也是最先开展内地与港澳合伙联营试点的城市。其中，深圳的联营律所最多，有 8 家，广州 4 家，珠海 2 家，东莞 1 家。深圳的华商林李黎（前海）律师事务所是第一家香港与内地合伙联营，也是规模最大联营律师事务所，华商林李黎（前海）律师事务所已推动成立全球华语律师联盟，并将推出我国第一家民间调解中心——前海国际调解中心。联营律所的探索是我国律师走向国际化、我国法治创新进步的成果，也是前海社会主义法治示范区法制建设的一大重要成果。

第二节 商事仲裁

一、香港《仲裁条例》修订

仲裁由于其保密性、专业性，是国际商事纠纷的主要解决手段。香港是亚太地区商事争议解决枢纽，拥有大量出色的法律专业人才及多个信誉良好的争议解决机构，国际商会国际仲裁院、中国国际经济贸易仲裁委员会及中国海事仲裁委员会在香港均设立办事处或仲裁中心。特区政府鼓励商界使用仲裁解决争议，香港法院对仲裁持友好态度。《纽约公约》适用于香港，香港作出的仲裁裁决可在全球超过 160 个司法管辖区执行。在英国伦敦玛丽国王大学与伟凯律师事务所联合发布的《2021 年国际仲裁调查报告》中，香港在全球最受欢迎仲裁地点中排名第三，仅次于伦敦和新加坡，香港国际仲裁中心在最受欢迎仲裁机构的排名第三。香港国际仲裁中心的受欢迎程度体现在其成立以来接收了大量案例，在 2020 年共接收了 318 宗仲裁案件，受案量是过去 10 年的最高，争议总额为 88 亿美元，创下自 2011 年香港国际仲裁中心开始公布此类信息以来的新高。其中 203 起案件由香港国际中心管理，有72.3%的案件具有国际性。[1]

修订后的香港仲裁制度与国际仲裁制度接轨。香港现行的《仲裁条例》（香港法律第609章）近年来经历了两次修订。第一次修订在2011年6月生效，取代了旧的《仲裁条例341章》。旧条例对本地仲裁与国际仲裁均采取两分法，即以1985年联合国国际贸易法委员会《国际商事仲裁示范法》（以下简称“UNCITRAL示范法”）为基础的国际仲裁和以1950年仲裁法为基础的本地仲裁。新的《仲裁条例》以UNCITRAL示范法明确规定，本地仲裁与国际仲裁均采用单一的仲裁制度，将UNICITRAL示范法的效力范围延伸至在香港进行的所有仲裁，使香港的仲裁制度与国际标准接轨。

内地与香港有关仲裁的司法协助增强，对提升香港国际法律枢纽地位带来积极影响。2019年4月2日，最高人民法院与香港律政司签署《关于内地与香港特别行政区法院就仲裁程序相互协助保全的安排》（以下简称《仲裁保全安排》），这是内地与香港签署的第七份司法协助安排，也是内地与其他司法辖区签署的第一份有关仲裁保全的文件。《仲裁保全安排》在2019年10月1日生效，突破性地解决了长久以来困扰中港投资者的仲裁保全问题，即在香港进行的仲裁程序中当事人在内地申请保全缺乏法律依据，且该安排对保全范围、申请保全的程序等问题作出了全面规定，为当事人提供了一整套具有实际操作意义的制度规范。《仲裁保全安排》增加了香港仲裁的吸引力，有利于有声望的国际仲裁机构到港设立争议解决机构以及在港管理仲裁案件，有利于香港仲裁业的进一步发展。截至2021年7月27日，香港仲裁机构向内地法院共提交过47宗保全措施申请，所涉财产总值141亿元人民币，当中获批的保全申请所涉财产总值108亿元人民币[2]。

2020年11月27日，最高人民法院与香港律政司签署《内地与香港特别行政区关于相互执行仲裁裁决的补充安排》（以下简称《补充安排》）。《补充安排》是对《内地与香港特别行政区相互执行仲裁裁决的安排》的重要调整和补充，解决了两地适用该安排实践过程中的一些常见的问题。

---

① Nina Jankovic：香港国际仲裁中心仲裁，https：//www.international - arbitration - attorney.com/zh/hkiac - arbitration/.

② 香港特别行政区：《香港营商环境报告2021》。

《补充安排》的签署促使了香港《仲裁条例》第二次修订。2021年2月17日，香港律政司发布公告，建议根据内地与香港达成的《相互执行仲裁裁决的补充安排》修订《香港仲裁条例》；次月，香港立法会审议通过该修订。2021年香港《仲裁条例》最主要的修订有：删除原《香港仲裁条例》对执行内地仲裁裁决的限制，允许当事人同时向内地、香港高等法院申请执行仲裁裁决；更明确地以明文厘清当事人可以在法院接受执行仲裁裁决的申请之前或之后申请保全措施；修订使仲裁裁决范围的定义与国际上普遍采用的《纽约公约》的“仲裁地”定义保持一致；取消原《香港仲裁条例》第九十七条经“认可”的内地仲裁机构名单。

内地与香港紧密的经贸联系产生了一系列的民商事纠纷。数据统计，在2009年至2017年间，在香港申请执行仲裁裁决的案件数量有249例，其中来自内地的裁决数量达到85宗，位居第一。内地与香港日益紧密的司法协助对香港仲裁机构处理涉内地的案件带来重要的制度利好，有利于当事人形成比较稳定的预期，有利于香港争议解决中心的建设。

二、澳门仲裁的普及仍有待加强

澳门特区政府在1996年起开始以系统的立法形式规范仲裁制度，制定了《仲裁法律制度》等法律规范。在澳门回归前后，先后设立了五个仲裁常设机构，包括澳门消费争议仲裁中心、澳门世界贸易中心仲裁中心、澳门律师公会自愿仲裁中心、金融管理局保险以及私人退休金争议仲裁中心，以及新近设立的房屋局楼宇管理仲裁中心。近些年，澳门的仲裁机构为推广仲裁作为争端解决机制问题做出了很多努力，但由于仲裁在澳门的发展历史较短，澳门社会对仲裁缺乏了解，除消费者争议仲裁外，其他原有的仲裁机构较少处理个案，仲裁统计数据较少①。据澳门消费者委员会统计，澳门消费者争议中心在1998年~2019年共受理个案635个，涉案总金额为3 530 012元②。

① 唐晓晴：《澳门仲裁的现状与机遇》，http://www.wtc-macau.com/arbitration/gb/forms/txq.pdf；简静霞：《论澳门消费争议仲裁机制及其完善》，《澳门法政杂志》，2014年第1期。

② 澳门消费者委员会：《历年仲裁统计资料》，https://www.consumer.gov.mo/CAC/Statistics.aspx?lang=zh.

三、广州、深圳仲裁的国际化探索

经过20多年的发展，广州市仲裁委常年来受案量常年位居全国第一。2019年下半年以来，广州仲裁委大力推进国际化发展，涉港澳台和涉外案件稳居全国前三，受理案件的当事人已遍布全球六大洲。广州仲裁委率先推出国际商事仲裁跨国远程庭审，全力打造全球互联网仲裁首选地，已发展成为业界公认的国际商事仲裁的“广州模式”。2020年9月10日广州仲裁委发布《互联网仲裁推荐标准》（以下简称《广州标准》）。广州标准目前已获得新加坡、韩国俄罗斯等30多家境外仲裁机构签约认可。

2017年深圳国际仲裁院与深圳仲裁委合并。同年，深圳国际仲裁院在美国洛杉矶设立了中国国际仲裁机构第一个海外庭审中心——深圳国际仲裁院北美庭审中心，有效拓展了服务中国对外贸易和海外投资的能力，标志着中国仲裁“走出去”战略的深化。2018年，深圳国际仲裁院与美国最大的商事争议解决机构JAMS共同发布中美联合仲裁员名册，开启了中美国际仲裁的新模式。值得指出的是，深圳国际仲裁院建立了高度国际化的理事会和仲裁员名册，理事会过半成员来自境外，境外仲裁员占比超过41%，仲裁员来源国家（地区）总数达到76个国家和地区，仲裁员结构的国际化程度在国内最高。

四、三地仲裁业界合作

深圳、广州的仲裁、调解机构积极推动三地的仲裁、调解合作。在2018年9月3日，由广州仲裁委员会等9家仲裁机构与香港、澳门特别行政区2家仲裁机构共同签署了倡议书，成立粤港澳大湾区仲裁联盟，秘书处设在南沙国际仲裁中心，在2019年9月至2020年10月间，粤港澳大湾区仲裁联盟共计受理涉港澳台和涉外案件295起，同比增长46.2%。

第三节　商事调解

一、全球商事调解进入发展新纪元

《新加坡调解公约》为国际商事调解制度化发展提供制度基础。调解是指由中立的第三方在当事人之间调停疏导与提出解决方案，以促成双方化解矛盾的过程。相较之其他商事纠纷解决方式，调解是一种更加快捷、更便宜且更保密，还能维系商业关系地解决争议的手段。一直以来，由于缺乏统一的国际公约，国际商事调解制度化进展非常缓慢。2018 年 8 月 7 日，46 个国家在新加坡签署《联合国关于调解所产生的国际和解协议》（以下简称《新加坡调解公约》），该公约旨在解决国际商事调解达成的和解协议的跨境执行问题，确立了援用和执行和解协议的统一法律框架。国际商事调解协议的可跨国执行是国际争议解决制度史上的一座里程碑，标志着国际调解制度化迈出了实质性一步，为国际调解带来了确定性和稳定性。2020 年 9 月 12 日，《新加坡调解公约》正式生效，国际商事调解成为与诉讼、商事仲裁之外具有独立救济功能的国际商事争议解决方式①。

二、香港商事调解地位领先

香港是亚太地区国际调解专业最先进的地区。1999 年香港首家专业调解机构——香港和解中心正式成立。从此，香港调解进入了发展阶段，从专业服务、培训及评审制度和国际推广三个方面发展起来。2009 年香港参照英国民事司法改革的经验开始实施民事司法改革，调解在香港开始普及。

---

① 蒂莫西·施纳贝尔：《〈新加坡调解公约〉：跨境承认和执行调解而产生的和解协议的制度基础》，王徽（译），张岩（校），《国际法研究》，2020 年第 6 期。

香港政府全力支持香港商业调解事业发展，司法机构、仲裁机构也鼓励以调解的方式解决争议。在实践中，调解通常与法院诉讼、仲裁相伴而行。一般情况下，争议方会首先尝试调解，若调解失败，当事人将启动或继续法律程序或仲裁①。2013年1月1日，《香港调解条例》生效，为调解的推进以及保密提供了规管框架。香港调解专业经过20多年的发展，现已呈现出百花齐放的局面，已成为香港解决争议体制的一个重要组成部分，而香港也成为世界调解专业最先进的地区之一。香港和解中心是香港唯一参与联合国贸易法委员会会议的专业调解机构，联合国贸易法委员会在50周年大会中特别指出，香港的调解专业经验及水平在亚洲地区是仅有的，目前没有其他可替代的机构②。

香港调解与中国国际仲裁相结合。香港和解中心在2014年10月推出“香港调解结合中国国际仲裁”的跨境争议解决服务。在这项机制下，当争议出现时，若当事人能够通过调解解决争议，深圳国际仲裁院或深圳仲裁委员会就他们所签订的经调解的和解协议发出仲裁裁决，使这份裁决在中国境内以及《纽约公约》的签约国或地区得以执行；若当事人未能达成和解协议，他们可以继续以仲裁的方式解决争议。

三、内地商事调解起步探索

调解在内地具有悠久的历史文化，但商事调解的发展却十分年轻。在我国的法律体系中，我国关于调解的法律只有《人民调解法》，还没有专门针对商事调解的立法。人民调解是新中国适用最广泛的调解类型，《人民调解法》调解主要是解决“民间纠纷”，而“民间纠纷”的内涵和外延比较模糊，与专业化的商事争议调解还有很大差异。但人民调解由于其行政色彩浓郁，已经成为阻碍中国调解独立发展的根本症结。调解商业化、社会化已经得到了学术界的普遍认同，但在现行的法律框架下，我国的商业调解的实体性规定和程序性规定仍然欠缺。最高人民法院《关于扩大诉讼

---

①② 罗伟雄：《香港调解的发展阶段及发展成就》，http：//news. sina. com. cn/sf/news/fzrd/2018 -06 -27/doc - ihencxtv0030915. shtml.

与非诉讼相衔接的矛盾纠纷解决机制改革试点总体方案》明确指出："试点法院支持商业调解组织、行业调解组织或者其他具有调解职能的组织开展工作"[①]。我国政府已经签署《新加坡调解公约》，但国内的实施该公约的机制尚未建立。近年来，在北京、上海等经济发达城市商业调解开始起步，目前我国商事调解主要依赖于诉调对接、仲调对接机制展开。大湾区内地城市也在起步探索发展商业调解。目前，前海、南沙等地已经先后引入法院诉调对接中心、证券期货调解中心、国际商事调解中心，初步形成了一套商事调解机制。总体而言，我国商事调解的基础规范不健全，商事调解的运行、发展与监管缺乏系统、全面的顶层设计，商事调解的权威性有待提升。商事调解组织、调解员队伍在执业规则、能力建设、监督管理等方面的基础规范亟待进一步完善[②]。

四、大湾区商事调解合作

三地政府部门联合推动调解工作。2021 年 8 月 26 日，由粤港澳三地法律部门代表组成的粤港澳大湾区调解工作委员会正式成立。2020 年底，粤港澳大湾区法律部门第二次联席会议通过《粤港澳大湾区调解平台建设工作方案》，批准成立大湾区调解工作委员会。大湾区调解工作委员会的成立标志着调解工作平台进入实质性阶段，该委员会将推动制定统一的大湾区调解员资格、资历评审及相关标准、促进三地各自设立合格大湾区调解员名单等工作。

华南国际经济贸易仲裁委员会（深圳国际仲裁院）调解中心在 2013 年牵头湾区内 15 家商事仲裁调解机构成立的仲裁调解合作平台——粤港澳仲裁调解联盟（原名"粤港澳商事调解联盟"）。联盟旨在整合湾区内的商事调解资源，加强商事调解服务机构间的业务交流和合作，共同提高湾区内商事调解的服务水平，为当事人提供专业、高效、和谐的调解服务。

---

① 邓春梅：《中国调解的未来：困境、机遇与发展方向》，载于《湘潭大学学报（哲学社会科学版）》，2018 年第 6 期。

② 朱华芳，顾嘉，郭佑宁：《中国商事调解年度观察（2020）》，北京仲裁委员会/北京国际仲裁中心（编）《中国商事争议解决年度观察（2020）》，中国法制出版社，2020。

第四节　进一步提升大珠三角法律服务业的国际竞争力

一、内地法律服务的国际竞争力仍有待提升

尽管以广州、深圳为代表的内地九市法律服务业发展迅速，但与香港、北京、上海三地相比，内地九市的法律服务业产值较低，国际竞争力仍有待提升。

一是高端律师服务领域业务竞争力不足，部分高端业务市场份额主要由京沪法律服务机构占据。目前，我国高端业务主要由北京、上海的大型律所和仲裁机构承接，涉外法律服务的竞争力、影响力还不够高，在部分高端及细分专业法律服务，如证券金融、知识产权、海外并购重组、反倾销反垄断等方面与京沪差距明显，相关业务流失严重。北京拥有外国律所驻华代表机构 78 家、上海有 123 家，数量远超其他城市，与京沪相比，外国律所与我市合作还不够多。此外，与港澳同行成立的联营律所业务范围偏窄，并且本意想强强联合共同促进业务开展，实践中却出现了彼此依赖对方带来案源的现象，业务拓展的积极性受到影响，联营律所作用的充分发挥还有待挖掘提升。

二是高端法律服务业产值不高、辐射力不强。据统计，2018 年京沪律师行业总创收均超过 230 亿元、合计超过 470 亿元，占全国律师行业创收的一半，而广州仅为 57.2 亿元，深圳为 59 亿元。在一年一度的 Global 200 律所排名中，尚未有珠三角地区的本土律所进入排行榜。省会城市广州的高端法律服务的业务集成度不高，产业集聚规模散、弱、小，与其他专业服务业的整合不足，对实体经济和周边地区的辐射力仍较弱，体现为开拓东莞、佛山、中山等制造业集聚区业务的能力不强，带动本土企业“走出去”的能力不强。

三是高端法律服务人才整体水平仍有待提升。共有 98 名广东律师入选全国千名涉外律师人才库的人数虽居全国第三，但远逊于北京 170 名。以

广州为例，广州具有海外学习或工作背景的律师占比不到10%，在具体专业领域具有明显专长的律师不到30%；绝大多数律师学历教育中学习的都是法律专业，懂经济、科技、外语的跨学科、跨专业复合型人才少；从事涉外法律服务的648名律师分布在167家律所，平均每家律所开展涉外业务的律师仅2~3人，加之大多数律师和律所的关系实质上是“挂靠”，“各自为战”是最广泛存在的常态，业务集聚度不高直接导致人才培养存在实务经验方面的短板，直接影响了承接高端业务的能力和水平，对发展专业团队、形成聚集效应、培育品牌、拓展影响力十分不利。

二、密切粤港澳法律界合作，共建湾区法律服务枢纽

广东是改革开放的前沿，具有发展外向型经济的特色与优势，除了欧美发达国家，要重点推动开拓新兴市场。一方面，可以依托原籍广东海外华人众多的优势，以亲缘为纽带着力开发东南亚、拉美等国家和地区的市场；另一方面，要充分利用与非洲经贸往来密切的良好契机，着力抢占非洲市场。

1. 推进粤港澳律所合伙联营

《广东省司法厅关于香港特别行政区和澳门特别行政区律师事务所与内地律师事务所在广东省实行合伙联营试行办法（2019年修订）》虽然对申请合伙联营所的门槛条件、区域范围和业务范围等进行了修改，但是港澳一方派驻律师及聘用的港澳律师不得承办内地法律事务，港澳律师在联营所执业的执业责任保险、通关便利化等问题仍有待解决。进一步加大对联营律所的支持力度，如研究解决联营所在参与政府采购时沿用母所资质等亟须解决的影响其业务开展的问题，支持联营律所进入各类法律服务机构名录库。

2. 以提高仲裁公信力为核心目标，创新仲裁机制、完善仲裁规则

公信力是仲裁的生命线。为此，中办、国办专门印发了《关于完善仲裁制度提高仲裁公信力的若干意见》。可参考借鉴深圳经验，创新仲裁委决策监督管理体制，保障仲裁机构运转和仲裁员庭办案的独立性，切实提升广东仲裁委的公信力，确保每一个仲裁裁决都能在境内外得到承认执行。

3. 推动商事调解法治化发展

随着《新加坡调解公约》的生效，和谐协议执行力问题的解决已经得到实质性突破，但国内的人民调解法与专业化的商事调解尚有较大差异。广东可参照香港的经验，探索制定商事调解职业主体的资质、认证、管理和考核等制度，以及调解行为规则。

4. 加强涉外高端法律人才培养与储备

修订完善对从事金融、证券、公司并购、国际贸易、知识产权、海事海商、互联网等专业前沿业务和涉外业务律师的培养计划，建立包括短期进修培训、外派实习交流等多种有效形式的人才培养机制。

本章参考文献

[1] 李可 . GATS 框架下粤港澳法律服务自由化问题浅析 [J]. 澳门法学，2014 (7).

[2] 北京仲裁委员会/北京国际仲裁中心. 中国商事争议解决年度观察 (2020) [M]. 中国法制出版社，2020.

[3] 邓春梅. 中国调解的未来：困境、机遇与发展方向 [J]. 湘潭大学学报 (哲学社会科学版)，2018 (6).

[4] 蒂莫西·施纳贝尔.《新加坡调解公约》：跨境承认和执行调解而产生的和解协议的制度基础，王徽 (译)，张岩 (校)，国际法研究，2020 年第 6 期 .

[5] 简静霞. 论澳门消费争议仲裁机制及其完善，澳门法政杂志，2014 年第 1 期 .

[6] 江保国. 现实、愿景与问题：粤港澳大湾区建设中的仲裁合作 [J]. 理论月刊，2021 (5).

[7] 刘晓红，徐梓文.《新加坡公约》与我国商事调解制度的对接 [J]. 法治社会，2020 (3).

第十章　大珠三角经济发展质量评估①

粤港澳大湾区区位条件优越，地利优势明显。它包括了“广佛肇”“深莞惠”和“珠中江”三个经济圈，坐拥香港、澳门两大对外窗口，其经济发展程度较高，发展潜力巨大。从总量上看，粤港澳大湾区已经步入全球经济的第一方阵，具有成为世界级湾区的规模条件。加之，粤港澳大湾区上下游供应链完备，产业生态系统完善，区域内产业分工明确，是产业集群合作发展的先进典型。

粤港澳大湾区经历了三年的探索，优势已日益凸显。受益于中国中央政府、地方政府、港澳特别行政区等多项政策支持，目前粤港澳大湾区已经上升为国家发展战略，扮演着改革开放领导者和科技创新先行者的重要角色。过去三年，粤港澳大湾区致力于发挥先天优势，发掘原有潜力；而未来，湾区建设将进一步结合区域发展现况，走出中国特色的湾区发展之路——进一步扩大对外开放，加强区域制度融合，进而增强产业协同优势，促进湾区内产业更高质量发展，进而实现湾区经济长期稳中向好。

第一节　产业高质量发展概述

一、粤港澳产业发展现况

粤港澳大湾区经济发展水平全国领先，产业体系完备，集群优势明显，

① 粤港澳大湾区包括9+2个城市，即把广东珠三角9个城市加上香港、澳门这2座城市。人们习惯称此区域为大珠三角，因此本书后几章就采用了“大珠三角”这个名称。

经济互补性强，香港澳门服务业高度发达，珠三角九市已初步形成以战略性新兴产业为先导、先进制造业和现代服务业为主体的产业结构。

1. 经济基础良好

粤港澳大湾区致力于加快发展先进制造业，培育壮大战略性新兴产业，加快发展现代服务业，大力发展海洋经济，以构建具有国际竞争力的现代产业体系。湾区经济发展水平全国领先，产业体系完备，集群优势明显，经济互补性强，目前已初步形成“以战略性新兴产业为先导，先进制造业和现代服务业为主体”的产业结构。

粤港澳大湾区有着多年经济探索经验和丰富原始资源积累。目前，广东正充分发挥国家级新区、国家自主创新示范区、国家高新区等高端要素集聚平台的作用，香港澳门的发达程度在全球范围内更是名列前茅。大湾区内 11 个城市均具有相对较强的实力，目前已完成了第一批产业链的打造工作，并在持续辐射并带动周边城市，持续为大湾区经济发展赋能。

2. 多个产业园集聚

产业园区是培育科创产业、促进产业转型升级、推动区域经济发展的重要载体，随着经济社会纵深发展以及产业结构的加速转型升级，产业园区成为区域经济发展、产业调整和升级的重要空间聚集形式，担负着聚集创新资源、培育新兴产业、推动城市化建设等一系列的重要使命。湾区内的新兴产业园在很大程度上降低了企业间的交流成本，让人才、物品、资金和信息等可以在园区内更高效、更自由流通，极大地促进了湾区经济的纵深发展，推动大湾区产业园区向“黄金时代”迈进。

湾区内最具代表特色的是广州产业园，包含了广州开发区、南沙开发区、增城开发区等三大国家级园区以及花都开发区、从化开发区、云埔工业园区、白云工业园区等四个省级园区，是全市制造业、服务业发展的重要载体。惠州产业园以工业为主，着力构建“一基地、双平台、多节点”的格局，推进电子信息、数码视听、石油化工等产业蓬勃发展。东莞产业园人才汇聚、产业链配套齐全，加之重视发展上市公司产业园建设、对企业扶持力度较大、市级统筹强，因此吸引了众多企业。目前，园区已逐步向“总部基地 + 产业园”的模式迈进。

粤港澳大湾区不同区域的产业园区存在着各自不同的发展优势，各园区相辅相成，共同推动产业转型升级，不断为湾区经济赋能。

3. 区域协同发展

各区域根据自身条件之间的异同，扬长避短，发挥各自优势，形成不同的行业组团，促使各自优势得以最大化发挥。以目前的发展形式来看，粤港澳大湾区共分为三个战略组团。

第一组团，珠江东岸。以深莞领头，周边地区为发展做支撑。深圳在近些年的改革中基本实现了产业的“腾笼换鸟”，最大程度地解决了土地资源紧缺的问题。产业的大幅外溢，辐射东莞、惠州，促进莞惠产业同步升级，实现了地区间的互利共赢；第二组团，广佛肇。近年来广佛传统产业受到严重打击，面临升级转型的压力。目前该组团汽车、房地产及上下游产业形成高度聚集，产业链较为完善。肇庆主要承接广佛产业转移，为广佛分担经济负荷的同，加速自身经济发展，效果较为显著。第三组团：珠中江。该组团南连澳门，北接广佛都市区，东通香港，西承粤西，扼西江黄金航道出海口，是广东省的重要门户，也是珠江三角洲地区的重要一极。该组团支柱产业分散，却又不失区域协同①，在保持行业多样性的前提下，共同推进区域内行业发展质量的提升。

二、产业高质量发展的判断标准

1. 产业规模不断扩大

高质量发展意味着产业规模不断扩大。只有产业集聚达到一定规模之后，才会产生规模效应，带来企业间交流成本的降低。现代农业、先进制造业、现代服务业等不断完善发展，形成日益健全的现代产业体系。尤其是对于制造业，它不但是实体经济的主体、还是技术创新的“主战场”，其产业规模反映了当前制造业发展的基础实力以及产业体系的完整程度与规模效益。因此，产业规模是评判产业是否取得高质量发展的一项重要判断标准。

2. 产业结构不断优化

产业实现高质量发展，要求产业组织结构日益优化，三大产业结构合理，并且不断深化融合发展。只有通过探索、寻找到当下最适合地区经济

---

① 符正平、刘金玲：“新时代粤港澳大湾区协同发展研究”，载于《区域经济评论》2021 年第三期：第 51 ~ 57 页。

现状的产业模式，才能保证资源利用率最高效。要实现地区经济持续、快速增长，必然要求该区域产业结构发生良性演变，即以适应社会需求为基础，各个产业可协调发展，发挥结构协调性效益。因此，将产业结构是否不断优化，定义为产业是否高质量发展的评判条件。

3. 创新驱动转型升级

创新是引领发展的第一动力，是建设现代化经济体系的战略支撑。同时，创新也是产业实力的综合反映，是竞争能力的核心要素。因此，实施创新驱动发展战略，是促进我国产业转型发展的需要，是支撑消费升级的需要，是增强国家竞争力的需要。

4. 质量效益不断提升

质量与效益提升是产业转型的重点，要以最小的质量成本产出最大的质量效益，并不断提升可持续发展的能力。质量不佳会造成企业声誉的下降，市场份额的缩小，外部损失的增加，顾客满意度下降；效益过低会影响企业盈利能力，降低企业竞争力，进而被竞争者挤出市场。所以，质量和效应是企业的灵魂，是行业生存的根本，是产业高质量发展和经久不衰的必要条件。

三、实现产业高质量发展的必要条件

1. 产业规模与产业质量相协调

粤港澳大湾区涵盖广州、深圳、香港、澳门等多个经济发达的城市，承载着华南地区甚至是全国的产业需求。这就要求粤港澳大湾区具有服务超大规模市场的能力，既保证地区产值稳定上升、又要完成严格的品质把控。即量中有质，质中有量，量质互动。

2. 产业与生态环境相协调

所谓“绿水青山就是金山银山”。若要实现高质量的产业发展，必然要以不破坏生态环境为前提，将绿色理念导入产业链条全过程，推进产业绿色化发展，构建绿色产业体系；与此同时，我们也要求生态环境保护要有利于产业升级，通过环境保护的反作用力，进一步推进产业发展向更高质量迈进。

3. 产业与社会相协调

产业发展要有利于促进社会发展。截至2020年，粤港澳大湾区常住人口8 000多万，而且人口呈现不断迁入的趋势；因此，粤港澳大湾区承载着较大的社会责任，需要在产业发展的同时，兼顾人员就业、基本生活保障、合理公平再分配收入等社会问题；同时，也要求社会发展能够为产业发展提供合理的人力资源规模、优化的人力资源结构、高效的人力流动和安全的社会保障体系等。两者相互促进，相辅相成。

4. 湾区各地区产业相协调

一方面要激发地区发展活力，充分调动地方在产业发展方面的积极性与创造力。结合各区域自身情况，发挥各区域的先天优势，充分利用各地区的原始资源，建立互不相同、互为一体的产业结构。另一方面，要保障各种要素在湾区内自由流动和优化配置，形成区域之间产业优势互补、合理分工、协同发展的格局。

5. 工业与农业、服务业相协调

三大产业互相协调、互相促进的局面，才能称之为“产业高质量发展”。以新型工业化推动农村现代化，以农村现代化支撑新型工业化与新型城镇化。推动工业与服务业融合发展，通过发展生产性服务业来支撑工业竞争力提升，引导和支持制造企业做强生产制造环节的同时，更多地引入服务元素使制造与服务彼此嵌入、交叉、渗透与赋能。

6. 传统动力与新兴动力相协调

我国产业类型的多样性、多种生产力水平、多种发展阶段以及不同层次的需求，决定产业发展需要“混合动力”，不能仅靠传统产业或新兴产业、而是需要多种动力机制的混合。既要大力发展传统产业、充分发挥初级劳动力和自然资源较为丰富以及初级加工基础好的比较优势，又要大力发展新兴产业，加快实现从低科技含量向高科技含量、从低增加值向高增加值、从低生产率向高生产率的转变。

第二节　产业高质量发展的实现路径

一、加快推进传统产业转型升级

传统产业不仅是经济发展的主体力量，而且是新兴产业培育和发展的基础。传统产业并非落后产业，恰恰相反，传统产业拥有深厚的文化积淀和经过时间检验的企业内核，通过新技术、新模式和新业态的加持，更能够促进传统产业推陈出新，在新的经营模式下再创历史新绩。粤港澳大湾区是“9+2”的城市结构，其中广州、珠海、东莞、佛山等地是我国劳动力高度集聚的地区，亦是传统产业较为集中的根据地。因此，在湾区内大力推动传统产业转型升级，可以极大程度推动产业赋能经济发展①。

搭建传统型行业的交流平台，推进传统行业发展，进而推动传统产业整体转型升级。企业发展是行业和产业转型升级的根本，粤港澳大湾区可以充分利用区域内企业集聚的优势，鼓励传统产业中的企业组建企业协会、老字号协会，开展同行业企业家交流，定期组织企业间实地走访，以便互相借鉴学习、促进传统行业及产业实现更高效的转型升级。

合理利用机器代替简单劳动力。粤港澳属于智能化发展较为先进的区域，目前已有机器投产，可取代部分简单重复的工种，缓解企业雇佣劳动力成本过高的问题。未来，应当鼓励此类机器进行批量化生产，使更多劳动力被解放，从而投入相对复杂的生产活动中，提升经济总产值。

线上线下同步发力，开拓传统产业销售市场。粤港澳大湾区有较多机械制造产业、汽车产业、服装产业等的原始积累，这部分产业已形成了较大的规模。而随着网络的迅速发展，传统行业的销售受到了极大冲击。我们可以考虑促进湾区内传统产业的转型升级，利用网络，打开销路，将湾区传统产业的销售市场扩大至全国乃至全世界。

促进改造升级，提高工业产销效率。针对粤港澳大湾区内劳动密集型产业和资源型重化工业的比重大、技术落后、产销衔接不畅等问题，对传统工业企业进行改造升级要贯穿产品的整个生命周期：在研发与设计阶段，不仅要关注产品的生产成本，更要考虑如何更好地满足消费者的个性化需求；在生产与制造阶段，不仅要进行设备更新、工艺升级，也要重视推进生产制造与供应链管理的柔性化改造；在营销与服务阶段，不仅要提升营销与服务水平，更要将新经济概念与传统营销、服务相融合，创造营销与服务新方式。②

---

① 姜长云：“提升产业发展质量要聚焦五个着力点”。

② 着力优化产业结构　推动河南经济高质量发展。

二、大力发展先进制造业

强化规划引导和技术研发。在科学规划的基础上，坚持发挥既有优势并培育新型优势。不仅要加快发展通信技术、超级电容等基础创新项目，还要积极培育发展以电子核心元件、智能制造装备、生物医药等为代表的新型先进制造业项目。要针对关键技术和共性技术加大研发力度，尽快掌握发展先进制造业必须具备的核心竞争力。

强化政策扶持和市场开拓。支撑先进制造业发展的高新技术研发需要极大的试错成本，因此，政府不仅要深化“放管服”改革、降低企业运营成本，也需要在研发投入和税收减免等方面对研发企业予以适当倾斜。在严格把关研发费用资金流向的基础上，降低研发成本，必要时考虑增大对于特殊行业专项研发费用的加计扣除比例。

三、重点发展现代服务业

第三产业的发展多半是依靠第一第二产业的铺垫，第三产业 GDP 占比在某种程度上反映了国家的发达程度。因此，服务业 GDP 占比，始终是经济学者持续关注的重要指标。

粤港澳大湾区第三产业 GDP 占比常年高于国家平均水平较为乐观。大湾区持续深化改革进程，利用港澳的金融资源，发挥港澳在金融领域的引领带动作用，打造服务“一带一路”建设的投融资平台。同时，支持广州不断完善现代金融服务体系，建设区域性私募股权交易市场，建设产权、大宗商品区域交易中心，提升国际化水平。支持深圳依规发展以深圳证券交易所为核心的资本市场，加快推进金融开放创新①。将金融功能发挥至极致，先行发展广深和港澳，而后辐射并带动周边城市，实现整体区域内的金融升级。

大力发展特色金融产业。金融业的兴起，不仅需要依托原始积累，更需要有自身发展吸引力（即发展特色）。在湾区建设过程中，各部门大力

① 粤港澳大湾区产业结构的现状、问题及建议。

支持香港打造湾区绿色金融中心，建设国际认可的绿色债券认证机构；支持广州建设绿色金融改革创新试验区；支持澳门发展租赁等特色金融业务，探索与邻近地区错位发展，研究在澳门建立以人民币计价结算的证券市场、绿色金融平台、中葡金融服务平台；支持深圳建设保险创新发展试验区，利用区位优势，推进深港金融市场互联互通和深澳特色金融合作，开展科技金融试点，加强金融科技载体建设；支持珠海等市发挥各自优势，发展特色金融服务业①。

可按规定跨境发行人民币债券。扩大香港与内地居民和机构进行跨境投资的空间。在依法合规前提下，有序推动大湾区内基金、保险等金融产品跨境交易，不断丰富投资产品类别和投资渠道，建立资金和产品互通机制；支持港澳机构投资者按规定在大湾区募集人民币资金投资本地市场，参与投资境内私募股权投资基金和创业投资基金；支持香港开发更多离岸人民币、大宗商品及其他风险管理工具；支持广东九市与香港、澳门保险机构开展跨境人民币再保险业务。不断完善“沪港通”“深港通”和“债券通”；支持符合条件的港澳银行、保险机构在深圳前海、广州南沙、珠海横琴设立经营机构。建立粤港澳大湾区金融监管协调沟通机制，加强跨境金融机构监管和资金流动监测分析合作。建立和完善系统性风险预警、防范和化解体系，共同维护金融系统安全。

构建现代服务业体系。聚焦服务业重点领域和发展短板，促进商务服务、流通服务等生产性服务业向专业化和价值链高端延伸发展，以航运物流、旅游服务、文化创意、人力资源服务、会议展览及其他专业服务等为重点，构建错位发展、优势互补、协作配套的现代服务业体系。推进粤港澳物流合作发展，大力发展第三方物流和冷链物流，提高供应链管理水平，建设国际物流枢纽。推动粤港澳深化工业设计合作，促进工业设计成果产业化。有序推进市场开放，加强投资合作和人才交流，巩固提升香港作为国际高端会议展览及采购中心的地位，支持澳门培育一批具有国际影响力的会议展览品牌。深化落实内地与香港、澳门关于建立更紧密经贸关系的安排，鼓励粤港澳共建专业服务机构。

---

① 魏际刚，大变局下中国产业高质量发展战略与路径。

四、强化工业与服务业融合发展

目前，以深圳为首的各个地区，均展开了对工业和服务业深度融合的规划研究，党的十九大报告指出：我国经济已由高速增长阶段转向高质量发展阶段，未来一段时间，粤港澳大湾区要“支持传统产业优化升级，加快发展现代服务业，瞄准国际标准提高水平，促进区域内产业迈向全球价值链中高端，培育若干世界级先进制造业集群”。《粤港澳大湾区发展规划纲要》提出，将粤港澳大湾区建成世界新兴产业、先进制造业和现代服务业基地，加强产业分工协作，着力培育发展新产业、新业态、新模式，大力推进制造业转型升级和优化发展①。

大湾区要不断加强产业互联，搭建工业与服务业的融合平台。一是升级工业价值链，推动制造业服务化。二是搭建产业互联平台，推动工业与服务业深度融合。借助互联网底层技术，聚焦工业与服务业的共性需求，搭建集研发、设计、生产、销售、服务为一体的产业互联平台，有效推动工业与服务业融合发展，助力粤港澳大湾区实现产业间的高度协调。

五、建设并完善粤港澳产业园区②

在建设产业园区时，要有清晰的规划和详细的内容细则。在产业规划上，要包含战略性布局、先导性布局、产业链布局和系统性规划。聚焦实体经济，扎实推进战略性新兴产业和科技型中小企业的高质量发展；在产业准入上，完善准入资源的统筹、准入政策的设计、准入审核的优化和准入信息的发布；在产业服务上，通盘考虑行业服务、企业服务、企业家服务和其他服务。坚持以产业链垂直整合提升产业集群竞争力，带动其融入全球高端产业链和核心价值链，从而保持输出服务生态链的塔尖水平；在产业评估上，必须适时构建产业评估体系，对产业发展效益、质量、速度等进行全面评估，对产业是否按照规划路径发展进行定

---

① 李晓峰：推动粤港澳大湾区制造业和服务业深度融合。

② 新经济形势下园区产业高质量发展之路，载于礼森产业园区智库 2020。

性评估，通过统一化的评判标准，形成一套“定量+定性”的产业评估模式，动态监测产业发展；在产业退出时，科学权衡，对区域产业发展规划，要有产业清单，对于鼓励、保留、限制、淘汰的产业，要有对应的正面清单和负面清单。

第三节　大珠三角经济发展质量评估的计量模型

建设智慧城市和智慧型大湾区，除了大力引进新型信息技术以外，还需要有坚实的经济基础、丰富的人力资本储备，以及大量的科技投入。因此本书根据经济发展质量的内涵，借鉴魏婕和任保平（2012）[①] 的指标体系，兼顾智慧城市对科技的需求，设置 3 个一级指标，运用熵权法对粤港澳大湾区 2013—2019 年的城市经济发展质量进行测评，以揭示大湾区 11 个城市在这 7 年中的智慧城市发展情况。

一、评估指标体系的构建原则

粤港澳大湾区“9+2”个城市经济发展质量评估指标体系的设计遵循以下原则：一是全面系统原则。指标设置要充分体现中央政府关于高质量发展的有关论述及部署要求，不仅要反映经济发展的效率和效益，还要反映经济结构的优化、发展动力的转换、人民生活质量的改善。二是适用性原则。指标的选择要符合 11 个城市的实际情况，统筹考虑准确性、可获得性和可操作性。三是简洁性原则。选取具有高度代表性的指标，避免指标设置过于繁复。四是统一性原则。尽量选取和上年评估体系相近的指标和数据来源，避免前后评估出现较大差异的现象。

根据以上原则，粤港澳大湾区经济发展质量的评估指标及其说明如表 10-1 所示。

---

① 魏婕、任保平：“中国各地区经济增长质量指数的测度及其排序”，载于《经济学动态》2012 年第 4 期，第 27~33 页。

表 10-1　城市经济发展质量指数评估体系的指标定义

一级指标	二级指标	定义	指标性质
经济结构	增长强度	地区实际人均 GDP	正向
	发展活力	经济增长率	正向
	合理性	泰尔指数的倒数换算得到	正向
	外向性	净出口占 GDP 比重	正向
要素投入	人才资本	每万人口中从事科研活动人员（科研人员/总人口）	正向
	能源效率	单位耗电量的倒数	正向
科技水准	产出	万名科研人员拥有专利授权数	正向
	投入	科研经费占 GDP 比重	正向

二、评估指标的选取和确定

经济结构的评估指标如下。

（1）经济增长强度采用地区实际人均 GDP 来测算，因较高的产出和收入水平表明该地区较为富足、居民生活水平较为丰裕，相应地说明其经济发展水平也较高。

（2）经济发展活力由经济增长率来衡量。它是反映一定时期经济发展情况的动态指标，也是反映一个国家经济是否具有活力的基本指标。

（3）经济结构合理性用以衡量产业结构和就业结构的耦合程度，产业结构越合理意味着劳动力投入和产出水平越契合，劳动力资源得到了充分有效的利用，经济结构越趋于均衡。我们借鉴干春晖等（2011）等提出的方法，利用三次产业结构和就业结构数据来测算泰尔指数，并用 1 与泰尔指数的倒数作为经济增长合理化指标。在实证层面，干春晖等（2011）① 的研究发现产业结构的合理化有助于抑制经济波动，对经济增长的贡献较高。

（4）经济结构外向性，采用净出口（又称“贸易差额”）占 GDP 的比重来表示。大量研究发现，经济外向性有助于城市通过扩大出口，增加外汇收入，从而引进技术以推动技术进步，有助于提高生产效率、促进城市

① 干春晖，郑若谷，余典范：“中国产业结构变迁对经济增长和波动的影响”，载于《经济研究》2011 年第 5 期。

经济发展。

要素投入的评估指标有：

（1）人才资本。在内生增长理论中，与创新、技术进步紧密相关的人力资本是驱动经济持续增长的关键，而且人力资本水平越高也代表劳动力要素对经济增长的贡献越高，居民发展机会和要素收入分配的公平程度也更高。本书选取每万人口从事 R&D 人数来代表人力资本。

（2）能源效率。资源环境的持续性反映资源的永续利用和良好的生态环境，本书以单位耗电量来反映生态资本。在经济发展中耗电量越小，表示绿色发展程度越高，对能源的依赖程度越低。

科技水准的评估指标有：①科技产出。科技产出指的是科研经费投入之后所产生的效果，可以反映出科研实力尤其创新能力。本书选取万名科研人员拥有专利授权数来衡量，专利也是智慧城市建设过程中的重要产出之一。②科技投入。要建设智慧城市，就需要先进的科学技术，科技创新必不可少。本书使用科研经费占 GDP 的比重，来反映科技活动规模、科技投入强度。

由于上述 8 个指标的计量单位并不统一，因此在使用它们计算综合指标之前，要先采用离差标准化进行处理，即把指标的绝对值转化为标准值，从而解决这 8 个指标的数值同质化问题。

三、泰尔指数的定义和计算公式

产业结构合理化指的是产业间的聚合质量，它一方面是产业之间协调程度的反映，另一方面还应当是资源有效利用程度的反映。所以它是要素投入结构和产出结构耦合程度的一种衡量。参考干春晖等（2011），我们引入重新定义后的泰尔指数，计算公式如下。

$$TL = \sum_{i=1}^{n}\left(\frac{Y_i}{Y}\right)\ln\left(\frac{Y_i}{L_i}/\frac{Y}{L}\right) \qquad (10-1)$$

（10-1）式中，TL 表示结构偏离度，Y 表示产值，L 表示就业，i 表示产业。据古典经济学假设，经济最终处于均衡状态，各产业部门生产率水平相同。而 Y/L 即表示生产率，因此当经济均衡时，$Y_i/L_i = Y/L$，从而 TL = 0。同时，Y_i/Y 表示产出结构，L_i/L 表示就业结构，因此 TL 同时也是产出结构和就业结构耦合性的反映。当TL不为0时，表示产业结构偏离均衡状态，即产业结构不合理。

四、熵权法和数据的标准化处理

在综合评估中，一般要经过指标体系构建、指标标准化处理、指标权重确定和计算综合得分4个步骤。在指标体系构建完成后，本书使用python12.0完成后面的步骤。以下为熵权法确定权重和计算得分的建模步骤。

（1）假设数据涉及n个城市，每个城市选取m个指标，共有 x_{ij}（$i=1, 2, \cdots, n$；$j=1, 2, \cdots, m$）个样本数据。

（2）对指标进行标准化处理：由于各项指标的计量单位不统一，因此在用它们计算综合指标前，先要对它们进行标准化处理，即把指标的绝对值转化为相对值，并令 $x_{ij}=|x_{ij}|$。正向指标和负向指标数值所代表的含义不同。对于正指标，即所谓指标值越大越有利的指标，指标值越大应得到相应越大的评价值；而逆指标，即指标值越大越差的指标，指标值越大对应的评价值越小。本书中的指标仅涉及正向指标，计算公式如下。

$$x_{ij}=\frac{x_{ij}-\min(x_j)}{\max(x_j)-\min(x_j)} \tag{10-2}$$

则 x_{ij} 第i个城市的第j个指标的数值（$i=1, 2, \cdots, n$；$j=1, 2, \cdots, m$）。为方便起见，归一化之后的数据仍记为 x_{ij}。

（3）计算第j项指标下第i个样本值占该指标的比重。

$$P_{ij}=\frac{X_{ij}}{\sum_{i=1}^{n}X_{ij}}\ (i=1, 2, \cdots, n, j=1, 2, \cdots, m) \tag{10-3}$$

（4）计算第j项指标的熵值。

$$e_j=-k\times\sum_{1}^{n}P_{ij}\times\ln(P_{ij}),\ (j=1, 2, \cdots, m) \tag{10-4}$$

其中，$k=1/\ln(n)>0$，满足 $e_j\geqslant 0$

（5）计算信息熵冗余度（差异）。

$$d_j=1-e_j,\ (j=1, 2, \cdots, m) \tag{10-5}$$

（6）计算各项指标的权值。

$$\omega_j = \frac{d_j}{\sum_{j=1}^{m} d_j}，(j=1, 2, \cdots, m) \tag{10-6}$$

（7）计算各样本的综合得分。

$$S_i = \sum_{j=1}^{m} \omega_j x_{ij}，(i=1, 2, \cdots, n) \tag{10-7}$$

其中，x_{ij}是标准化后的数据。

对于每个城市，S_i 就是其每年评估得分的数值。

五、数据来源

延续往年的研究，本次评估选取粤港澳大湾区“9+2”个城市2013—2019年共计7年的样本，用以评价粤港澳大湾区经济发展质量指数。上述指标数据均来自《广东省统计年鉴》《香港统计年鉴》《澳门统计年鉴》及其统计网站以及UIS（联合国教科文组织统计研究所）。缺失的数据采用插值法等方法补全。

第四节　“9+2”城市经济发展质量的评估得分及分析

据上述模型与数据来源，可计算出各粤港澳大湾区“9+2”个智慧城市的经济发展质量指数的评估得分（如表10-2所示）。

表10-2　　粤港澳大湾区“9+2”城市经济发展质量指数

	2013年	2014年	2015年	2016年	2017年	2018年	2019年
广州市	59.87	59.85	61.27	60.12	56.85	55.99	55.55
深圳市	72.17	72.79	74.45	74.24	72.36	72.72	71.16
珠海市	62.77	65.05	63.65	64.13	62.23	60.34	54.82
佛山市	60.58	61.13	62.83	61.34	57.04	55.89	50.95

续表

	2013 年	2014 年	2015 年	2016 年	2017 年	2018 年	2019 年
惠州市	56.14	57.58	56.78	56.31	53.97	53.14	49.35
东莞市	58.31	57.56	58.78	57.57	55.60	57.01	50.18
中山市	58.90	59.71	62.30	60.02	56.95	53.92	48.70
江门市	54.99	53.90	56.02	55.14	52.47	53.75	45.83
肇庆市	51.22	53.75	53.32	52.22	49.57	49.95	45.55
香港	63.22	62.74	65.81	63.82	63.11	63.76	61.37
澳门	73.83	71.61	71.51	71.64	70.83	70.16	67.56

一、纵向比对：各城市发展质量呈下降态势

总的看来，大部分城市的经济发展质量指数总体呈现下降趋势。

1. 广州

2015 年的指数为 61.27 分，是 7 年内的最高点。7 年间波动幅度较大，从 2016 年开始进入探底阶段。2017 年下降幅度最大，2019 年继续下降，相比于 2012 年的下降比例为 7.22%（如图 10－1 所示）。

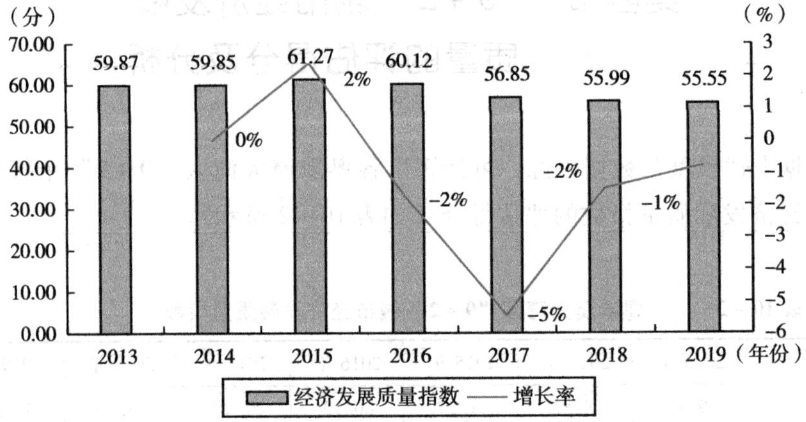

图 10－1　广州 2013—2019 年经济发展质量指数

2. 深圳

7年间一直保持在70分以上，总体表现比较平稳。2015年，指数达到7年内的最高点74.45分，而后指数开始下降。2019年下降至7年低点，为71.16分（如图10－2所示）。

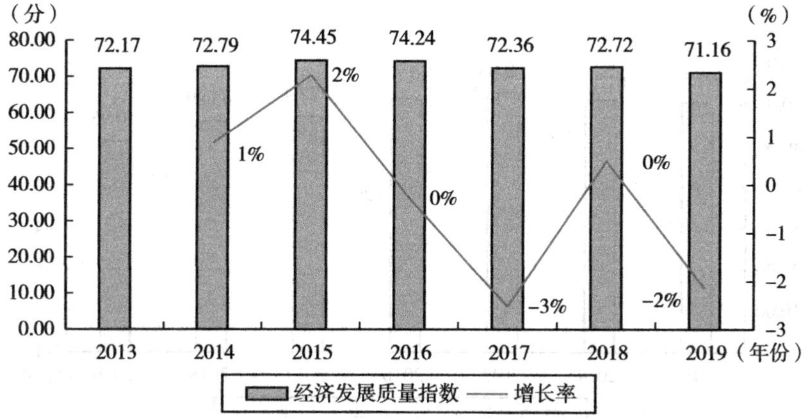

图10－2　深圳2013—2019年经济发展质量指数

3. 珠海

指数表现得不稳定，最高跌幅为9%。2014年达到最高点65.05分。2017年开始持续下降，2019年跌至54.82分，为7年内最低水平（如图10－3所示）。

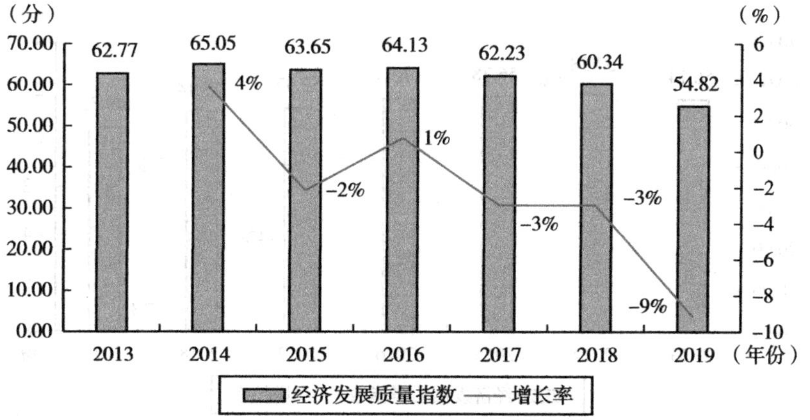

图10－3　珠海2013—2019年经济发展质量指数

4. 佛山

自2015年到达峰值（62.83分）后，经济发展质量指数持续下降，2019年仍处于探底阶段。2018年为50.95分，比2018年下降9%，比2012年下滑了15.9%（如图10-4所示）。

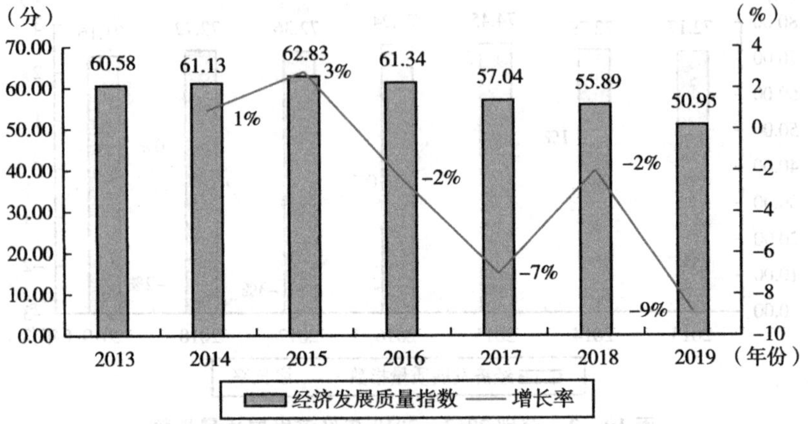

图10-4 佛山2013—2019年经济发展质量指数

5. 惠州

2014年指数达到峰值57.58，随后持续下滑、增长乏力。2019年只有49.35分，比2018年下降7%，对比2012年的经济发展质量指数，下降了12.1%左右（如图10-5所示）。

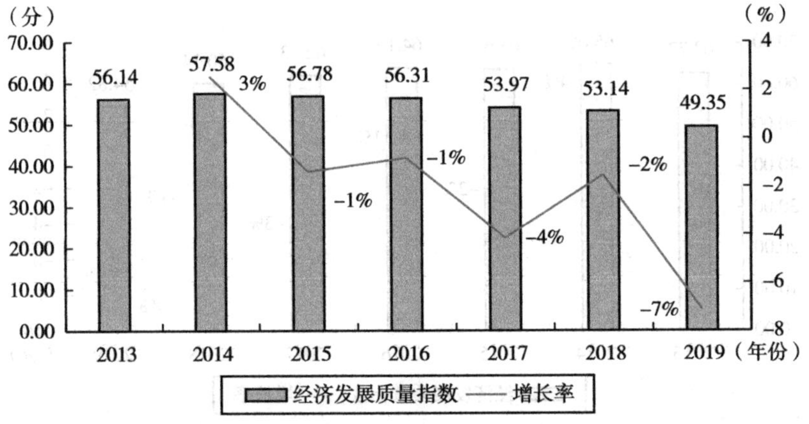

图10-5 惠州2013—2019年经济发展质量指数

6. 东莞

经济发展质量指数总体表现稳健，2015 年达到 58.78 的最高水平，此后只是小幅回落。2018 年是 52.96，比 2017 年下降 1%，相对于 2012 年却有小幅上涨（如图 10－6 所示）。

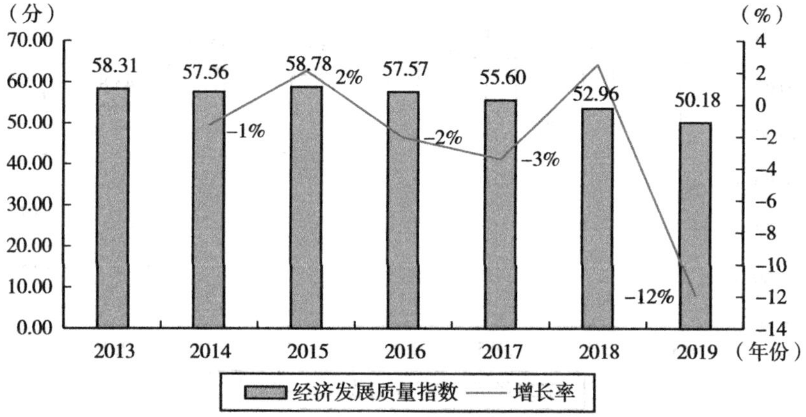

图 10－6　东莞 2013—2019 年经济发展质量指数

7. 中山

指数冲高后回落，正处于探底阶段。2015 年到达峰值（62.3 分），2019 年为近年最低水平 48.7 分。自 2017 年起连续三年下降超过 5%，2019 年与 2015 年的最高值相比出现较大幅度的下降，降幅为 21.8%（如图 10－7 所示）。

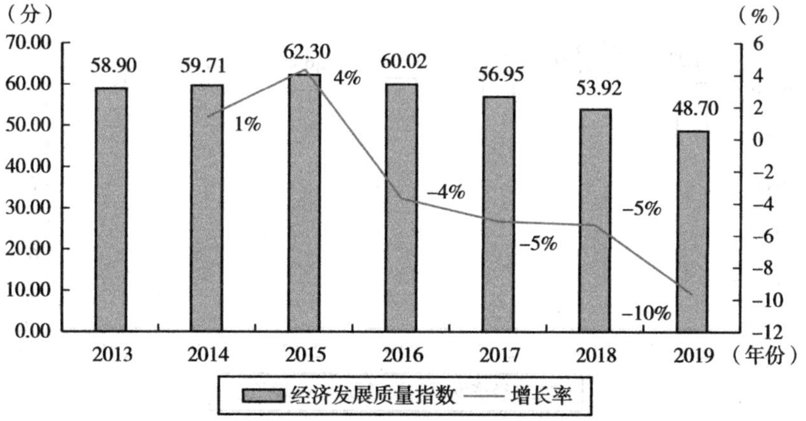

图 10－7　中山 2013—2019 年经济发展质量指数

8. 江门

指数上下波动。2015 年为近年最高点，达到 56.02 分。2019 年为 45.84 分，同比下降 15%，与 2013 年相比下降 16.66% 左右，但与最高值相比下降 10.3%，降幅较大（如图 10－8 所示）。

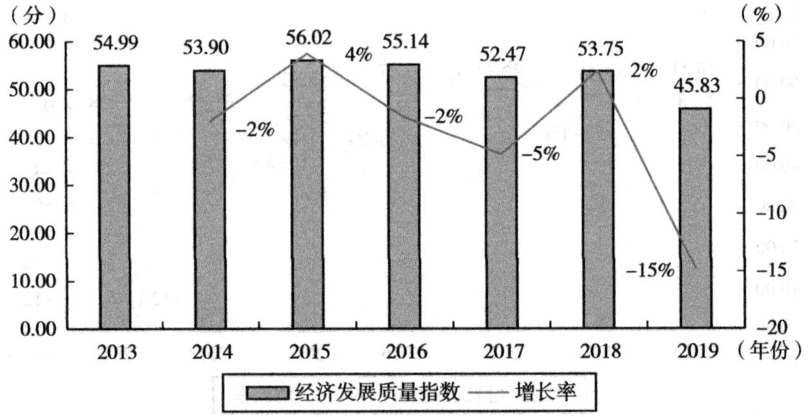

图 10－8　江门 2013—2019 年经济发展质量指数

9. 肇庆

2015 年达到最高值 53.32 分，随后连续下降。2018 年小幅上涨后，2019 年出现较大跌幅，2019 年经济发展质量指数仅为 45.55 分，相比 2013 年出现较为明显的下降（如图 10－9 所示）。

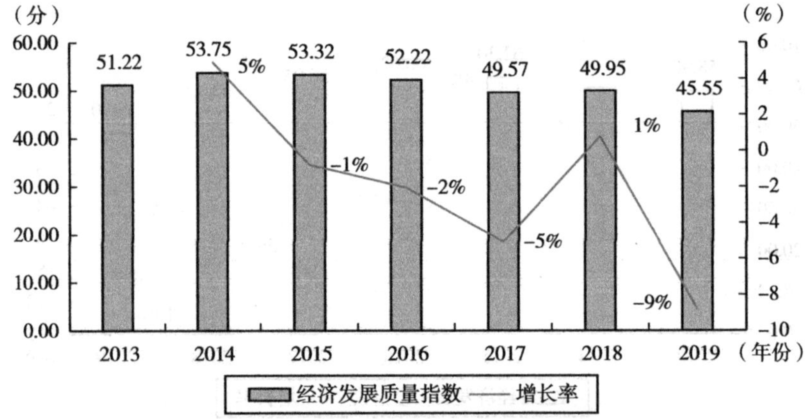

图 10－9　肇庆 2013—2019 年经济发展质量指数

10. 香港

经济发展质量近年呈现小幅下降趋势。2015 年达到历史高点（65.81 分），2019 年下降至 61.37 分，降幅为近年最大值（如图 10－10 所示）。

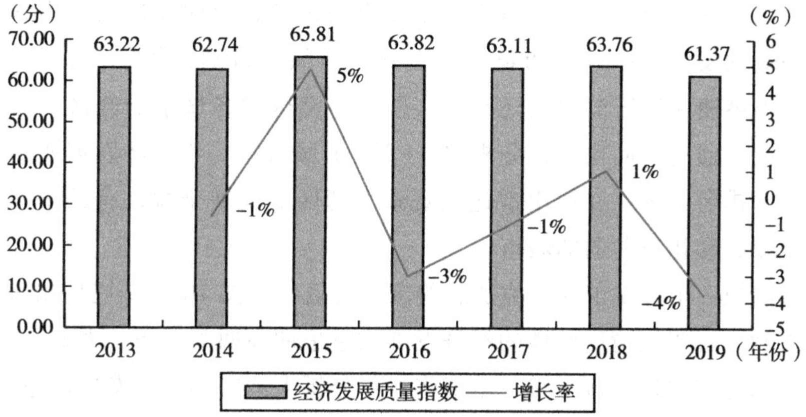

图 10－10 香港 2013—2019 年经济发展质量指数

11. 澳门

指数总体同样呈下滑态势，2019 年降幅最大。2019 年为 67.56 分，比 2018 年下降 4%；与 2013 年的历史高点相比，下降 8.5%（如图 10－11 所示）。

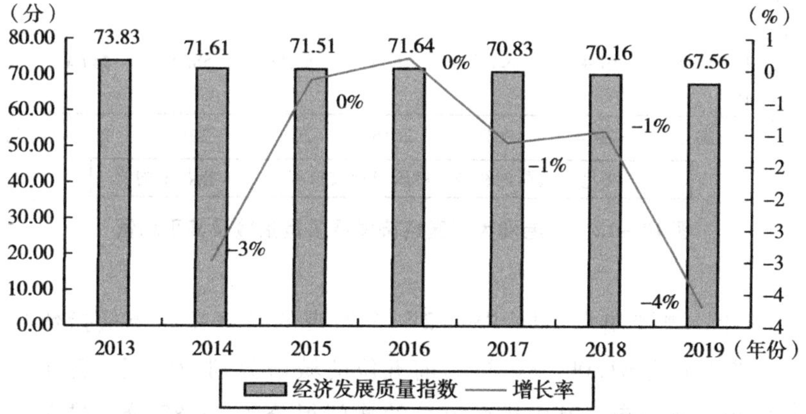

图 10－11 澳门 2013—2019 年经济发展质量指数

二、横向比对：湾区内各城市发展质量不平衡

建设智慧型大湾区，要以智慧理念来规划整个城市群的发展，要以智慧产业来支撑城市群，以智慧方式来建设城市群，由此促进湾区内各城市和谐高效的发展，推动城市群内产业转型升级，带动实体经济长足发展。目前，粤港澳大湾区的建设还在起步阶段，湾区内各城市的经济发展质量不一。此处通过横向比对，分析“9+2”个城市每一年经济发展质量指数的得分和排名情况，并使用雷达图观察大湾区的发展全貌，有助于找到发展程度较高和相对薄弱的城市。

我们把7年各城市的分值加总并求平均值，由图10－12展现出来。由此能看到，近年大湾区整体的经济发展质量呈冲高回落趋势，尤其2019年的下降幅度较明显。接下来，本书将逐年分析大湾区的经济发展质量指数，以期找到整体呈现下降的原因。

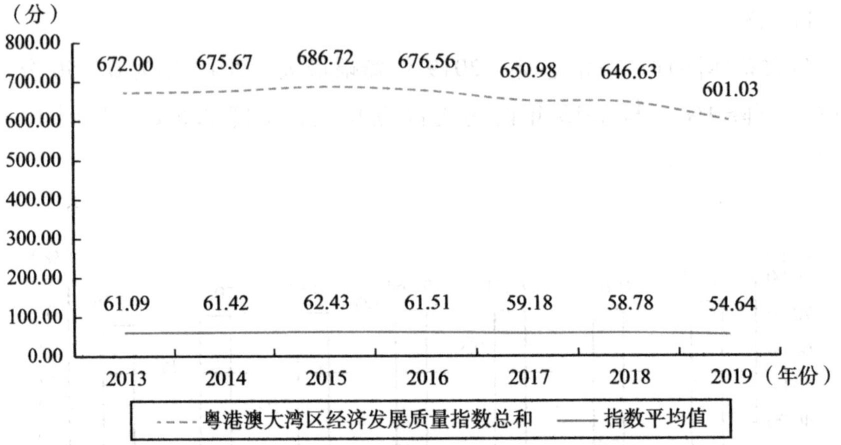

图10－12　粤港澳大湾区经济发展质量指数及其平均值

2013年，粤港澳大湾区“9+2”个城市的经济发展质量指数总分为672分，平均分为61.09分。排名前五位的城市分别为澳门、深圳市、香港、珠海市、佛山市，其中排名第一的澳门得分为73.83分。排名后三位的是惠州市、江门市和肇庆市，其中肇庆市得分最低，与第一名的澳门相

差 22 分。总的来说，从第五名的佛山市（60.58 分）开始，已经低于指数的平均值，说明各城市发展呈现不平衡的状态（如图 10 - 13 所示）。

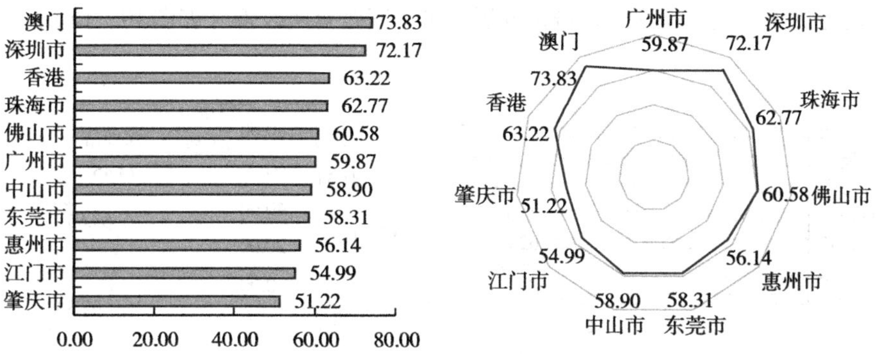

图 10 - 13　2013 年粤港澳大湾区经济发展质量指数（单位：分）

2014 年，“9 + 2” 个城市的经济发展质量指数总分为 675.67 分，平均分为 61.42 分。排名前五位的城市分别为深圳市、澳门、珠海市、香港和佛山市，其中排名第一位的城市变为深圳，得分为 72.79 分。排名后三位的同样是东莞市、江门市和肇庆市，其中得分最低的肇庆和第一名的深圳相差 20 分左右。2014 年超过平均分的城市仍然只有 4 个，各城市发展不平衡的问题仍然存在（如图 10 - 14 所示）。

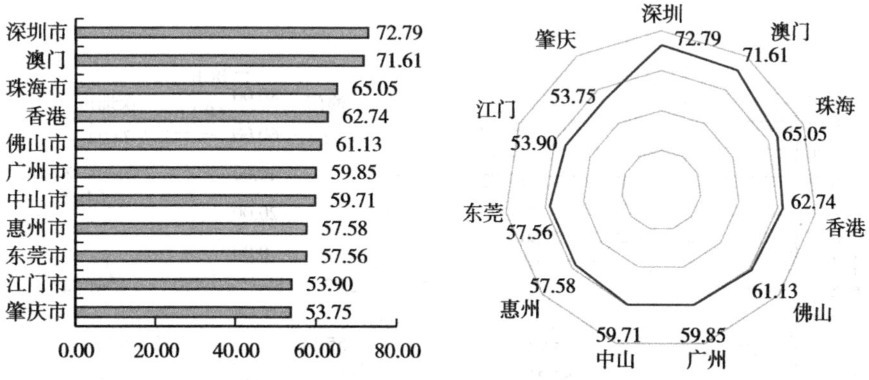

图 10 - 14　2014 年粤港澳大湾区经济发展质量指数（单位：分）

2015 年，“9 + 2” 个城市的经济发展质量指数总分为 686.72 分，平均分为62.43分。排名前五位的城市分别为深圳、澳门、香港、珠海和佛山，其中深圳市得分为74.45分。排名后三位的城市变为惠州、江门和肇庆，其中肇庆得分仍然最低，仅为53.32分，与第一名得分差距仍超过20分。这一年超过平均分的城市提高至5个，城市发展不平衡问题有所改善（如图10－15所示）。

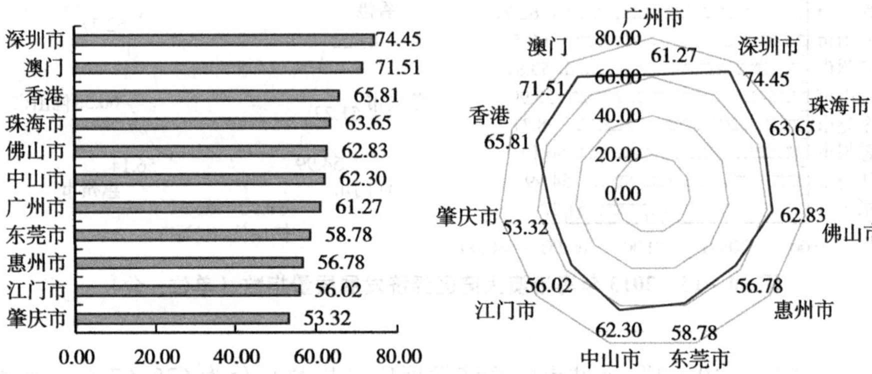

图10－15　2015年粤港澳大湾区经济发展质量指数（单位：分）

2016年，“9＋2”个城市的经济发展质量指数总分为676.56分，平均分为61.51分。排名前五位的城市分别为深圳市、澳门、珠海市、香港和佛山市，得分第一名深圳为74.24分。排名后三位的城市仍然为惠州、江门和肇庆，排名末位的肇庆与第一名的分差扩大至22分。这一年超过平均分的城市下降至4个，城市发展不平衡水平没有得到改善（如图10－16所示）。

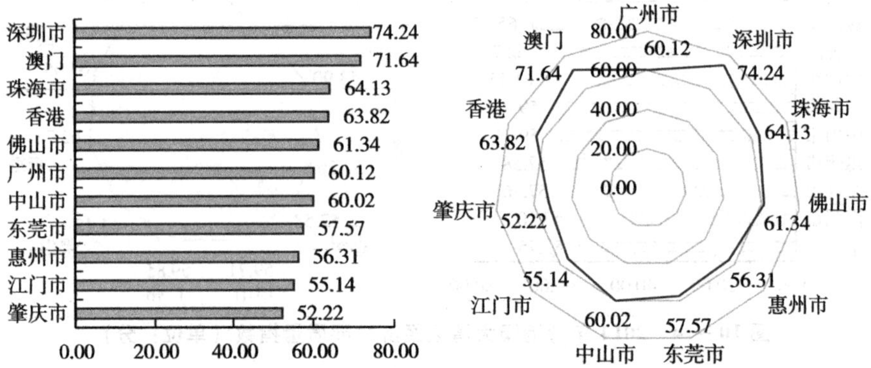

图10－16　2016年粤港澳大湾区经济发展质量指数（单位：分）

2017 年，“9 +2”城市的经济发展质量指数总分为 650. 98 分，平均分为 59. 18 分。排名前五位的城市分别为深圳、澳门、香港、珠海和佛山，排名第一的仍然是深圳，得分为 72. 36 分。排名后三位的城市是惠州、江门和肇庆，肇庆与第一名的分差近 23 分。这一年超过平均分的城市有 4 个，湾区城市的经济发展同比没有出现改善迹象（如图 10 –17 所示）。

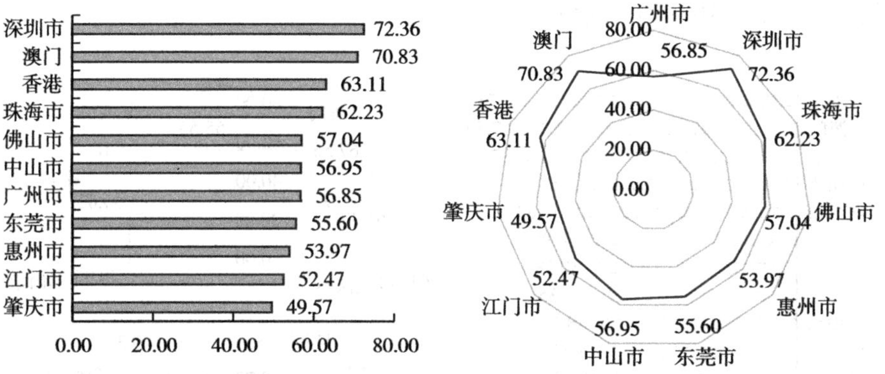

图 10 –17　2017 年粤港澳大湾区经济发展质量指数（单位：分）

2018 年，“9 +2”城市的经济发展质量指数总分下降至 646. 63 分，平均分变为 58. 78 分。排名前五位的城市变成深圳、澳门、香港、珠海和东莞，排名第一位的仍为深圳，其得分为 72. 72 分。排名后三位的仍然是江门、惠州和肇庆，其中江门上升至第九位，首次超过惠州市（如图 10 –18 所示）。

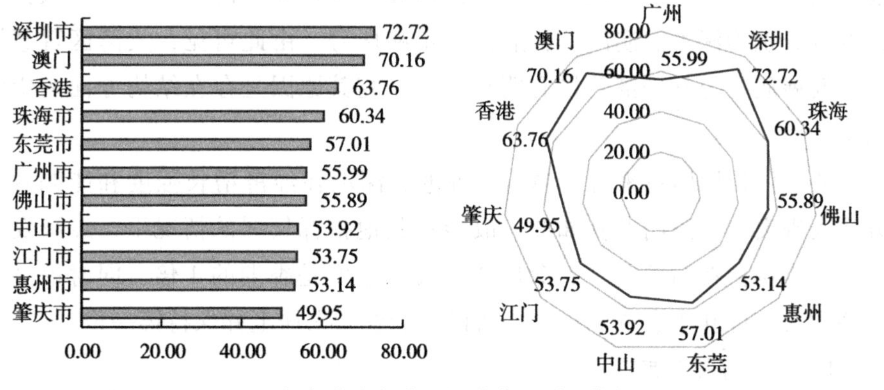

图 10 –18　2018 年粤港澳大湾区经济发展质量指数（单位：分）

2019年，“9+2”个城市的得分都出现了下降，指数总分下降至601.03分，平均分降至54.64分。排名前五位的城市变为深圳、澳门、香港、广州和珠海，排名第一的深圳得分为71.16分。排名后三位的变为中山市、江门市和肇庆市，惠州上升至第八位，而肇庆仍排在最后一位，与第一位的分差接近26分。这一年超过平均分的城市是5个，经济发展不平衡现象出现改善。但排名发生了新变化，尤其是中山跌至第九位，而广州上升至第四名（如图10－19所示）。

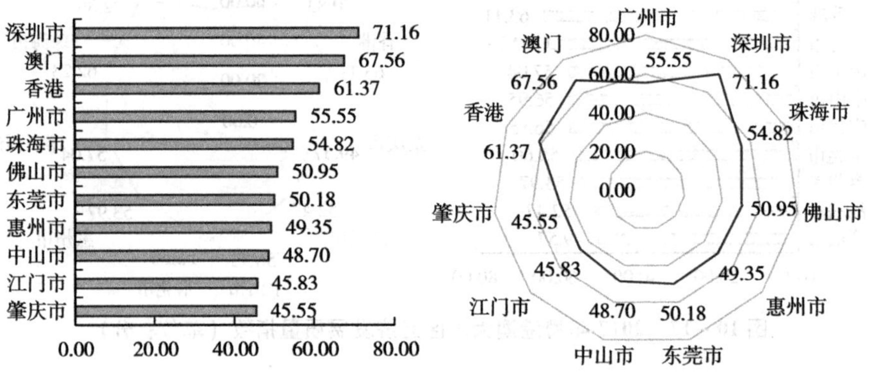

图10－19　2019年粤港澳大湾区经济发展质量指数（单位：分）

三、结构分析：发展质量与经济总量的排名有较大差异

2019年粤港澳大湾区“9+2”个城市中，地区生产总值（GDP）排名前五的分别是深圳、香港、广州、佛山和东莞，而经济发展质量指数排名前五位分别为深圳、澳门、香港、广州和珠海。由此可见，大湾区智慧城市的发展质量与其经济总量有明显区别，究其原因是存在结构方面的影响因素。

从评估指标体系来看，澳门、香港、深圳在经济增长强度和能源效率方面表现突出。澳门尤其如此，故能在其他指标较弱的情况下，经济发展质量一直保持在前两名。而深圳科技投入强度是香港的4倍，同时提高了经济增长强度和生态资本投入，所以，能够后来居上并保持第一位。

1. 经济增长强度

2019年，澳门人均GDP为64.54万元，排在第一位，第二是香港的

38.2万元，第三是深圳的20.35万元。前三名城市的人均GDP与近7年经济发展质量的排名较接近。然而，人均GDP第五名的广州，在2019年的经济发展质量得分仅排名第七位，说明广州除了增长强度之外的几个指标表现偏弱（如图10-20所示）。

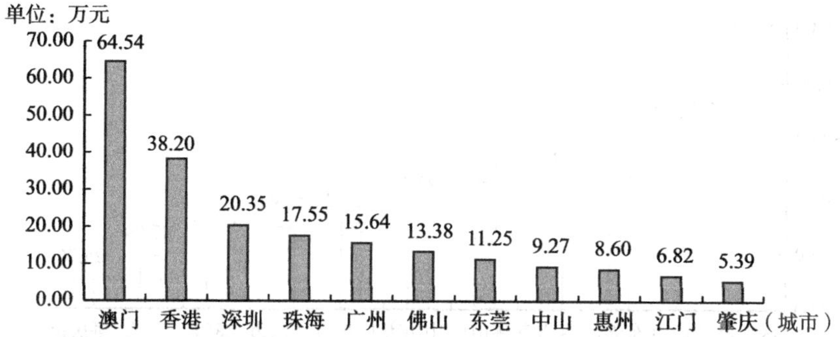

图10-20　2019年粤港澳大湾区"9+2"个城市经济增长强度

2. 能源效率

2019年排名第一的是澳门，高达67.13分，然后依次为香港、深圳和广州。从图10-21中可以看到，澳门的能源效率与第三名的深圳相差超过2倍，与最后一名惠州相差将近7倍。这也是澳门和香港多年排名靠前的重要原因。整体来看，能源效率排名与经济增长强度的排名相近。

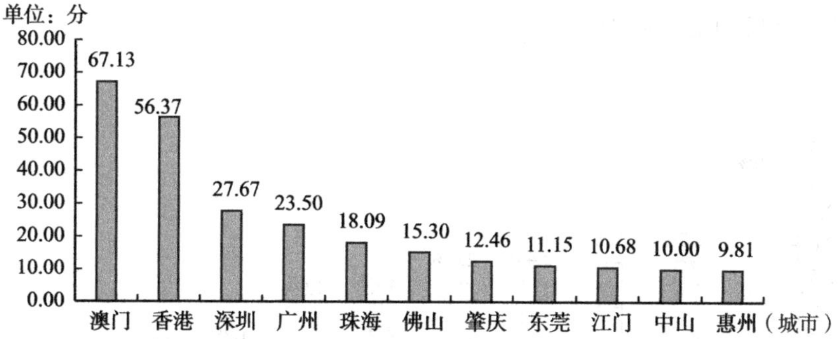

图10-21　2019年粤港澳大湾区"9+2"个城市能源效率

3. 人才资本

2019年，深圳的人力资本在11个城市中排名第一，每万人口中从事科技活动人员 226.8 人，其次是珠海、东莞和惠州，排在后三位的分别是澳门、香港和肇庆。其中，深圳人才资本指数是澳门和香港的 4 倍，超过肇庆市近 9 倍，差距较大（如图 10－22 所示）。

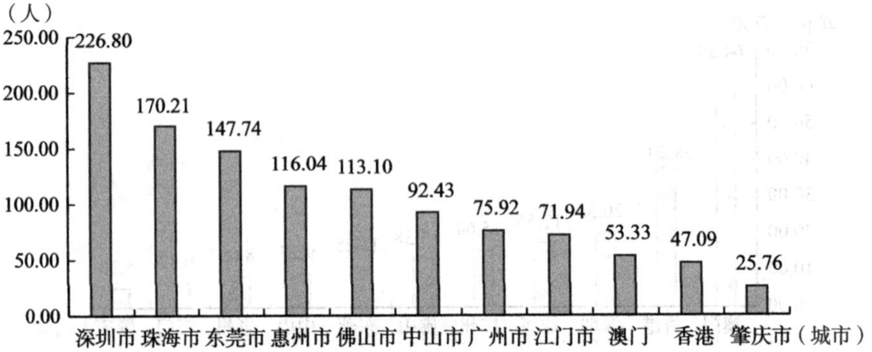

图 10－22　2019 年粤港澳大湾区“9＋2”个城市人力资本

4. 科技投入强度

2019 年，深圳科技投入强度在湾区中排名第一，高达 3.9%，其次是东莞、珠海和佛山。从图 10－23 中可以观察到，在大湾区 11 个城市中，深圳科技投入强度比第二名珠海高出 1.2%，是香港的近 4 倍；而排在末尾的分别是香港、肇庆和广州，其中广州和香港都是湾区中经济实力靠前的城市，但科技投入强度却排在末尾，这也是导致深圳指数排名第一、广州排名靠后的重要原因。

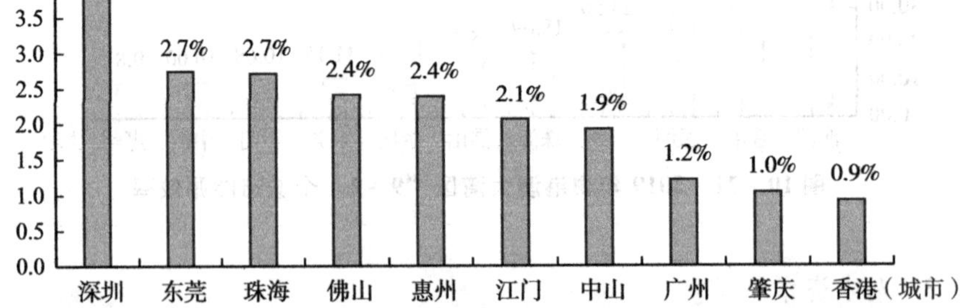

图 10－23　2019 年粤港澳大湾区“9＋2”个城市科技投入强度（除澳门）

第五节　大珠三角产业高质量发展建议

一、粤港澳大湾区各区域协同发展

在2018年3月7日召开十三届全国人大一次会议时，习近平总书记提出，要抓住建设粤港澳大湾区的重大机遇，携手港澳加快推进相关工作，打造国际一流湾区和世界级城市群。为实现这一目标，粤港澳三地应保持畅通道路、联通智路、打通心路，闯出了一片融合发展的广阔天地。

这样的政策指导具有巨大的理论意义和现实意义，且其可操作性较强，对于指导地区间协同发展非常有利。首先，就区域关系而言，粤港澳三地地缘相近，文化相似，在中国改革开放之后，三地首先接触到国外经济文化等多方面的影响，是中国改革开放的窗口。其次，就发展水平而言，三者均具备科研能力强、原始积累丰富、经济发展迅速等特点。特别是在金融方面，要有序推进金融市场互联互通。逐步扩大湾区内人民币跨境使用规模和范围①。银行机构可按照相关规定开展跨境人民币拆借、人民币即远期外汇交易业务以及与人民币相关衍生品业务、理财产品交叉代理销售业务，助力区域内产业协调发展；最后，从治理制度而言，三个区域拥有两种制度、三种货币和三个独立海关，却可以相辅相成，自由切换。因此，我们认为粤港澳具有协同发展的基础条件，未来应当深入贯彻习近平总书记指示，促进区域间进一步优势互补，达到高度的区域协同。

二、在产业园区内实施差别化政策

（一）差别化产业准入政策

具体情况具体分析，既要保障优质企业的改扩建需求、避免因不合理

① 符正平、刘金玲："新时代粤港澳大湾区协同发展研究"，载于《区域经济评论》2021年第三期，第51~57页。

分配而带来的资源浪费，又不能忽视对小微企业的包容与扶持。加大结构调整力度，从源头上杜绝新增高耗能、高污染、高危险、低效益的“三高一低”产业项目。

（二）实施差别化土地供应政策

在产业园区范围内，对质量高、资源利用效率高的园区、产业和企业，加大土地指标配置和土地供应支持。优质企业增容扩产，可根据其发展质量、资源利用效率评价情况，确定增容土地价款的收取比例或予以免征。通过土地供应情况的控制，调节大湾区内产业园区的结构。

（三）实施差别化技术改造政策

对质量高、资源利用效率高的园区、产业和企业的技术改造资金予以优先支持。根据政策文件指向，选定明确的支持对象，拟定清晰的资金扶持标准，差别化支持，引导产业向高技术含量靠拢。

（四）实施差别化电价和水价政策

在产业园区内，对淘汰类、限制类产业领域实行差别化的电价、水价和其他能源使用价。根据实际需要扩大差别电价、水价、其他能源价执行产业范围，研究并推行用水、用电超定额累进加价制度，促进相关产业提高能效水平、加速淘汰落后产能。

（五）实施差别化环保限制政策

在产业园区内，对低效企业加大监管频次和处罚力度，在能源消费总量、主要污染物总量减排等指标上予以限制。对于个别污染指数过高的企业，督促其购买污染处理设备，保证产业发展建立在保护环境的前提下。

（六）实施差别化金融服务政策

金融是操控资金流向最有力的工具。在保障风险可控和商业可持续的前提下，可以在信用评级、贷款授信、担保方式创新、保险服务、多层次资本市场融资等方面对优质企业予以重点支持，助力优质企业降低投融资成本，更高效成长。

三、持续重视人才引进问题

大湾区人才分布仍存在不均衡问题，在整体人才供过于求的情况下，广深以外的其他9市均存在人才缺口。与此同时，人才净流入率方面，大湾区与省内城市及毗邻广东的湖南进行了最频繁的双向人才交流，流入流出基本呈现均衡稳定状态。然而，根据2020年数据显示，国外流入流出比仅为0.22，意味着平均每有1名国外人才流入时，湾区内就有约5名国内人才流出。这一方面显示出有大湾区工作经验的人才①，更容易地在海外找到其他工作机会；另一方面，证明大湾区对国内和国际人才的吸引力尚需提升。

人才问题虽然是老生常谈，但也一直是重中之重。先进的湾区发展是需要大量专业人才支撑的。因此，一定要实时更新人才政策，关注人才需求，不仅要努力提升人才的工资薪金收入，更要注重人才的生活保障，为人才提供更多学习和培训的机会，增强湾区对人才的吸引力。要谨防人才持续净流出、人才分布不均衡等问题，避免人才问题成为制约湾区经济发展的羁绊。

本章参考文献

[1] 符正平，刘金玲．新时代粤港澳大湾区协同发展研究［J］．区域经济评论，2021（03）：51－57.

[2] 姜长云．提升产业发展质量要聚焦五个着力点．

[3] 着力优化产业结构　推动河南经济高质量发展．

[4] 粤港澳大湾区产业结构的现状、问题及建议．

[5] 魏际刚．大变局下中国产业高质量发展战略与路径．

[6] 李晓峰．推动粤港澳大湾区制造业和服务业深度融合．

[7] 新经济形势下园区产业高质量发展之路，礼森产业园区智库，2020.

[8] 魏婕，任保平．中国各地区经济增长质量指数的测度及其排序

① 2019年粤港澳大湾区产业发展及人才流动报告。

[J]. 经济学动态，2012（4）：27 - 33.

[9] 干春晖，郑若谷，余典范. 中国产业结构变迁对经济增长和波动的影响 [J]. 经济研究，2011（05）：4 - 16、31.

[10] 2019 年粤港澳大湾区产业发展及人才流动报告.

第十一章　大珠三角社会品质评价及其提升策略

第一节　广东促进社会发展的改革实践

改革开放以来，广东坚持沿着中国特色社会主义道路前进，在社会建设上不断改革探索。2012 年底，习近平总书记在视察广东时做出了“三个定位、两个率先”的指示，要求广东为率先全面建成小康社会、率先基本实现社会主义现代化而奋斗。2017 年，习近平总书记再次对广东工作做出“四个坚持、三个支撑、两个走在前列”重要批示要求，要求广东在全面建成小康社会、加快建设社会主义现代化新征程上走在前列。为着力加强社会主义现代化建设，广东始终坚持以人民为中心的发展思想，补民生短板，强社会治理，努力让改革发展成果更公平惠及全体人民。

一、坚持科技创新强省建设

广东始终坚持创新驱动和人才强国战略，不断深化科技、教育领域改革。2019 年，广东省人民政府发布《关于进一步促进科技创新的若干政策措施》，支持粤港澳大湾区国际科技创新中心建设，促进创新主体能动性，创新资源与人才集聚，营造公平、便捷的创新环境等四个方面形成十二条政策。为打造国际人才高地，广东实施了“珠江人才计划”“广东特支计划”“扬帆计划”等重大人才工程，推进高精尖人才向向东集聚，同时深入推进人才分类评价和职称制度改革。在教育改革上，2018 年广东实施“冲一流、补短板、强特色”提升计划，加强高校与重点学科建设，推动高等教育加速发展，同时启动了“粤东西北高校振兴计划”加大对粤东西北区域高等部教育建设的支持，改善高等教育资源不平衡的现状。加强高技能人才队伍建设，在不断完善技工教育体系的同时，支持有条件的技师学院纳入高等教育体系。

二、坚持稳定就业与社会保障体制改革

党的十八大以来，广东坚持实施就业优先战略和更加积极的就业政策。2018 年，广东省人民政府发布《广东省进一步促进就业若干政策措施》（以下简称“就业 9 条”），助力企业降低用人用工难度，鼓励创业带动就业，促进重点群体特定群体就业，兜住困难群体就业底线。2019 年，广东深入推进“广东技工”“粤菜师傅”“南粤家政”三项工程，将此作为大力推动实施的十件民生实施之一。三大工程创新采取“新型学徒 + 行业研发”的双轨并行培养模式，大规模开展职业技能培训，同时推动形成人力资源产业发展联动发展的良好机制。

为筑牢民生底线，广东不断着力进行社会保障体制改革，提高居民社会保障水平。一方面，推动提升社会保险统筹层次。深入推进企业职工基本养老保险省级统筹，落实养老保险基金中央调剂制度，推动医疗保险和工伤保险基金省级统筹，深化医保支付方式改革，进一步推进异地就医直接结算。另一方面降低保险费率，提高保障待遇水平。“就业 9 条”中明确提出，要降低社会保险成本，以减轻企业负担，2019 年，广东已下调了失业保险费率、工伤保险费率。广东不断完善城乡居民基本养老保险等各项保险的待遇调整机制，不断上调基本养老金、失业保险、工伤伤残津贴，医保报销比例与最高支付限额等。此外，广东推动社会救助体系不断完善。2019 年，修订并实施《广东省最低生活保障制度实施办法》，扩大低保家庭范围，实现异地受理。同时，提高残疾人补贴标准，通过信息化手段促进相关申领工作线上受理。2018 年、2019 年印发《广东省困难群众医疗救助暂行办法》《广东省加强农村留守老年人关爱服务工作行动方案》《慈善信托管理工作实施细则》《关于在脱贫攻坚三年行动中切实做好社会救助兜底保障工作的实施意见》等具体政策措施，加强社会救助与扶贫开发双向衔接，做好贫困人群生活兜底工作。

三、坚持深化医药卫生体制改革

广东不断深化医药卫生体制改革，积极建设医疗卫生高地，致力于推进健康广东行动。在公共卫生服务保障能力建设上，一方面支持高水平医院建设，推进国家医学中心和国家区域医疗中心建设；另一方面更加重视基层能力保障，广东将全面推动县级以下医疗卫生服务能力建设，投入责任由政府财政足额保障，同时对基层医疗机构实行更加灵活的绩效管理制度。在医疗服务费用上，广东全面取消公立医院医用耗材加成，建立以成本和收入结构变化为基础、及时灵活的医疗服务价格动态调整机制，价格调整技术型项目与中医药倾斜。在医保制度建设上，广东已基本实现省内和跨省异地就医直接结算，并率先实行医保基本按病种分值付费，对基层病种同标准付费以更大范围的满足人民群众得看病需求。在药品采购上，广东发挥药品集团采购的优势，建立“政府引导、市场主导、专家遴选、带量谈判”的采购模式，进一步完善公开透明、科学合理的药品遴选和市场化动态议价机制与规则。在便民服务上，充分利用“互联网 + 医疗健康”优势，率先在粤港澳大湾区城市中应用居民电子健康码管理个人健康档案与医疗信息，加强医疗信息化建设，同时支持构建“智慧医院”，实现三级公立医院、二级公立医院“一键诊疗”，乡镇医院“一站会诊”。

四、坚持文化强省，助力打造人文湾区

广东积极实施文化强省行动计划，扎实推进文化旅游改革创新发展，促进广东文化事业、文化产业和旅游业融合发展。广东不断加强文化遗产保护与活化利用，设立“广东省非物质文化遗产保护资金”支持非物质遗产的保护与传承。2019 年，广东省起草了《广东省省级文化生态保护区管理办法》，进一步以保护区的形式加强文化保护工作，出台了《广东省公共文化服务促进条例》，通过加强公共文化基础设施建设、居民文化权益保障支持，推进文化惠民活动，加强公共文化服务人才队伍建设等方面提供公共文化服务水平。作为文化大省，广东省省文化产业增加值、旅游总收入和旅游外汇收入等主要指标连年位居全国第一，这为文旅产业的繁荣发

展的有力保障。广东先后出台了《广东省推进文化创意和设计服务与相关产业融合发展行动计划（2015—2020年）》《关于促进文化旅游融合发展的实施意见》《关于贯彻落实深入推进文化金融合作的实施意见》《广东省促进全域旅游发展实施方案》等政策加强规划统筹，创建更加灵活的政策环境与市场环境，鼓励文化创新型保护与创造性开发，支持文化产业与旅游业融合。2019年，广东起草了《广东省关于加快文化产业发展的若干政策意见》，将从深化文化领域"放管服"改革，培育文化产业发展新动能，促进文化科技融合发展等方面促进各项资源向文化领域汇聚。

五、推动城市交通建设，打造便捷生活圈

党的十八大以来，广东更加重视城市交通基础设施建设与交通运输管理。在基础设施建设上，广东积极发展城市交通并推动城乡交通一体化。2013年，广东省人民政府出台《关于城市优先发展公共交通的实施意见》，要求建设覆盖珠三角区域内主要城镇的城际轨道交通体系，构建一体化公共交通网络、发展多层次的公共交通服务，支持绿色公交与智能化交通建设。2015年，广东省人民政府出台《关于加快推进城市基础设施建设的实施意见》，明确提出应根据城市发展科学制定城市公共交通模式，特大城市、大城市应充分发挥轨道交通作为公共交通的骨干作用。2019年，为从基础设施建设上着力推动乡村振兴战略，广东积极推动"农村四好公路"建设，并出台《广东省农村公路条例》，落实各级城府各相关部门在农村公路的修建、养护、运营等方面的责任，健全农村公路法制化管理。在交通运输管理上，2013年出台的《广东省道路运输条例》指出，提升交通运输管理部门服务能力，加强道路运输运营及相关服务的管理，保障安全运输、强化监督检查等，又先后发布了《广东省出租汽车经营管理办法》《广东省城市轨道交通突发事件应急预案》《城市轨道交通设施设备运行维护管理办法》《关于市际公交化客运班线运营的管理规范》，在城市公交、道路客运、城际轨道交通全面加强管理，规范管理机制。广东也率先开始道路客运改革试点，鼓励通过联程联运、定制客运、规范互联网客运管理等方式推动客运市场创新发展。此外，在推动绿色公交方面，广东率先在城市公共交通领域应用新能源汽车，先后发布了《加快新能源汽车推广应

用的实施意见》《广东省城市公交车成品油价格补助和新能源公交车运营补助实施细则》《关于加快新能源汽车产业创新发展的意见》，不断推动汽车电动化。

六、加快信息通信发展，助力智慧城市建设

随着信息通信技术不断发展，生产生活不断朝着智能化、智慧化推进，智慧城市是信息技术运用在城市建设上的创新。广东处在信息通信建设的前沿，一直积极进行智慧城市试点工作，2014 年，广东省出台《推进珠江三角洲地区智慧城市群建设和信息化一体化行动计划（2014—2020 年）》，要求在信息基础设施、公共服务平台、信息网络应用方面推动一体化发展，将珠三角地区建设成为世界级的智慧城市群。信息基础设施建设是“新基建”的重要内容，也是智慧城市建设的基础。广东出台了《广东省信息基础设施建设三年行动计划（2018—2020 年）》，启动“双 G 双提”行动，一方面广东不断推进光纤到户，深化电信普遍服务，为信息服务提供保障，另一方面广东加强“5G”规划，加大投资力度与政策扶持。同时，为加强法制保护，出台了《广东省通信设施建设与保护规定》《广东省通信设施损坏经济损失计算方法》，规范通信设施建设，加强通信设施保护。在信息服务方面，广东积极推进通信行业做好新业务、新模式、新应用，做好电子政务、网络教育、在线医疗、远程办公等服务，同时着力构建智慧城市并将政务、交通、医疗、能源等城市核心系统进行整合提高城市运行效率。此外，引导大幅降低内地与港澳间资费，推动加快粤港澳大湾区通信一体化进程以支持粤港澳大湾区建设。

第二节　社会发展品质评价体系的构建思路

促进社会和谐是坚持和发展中国特色社会主义的基本要求之一，其内涵在于保障与改善民生，增强社会创造性活力。这是去促进区域高质量发展的应有之意。对于城市，社会发展体现在人民生活质量提高，城市人居环境向好。因此，社会发展品质的评价是衡量城市发展水平的重要部分。

本报告致力于构建粤港澳大湾区社会发展品质评价体系，以描述并评价粤港澳大湾区各城市的社会发展特征。在研究过程中，本报告主要参考《中国社会发展指数的构建与实证》（李连友等，2016）、《构建地方统计指标体系》（杨新洪等，2017）、《智慧城市评价体系研究》（Dan Koh，2016）、《粤港澳大湾区城市发展研究》（梁育民等，2019）等著作与文章，延续了本课题组在同系列著作《粤港澳大湾区城市发展研究》中的指标体系与评价方法，增选了代表社会发展品质的部分指标，再使用标准化法将统计指标无量纲化，进而结合变异系数法以及专家评价法确定各个指标的权重，最后得到社会发展品质指数得分矩阵。本书期望建立一个较为科学合理的社会发展评价体系，并以可持续性的成果反映粤港澳大湾区各城市的社会发展品质以及湾区建设的“智慧”。

一、统计指标的选取

社会统计指标体系是对社会各方面情况进行概括性的描述，构建合理的指标体系有利于评价检测社会发展情况，并且有助于得到量化指标以开展实证分析研究。选取社会发展统计指标应遵循科学性、代表性、可持续性以及可操作性这 4 个原则：科学性指选取的指标应该能够客观真实客观地反映粤港澳大湾区内 11 个城市社会发展的特点和状况；代表性即指标应是最能反映社会本质特征的少数指标，过繁则易乱而过简则不真；可持续性指如需建立长期的评价体系，选取的指标应该被长期统计且易得；可操作性指指标数据可得和评价方法可操作，内地和港澳的统计指标往往存在差异，考虑到可操作性，应该尽可能选择指标登记和统计口径基本一致的指标，以便在不同主体之间进行比较。

1. 指标选取与说明

本报告在选取统计指标时，查阅了大量文献和著作，参考了社会发展指数体系的指标选择，参考了由中国共产党在第十六届中央委员会第四次全体会议正式提出的“构建社会主义和谐社会”概念，最终锁定了研究社会发展品质的七个主要方面：文化、科技、社会保障、劳动与就业、医疗和教育、交通及通信。

进一步地，每个方面都选择了至少两个指标进行考虑，如文化指标

（人均拥有公共图书馆藏书量、群众艺术馆/文化馆间数）、科技指标（专业技术人才占就业人数的比重、每百万人口获得的专利数）、社会保障指标（基尼系数、社会保障支出占财政总支出的比重）、劳动与就业指标（城镇登记失业率、城乡居民收入比）、医疗指标（每万人口医生数、每万人口床位数、医疗保险人口比重）、教育指标（每万人口在校大学生数、平均受教育年限）、交通指标（公共交通出行比重，每万人公共交通台数）和通信比重（家庭互联网普及率、家庭移动电话普及率）。在指标选取上遵循着科学性、代表性、可持续性，尤其是可操作性原则，平均数或者百分比重更具有客观性与可比性，因此基本选取人均指标或比率指标；由于内地与香港、澳门的统计口径不同，因此选取广东省内九个市和港澳地区共同所有的并且统计口径基本一致的指标，最终在每个方面选择一个代表性指标构建指标评价体系。

本书构建的社会发展品质评价体系统计指标包含 8 个一级指标和 8 个二级指标。所有指标具体如表 11 – 1 所示。

表 11 – 1　　社会发展品质评价体系统计指标

编号	一级指标	二级指标	单位	指标性质
1	文化指标	人均拥有公共图书馆藏书量	册	正向
2	科技指标	专业技术人才占就业人数的比重	%	正向
3	社会保障指标	社会保障支出占财政总支出的比重	%	正向
4	劳动与就业指标	城镇登记失业率	%	适度
5	医疗指标	每万人口医生数	人	正向
	教育指标	每万人口在校大学生数	人	正向
6	交通指标	公共交通出行比重	%	适度
7	通信指标	家庭互联网普及率	%	正向

文化是社会生活不可或缺的一部分，将潜移默化影响人的素养并进一步形成城市的文化气质。公共文化服务建设可以保障人民基本文化权益，有利于提高人民道德修养与科学素养，是构建社会主体和谐社会的必然要求。因此，将文化指标作为一级指标。人均拥有公共图书馆藏书量是衡量

城市文化工程建设的重要标准，以此为二级指标。

科技是人民群众智慧的体现，科技水平提升也意味着社会生产力的进步以及社会的创新性活力增强，对于粤港澳大湾区，依靠科技引领构建创新高地意义重大，因此将科技作为一级指标。专业技术人才指通过学习接受某方面技术知识，具备该专业技术能力的人员，其占就业人数的比重能够较好地代表城市蕴含的科技水平与发展潜力。与每百万人口获得专利数相比，专业技术人才占就业人数比重能够更好地衡量基于人的智慧的城市发展潜力，因此将其作为二级指标。

社会保障关乎民生，是满足人民基本生活水平的要求，在社会发展中社会保障起着维护社会公平与稳定的重要作用。因此，以社会保障为一级指标。社会保障支出是在政府一般公共预算支出中用于社会保障制度建设与维护的部分，能够通过收入再分配而保障社会公平，社会保障支出占财政总支出的比重则能够很好地反应政府对于社会保障的重视水平与社会保障制度建设水平。而基尼系数较难获取，因此以社会保障支出占财政总支出比重为二级指标。

就业是民生之本，稳定就业既是关乎社会稳定的大事，也是保持社会健康活力的保障。因此，将劳动就业指标纳入评价范畴，作为一级指标。失业率是评价就业状况的主要指标，是可以参加社会劳动的人数中失业人数所占的比重，将其作为二级指标。

卫生是重要的民生工程，良好的医疗卫生水平意味着人民的生命安全可以得到有效保护，因此将医疗水平作为一级指标。医生在人口中所占比重是可以衡量医疗水平的指标之一，统计年鉴中常为每千人口医生数，此处为了降低后续的计量误差均采用每万人口医生数，将此作为二级指标。

教育事业惠及后代，影响着社会发展的后辈生力军。良好教育水平意味着未来社会发展的潜力。在选择教育指标时，尽管平均受教育年限更能代表地区的教育水平，但这一指标无法获取，而大学生是未来城市建设的生力军，能够衡量一个社会的高等教育水平与未来发展潜力，所以最终选定了每万人口在校大学生数作为二级指标。

公共交通的建设情况可以反映一个城市的便利度与繁荣度，也符合“低碳出行”的概念，因此将其作为一级指标纳入评价体系。公共交通出行比重代表了居民选择公共交通作为出行方式的意愿，反映了城市公共交通联通水平与环境友好程度，该指标为计算所得，计算方式为：公共交通出行比重 = 公共交通日均载客量 ÷ 常住人口数。每万人公共交通台数不能反映大城市中地铁所起到的作用，不能完全反映一个城市的公共交通水平，因此选取公共交通出行比重作为二级指标。

在互联网繁荣发展的社会中，通信技术在行业形态、生活方式等各方面都扮演着重要作用，与人民生活息息相关。此外，在“智慧城市”建设背景下，城市通信建设是促进城市智能化、智慧化的基础。因此，通信水平是社会发展的重要内容。家庭互联网普及率是衡量社会信息技术发展水平的重要指标，本书通过计算得出 11 个城市的家庭互联网普及率，计算方法为：家庭互联网普及率 = 互联网宽带用户数 ÷ 家庭总户数（内地 9 个城市家庭总户数 = 常住人口 ÷ 人口普查家庭平均人口，香港和澳门家庭总户数为统计年鉴数据）。移动电话普及率可由计算得到，但碍于数据较难获取不同年份不同城市数据不可比，因此选择家庭互联网普及率作为二级指标。

2. 数据来源

本报告所需统计指标的数据均来自湾区城市历年的《统计年鉴》《年鉴》《国民经济和社会发展统计公报》《广东省 2015 年全国 1% 人口抽样调查公报》以及市统计局官网、部分市图书馆官网、市人力资源和社会保障局官网、香港特别行政区政府统计处官网、澳门政府统计暨普查局官网等。

二、无量纲化的设计

统计学原理表明，要对多组不同的量纲数据进行比较，首先要将它们标准化成无量纲的标准化数据，因此多指标综合评价中常进行无量纲化的步骤。数据的无量纲化（也称作数据的标准化、规格化），是指将原始数据进行缩放，至一个特定区间，以去除数据的单位限制，转化为无量纲的纯数值。无量纲化处理之后不同单位或量级的指标能够进行比较和加权。

1. 方法选择

在无量纲化方法的选择上，应根据指标的特点与方法自身特点，在适用的基础上选择简单易行的一种或选用几种方法比较无量纲化差异对于结论的影响。一般而言，常用的无量纲化方法有直线型标准化方法、折线型标准化方法和曲线型标准化方法，其中有以直线型标准化方法最为常用。此方法是假定指标实际值与无量纲化后的指标值之间存在线性关系，即指标实际值的变化引起标准化后数值相应的比例变化，代表方法有阈值法、Z－score标准化法、比重法等。在使用无量纲化方法时，还应注意对指标性质的区分。指标按照性质分类可以分为三类：正向指标、逆向指标和适度指标。对于正向指标，指标值越大越好；对于逆向指标，指标值越小越好；适度指标则是适中为宜。在多指标综合评价中，如果同时存在正向指标与逆向指标，逆向指标可通过取到数的方法先转化为正向指标再进行标准化，或者在标准化后调换指标符号，以保证各指标符号含义的一致性。本研究报告采用了直线型标准化方法中的Z－score标准化法，下面介绍标准化法的原理。

2. Z－score标准化法

标准化法（法）基于原始数据的期望值（Mean）和标准差（Standard Deviation）对数据进行标准化，从而将不同量级的数据统一化为同一个量级，统一用计算出的Z－Score值衡量，保证了数据间具有可比性。经过处理的数据符合标准正态分布，数学期望值为0、标准差为1。此方法适用于属性的最大值和最小值未知或有超出取值范围的离群数据的情况。

具体转换过程如下。

第一步，求出各个变量（指标）的数学期望值（算数平均值）$\bar{x}_i$和标准差σ_i。

第二步，利用以下公式进行标准化处理。

$$x_i' = \frac{x_i - \bar{x}_i}{\sigma_i} \tag{11-1}$$

式（11－1）中，x_i'为标准化变量值；x_i为实际变量值；$\bar{x}_i$为各变量的数学期望值；σ_i为各项指标的标准差。

第三步，进行标准化处理的指标中如果存在逆指标，则要改变处理后的符号。标准化后的变量值围绕0上下波动，大于0说明高于平均水平，小于0说明低于平均水平。

三、权重体系的构建

对于综合评价指数，引入权重的目的在于体现不同的统计指标对于事物综合状况的影响程度的反映，权重的相对大小也反映了指标的相对重要程度。权重赋值的合理性直接影响着评价体系的合理性，因而权重取值需要根据指标体系的特点合理设置。

1. 构建原则

权重确定方法可分为主观赋值法和客观赋值法。主观赋值法是研究者根据经验对评价体系中的各项指标重要性进行主观分析与判断来确定的，如主观加权法，专家调查法等。此方法依赖研究者的经验观察与洞察力，决策或评价结果具有较强的主观随意性，尽管可由多位专家共同商讨决定以降低个人主观造成的偏差；但也会给决策者造成负担，在应用中有很大的局限性。客观权重是由于变换统计资料的表现形式和统计指标的合成方式而得到的权重，常见的客观权重法有变异系数法、主成分分析法、熵值法等。在多数情况下，客观赋值法的权重精度较高，但会和实际情况相悖，解释性较差。两种方法各有优劣，如将两种方法结合，同时利用数学理论依据和主观经验认知，使权重既具备客观性也能够符合实际情况，进而使决策结果真实、合理、可靠。本报告考量了多种客观权重分析法，根据指标体系的实际情况加以筛选，最终选定了变异系数法（Coefficient of Variation Method）来确定指标的权重。下面介绍变异系数法的原理。

2. 变异系数法

变异系数又称“标准差率”，是衡量资料中各观测值变异程度的另一个统计量。此方法的基本原理是，指标取值差异越大，即代表越难以实现，就更能反应被评价单位的差距。评价体系中各项指标的量纲不同时，需要用各项指标的变异系数来衡量其差异程度。具体操作如下。

第一步，计算各项指标的变异系数。

$$V_i = \frac{\sigma_i}{\bar{x}_i} \quad (i = 1, 2, 3, \cdots, n) \tag{11-2}$$

第二步，计算各项指标的权重。

$$W_i = \frac{V_i}{\sum_{i=1}^{n} V_i} \tag{11-3}$$

式（11-2）、式（11-3）中，V_i 是第 i 项指标的变异系数；σ_i 是第 i 项指标的标准差；$\bar{x}_i$是第 i 项指标的平均数；W_i 是第 i 项指标的权重。

四、评价结果的合成

在前述步骤中，已对原始数据进行了无量纲化处理并通过变异系数法求得了权重，在此基础上可得出最终的得分矩阵。整个流程分为如下四个步骤。

第一步，采用 Z－score 标准化法，由式（11－1）各指标的标准化变量 x_i'。

第二步，采用变异系数法并进行主观选择，得到式（11－5）中的各指标权重 W_i。

第三步，加权求和，以 W_i 为权重，用对应的各指标加权求和得到每个对象的基础得分。

$$Z = \sum_{i=1}^{n} X_i' W_i \quad (11-4)$$

第四步，由于评价得分常采用百分制，所以运用线性映射将基础得分放缩，最终得到取值在［0，100］区间的取值范围内的最终的评价值 S。

第三节　智慧湾区城市社会发展品质的评价与分析

运用粤港澳大湾区 11 个城市 2012—2019 年数据，基于上述指标体系构建方法对指标数据进行处理，本报告最终得出了湾区城市的社会发展品质指数得分情况，见表 11－2。需要特别指出的是，与去年测度的结果相比，尽管评价方法相同，但由于变异系数法是客观赋权法，数据更新导致样本变动，此次测度过程中得到的权重系数有所调整。因此，在分数上与去年评价结果有差异，但本年评价的不同年份之间仍然具有可比性。

接下来，本报告分别从纵向、横向以及结构三个角度进行品质指数的评价。

表 11－2　　粤港澳大湾区城市社会发展质量指数

地区	2012年	排名	2013年	排名	2014年	排名	2015年	排名	2016年	排名	2017年	排名	2018年	排名	2019年	排名
广州	84.95	1	85.59	1	86.42	1	86.67	1	86.54	1	87.93	1	88.60	1	89.07	1
深圳	82.77	3	83.35	3	83.89	4	83.57	4	82.27	5	83.61	5	83.83	5	84.83	5
珠海	82.32	5	83.10	4	84.34	3	83.15	5	83.24	4	84.56	3	84.98	3	86.16	3
佛山	74.72	8	75.12	8	75.46	8	75.20	9	75.98	9	77.65	9	79.36	7	78.83	9
中山	76.55	7	77.50	6	78.02	6	78.49	6	79.13	6	80.15	6	81.21	6	84.85	4
东莞	73.66	11	74.09	11	73.99	11	75.16	10	74.69	11	74.44	11	75.60	11	75.26	11
肇庆	74.02	9	74.77	9	75.01	9	76.13	8	77.07	8	78.14	7	78.61	8	78.90	8
江门	76.77	6	77.18	7	77.26	7	78.29	7	78.89	7	77.87	8	78.24	9	81.64	7
惠州	73.72	10	74.22	10	74.77	10	74.92	11	75.71	10	76.80	10	77.41	10	78.04	10
香港	82.42	4	82.55	5	83.11	5	83.68	3	83.66	3	83.80	4	84.78	4	84.61	6
澳门	84.09	2	84.17	2	85.68	2	85.81	2	86.44	2	87.11	2	88.10	2	88.76	2
平均数	78.73	—	79.24	—	79.82	—	80.10	—	80.33	—	81.10	—	81.88	—	82.81	—
标准差	4.16	—	4.12	—	4.45	—	4.15	—	3.93	—	4.11	—	4.04	—	4.18	—

数据来源：根据课题组测算得出。

一、纵向分析

纵向对比湾区城市在2012—2019年各自的品质指数，有助于了解每个城市的社会发展状况和变动趋势，可以进一步通过数据对比更细致地分解各个城市社会发展品质指数的主要影响因子，并可对此提出相应的发展建议。

1. 广州

图11－1是广州2012—2019年社会发展品质指数的得分情况以及连续七年的增长速度。可以发现，自2012年以来广州市的社会发展品质指数基本能够保持增长状态，且连续七年保持大湾区城市首位。从得分上看，2013年开始广州一直维持在85.50分以上，并于2019年达到历史最高分89.07分；从增速来看，除2017年增速相对较高达到1.61%以外，其他年份的指数变动浮动不大。主要因素表现在人均拥有公共图书馆藏书量达到

最高2.38本，专业技术人才占就业人数比重达到16.52%的最高值，同时每万人在校大学生人数突破800关口达到826.7人等。在各项指标的突破下，广州作为粤港澳大湾区建设的核心城市之一，其为社会发展做出的努力起到了表率作用。

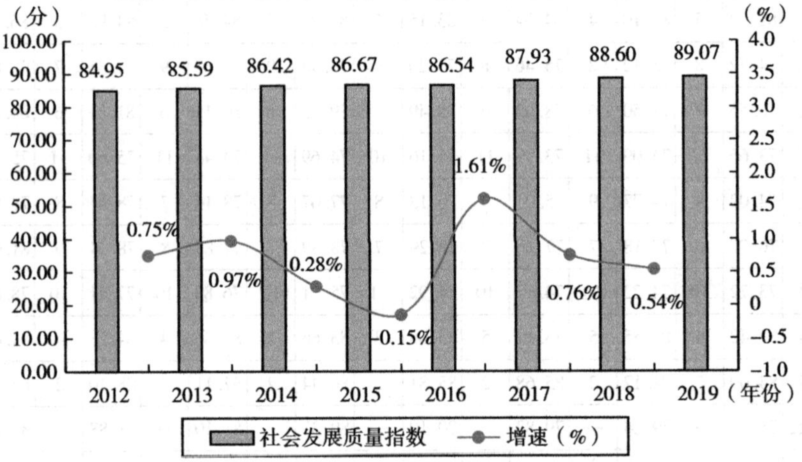

图11-1　2012—2019年广州社会发展品质指数

2. 澳门

2012—2019年澳门社会发展品质指数总体呈现平稳持续增长的态势（见图11-2）。2014年开始，其得分一直在85分以上，并且连续七年占据排行榜第二名。2019年，澳门得分较上年轻微增长达到88.76分的最高值，其主要原因在于社会保障支出占财政总支出比重达到28%的最高值，每万人口在校大学生数突破530人，衡量交通指标的公交出行比重也达到最大值92.29%。

3. 深圳

从深圳2012—2018以来的发展可以发现，其社会品质总体上呈现增长状态（见图11-3）。除2015年、2016年连续两年得分下降以外，其他年份都实现了增长。但深圳在湾区城市的排名有所下跌，自2012年第三位次下跌到了2019年第五位次。2016年，深圳社会发展品质相对其他年份来说跌幅较大，达到-1.55%，得分回落甚至低于2012年水平，主要原因在于宽带家庭用户率和公交出行比重以及每万人口大学生数的降低。但经过

2017 年、2018 年两年的发展，下跌的得分已经被弥补，2019 年深圳得分首次超过 84 分达到历年最高值。从统计指标的实际值发现，2019 年深圳除了社会保障支出占财政总支出的比重有所下降外，其余各项指标相比上一年都有略微改善。变化最大的教育指标，每万人口在校大学生数突破了 80 人，达到 84.2 人，而 2018 年 79.7 人。专业技术人才占就业总人数比重也达到了 14.3% 的历史最高值，城镇登记失业率达到最低值 2.18%，此外公交出行比重、宽带交通用户率也达到最高水平。

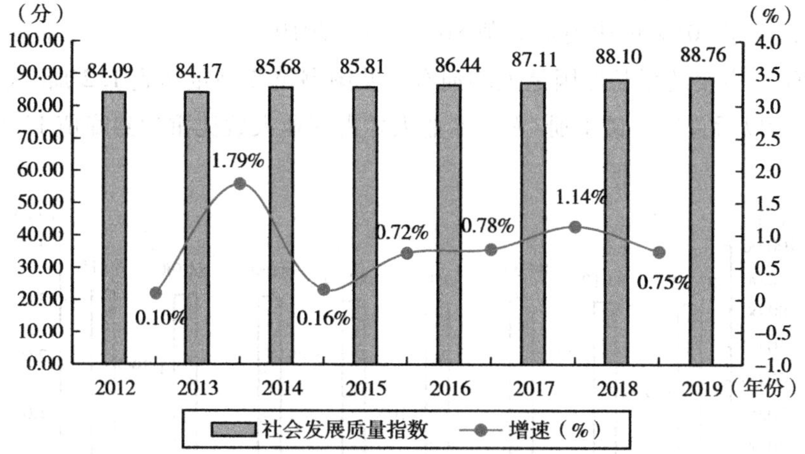

图 11－2　2012—2019 年澳门社会发展品质指数

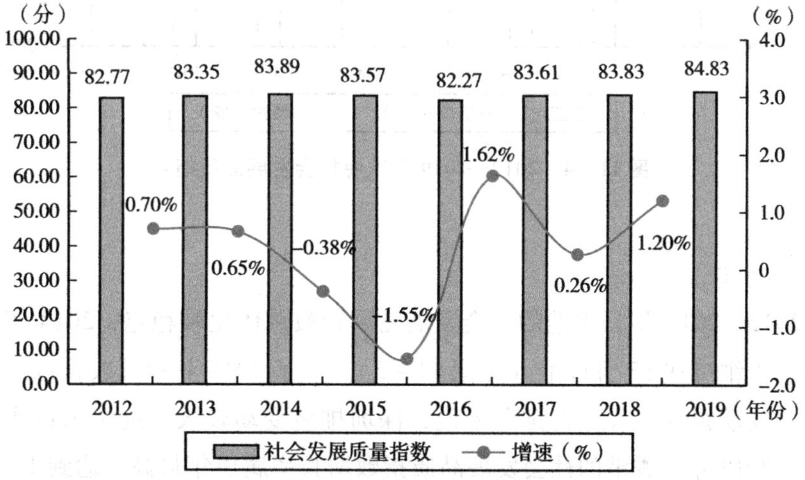

图 11－3　2012—2018 年深圳社会发展品质指数

4. 珠海

珠海的社会发展品质总体上发展良好，指数呈现增长状态，除2015年有短暂的下降外，其他年份有较大提升，最高增幅达到1.59%（见图11-4）。排名从第五位上升至第三位，且2017—2019年连续三年其位次保持在第三名，仅次于广州与澳门。2015年，由于珠海人均拥有公共图书馆藏书量以及专业人才占就业人数比重两项指标大幅下跌，其得分下跌1.41%。好在2016年以后，其主要统计指标如社会保障支出占财政总支出的比重、每万人口医生数、宽带交通用户率均连年稳步上涨，珠海的社会发展质量指数开始回升，并于2019年达到最高值86.16分。2019年，指数的增长幅度达到1.39%，主要的增长原因是人均拥有公共图书馆藏书量达到1.2册/人，于2015年以后首次突破1册/人，专业人才占就业人数比重达到峰值12.9%。

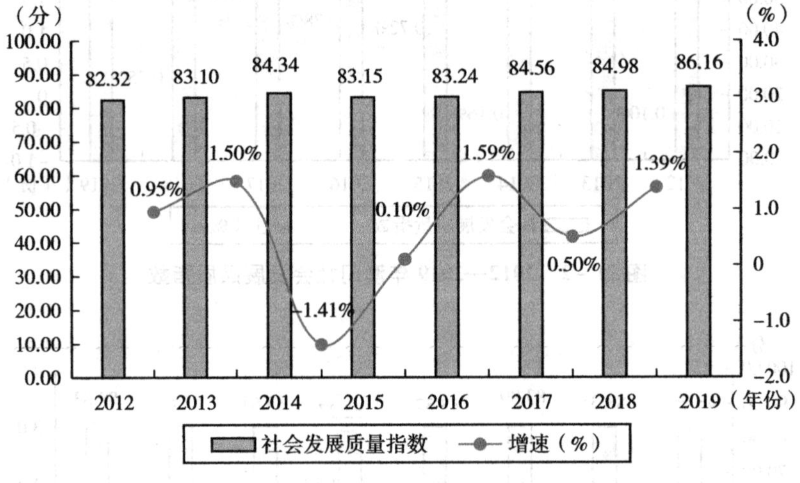

图11-4　2012—2019年珠海社会发展品质指数

5. 香港

2012—2019年，香港的社会发展品质指数总体比较稳定，2014年开始得分一直维持在83分以上（见图11-5）。除了2018年增长较快以外，其他年份变动幅度不大。就排名来说，深圳排名变动较大，近年来位次一直下跌。2018年，香港的社会发展品质指数增长率属历年最高，达到1.18%，主要是因为专业技术人员占就业总人数比重大幅提升。2019年，得分略微下降，分析各项统计指标发现，专业技术人员占每万人口大学生数、公共交通出行比重这三项指标均有所下跌，后两者甚至跌至低于2012年的水平，但当年人均拥有公共图书馆藏书量突破2册/人，最终保证了得分仅有0.21%的小幅下降。但相比广州、澳门而言，香港总体指标仍有一定差距，因此排名并不在前位。

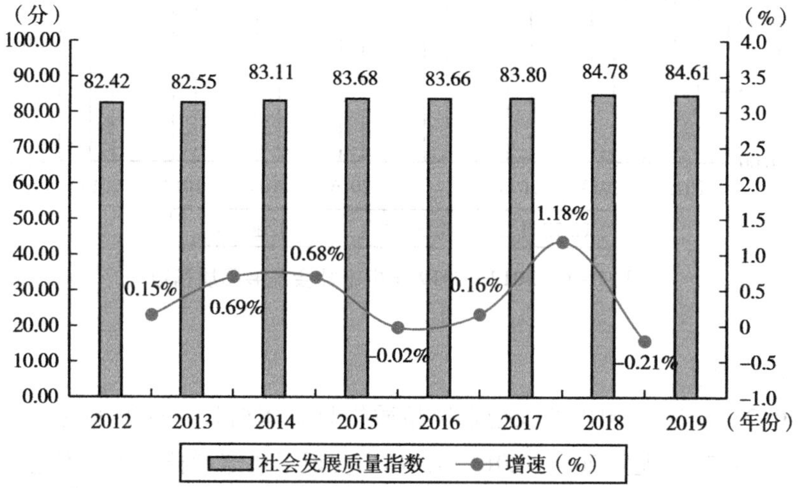

图11－5 2012—2019年香港社会发展品质指数

6. 中山

2012—2019年，中山的社会发展品质指数总体向好，呈现持续增长的态势（见图11－6）。2012年中山的得分为76.55分，至2019年持续增长达到84.85分，尤其是2016年以后，增速均高于1%。从位次上来看，按照社会发展品质指数排名，中山排名不断上升，2019年更是超过深圳到达第四位。2019年，增速达到4.47%的高水平，这一突出成绩主要源于人均拥有公共图书馆藏书量（册）从0.08提升至1.44，增长了17倍，专业技术人才占就业人数比重从16.13%提升至18.08%，社会保障支出占财政总支出比重从7.69%提升至10.00%。但也应指出，其每万人在校大学生人数从172.2人降低至157.1人。尽管其他指标有增有剪，但总体上中山社会发展指数在2019年实现了快速增长。

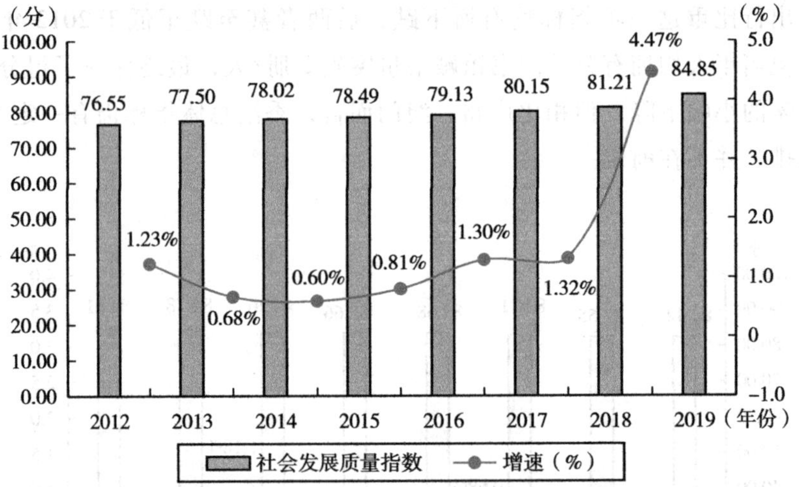

图 11－6　2012—2019 年中山社会发展品质指数

7. 佛山

2012—2019 年佛山的社会发展品质指数总体增长，有很大的发展潜力（见图 11－7）。尤其 2016—2018 年，佛山实现了快速增长，增速均超过 1%，2018 年达到了历史最高得分 79.36 分。在此期间各项指标有增有减，得分增长

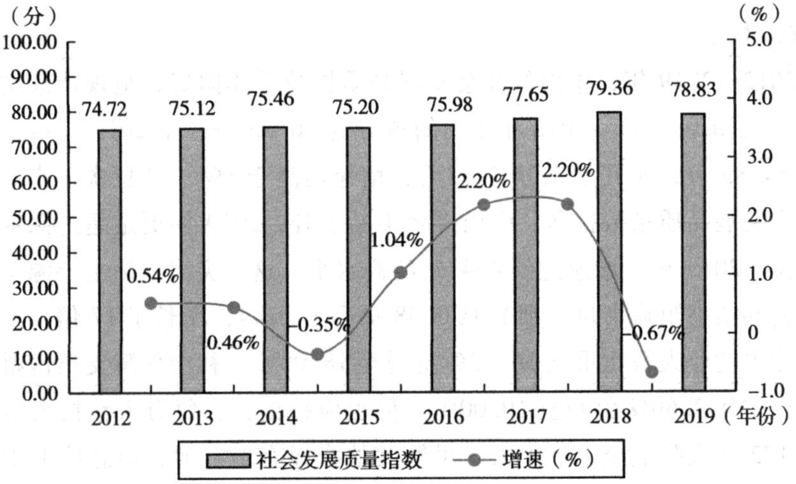

图 11－7　2012—2019 年佛山社会发展品质指数

的主要原因在于，人均拥有公共图书馆藏书量（册）快速提高突破1册/人，专业技术人员占就业总人数比重提升至9.41%的最高水平、社会保障支出占财政总支出的比重突破10%，家庭宽带普及率首次超过100%，值得一提的是，2017年佛山的每万人口在校大学生数实现翻一番，这和诸多高等院校在佛山设立分校有直接的关系。2019年佛山的社会发展品质指数轻微下跌，主要是专业技术人才占就业总人数比重、社会保障支出占财政总支出比重以及公共交通出行比重均有所下降。目前，佛山的社会发展品质指数还未突破80，在社会发展的各个方面还有很大的上升空间。

8. 江门

江门的社会发展品质指数总体呈现上升趋势，大多数年份维持在第七名（见图11－8）。2012年到2019年，其得分从76.77分提升至81.64分，期间只有2017年得分有所下降，2019年得分增长率高达4.36%。2017年之所以出现降幅，是由于2017年的统计指标中，专业技术人才占就业人数的比重有所下降，甚至由11%以上降至7%左右。但2019年得分大幅提升，原因在于大多指标均向好发展，尤其是每万人医生数由2018年的22.4分增长至44.6分，几近翻番，此外专业技术人才占就业总人数比重提高至7.69%，城镇登记失业率降低至2.12%的最低水平，互联网宽带家庭用户率提高至140.55%。江门的社会发展各项指标总体呈现了出向好增长的大好局势，发展势头强劲。

9. 东莞

2012年至2019年，东莞的社会发展品质指数波动较大，2015年以后基本处在75分左右的水平（见图11－9）。其在2014年、2016年、2017年、2019年均有所下降，但降幅较小。2018年实现1.56%的增速得分达到75.6分的最高水平，主要原因是2018年东莞城镇登记失业率降低至1.4%，每万人医生数、每万人在校大学生数以及互联网宽带普及率都有所上升。但2019年得分回落，达到75.26分，主要原因在于互联网宽带普及率由81.87%下降至48.01%，公共交通出行比重由16.24%下降到13.7%。

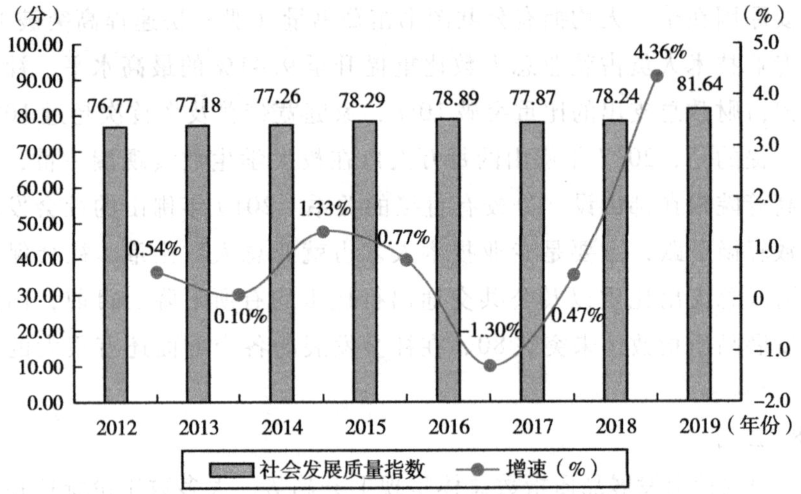

图 11－8　2012—2019 年江门社会发展品质指数

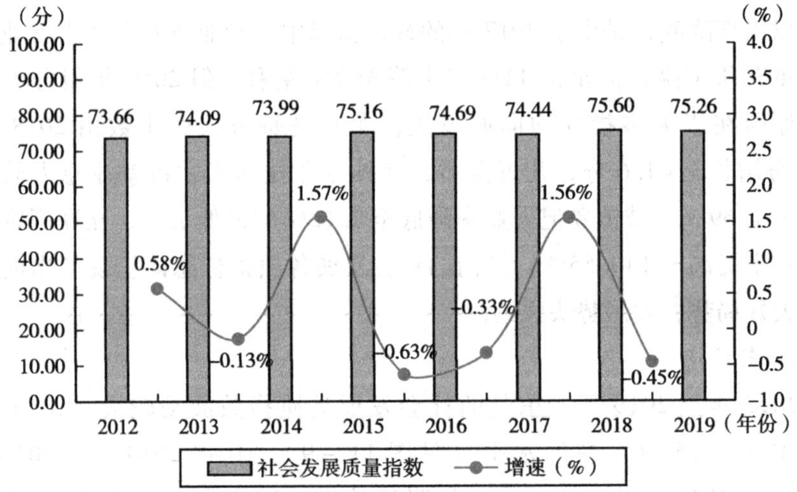

图 11－9　2012—2019 年东莞社会发展品质指数

10. 惠州

2012 年至 2019 年，惠州的社会发展品质指数相对较低，但一直保持稳步增长。从位次上看，惠州多数时候均排名第 10 位（见图 11－10）。其得分自 2012 年的 73.72 分增加到 2019 年的 78.04 分，期间 2016 年与 2017 年增长速度最快，均高于 1%。指标统计显示，2012 年至 2019 年，除了公共交通出行比重略微下降，专业技术人员占就业人员比重在6.3%上下波动以外，惠州社会发展的其余各项指标中均呈现向好发展的趋势。尤其是人均拥有公共图书馆藏书量从0.26上升大幅增长至0.51，每万人大学生数从52.0人增长至100.7人，两项指标几近翻番。此外，社会保障支出占财政总支出的比重也突破10%，互联网宽带家庭普及率上升至149.22%的历史最高水平。尽管惠州得分相对降低，但其社会发展一直稳步提升，发展空间较大。

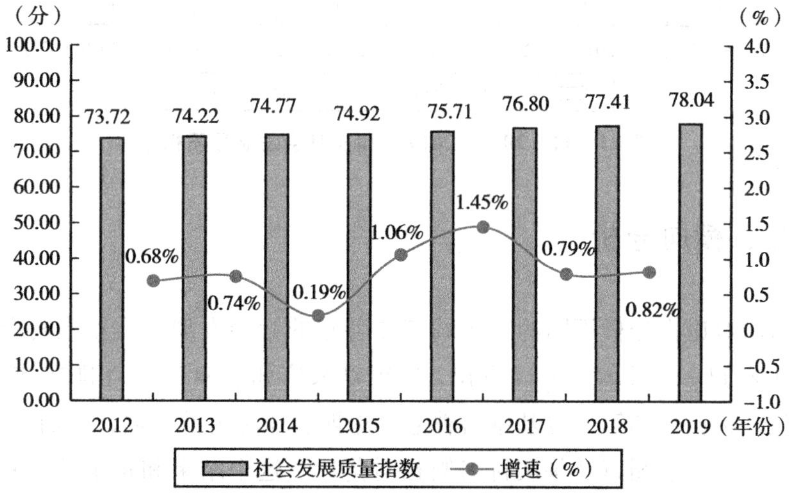

图11－10　2012—2019年惠州社会发展品质指数

11. 肇庆

2012—2019年，肇庆的社会发展品质指数其社会发展品质指数总体是稳步上升的，增长率也十分可观（见图11－11）。从排名来看，其位次由第九位上升至第八位且近年来位次较为稳定。2012年至2019年，显有大幅度增长的统计指标是，人均拥有公共图书馆藏书量由2012年的0.39册升至0.73册，社会保障支出占财政总支出的比重由2012年的10.07%增至2018年的17.94%，但2019年下跌至15.36%，每万人口医生数由2012年的13.5人增至2018年的20.1人，每万人在校大学生数由199.3人增至272.5人，互联网宽带家庭普及率由45.03%上升至99.13%。

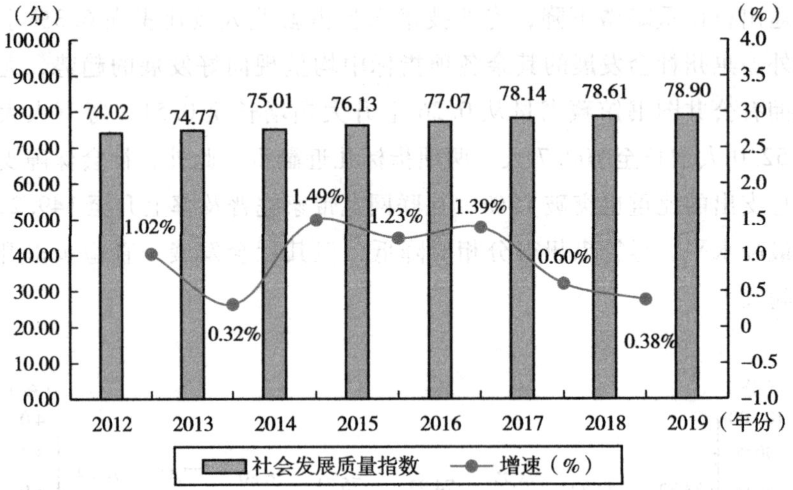

图 11-11　2012—2019 年肇庆社会发展品质指数

二、横向分析

横向对比将分析不同的湾区城市在各年的社会发展品质指数得分和排名，如表 11-2 所示。可以看出，8 年以来广州、澳门一直排在前两位，第三位、第四位和第五位基本由香港、深圳、珠海轮番占据，中山、佛山、江门、东莞、惠州以及肇庆排名则相对落后。这个结果和每个城市具体每个指标的发展状况密切相关，接下来将逐年分析不同湾区城市的社会发展品质指数得分和排名，同时进一步通过指标数据的对比探讨每个城市的优势与薄弱之处。此外，还将利用雷达图分析法展示整个大湾区社会发展的全貌，一目了然地找到发展较好和相对薄弱的城市。

1. 2012 年

2012 年，粤港澳大湾区城市社会发展品质指数排名前三的分别是广州、澳门和深圳（见图 11-12）。广州的社会发展品质指数排名第一，原因在于教育指标（每万人口在校大学生数）和公共交通指标（公交出行比重）具有极大优势；而澳门文化指标（人均拥有公共图书馆藏书量）和社会保障指标（社会保障支出占财政总支出比重）远高于其他城市；深圳的科技指标（专业技术人才占就业人数的比重）则十分突出。其次，珠海与香港分别为第四名和第五名，且两者差距并不大。其中，珠海的教育指标与医疗卫生指标皆高居榜首，其他指标也处在中下游水平，而香港的交通指标2012年位居第一，但城镇登记失业率在最高，各项指标发展都较为均衡，处在中上游水平。排名后三位的分别是肇庆、惠州和东莞，其中惠州与东莞均低于74分，与第一名广州相差近11分有余。惠州与东莞的各项指标相对比较落后，尤其科技指标、通信指标以及公共交通指标均在湾区城市里处于低位。从第六名江门开始，有6个地区的指数低于平均数，标准差为4.16分，离散程度很高，说明湾区城市间的发展不平衡现象十分突出。

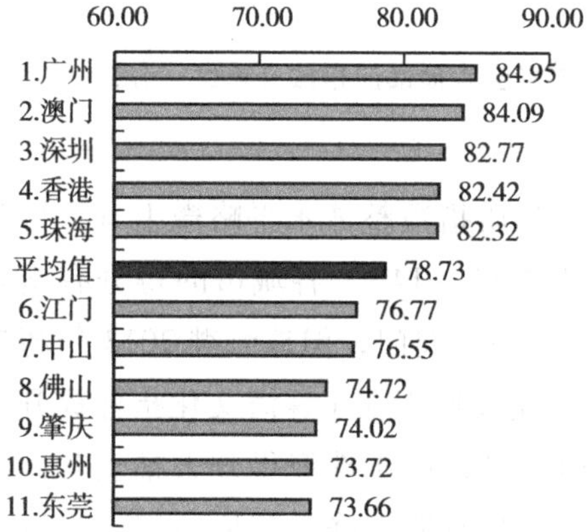

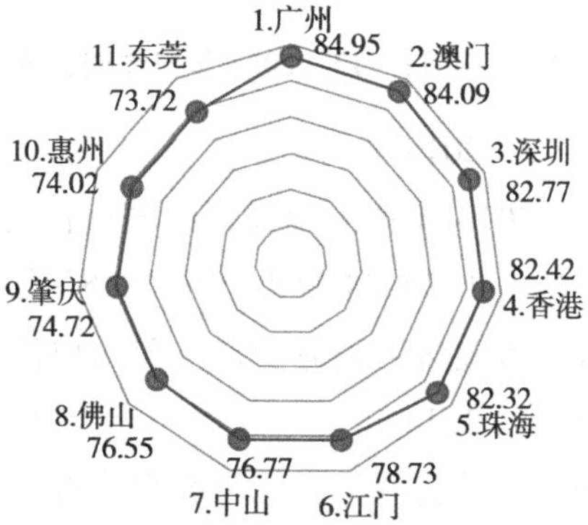

图11－12　2012年粤港澳大湾区城市社会发展品质指数（单位：分）

2. 2013年

2013年，湾区城市社会发展品质的整体水平上升，每一城市的得分均较上一年提升（见图11－13）。从粤港澳大湾区城市社会发展品质指数排名来看，广州以85.59分的高分依旧居第一位，居于第二位的澳门与第三名深圳的差距有所缩小。相比2012年，第四位与第五位出现轮换，珠海居于第四而香港居于第五，其主要原因在于社会保障指标的变化，珠海的社会保障支出占财政总支出比重有所上升。然而，香港这一指标下降。此外，中山和江门两者的也互换了位次，但两者得分差别不大。排名最末的仍是肇庆、惠州以及东莞，虽然得分均有上升，但其与广州之间的差距并未缩小。同样地，第六名中山以及排名其后的城市均于平均值。总体上，得分的标准差从4.16分降至4.12分，前后差别不大，仍然有着不平衡问题。

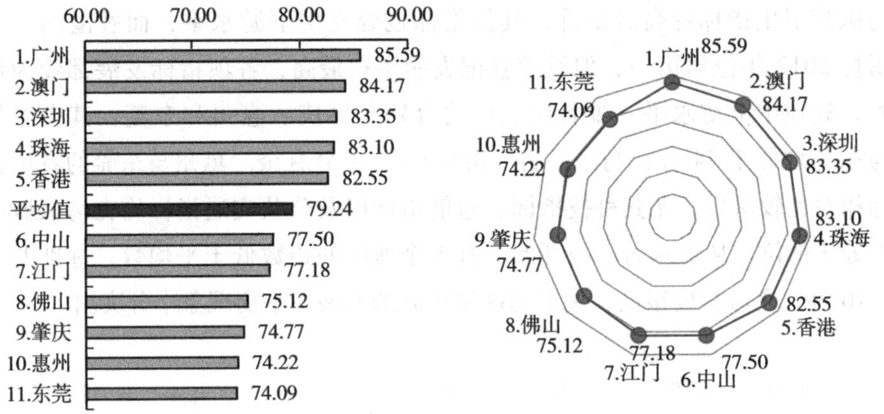

图 11－13　2013 年粤港澳大湾区城市社会发展品质指数（单位：分）

3. 2014 年

2014 年粤港澳大湾区城市社会发展品质指数整体水平略微上升，得分平均值由 79. 24 分上升至 79. 82 分（见图 11－14）。各城市的得分有增有减，因此排名稍有变动。前两位依然是广州与澳门，但珠海继 2013 年超越香港后 2014 年再超过深圳成为第三名，主要原因在于珠海文化指标提升约 50%，社会保障指标与教育指标均有所上升；由于珠海得分大幅上升，深圳与香港落至第四名和第五名，且香港得分有所下降。其他城市排名没有变动。然而，需要指出的是，排名最低的东莞得分下降，与高位次城市的差距进一步扩大。2014 年得分的标准差上升至 4. 45 分，城市间的差距进一步扩大，不平衡现象依旧存在。

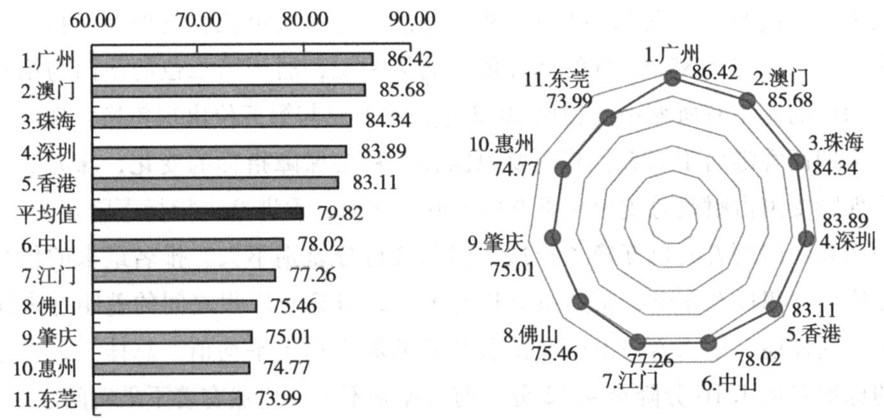

图 11－14　2014 年粤港澳大湾区城市社会发展品质指数（单位：分）

4. 2015 年

如图 11－15 所示，2015 年粤港澳大湾区内各城市社会发展品质指数整体水平上升，平均值超过 80 分。从排名上看，各城市名次波动较大。首先，广州与澳门依然高居首两位，但香港、深圳、珠海经历了名次重排。由于深圳与珠海得分双双下降，香港以微弱的得分增长超过两者成为第三名。珠海从第三位重新跌至第五位，主要原因在于文化指标大幅下跌，人均拥有公共图书馆藏书量从 2. 12 册跌至 0. 89 册。其次，社会发展品质指数低于平均值的城市中，也有两组城市的名次经历了重排。但肇庆超过佛山排在了第八位，而东莞超过了惠州成为第十位，惠州居于末位。东莞得分的增幅较大，社会保障指标与教育指标都大幅提升。与 2014 年相比，末位城市得分（即惠州）与首位广州的差距有所缩小，总体的标准差也降至 4. 15 分。

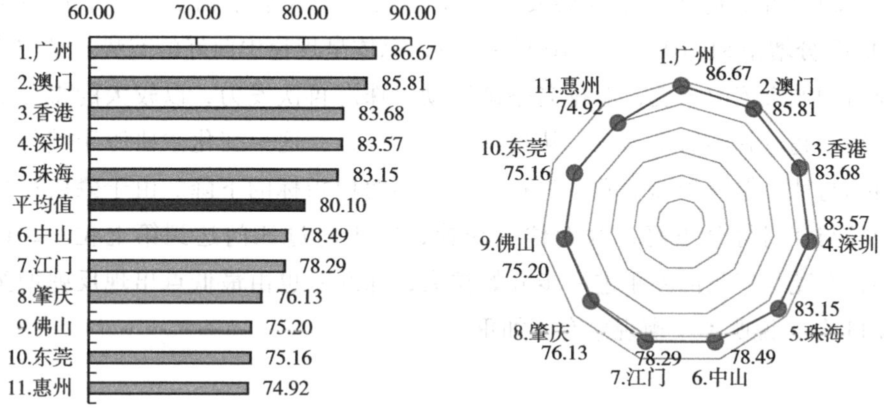

图 11－15 2015 年粤港澳大湾区城市社会发展品质指数（单位：分）

5. 2016 年

2016 年粤港澳大湾区城市社会发展品质指数整体水平变化不大，平均值仅由 80. 1 分增至 80. 33 分（见图 11－16）。从排名来看，广州、澳门分居第一、第二的地位并未改变，但两者差距缩小，仅有 0. 1 分；有两组城市排名较之 2015 年出现了变化。一是珠海再次超越深圳跃居第四位，原因主要是深圳的得分降低。二是东莞得分降低，惠州得分上升，两者名次再次轮换，东莞回落至末位。尽管整体水平未有大的进步，但 2012 年总体的标准差降至 3. 93 分，离散程度有所缓和，但总体不平衡的状况依旧存在。

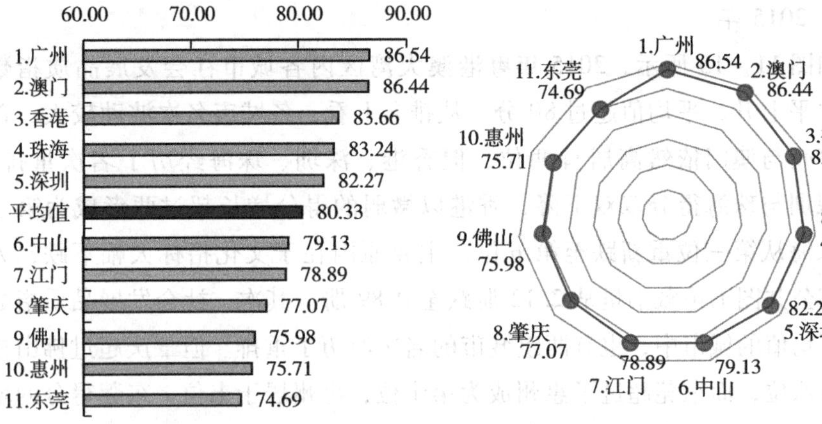

图 11－16　2016 年粤港澳大湾区城市社会发展品质指数（单位：分）

6. 2017 年

2017 年，湾区城市社会发展品质指数整体水平小幅上升，平均值由 80. 33 分增至 81. 10 分（见图 11－17），总体呈现稳中向好的态势。平均值前后的城市依旧未变，但排名略微变动。珠海再次发力，以较大的得分增长重新超过香港居于第三。从指标统计上分析，这一变化主要源于其科技指标与社会保障指标上升，弥补了前两年两项指标的下降。由于肇庆得分增长与江门得分下降，两者位次交换，肇庆超过江门达到第七位。2017 年，东莞与广州的差距进一步开始拉大，标准差也由最低点出现反弹增至 4. 11 分，说明不平衡现象有所加重。

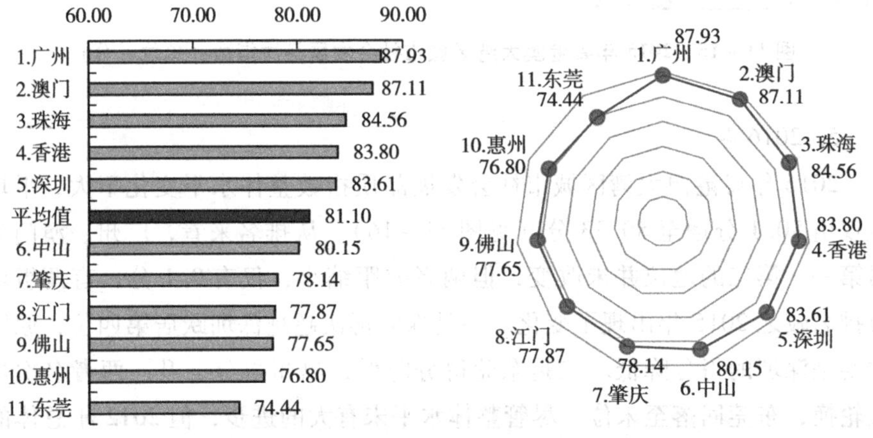

图 11－17　2017 年粤港澳大湾区城市社会发展品质指数（单位：分）

7. 2018 年

2018 年，湾区城市社会发展品质指数整体水平保持上涨趋势，由 81.10 分增至 81.88 分（见图 11－18）。同时，所有城市的得分均有上升，排在首两位的广州与澳门双双达到 88 分以上。从排名上看，社会发展水平在平均值以上的城市整体排名并无变化，但在平均值一下的城市中，佛山可谓“黑马”。在所有城市均有增长的情况下，佛山得分从 77.75 分提升至 79.36 分，超越肇庆与江门两个城市达到第七位。主要原因是佛山的文化指标与科技指标大幅增长。相对来说，各城市得分的标准差变化不大，由 4.11 分减至 4.04 分，不均衡情况并无变化。

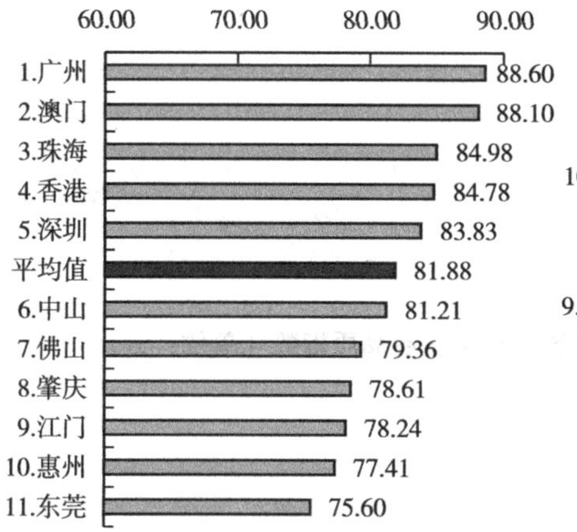

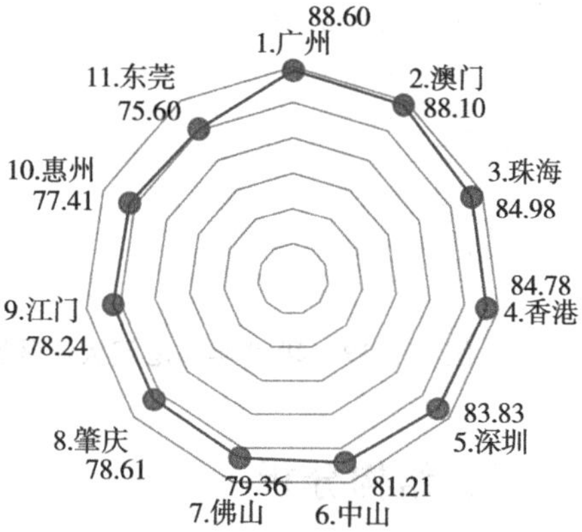

图 11－18　2018 年粤港澳大湾区城市社会发展品质指数（单位：分）

8. 2019 年

2019 年，湾区城市社会发展品质指数整体水平进一步上升，平均值由 81.88 分增至 82.81 分，首次超过 82 分（见图 11－19）。广州以 89.07 分的得分稳居榜首，澳门保持增长紧随其后居于第二，而其他城市排名变动较大。中山首次达到平均值以上，并且超越深圳和香港居于第四，其得分从 81.21 分增加至 84.85 分，主要原因是其文化指标增长了 17 倍，科技指标与社会保障指标也大幅增加。此外佛山与江门两个城市排名轮换，佛山重新跌落第九位，江门上升至第七位。可以发现，佛山得分下降，然而江门得分从 78.24 分增至 81.64 分，实现了大幅增长。而惠州、东莞仍然处在末位，且东莞与惠州差距在进一步扩大。各城市得分的标准差增至4.18分，较2018年有所增加。自2012年至2019年，期间标准差虽然经历了小幅度的缩小，但总体而言变化不大，不均衡状况并未缓解，说明湾区城市间的社会发展品质的差距没有改善，依旧是阻碍打造智慧湾区的一个难题，仍需高度重视。

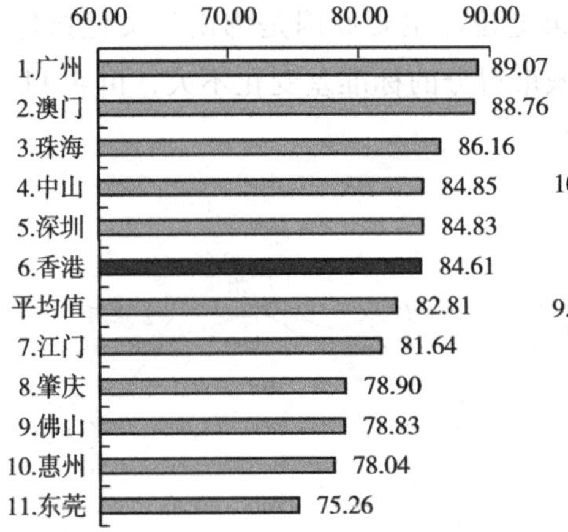

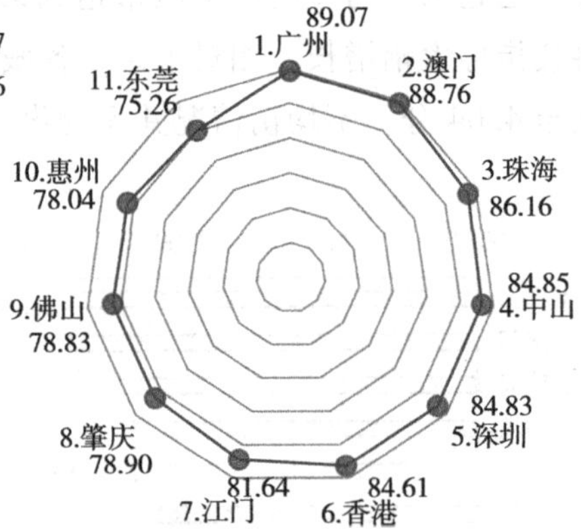

图11－19　2019年粤港澳大湾区城市社会发展品质指数（单位：分）

三、结构分析

我们以最近的一年2019年作为分析年，比较粤港澳大湾区城市在每一个指标方面的变量值和排名，分析粤港澳大湾区各地区的社会发展的不同方面的差异，最终发现粤港澳大湾区城市社会发展结构失调、各方面发展不平衡问题凸显。

1. 文化指标

11个城市的人均拥有公共图书馆藏书量平均值是1.72（册），超过平均值的只有香港、广州、深圳、澳门四个城市，这四个城市的社会品质发展指数排名也比较靠前。2019年澳门以3.47册的成绩占据第一名。而自2012年以来，澳门的人均拥有公共图书馆藏书量一直居于湾区城市的首位，人均拥有量平均都在3册以上。排名第二的深圳为3.41册，与澳门较为接近。而广州与深圳的这一指标远高于其后的广州和香港，后两者人均不足3册。2019年，人均不足1册的城市从5个减少至3个，说明湾区城市的文化指标总体水平进一步提高，但第一名澳门与最后一名惠州的差距为2.96册，差距仍然较大，说明各城市之间的公共文化发展并不平衡（见图11－20）。

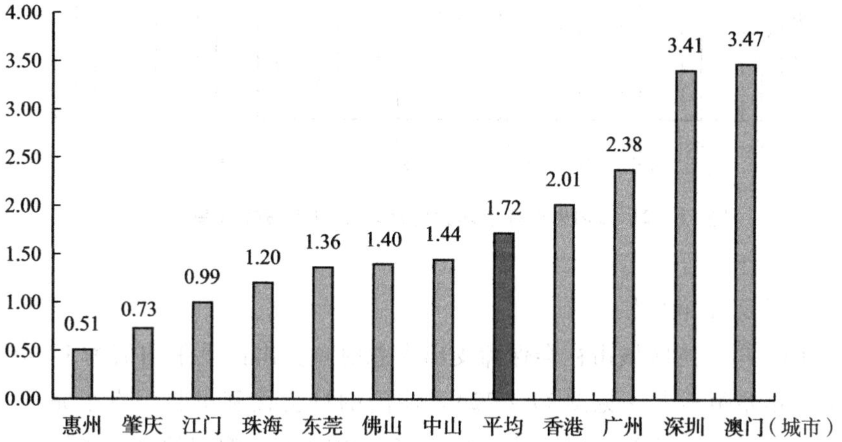

图11－20　2019年粤港澳大湾区城市文化指标（单位：册）

2. 科技指标

2019年，湾区城市的专业技术人才占就业总人数比重平均值为10.31%，较之2018年增长0.55个百分点，整体水平略微提高（见图11－21）①。在平均值以上的仅有4个城市，分别是中山、广州、深圳、珠海。其中，排在首位的是中山，其专业技术人才占比一直在提高，并在2019年达到最高值，占比为18.8%。但值得关注的是，排名靠后的东莞仅有3.58%，与平均值相差近7个百分点，与首位中山更是差了约15个百分点。同时其他城市指标也与高位次城市相差较大，因此从科技指标来看，湾区城市的社会发展也具有不平衡的特点。此外，香港与澳门这一指标低于湾区城市的平均水平，这足以说明内地对于人才资源建设的重视。

① 与本课题组2019年发布的《粤港澳大湾区城市发展研究》中的专业技术人才占就业总人数比重这一指标有差异。原因是在各市发布的统计年鉴中，就业总人数数据根据第四次人口普查数据有所调整，因此本文也相应调整了指标值。

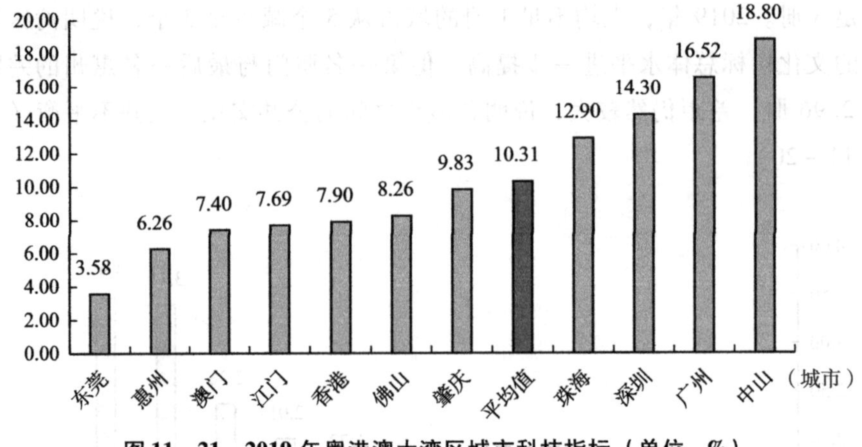

图 11－21　2019 年粤港澳大湾区城市科技指标（单位：%）

3. 社会保障指标

2019 年，湾区城市社会保障支出占总财政支出比重平均值为 12.49%，与上一年差距不大（见图 11－22）。澳门的社会福利机制一直很完善，自 2012 年以来一直在湾区城市中首屈一指。2019 年，澳门的这一指标名列榜首，达到 28%，超过第二位约 12 个百分点，远超于其他城市。值得关注的是，肇庆、江门的虽然总体排名处于低位，但社会保障指标却表现较好，说明政府对于社会福利的重视度很高；广州、深圳虽总体排名较高，但社会保障指标却低于平均值，尤其是深圳居最后一位，仅有 3.89%。

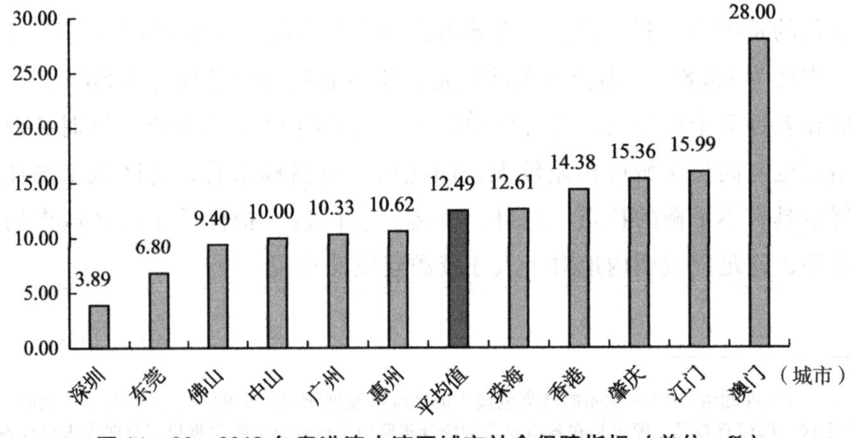

图 11－22　2019 年粤港澳大湾区城市社会保障指标（单位：%）

4. 就业与劳动指标

合理的城镇登记失业率意味着充足的社会活力和稳定的社会环境，中国目前使用的城镇登记失业率概念，是指城镇登记失业人数同城镇从业人数与城镇登记失业人数之和的比例关系。登记失业率与领取失业救济与低保补助密切相关，统计登记失业率有助于对城镇无业者提供帮助，所以可以和社会保障指标结合起来分析。社会保障制度越完善将可以承担更高的失业率。失业率最高的是香港。香港的社会保障支出比重超过了平均值，排名第四；澳门的失业率很低，其社会保障却十分到位。失业率高于平均值的有 7 个城市，却有 4 个城市的社会保障指标达不到平均值，说明总体社会保障和劳动就业结构并不合理（见图 11－23）。

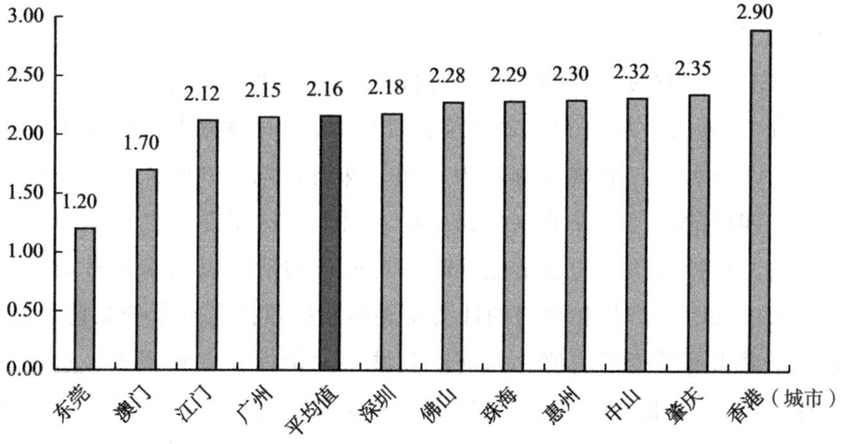

图 11－23　2018 年粤港澳大湾区城市就业与劳动指标（单位：%）

5. 医疗指标

2019 年，湾区城市每万人口医生数平均值为 29.3，较之上一年增加 2.3，且肇庆的每万人口医生数增至 20.1 人后，所有城市均已达到 20 人以上，说明大湾区整体医疗水平有所上升。在 11 个城市中，每万人口医生数在 30 人以上的城市为深圳、珠海、广州以及江门，其中江门以 44.6 人的高数量占据第一名，远超第二名的广州。而香港每万人口医生数仅 20 人，排名最末。但也应认识到，没有达到平均值的有 7 个城市，说明平均值有虚高的迹象，医疗卫生条件也存在不平衡的特征。

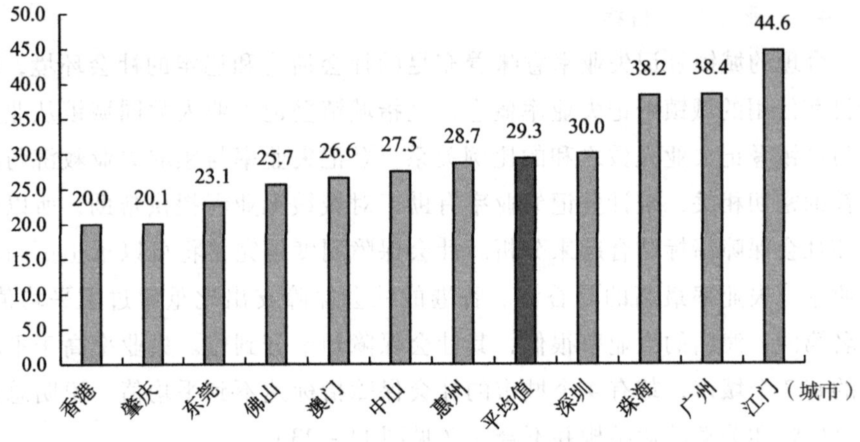

图 11－24　2019 年粤港澳大湾区城市医疗指标（单位：人）

6. 教育指标

2019 年，湾区城市的每万人口在校大学生数平均值为 318. 4 人，较上一年上升 14. 4 人。从图 11－25 可以看出，城市间每万人口在校大学生数差距很大，排名前二的城市分别为广州、珠海，均在 600 人以上，排名第三位、第四位的澳门与香港也达到 400 人以上，这得益于上述城市可观的高校数量。在校大学生的数量能反映一个城市的活力以及未来社会发展的潜力，所以珠海、广州和澳门的社会发展品质指数排名也十分靠前。然而，其余 7 个城市都低于平均值，与前四名城市的指标值差距很大，这说明资源资源的不平衡问题严重。排名最末的是深圳，每万人口在校大学生数不足 100 人，但深圳依靠良好的创业就业环境吸引了全国各地的就业人口，大学毕业生也趋之若鹜，完全可以弥补本地高校不足的问题。因此，应重视的是除深圳以外的其他城市。

7. 互联网指标

2019 年，湾区城市的互联网宽带家庭普及率平均值达 113. 6%，各城市水平普遍较高（见图 11－26）。其中，最高的是珠海，高达 155. 0%。此外，有 7 个城市的互联网宽带家庭普及率均达到 100%，未达到的只有澳门、肇庆、深圳、东莞，仍有其改善空间。可以发现，东莞这一指标只有 48%，与其他城市的水平差异较大，这也是东莞在社会发展品质指数中得分不高的重要原因。

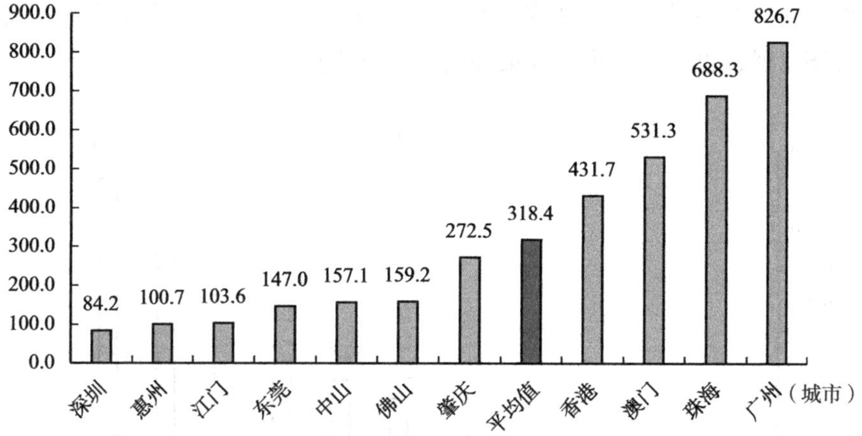

图 11－25　2019 年粤港澳大湾区城市教育指标（单位：人）

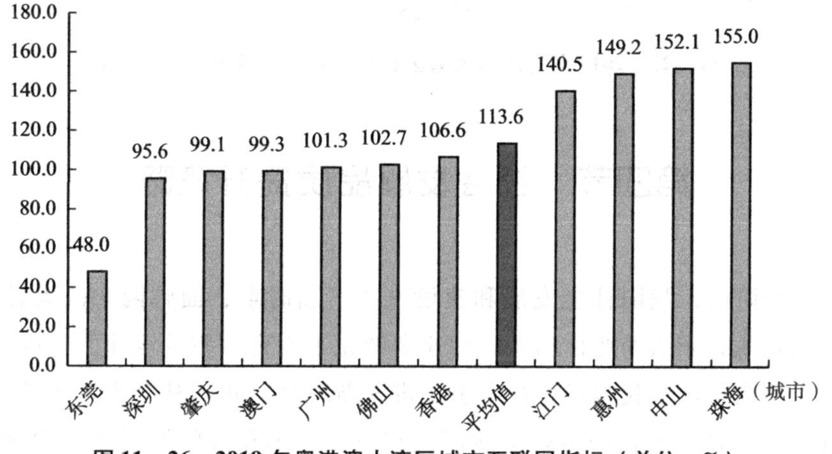

图 11－26　2019 年粤港澳大湾区城市互联网指标（单位：%）

8. 公共交通指标

2019 年，湾区城市的公共交通出行比重平均值为 53.3%，相较上一年变化不大。从图 11－27 的柱状图可以发现，湾区城市的公共交通指标存在显著的不平衡差异，以平均值为界，前后城市差异较大。首位香港的指标高达 165.7%，与其他城市存在明显差距，而末位肇庆之间的差距竟有 160%；低于均值的城市有 6 个，且皆低于 20%，与均值的差距过大。公共交通出行比重这一指标与城市基础建设有较大关联，2019 年的数据说明，湾区城市的基本建设水平仍然有较大差距，肇庆、江门等非核心城市的出行便捷度不足，总体结构不平衡现象过于突出，严重阻碍了湾区城市的协调发展，也是以后推行政策和措施的着力点。

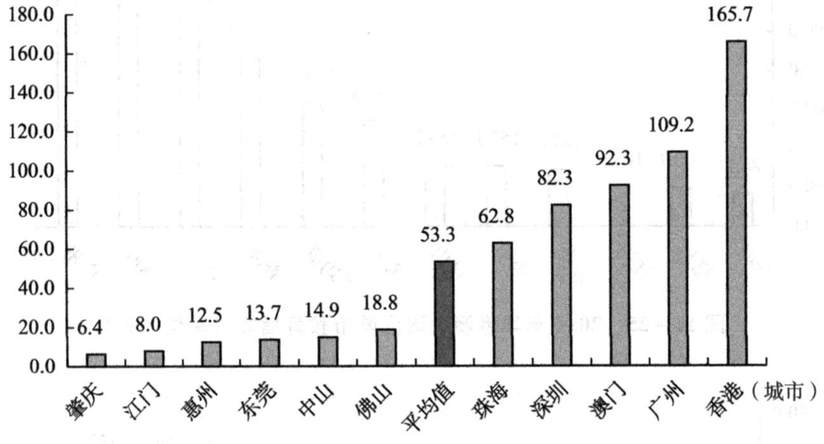

图 11-27　2019 年粤港澳大湾区城市公共交通指标（单位：%）

第四节　社会发展品质提升策略

当前阶段，我国社会发展和建设进入了新时期，面临两个巨大转变：社会发展主要矛盾的变化和人口加速老龄化下生育政策的变化。党的十九大大会报告提出，我国特色社会主义进入新时代，我国社会主要矛盾已经转化为人民日益增长的美好生活需要和不平衡不充分的发展之间的矛盾。社会发展在解决主要矛盾的过程中，必须要着重应对生育放开和人口老龄化问题。广东在这方面需要走在全国前列，为全国的发展探索有益经验。

2017 年 4 月 4 日，习近平总书记对广东的工作做出重要批示，充分肯定广东在党的十八大以来取得的成绩，要求广东要总结经验、明确方向、发挥优势、弥补不足，希望广东坚持党的领导、坚持中国特色社会主义、坚持新发展理念、坚持改革开放，为全国推进供给侧结构性改革、实施创新驱动发展战略、构建开放型经济新体制提供支撑，努力在全面建成小康社会、加快建设社会主义现代化新征程上走在前列。2018 年 3 月 7 日，习近平总书记在参加十三届全国人大一次会议广东代表团审议时指出，广东是改革开放的排头兵、先行地、实验区，在我国改革开放和社会主义现代化建设大局中具有十分重要的地位和作用，要求广东要进一步解放思想、改革创新，真抓实干、奋发进取，以新的更大作为开创广东工作新局面，在构建推动经济高质量发展体制机制、建设现代化经济体系、形成全面开放新格局、营造共建共治共享社会治理格局上走在全国前列，发挥“两个窗口”作用。粤港澳大湾区未来的社会发展在于，探索迈入高收入阶段后经济社会全面发展的经验，率先建设共建共享共治格局和机制，率先探索人口老龄化与生育放宽共振下社会共享的高质量社会发展和社会治理模式。

一、大湾区智慧社会建设为人口老龄化和生育新生态服务

总体来看，粤港澳大湾区社会发展是走在全国前列的，在信息技术的应用在全球快速扩展的时期，以互联网的应用为主要代表的信息技术在大湾区社会发展和社会管理的方方面面得到广泛应用。但国家对大湾区的定位是建设宜居宜业宜游的优质生活圈，坚持以人民为中心的发展思想，践行生态文明理念，充分利用现代信息技术，实现城市群智能管理。因此，大湾区要在智慧湾区建设中引领潮流，将大数据、云计算、人工智能等新一代信息技术和其他适用技术运用到社会人员流动管理、交通疏运与管理、社会治安管理、社会风险管理与防范等领域，为我国社会发展与智能化管理做出示范。

通过新技术、新产业的运用，增强社会组织的服务覆盖面和服务能力。作为衡量社会文明程度的一个指标，广东省万人社会组织的数量在2018年达到5.99个，在全国并不领先，还需要加大对社会组织建设的政策支持力度，制定相关的社区治理政策法规，进一步厘清政府与社会组织之间的关系，充分发挥社会组织和公众在社区治理中的作用。但珠三角地区社会组织的发展程度却比较靠前，比如深圳，万人拥有社会组织的数量居全国第一，广州、珠海等其他珠三角城市的数据也比较亮眼。

加大社会组织对老龄人口和育龄阶层对接服务层次。对于社会组织数量发展走在前列的珠三角城市来说，需要借助新技术、新产业的运用，增强社会组织的服务覆盖面和服务能力。如随着信息化和科技进步，物联网和协同共享的新经济模式能够加速公共服务的覆盖面。共享经济将成为社

会服务行业内最重要的一股力，可以弥补政府公共服务的短板，降低政府公共服务成本。在医疗领域，可以通过医疗信息的共享、疑难病症支持小组甚至社区护士的共享为患者群体提供互相安慰和鼓励。再如，以基因工程为代表的生命科学不断发展，健康产业的兴起，人—机互动技术实现对个体健康的全程监控，将能够为维护健康、预防与控制疾病的主流提供帮助，可以通过在社区服务站扩大建立智能服务机器人提供类似服务。

二、加强人力资源建设大力引进人才

习近平总书记谈到创新时说“人才是第一资源，创新是第一动力”。人才和人力资源也是社会发展尤其是智慧发展的巨大动力和核心资源，是社会文化品质提升的驱动力。粤港澳大湾区改革开放后已经聚集了一批高端科技人才，人力资源聚集程度明显提升，但与发达国家和地区相比，与大湾区智慧社会发展所需要的人才潜在需求相比，甚至与国内环渤海湾、长三角相比，这方面的人才缺口还是不小的。需要通过湾区内部内生培养和扩大引进相结合的方式提升人力资源结构，放大高水平人才对智慧社会发展的倍增器作用。

应该加大对创新理念的传播，树立创新教育观、质量观和人才观，以适应快速发展的时代要求；转变重视知识轻视能力的人才培养观念，树立知识与能力并重、全面发展的创新人才发展观。创新应该成为各类学校办学的核心目标，在保持对学生进行常规知识传授的同时，加大对学生创新能力的培养力度，并注重学生专业素养、心理素质以及道德的培养，积极引导学生走出校园、走向社会，使其充分运用所学知识解决现实问题。学校要打破陈旧的人才培养模式，因材施教，有针对性地、最大限度地激发学生的潜力，积极探索有利于创新人才教育实施的有效机制。加大力度培养高技能人才。以市场需求为导向，适当前瞻产业发展需求，通过加大校企合作、中外合作、企业独立办学等形式办学和合作力度，输送高技能产业人才。

应该借鉴国内外经验，出台富有创新性和吸引力的海外高技能人才引进措施，针对海外留学高层次人才、重点发展的产业，加大引智力度。首先，放宽外国高层次人才签证、居留许可政策。出台外籍人才积分评估制度，试点整合外国专家来华工作许可证和外国人入境就业许可。在广东自贸试验区率先推进外国技术移民制度改革试点并总结推广。围绕高技能人才引进工作，进一步完善相关的政策法规，加快研究制定投资移民、技术移民等方面的法律法规，为高技能人才引进提供法律保障。其次，适当提高引进高技能人才的待遇水平，探索推广以知识产权和智力入股、期权激励等激励形式。最后，积极建设和完善专门的高技能人才回流服务平台，实行外国人才分类管理，提供不同层次的管理和服务，为引进的高技能人才成长和创业提供便利条件。要充分发挥企业等机构在高技能人才引进中的主体性作用。鼓励企业特别是高新技术企业实施“走出去”战略，将“走出去”和“引进来”相结合，在积极进行海外投资的同时，加强对本领域境外高层次人才的引进工作。通过在创新创业、社会保障、薪资福利、个人成长等方面综合出台对引进和回流的高层次人才有吸引力的政策配套，形成激励高层次人才来广东创业和研究开发的引智机制。

三、扩大发展成果社会共享面，建立与老龄化和新生育生态向适应的公共服务机制

改革开放以来，大湾区取得的发展成就是有目共睹的。在经济发展的同时，社会医疗卫生、文化教育、保险保障等方面的发展也在稳步提升。但客观地讲，大湾区在加大力度提升发展成果社会共享、扩大公共服务水平还是有空间的。有些大湾区的引领城市，经济发达，人均医疗资源却并不出色；有些制造业发达的大湾区城市，文化公共服务产品的提供并不领先；在公共部门为社会失业社会兜底、再就业培训等方面，社会保障支出也有扩大的空间。针对大湾区建设产业科技发展、社会变迁中的弱势群体，政府需要兜底基本的民生服务保障，建立健全社会保障体系，增强弱势群体在社会变革中的抗风险能力与安全感。

提高社会保障水平。深化社会保险制度改革，实现职工养老保险基金省级统筹，扩大社保覆盖面，稳步提高社保待遇水平。积极应对人口老龄化，加强养老基础设施建设，推动医养结合，全面建设多层次多样化养老服务体系。落实政府兜底保障责任，健全社会救助体系，加强对残疾人、困境儿童、特困供养人员、低保户、流浪乞讨人员等特殊困难群体的保障

和救助。大力发展社会福利和慈善事业，加强妇女、儿童、老年人关爱保护服务。做好离退休干部工作。大力支持国防和军队改革，建立健全复退军人管理服务保障体系。

持续提高城乡居民收入。制订实施城乡居民增收行动计划，实现居民收入增长与经济增长同步。以就业创业带动增收，完善就业创业服务体系，提升劳动者技能，实现更加充分更高质量的就业。拓宽居民增收渠道，增加财产性收入来源，积极培育新型职业农民，提高农民经营性收入水平。深化收入分配制度改革，健全工资正常增长机制，完善工资支付保障机制，实施重点群体差别化收入分配激励政策，扩大中等收入群体，缩小收入差距。

要完善社会保障体系，全面实现湾区社会保障关系顺畅转移接续和异地就医即时结算，推动港澳在粤就业人员、区域灵活就业人员、农民工等群体按规定参加社会保险，建立跨境社会救助信息系统，支持社会福利和慈善事业发展合作。鼓励共建养老设施，加快粤港澳养老服务保障领域对接。

通过改革户籍管理体制，放宽湾区内人员出入境政策、港澳居民在粤就业就学养老政策等，实现人员自由流动。粤港澳三方的长期深入合作，除了在政府和经济层面的合作以外，也应加强社会组织层面的合作。充分发挥民间组织在社会治理和提供公共产品中的作用，将一些政府的服务功能让渡给民间机构去做。我们应当按照市场为主、政府引导的原则，推动三方社会组织的合作发展。三方的合作可以挖掘港澳社会组织管理与发展的先发经验，激发广东社会组织崛起的后发优势，从而构建一个良性互动、服务社会、健康向上的湾区大社会。比如，香港虽然没有专设的事业单位，却有很多类似于内地事业单位的社会组织，这些民间机构在提供社会服务方式上非常有经验。应鼓广东继续深入借鉴香港经验，发展更多能够承接部分政府、事业单位职能的社会组织，打牢政府购买服务的社团基础。

四、以数字化精品化为抓手建设国际一流文化湾区和东西方交流桥梁

传承和创新岭南文化，加强文化遗产保护及合理利用。加快基层公共

文化设施建设，创新文化供给模式，开展“互联网+公共文化服务”行动，构建现代公共文化服务体系，扩大文化惠民。促进文化产业跨界融合发展，培育新型文化业态，做强一批文化龙头企业。普及健康生活方式，建设更多居民身边的公共活动场所，广泛开展全民健身运动，不断增强人民体质。

以前瞻性战略谋划数字时代的文化发展。实施数字化战略，开辟广东文化崛起的新主战场。在对传统岭南文化进行创造性转化、创新性发展的同时，更加注重围绕数字化时代的文化发展谋篇布局，让数字化形态的新型文化产品、文化载体主要由广东产生、在广东实现，数字化形态下的文字资源要素主要向广东汇集。实施平台化战略，打造最佳创新创意生态圈。实施IP化战略，抓住撬动广阔市场的关键资源。实施国际化战略，立足全球视野配置全球资源。

推进具有强大撬动力的重点工程。以重点工程为抓手，推动文化战略和文化政策的落地。实施粤港澳大湾区“海丝文化小镇群”工程，建设一批国家级的集旅游商贸文化于一体的“海丝影视文化国际交流小镇”，打造中国文化海外传播交流的南中国中心。

五、完善法治规章，服务老龄化和新生育生态

发展转型的关键时期，必须更好发挥法治的引领和规范作用，更好统筹社会力量、平衡社会利益、调节社会关系、规范社会行为、维护公平正义，全面提升法治政府、法治社会建设水平，使社会在深刻变革中既生机勃勃、又井然有序。

各级党委政府要坚决维护宪法和法律权威，自觉运用法治思维和法治方式深化改革、推动发展、化解矛盾、维护稳定。全面贯彻落实法治政府建设实施纲要，健全依法决策机制，加大政务公开力度，推进审计监督全覆盖，强化对行政权力的制约与监督，高标准建设法治政府。推进市场监管、环境保护、城市管理等领域综合行政执法改革，强化行政执法与刑事司法衔接，促进严格规范公正文明执法。

支持司法机关依法独立公正行使职权。着力完善司法管理体制和司法权力运行机制，解决影响司法公正、制约司法能力的深层次问题，确保依

法独立公正行使审判权和检察权。深入推进司法体制改革，完善以审判为中心的诉讼制度，统筹公安、国家安全机关和司法行政改革，优化司法职权配置，落实司法责任制，完善司法管辖制度，切实提高司法的质量、效率和公信力。

依法维护社会和谐稳定。全面防控经济、网络、安全生产等各类风险，更加注重主动治理、源头治理、系统治理，加快构建矛盾纠纷多元化解法治框架，健全社会矛盾纠纷滚动排查化解机制，突出治理涉农涉地、涉劳资、涉环保、涉金融、涉房地产等领域不稳定问题，依法妥善处置群体性事件。深入推进社会治安综合治理，创新完善立体化、信息化社会治安防控体系，健全公共安全风险隐患排查治理和应急处置机制，严密防范和严厉打击暴力恐怖活动。

本章参考文献

[1] 董凡超，鲍静．聚焦“八个字”攻坚“新难点”不断提升基层社会治理新水平 [J]. 法治日报，2021，9：22.

[2] 尚静，张和清．从脱贫攻坚到乡村振兴：社会工作的实践逻辑及策略——以广东 X 村的社区减贫项目为例．中国农业大学学报（社会科学版），2021，4：31 - 41.

[3] 封丽，李琼．完善立法推进“信用广东”建设——《广东省社会信用条例》解读 [J]. 人民之声，2021，5：8 - 10.

[4] 广东社会科学大学课题组．广东基层社会治理经验在新冠肺炎疫情防控中的应用及启示 [J]. 求知，2021，3：53 - 59.

[5] 郑茜．科技奖励对社会创新的影响机理——基于广东的探索性案例分析．科技管理研究，2020，24：19 - 25.

[6] 温松，肖棣文．数字技术推动社会治理现代化转型的路径探析——以广东为例 [J]. 岭南学刊，2020，6：29 - 35.

[7] 廖培金．广东广州：社会工作助力常态化疫情防控 [J]. 中国民政，2020，3：48.

[8] 陈成文．制度环境对社会组织活力的影响——基于贵州、湖南、广东三省的实证研究 [J]. 社会科学研究，2020，2：115 - 129.

[9] 池志雄．广东志愿服务助力构建共建共治共享社会治理格局的实

践与探索［J］. 中国共青团，2020，2：6－9.

［10］黄雄，孙颖妮. 广东：拟培育逾50支社会应急力量　探索建立社会应急力量发展考核评估机制［J］. 中国应急管理，2019，12：45.

［11］张琳琳. 抓重点补短板强弱项——推动广东在营造共建共治共享社会治理格局上走在全国前列［J］. 人民之声，2019，6：12－14.

［12］王亚南，祁述裕，张继焦. 民生指数报告：中国人民生活发展指数检测报告［M］. 北京：社会科学文献出版社，2017.

［13］张光南. 粤港澳大湾区可持续发展指数报告［M］. 北京：中国社会科学出版社，2018.

第十二章　大珠三角生态文明建设评价

生态文明建设对于粤港澳大湾区建成世界一流湾区至关重要。本书结合生态文明的内涵特征和评价指标体系的构建原则，从建设水平和建设潜力两个维度出发，选取环境友好和资源节约两大类总计22项指标，构建了粤港澳大湾区生态文明建设指数评价指标体系。对2019年大湾区内11个城市的生态文明建设指数评价的结果表明：（1）澳门、香港和深圳综合评价得分列前三位；（2）生态文明建设领先的城市分项指标均表现不错，呈现高水平均衡状态；（3）香港、澳门、广州、深圳四个大湾区中心城市的平均综合评价得分高于其余7个非中心城市，但非中心城市的建设潜力平均得分略高于中心城市，显示出未来较好的发展潜力。

第一节　大珠三角生态环境建设概况

世界级的湾区需要世界级的生态环境水平。加快推进生态文明建设是建设粤港澳大湾区的主要内容，在《粤港澳大湾区规划纲要》（以下简称《规划纲要》）中，“生态”这一关键词的频次为35，“环境保护”的频次为9，直接涉及生态文明建设的内容多达2 000余字。《规划纲要》将“绿色发展，保护生态”确定为大湾区合作六项基本原则之一，将建设宜居宜业宜游的国际一流湾区作为发展目标，并明确要求推进生态文明建设，打造生态防护屏障，加强环境保护和治理，创新绿色低碳发展模式。近年来，粤港澳大湾区始终坚持生态绿色循环经济协调发展，生态文明建设成效显著，生态安全、环境优美的美丽湾区正在逐渐形成。

一、生态环境质量持续提升

努力实现大湾区高质量绿色和谐循环发展，让大湾区的天更蓝、山更绿、水更清、环境更优美，这是粤港澳大湾区全体人民共同的愿望。世界级的湾区需要世界级的生态环境水平，大湾区生态环境水平目前与美国旧金山湾、纽约湾和日本的东京湾等世界一流湾区相比仍有差距。从生态环境质量方面来看，在世界三大湾区均已完全消除地表水黑臭水体的情况下，粤港澳大湾区仍存在一定比例的地表水黑臭水体，大湾区绿林地比例为46.17%，低于同期美国旧金湾近30%，PM2.5年均浓度是同期美国旧金山湾的四倍左右。从资源能源使用情况来看，粤港澳大湾区人均用水量高达330.64m^3，是同期美国旧金湾和日本东京湾的2倍和3倍左右，单位国土面积经济产出是同期世界三大湾区的两到三倍左右，单位GDP能耗也是同期世界三大湾区的两倍左右（张彬等，2019）①。综上所述，粤港澳大湾区生态环境水平相比与世界三大湾区仍存差距，需要努力提高。

《规划纲要》自2019年实施以来，大湾区一直在持续加强和推进对生态环境的治理，生态环境条件和状况正在持续好转，与国际一流湾区的水平差距初步缩小。在改善大气环境质量上，粤港澳三地大气主要污染物浓度年均值整体上均呈现下降态势。其中，港澳两地的大气环境质量持续处于高水平状态，珠三角九市虽然和港澳相比仍然存在一定差距，但其大气环境质量在全国城市群中处于领先位置，在生态环境部最新公布的2021年上半年全国重点城市空气质量排序前二十位中，大湾区有多个城市位列其中，分别是深圳、珠海、中山、惠州、肇庆五市，此外，在排名后20位的榜单也不包含大湾区城市。在水环境污染治理方面，截至2020年底，珠三角集中式饮用水水源水质达标率为100%，惠州、中山、江门和肇庆四市水质达到全优水平。同期，珠三角地表水劣V类水体也全面消除。此外，粤港两地持续推进水污染科学治理，2008年，粤港两地相关部门研发了一套适用于珠江河口地区的先进水质计算模型。2014年又继续研发出可以评估不同水质目标下珠江河口的纳污能力的模型。

---

① 张彬等．探寻新历史使命下粤港澳大湾区生态环境政策着力点［J］．中国环境报，2019年3月27日．

总体来看，香港、澳门两地的生态环境质量水平持续稳定，广州、深圳、珠海等部分珠三角城市逐渐摸索出可以同时实现经济社会与生态环境发展的“双赢”之路。大湾区目前总体上已进入实现生态环境质量根本性改善的关键期和窗口阶段，夯实了大湾区迈向更加高质量发展的基础。粤港澳大湾区在推动生态文明建设方面的探索和示范，为全国其他城市群的生态文明建设提供鲜活的经验。

二、生态建设取得积极进展

粤港澳大湾区“9+2”城市群不仅仅是城际的地域共同体，更是生态环境的共同体，这是由其地理边界的连接性、环境影响的关联性以及生态环境的整体性等三方面共同决定的。2019 年，珠三角九市的生态环境状况指数（EI）均达到优良标准，取得了较大的进步。近年来，在绿色通道建设方面，珠三角地区对改造升级和新建省道、国道、高速公路、铁路等绿色通道共计 4 049.7 公里，绿色通道景观网络雏形初现[①]（刘碧云，2021）；在生态空间建设方面，珠三角不断推进湿地公园、森林公园以及湿地自然保护区等绿色生态空间的建设，截至目前，珠三角已建成 26 个湿地类型的自然保护区，127 个公园种植林，近五年内已建成 124 个广东省森林城镇、100 个国家森林乡村；在山地造林绿化方面，珠三角现已完成碳汇式造林 3.4 万公顷，此外为了改变山地林相单一的景观风貌，珠三角累计完成林相改造 4.6 万公顷；在水生态建设方面，广东省于 2020 年发布《广东万里碧道总体规划（2020—2035 年）》，提出到 2022 年，珠三角地区要率先初步建成骨干碧道网络，打造美丽河流自然生态廊道。

多年来持续推进的生态文明建设工作使得大湾区生态安全屏障更加牢固、森林城市群内部生态环境空间结构更加完善，绿色湾区雏形初现。

三、生态环境治理体系不断健全

推进生态环境治理体系和治理能力现代化事关生态文明建设的长效性，

---

① 刘碧云．基于 SWOT 分析的珠三角森林生态廊道提质对策探讨［J］．防护林科技，2021(04)：81－83.

可为实现“美丽中国”的奋斗目标和中华民族的永续发展提供重要支撑。粤港澳大湾区作为改革再出发的先行地和排头兵，持续推进生态环境治理体系和治理能力现代化，注重生态文明制度体系建设，取得了丰硕的改革成果。

以深圳为代表的大湾区核心引擎城市不断引领生态文明管理体制创新，全面提升生态文明治理能力。深圳市建立的“1+3”GEP核算制度体系是全国第一个较为完整的生态系统生产总值核算体系，该体系不但用科学的统计方式让公众更加直接地认识到生态系统的价值，而且将地区生态文明建设成果采用定量的方式衡量和考核，同时形成以GDP增长为目标和以GEP增长为底线的政绩观。

粤港澳三地始终坚持生态文明建设的立法保障先行。其中，香港相关生态文明政策发展历史悠久，目前已有《空气污染管制条例》《废物处置条例》和《水污染管制条例》等10个主要环境治理法律，多样化的环境规制手段能够应对各种环境问题，已形成完善的框架体系。近年来，广东着力为生态文明建设提供法制保障：一方面将立法作为推动生态文明建设的重要方式，组织对《广东省河道管理条例》和《广东省水污染防治条例》进行立法审查；另一方面组织开展生态环境保护法规规章规范性文件清理。2019年以来，广东省对全省地级以上市政府的规章、政府文件、部门规范性文件进行修改或直接废止。澳门的生态环境法体系的构成涵盖了改善空气、废物管理、水污染等生态文明建设的重要内容。和粤港两地不同的是，澳门在生态环境方面的立法方向是在环境基本法律的指引下，对一些对环境、居民影响较大及社会关注的问题进行针对性立法，如2021年1月正式施行的《建筑废料管理制度》及2019年11月开始施行的《限制提供塑料袋》等两项法律文件。

粤港澳三地严格生态环境监管执法。其中，香港政府的生态环境监管模式兼具精细化和专业化，如香港在石棉方面执法人员不会被授权开展其他执法，只会专注于石棉污染防治（彭芳梅，2019）①。珠三角九市近年来生态环境监管制度供给机制不断丰富，制度配套日趋完善，制度执行更加

① 彭芳梅．浅析粤港澳大湾区绿色发展路径［J］．中共南京市委党校学报，2019（02）：85－91.

有力。例如，自2014年佛山在广东省率先成立环保警察以来，广州、深圳、珠海、中山、肇庆、江门、惠州等珠三角城市现均已设立环保警察，采用“公安+环保”的方式，大大提高了环境监管和执法效率。

不断探索利用大数据推动生态环境治理能力现代化。例如，广州创新利用信息化手段，以电力数据为基础，采用“数据工厂+政务数据”的模式对数据进行融合挖掘，形成了一套适用于政府的“散乱污”排查工作应用方法，实现了“散乱污”排查手段与思路上的新突破。深圳构建的智慧环保平台项目获得2020年“中国智慧城市奖”，该平台以生态环境大数据为中心，以智慧政务平台、智慧监管平台、智慧服务平台和智慧应用平台为架构，实现了深圳整体生态环境数据汇聚、管理、分析与应用，以及市区一体化联动指挥调度，更加快推动了深圳生态环境治理体系和治理能力现代化，在大湾区起到引领示范作用。

四、积极探索“无废城市”的建设

“无废城市”是指通过推动形成绿色发展方式和生活方式，持续推进固体废物源头减量和资源化利用，最大限度减少填埋量，将固体废物环境影响降至最低的城市发展模式。截至2019年底，粤港澳大湾区人口总数为7 266.9万人，地区生产总值为116 001.6亿元，人均地区生产总值已达16.15万元，庞大的人口数量加上不断增长的经济规模，必将产生大量的固体废物。因此，在大湾区建设“无废城市”建设势在必行，这不仅是粤港澳大湾区新时代生态文明发展的现实需要，更是实现粤港澳大湾区绿色低碳可持续发展的必然选择。

香港为改善城市废弃物处理落后的局面，早在2013年就公布了一个以“惜废、减废”为目标的十年废物管理蓝图，即《香港资源循环2013—2022》，该蓝图希望可以政策法规、社会参与及投资基建设施等三种方式，最终建立起一个城市固体废物综合管理系统。2021年，又推出了《香港资源循环蓝图2035》，承接了2013年发布的资源循环蓝图，将目标扩充为“全民减废、资源循环、零废堆填”，在此基础上还分别制定了中期和长期目标。对于土地资源更为紧张的澳门来说，很早就意识到城市固体废弃物的处理的重点必须落在“源头减废、分类回收”上。2019年和2021年接连出台《限制提供塑胶袋》和《建筑废料管理制度》两项城市固体废弃物管理相关法律，前者的成效现已凸显，相较2018年，澳门2020年的“塑胶购物袋”弃置量减少约31%。此外，“大厦分类回收好Easy”“环保加Fun站”“环保Fun干净回收街站”“流动回收车”以及“电子及电器设备回收计划”等推动居民实践分类回收和电子资源废弃物的回收再利用等措施，正在不断完善固体废物管理工作。2021年3月，广东发布的《广东省推进“无废城市”建设试点工作方案》提出，广东将探索建设珠三角无废试验区，重点关注固体废物源头减量、资源化利用和安全处置等三个环节，构建“无废城市”建设长效机制，试点范围涵盖珠三角九个地市。其中，深圳早在2019年就作为首批入选全国“无废城市”的试点，已取得初步成效。深圳以试点建设为契机，新建投产46个项目，将各类固废本地无害化处置能力提升到6.5万吨/日，资源化利用处置能力提升到14万吨/日，均比试点前增加了1倍以上。

五、积极推动实现碳达峰碳中和

实现碳达峰碳中和，是以习近平同志为核心的党中央统筹中华民族伟大复兴战略全局和世界百年未有之大变局，站在人与自然和谐共生的高度，着眼于促进我国经济社会发展全面绿色转型，推动全球气候治理、构建人类命运共同体、实现可持续发展作出的重大战略决策，是一场广泛而深刻的经济社会系统性变革。粤港澳大湾区是践行习近平生态文明思想的排头兵、先行地和实验区，在推动实现碳达峰碳中和目标中肩负着重要使命。

事实上，包括香港、广州、深圳在内的大湾区核心城市，在多年前都已提前谋划，促进经济社会低碳转型发展。其中，香港碳排放量已在2014年达峰，人均碳排放峰值为6.2公吨，2018年人均碳排放降至5.4公吨，相较2005基准年下降约36%。深圳和广州两市在经济社会绿色低碳发展方面在走在全国前列目前，目前，广州和深圳的单位GDP二氧化碳排放量分别降至全国平均水平的42.5%和20%左右。具体表现为以下几个方面：一是产业结构和能源结构不断优化升级，2020年广州和深圳新兴产业增加值分别比上一年度增加3.7%和3.1%，同时广州和深圳现均已形成以清洁能源为主的能源结构；二是积极探索促进碳减排的市场运行机制，广州和深圳均是全国碳排放权交易试点，在开发绿色金融产品，推动粤港澳大湾区率先实现“碳达峰”“碳中和”的过程中发挥着重要的引领作用；三是科技创新优势明显，技术是驱动能源效率优化、生态环境成本降低的关键点，广州和深圳作为大湾区内的创新驱动城市，2019 年，广州和深圳两个城市的研发投入占地区生产总值比重分别为 2.87% 和 4.93%，较大幅度高于全国平均水平；四是积极探索碳中和激励政策，广州黄埔区在全国率先在出台碳达峰碳中和奖励办法，进一步放大财政资金的带动作用，对纳入监管的重点用能单位实施节能降耗，最高补贴 1 000 万元；对企业实施循环经济和资源综合利用项目的按实际投资总额给予最高 200 万元补助；对建设充电基础设施项目的给予最高 100 万元补贴。深圳也于近期发布了《支持绿色发展促进工业“碳达峰”扶持计划操作规程》，对工业能源资源节约和综合利用项目事后直接资助。

六、生态文明建设的协同机制日益完善

粤港澳大湾区“一国两制三法域”的特点为粤港澳三地生态文明建设互补合作发展提供了机会。早在 20 世纪 80 年代，粤港就已经在环境保护领域开展合作交流，2020 年 10 月，粤港环保及应对气候变化合作小组举行会议，制订区域空气污染物减排方案和目标，研究推进粤港两地绿色空港建设与污染防控策略研究等工作。从最开始的信息交流、技术沟通再到现在环保合作机制的建立，除了合作领域不断拓宽外，合作层次也进一步深化，形成了“三级运作”的生态环境合作模式，具体包括“粤港合作联席会议”构成的决策层、“粤港持续发展与环保合作小组”构成的协调层以及“专家小组”和“专责小组”构成“执行层”。20 世纪 90 年代初，粤澳也逐渐开始入的交流和广泛的合作，并且合作治理效果较为明显。2008 年起，香港和澳门两地建立了年度港澳环保合作会议机制，在该会议的监督下，两地在大气污染治理、水污染治理、固体废弃物管理等领域积极交流在环境保护领域展开交流合作，近年来，粤澳双方在合作联席会议的框架下，就大气污染治理、水污染治理、固体废物综合回收处理等各个

领域展开了深度合作（周丽旋等，2019）①。

2014 年，粤港澳三地环保部门共同签署了《粤港澳区域大区污染联防联控合作协议书》，标志着粤港澳三地的生态环境保护工作正在逐步实现由双边合作到三边合作的转变。此外，近年来粤港澳三方的合作领域也从单一的环境治理拓展至多元的绿色环境产业、绿色环境教育宣传等领域。

七、生态文明建设的社会氛围日益浓厚

粤港澳大湾区经济发展水平较高，人民群众对高质量生态环境的需求也较高，参与生态文明建设的热情也较高。本报告以百度指数（搜索指数和资讯指数）和 CNKI 中文数据库为数据源，研究了全国网民在生态环境领域的行为数据和学界目前有关粤港澳大湾区的研究热点数据。其中，搜索指数可以显示一个地区公众对该领域的主动关注程度，生态环境领域关键词的搜索量可以间接代表一个地区公众的环境主动关注程度。资讯指数是以网民的阅读、评论、转发、点赞、点击不喜欢等行为的数量为基础，进行加权处理并经过复杂的数学模型计算后得出的综合指标，通常用于衡量网民对智能分发和推荐内容的被动关注程度。与搜索指数相比，资讯指数更加关注公众对信息的触达。资讯指数与搜索指数相结合，可以较为全面地诠释网民对某一话题的关注程度。此外，基于 CNKI 数据库检索近年来与粤港澳大湾区相关的研究文献，并对关键词进行统计分析可以了解学界对湾区生态文明建设的关注程度。

从搜索指数分析结果来看，2017 年以来（截至 2021 年 4 月，下同），粤港澳大湾区和全国各地网民对大气污染、水污染、土壤污染，以及节能减排、低碳经济等生态环境领域关键词搜索量变动趋势基本一致，均呈现季节性波动，每年各领域的波峰基本都出现在春季和秋季（见图 12 - 1），这可能是由于春秋两季大气、水及土壤等各类污染较夏冬两季严重，此时公众对该类问题关注较多。

---

① 周丽旋，罗赵慧，朱璐平，于锡军，房巧丽，张晓君．粤港澳大湾区生态文明共建机制研究［J］．中国环境管理，2019，11（06）：28 - 31.

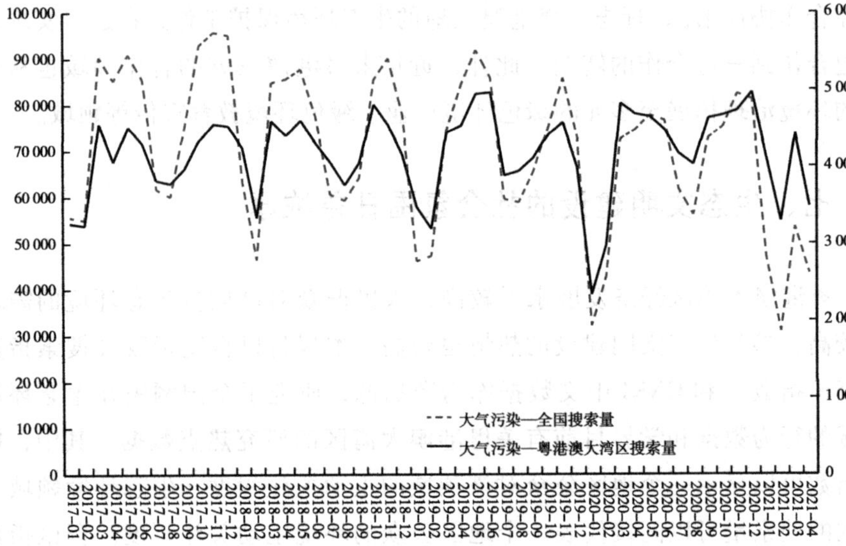
大气污染—全国搜索量
大气污染—粤港澳大湾区搜索量

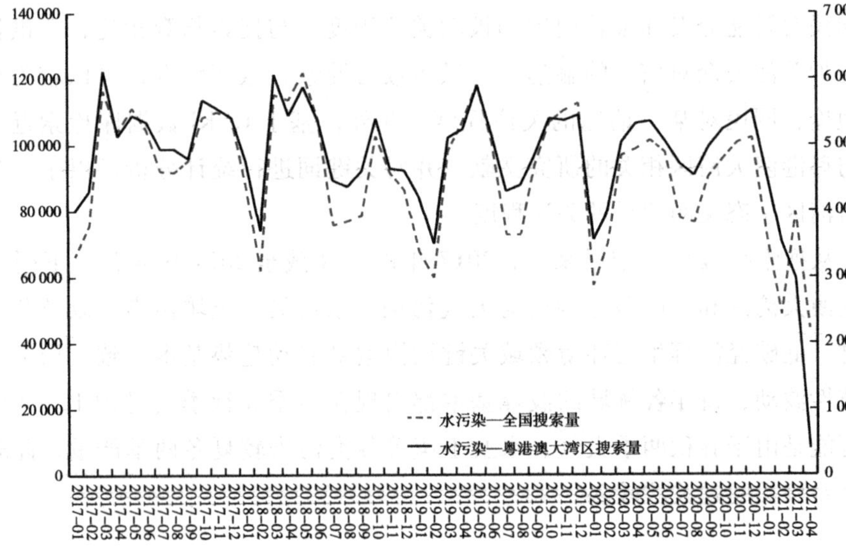
水污染—全国搜索量
水污染—粤港澳大湾区搜索量

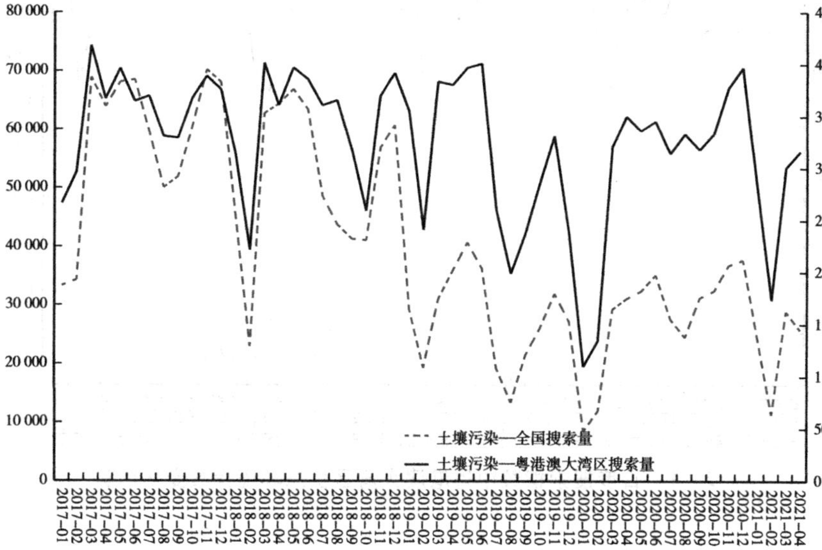

80 000
70 000
60 000
50 000
40 000
30 000
20 000
10 000
0
4 500
4 000
3 500
3 000
2 500
2 000
1 500
1 000
500
0
土壤污染—全国搜索量
土壤污染—粤港澳大湾区搜索量
2017–01 2017–02 2017–03 2017–04 2017–05 2017–06 2017–07 2017–08 2017–09 2017–10 2017–11 2017–12 2018–01 2018–02 2018–03 2018–04 2018–05 2018–06 2018–07 2018–08 2018–09 2018–10 2018–11 2018–12 2019–01 2019–02 2019–03 2019–04 2019–05 2019–06 2019–07 2019–08 2019–09 2019–10 2019–11 2019–12 2020–01 2020–02 2020–03 2020–04 2020–05 2020–06 2020–07 2020–08 2020–09 2020–10 2020–11 2020–12 2021–01 2021–02 2021–03 2021–04

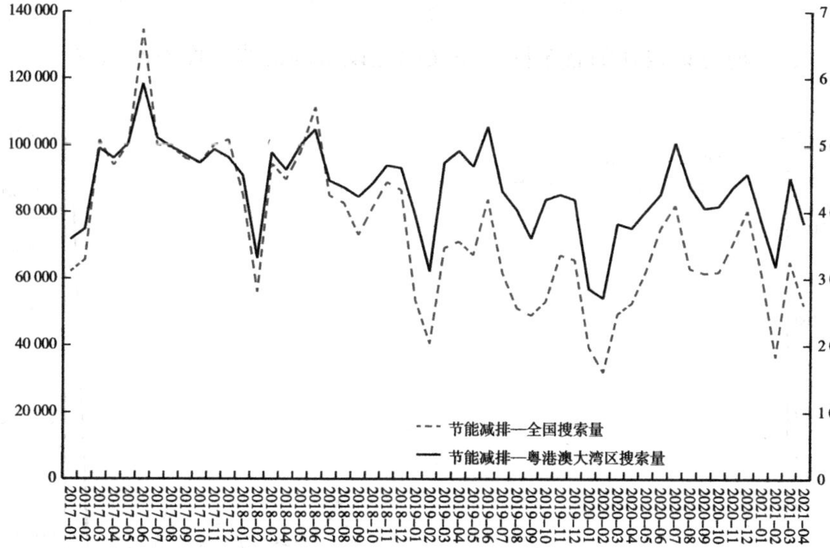

140 000
120 000
100 000
80 000
60 000
40 000
20 000
0
7 000
6 000
5 000
4 000
3 000
2 000
1 000
0
节能减排—全国搜索量
节能减排—粤港澳大湾区搜索量
2017–01 2017–02 2017–03 2017–04 2017–05 2017–06 2017–07 2017–08 2017–09 2017–10 2017–11 2017–12 2018–01 2018–02 2018–03 2018–04 2018–05 2018–06 2018–07 2018–08 2018–09 2018–10 2018–11 2018–12 2019–01 2019–02 2019–03 2019–04 2019–05 2019–06 2019–07 2019–08 2019–09 2019–10 2019–11 2019–12 2020–01 2020–02 2020–03 2020–04 2020–05 2020–06 2020–07 2020–08 2020–09 2020–10 2020–11 2020–12 2021–01 2021–02 2021–03 2021–04

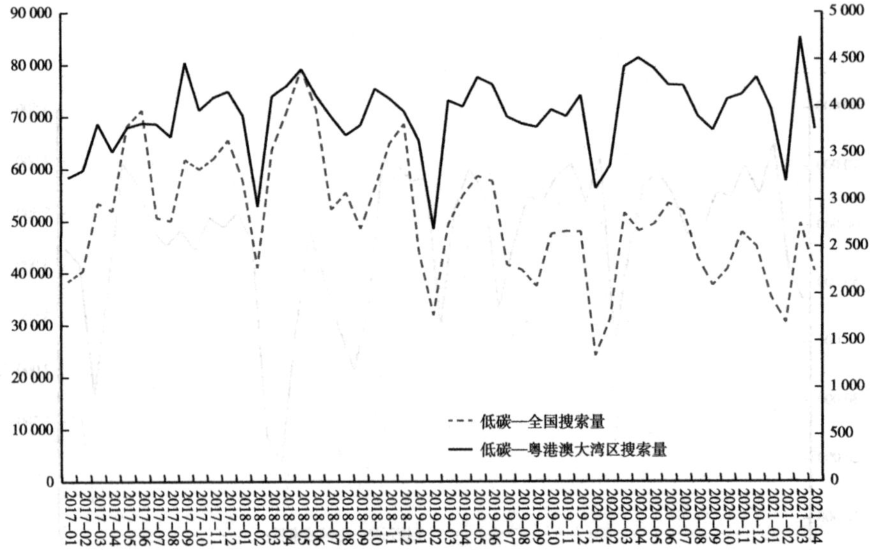

图 12－1　百度搜索指数中粤港澳大湾区生态环境指数变化趋势

从资讯指数分析结果来看，2017 年以来，粤港澳大湾区和全国各地网民对水污染、土壤污染，以及节能减排、低碳经济等生态环境领域关键词搜索量变动趋势相同，均呈现波动上升趋势（见图 12－2）。这表明粤港澳大湾区公众生态环境意识也在随着全国生态文明建设氛围的浓厚而不断增强。

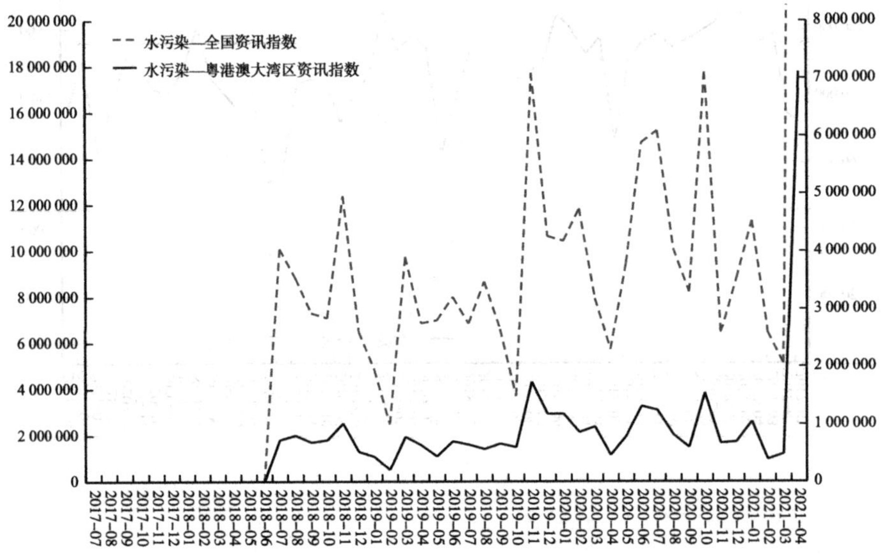

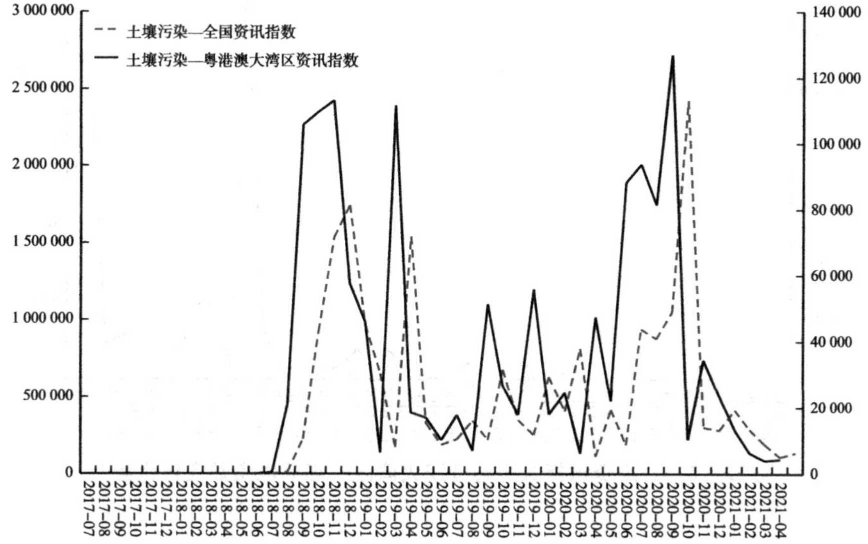
土壤污染—全国资讯指数
土壤污染—粤港澳大湾区资讯指数
3 000 000
2 500 000
2 000 000
1 500 000
1 000 000
500 000
0
140 000
120 000
100 000
80 000
60 000
40 000
20 000
0

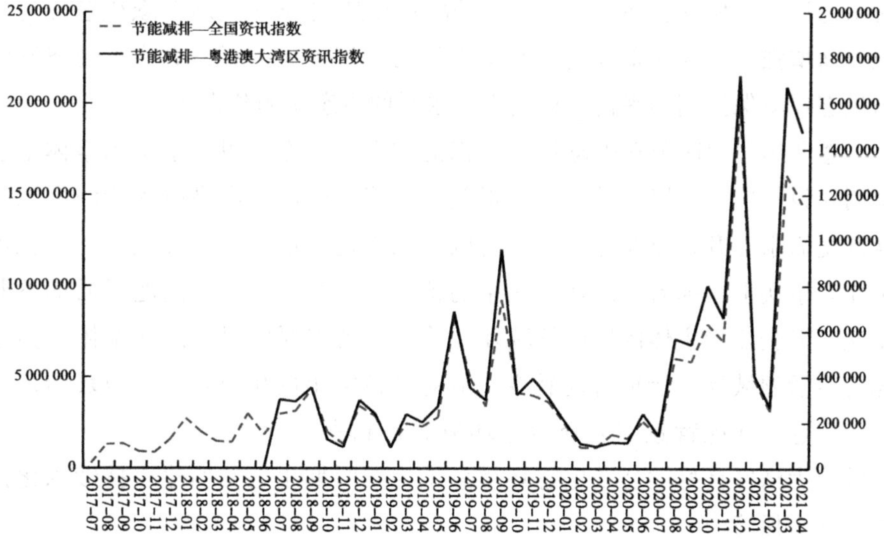
节能减排—全国资讯指数
节能减排—粤港澳大湾区资讯指数
25 000 000
20 000 000
15 000 000
10 000 000
5 000 000
0
2 000 000
1 800 000
1 600 000
1 400 000
1 200 000
1 000 000
800 000
600 000
400 000
200 000
0

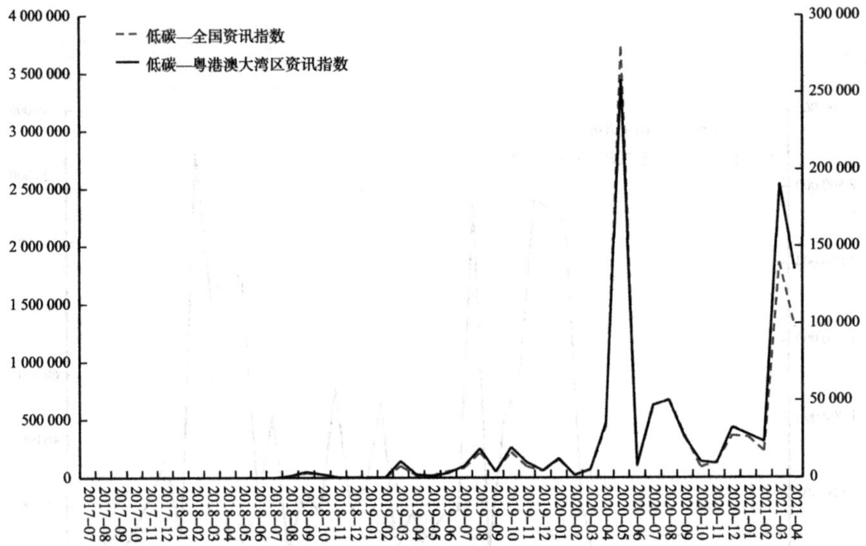

图 12－2　百度资讯指数中粤港澳大湾区生态环境指数变化趋势①

从学术界关注度来看，2019 年以来，发展问题始终是有关粤港澳大湾区研究的热点问题，而有关发展内容的研究逐渐从科技创新领域转向生态文明建设等领域（见图 12－3）。这说明当前粤港澳大湾区公众生态环境意识不断增强，不仅注重以创新驱动引领的经济发展路径，更注重经济发展与生态环境保护间的平衡，迈向更高水平的生态文明建设之路。

粤港澳大湾区公众生态环境意识的增强，一方面得益于全国整体生态文明建设氛围的浓厚；另一方面得益于大湾区经济迈向高收入所激发地公众环境需求上升，以及近年来大湾区深入推进环境教育和环境文化的积极工作。事实上，随着生态环境质量的持续改善和突出环境问题矛盾的不断变化，以企业为主体的生产领域环境治理行动需要向以公民（个体）为主体的生活领域环境治理行动转变，应对日益突出的生活污染、垃圾治理等环境问题，在此背景下公众生态环境意识和素养就显得尤为重要。因此，粤港澳大湾区良好的公众生态环境意识为新时期生态文明建设持续深化提供了有力保障。

① 由于大气污染咨询指数在研究阶段内仅有两期数据不为 0，故不单独绘图；各领域在 2017 年 1—6 月之间资讯指数均为 0，故从 2017 年 7 月开始绘图。

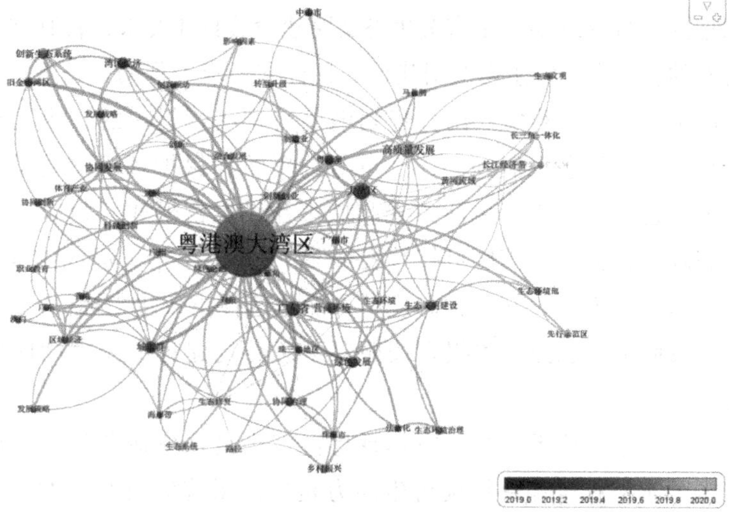

图 12－3　粤港澳大湾区研究关键词网络图①

第二节　大珠三角生态文明建设评价指标体系的构建

一、评价的思路

对生态文明内涵的分析可以为构建粤港澳大湾区生态文明建设评价指标体系提供相关理论依据。目前学术界中的许多专家和学者都从各自的研究视角出发，对生态文明的定义提出不同的看法。一是“类型说”观点，该观点基于“历时性”视角，认为生态文明是继原始文明、农业文明、工业文明之后的新型文明形态。二是“要素说”观点，该观点将生态文明定义为“以资源环境承载力为基础、以自然规律为准则、以可持续发展为目标”的一种文明形态，不仅关注人与自然的和谐，而且致力于实现人与人、人与社会之间关系的和谐。本研究主要参考“要素说”的观点，认为生态文明是经济、社会、环境等多系统的有机结合。

① 数据来源于中国知网，选取频数大于 10 的关键词。

此外，在构建粤港澳大湾区生态文明建设评价指标体系时，应充分理解和把握《规划纲要》中有关生态文明建设的具体要求，将其《规划纲要》中提及的有关大湾区生态文明建设的目标和要求等作为大湾区生态文明建设评价的主要内容。例如，在《规划纲要》中明确提出的“大力推进生态文明建设，树立绿色发展理念，坚持节约资源和保护环境的基本国策……推动形成绿色低碳的生产生活方式和城市建设运营模式，为居民提供良好社会生态环境，促进大湾区可持续发展”。另外，鉴于大湾区内部在政治、经济发展水平等方面存在差异，应尽可能地选择指数化指标。

按照上述思路，本报告按照以下思路构建粤港澳大湾区生态文明指标体系。

一是指标体系的构建应体现粤港澳大湾区资源节约利用的程度。自然资源的丰裕程度和可持续再生能力是生态系统健康有序的运行的基础，也是生态文明建设的重要任务之一。目前一些发达国家的发展实践已充分表明，自然资源开发利用往往伴随着生态环境破坏，特别是在缺乏相关的管理制度时，自然资源更容易被不合理开发和过度利用，对生态环境的破坏程度尤为明显。当前及未来，粤港澳大湾区面临一系列前所未有的发展机遇，但也面临着资源约束趋紧的问题。在此背景下，促进资源节约利用成为粤港澳大湾区生态文明建设的重要使命。

二是指标体系的构建应体现粤港澳大湾区经济社会发展的环境友好程度。人类生产往往伴随一定程度的废弃物排放，但生态文明建设追求的是以最少的排放实现最大的产出。粤港澳大湾区作为我国改革开放的先行地，现已成为我国经济社会发展水平最高的区域之一，与此同时，大湾区内人民对清洁的空气、水、绿化空间等生态环境的需求愈加迫切。在此背景下，生态文明建设的另一个重要方面便是提升经济社会发展的环境友好程度。

二、评价的原则

现有文献中关于生态文明建设评价的指标数量众多，本研究结合粤港澳大湾区自身特点和已有研究成果，认为粤港澳大湾区生态文明建设评价指标体系构建依据以下原则。

一是同时兼顾指标体系的全面和简洁。尽管从理论上来看，生态文明建设指标体系覆盖的内容越全面越好，但生态文明实际上是经济、社会、环境等多系统的有机结合，涉及的方面极为广泛，相关指标也极多，在遴选指标的具体过程中，多个指标反而会导致“多重共线性”问题的产生。因此，在构建过程中除了全面考虑，还应当兼顾简洁性。

二是同时兼顾指标体系的科学性和可行性。在对指标进行选取的过程中，除了考虑所选指标是否可以科学、合理地评价各地区的生态文明建设质量，还应当考虑所选指标的数据采集的可行性。一些指标虽然可以科学合理地表征各地区的生态文明建设质量，但由于指标数据质量难以保证，粤港澳三地统计口径不一致或者测度标准难以明确等原因的存在，如果评价体系中包含这样的指标将会干扰评价结果，因此对于这种缺乏可行的指标应不予考虑。

三是同时兼顾当前与长远。在对指标进行选取的过程中，不仅应当关注当前粤港澳大湾区生态文明建设关注的重点问题和领域，还应当站在更高的角度，从长远出发，考虑将那些支撑大湾区生态文明未来建设的相关指标纳入评价指标体系中。

四是同时兼顾存量与增量。环境友好和资源节约的存量指标可以反映出大湾区内各城市生态文明建设的现有水平。不过值得注意的是，部分城市由于生态文明建设基础相对较差，导致存量指标得分较低，但这些城市未来的生态文明建设潜力不容小觑，其增量指标的得分可能较高。因此，在构建评价指标体系的过程既要对代表其当前建设水平的存量进行考核，还要对代表其增长潜力的增量进行考核。

五是同时兼顾显绩与隐绩。在对指标进行遴选的过程中，既应充分考虑可以直接反映生态文明建设结果的“显绩”指标，即“看得见”“摸得着”的指标，还应当充分考虑到保障生态文明建设的可持续性的“隐绩”指标，这些指标虽然“不显山露水”“见效周期长”，但其对生态文明的长远发展具有重要意义，可以避免由于过于注重“显绩”导致的急于求成的生态文明建设导向。

三、评价指标的遴选

粤港澳大湾区生态文明建设评价体系不仅应当反映评价大湾区各城市

当前的生态文明整体水平，还应当通过与历史水平相比来反映其未来的建设潜力（吴大磊和石信儿，2020）①。此外，评价体系还需要体现现阶段生态文明建设的主要目标，即加快建设资源节约型、环境友好型社会。由此，本报告分别从建设水平和建设潜力两大维度出发，在这两个维度下分别选取资源节约和环境友好两大类共计22项指标，如图12－4所示。

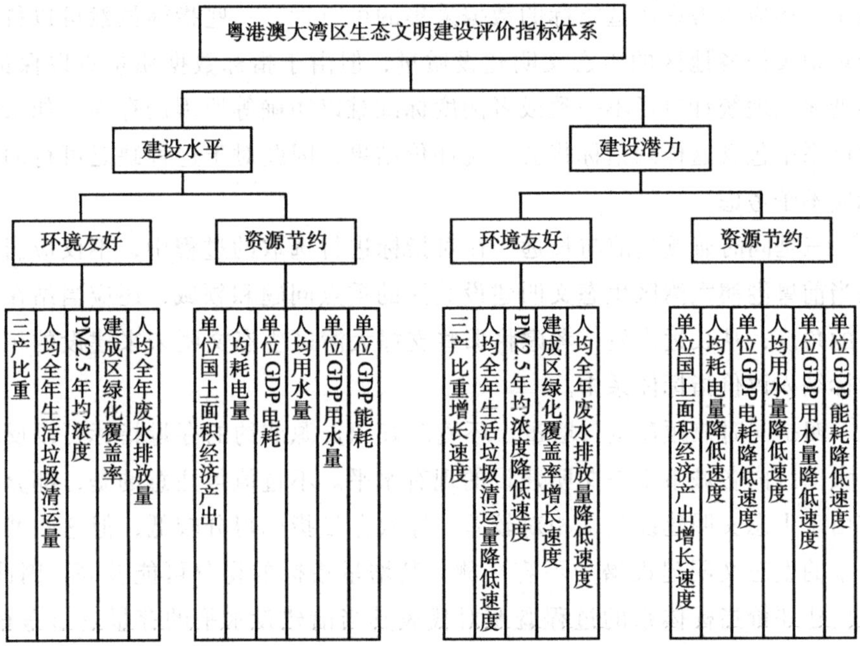

图12－4　粤港澳大湾区生态文明建设指数评价指标体系构成

1. 三产比重

三产比重指粤港澳大湾区第三产业增加值占国民生产总值的比重。第三产业对于生态文明建设具有直接效应和间接效应。前者是指第三产业各项生产活动并不会产生大量废水、废气、废料，从而直接减轻了生态系统的负荷。后者是指第三产业的发展有助于实现一、二产业集约化发展，提高资源使用效率。第三产业的发展以及其在GDP中比重的增加对于节能减排和构建生态文明具有重要意义。因此本报告选取三产比重这一指标体现

① 吴大磊，石信儿．粤港澳大湾区生态文明建设评价研究［J］．新经济，2020（06）：24－31.

大湾区产业结构的绿色化程度。

2. 人均全年生活垃圾清运量

人均全年生活垃圾清运量是指一个地区报告期收集和运送到各生活垃圾处理厂（场）和最终消纳点的生活垃圾数量与其常住人口的比率。该指标是一个逆向指标，数值越大，说明该地区产生的生活垃圾越多，垃圾减量化能力较差。

3. PM2.5 年均浓度

PM2.5 年均浓度是指每立方米空气中空气动力学直径小于或等于 2.5 微米的颗粒物含量的年平均值。该指标是一个逆向指标，指标值越大，说明地区的空气污染越严重。空气是人类赖以生存的必需品，其质量直接关系到人类和其他物种的生死存亡，因此本研究将 PM2.5 年均浓度指标作为生态文明建设的重要内容予以考察。

4. 建成区绿化覆盖率

建成区绿化覆盖率是指一定行政区划范围内建成区中乔木、灌木、草坪等所有植物的垂直投影面积与建成区总面积的比值。该指标是一个正向指标，指标数值越大，反映地区的绿地建设水平越高。该指标能较为全面地反映城市生态系统，且统计具有连续性，因此将其纳入评价指标体系进行考核。

5. 人均全年废水排放量

人均全年废水排放量指一个地区全年废水排放总量与其常住人口总数的比值。该指标为逆向指标，指标数值越大，说明污水的排放规模越大，经济发展的环境友好程度越低。

6. 单位 GDP 能耗

单位 GDP 能耗是一个地区一定时期内每生产一个单位（一般为万元）地区生产总值所消耗的能源总量。该指标是一项逆向指标，可以很好地反映地区经济增长与资源能源之间的关系，其数值越高表明能源利用效率越低，经济发展的生态成本越高。

7. 人均用水量

人均用水量指一个地区一定时期内的用水总量与人口总数的比值。该指标是一个逆向指标，指标数值越大，反映该地区的用水强度越大。

8. 单位 GDP 用水量

单位 GDP 用水量指一个地区一定时期内每生产一单位（一般为万元）GDP 所消耗的水资源量。该指标也是一个逆向指标，数值越大，说明消耗的水资源越多。将单位 GDP 用水量纳入评价指标体系予以检测，用以引导水资源的合理开发和利用具有重要意义。

9. 单位 GDP 电耗

单位 GDP 电耗指一个地区一定时期内每生产一单位（一般为万元）GDP 所消耗的电量。该指标是一个逆向指标，数值越高，说明消耗的电量越多，也是用来衡量资源节约程度的一项重要指标。

10. 人均耗电量

人均耗电量指一个地区一定时期内的用电总量与其总人口的比值。该指标是一个逆向指标，指标数值越大，说明该地区用电强度越大。

11. 单位国土面积经济产出

单位国土面积经济产出指一个地区生产总值与其国土面积的比率。该指标是一个正向指标，指标数值越大，说明土地利用的经济水平更高。如何利用有限的土地资源实现经济效益的最大化，对于生态文明建设意义重大。

四、指标体系的计算方法学

1. 数据的标准化

由于各指标单位和量级不同，需要对指标数据进行数据无量纲（标准化）处理。本研究采用最大最小值标准化方法，将所有数据标准到 60 ~ 100 之间。

对于正向指标：$$X'_{ij} = \frac{X_{ij} - \min X_j}{\max X_j - \min X_j} \times 40 + 60 \qquad (12-1)$$

对于负向指标：$$X'_{ij} = \frac{\max X_j - X_{ij}}{\max X_j - \min X_j} \times 40 + 60 \qquad (12-2)$$

其中，X_{ij}表示第 i 个城市第 j 项指标的数值，$\min X_j$ 和 $\max X_j$ 是 2018 年就设定好的最大值和最小值，2019 年继续沿用，i = 1，2，…，11，j = 1，2，…，22。

2. 权重的确定

对于综合评价指数而言，引入权重的目的在于体现不同的统计指标对于事物综合状况的影响程度，是对决策问题中该指标相对重要程度的一种度量。权重的赋值合理与否直接影响着评价结果的合理性，因此对指标权重的赋值必须做到科学全面。本书采用熵值法确定各指标的权重，熵值法是一种客观赋权法，和主观赋权法相比相较更为客观和精准，具体方法如下。

第一步，利用以下公式计算第 j 项指标下第 i 个城市的比重。

$$P_{ij} = \frac{X'_{ij}}{\sum_{i=1}^{11} X'_{ij}} \tag{12-3}$$

第二步，利用以下公式计算第 j 项指标的熵值。

$$e_j = -k\sum_{i=1}^{11} P_{ij}\ln(P_{ij}) \tag{12-4}$$

其中，$k = \frac{1}{\ln(11)}$。

第三步，利用以下公式求差异系数。

$$g_j = 1 - e_j \tag{12-5}$$

第四步，利用以下公式求得权重。

$$w_j = \frac{g_j}{\sum_{j=1}^{22} g_j} \tag{12-6}$$

采用以上方法可以计算出 2018 年各项指标的权重，考虑到不同年度评价结果的可比性，2019 年继续沿用 2018 年的权重体系，如表 12-1 所示。

表 12-1　粤港澳大湾区生态文明建设评价指标体系与权重

一级指标	权重	二级指标	权重
建设水平	0.590	人均全年生活垃圾清运量	0.015
		PM2.5 年均浓度	0.069
		建成区绿化覆盖率	0.003
		人均全年废水排放量	0.027
		三产比重	0.133

续表

一级指标	权重	二级指标	权重
建设水平	0.590	单位国土面积经济产出	0.103
		人均耗电量	0.023
		单位 GDP 电耗	0.037
		人均用水量	0.058
		单位 GDP 用水量	0.084
		单位 GDP 能耗	0.039
建设潜力	0.410	人均全年生活垃圾清运量降低速度	0.078
		PM2.5 年均浓度降低速度	0.016
		建成区绿化覆盖率增长速度	0.043
		人均全年废水排放量降低速度	0.035
		三产占比增长速度	0.062
		单位国土面积经济产出增长速度	0.018
		人均用电量降低速度	0.034
		单位 GDP 电耗降低速度	0.027
		人均用水量降低速度	0.029
		单位 GDP 用水量降低速速	0.041
		单位 GDP 能耗降低速度	0.026

表 12 - 3 指标体系中涉及的指标数据主要来自相关年份《广东省统计年鉴》《广东省环境状况公报》《广东省水资源公报》《香港统计年鉴》《香港环境公报》《澳门统计年鉴》《澳门环境公报》和世界银行数据库。其中，香港和澳门的建成区绿化覆盖率采用湾区内其余九市 2019 年的均值，中山的建成区绿化覆盖率则采用其 2017 年的数据。评价中涉及的人口指标为常住人口数，涉及的地区国民生产总值和人均国民生产总值均以 2010 年为不变价。本研究将最终结果统一转换成百分制，以使计算结果更为直接。

3. 指数的生成

在进行一系列得数据收集和指标权重的计算之后，将标准化变量与对应的指标权重一一相乘做积，得到每个指标的得分，最后再将各指标得分相加汇总得到综合评价的结果，具体公式如下：

$$S_i = \sum_{j=1}^{22} w_j \times X'_{ij} \tag{12-7}$$

第三节　大珠三角生态文明建设评价结果与分析

一、总体结果

根据上述方法，本报告对2019年度粤港澳大湾区“9+2”城市群的生态文明建设指数进行了评测。从总体结果来看，澳门以86.99分高居首位，香港则以85.57分紧跟其后。深圳、广州、珠海、佛山、东莞、惠州、江门、中山、肇庆九个城市分别位居第三位至第十一位（见表12-2）。与2018年排名情况相比，珠海综合得分排序上升一位，东莞、惠州、江门等三个城市的综合得分排序分别上升两位，这主要得益于三个城市的潜力得分排名提升幅度较大。佛山、中山、肇庆三个城市的综合得分排名则有所下降，其中，除佛山下降一位外，其余两个城市的综合排名均下降了三位。两市排名下降的共同原因是资源节约型社会相关指标得分较低，大部分资源节约类水平和潜力指标得分排名落后于其他城市。

表12-2　2019年粤港澳大湾区生态文明建设评价指数得分

城市	水平得分	潜力得分	综合得分	2019年排序	2018年排序
澳门	54.51	32.48	86.99	1	1
香港	51.97	33.90	85.87	2	2
深圳	48.18	34.14	82.32	3	3
广州	46.90	35.29	82.19	4	4
珠海	45.90	34.68	80.58	5	6
佛山	44.39	35.25	79.64	6	5

续表

城市	水平得分	潜力得分	综合得分	2019年排序	2018年排序
东莞	44.18	34.23	78.41	7	9
惠州	43.13	34.90	78.03	8	10
江门	42.89	34.37	77.26	9	11
中山	43.79	33.40	77.19	10	7
肇庆	42.29	34.41	76.70	11	8

根据综合评价得分分布，可将粤港澳大湾区内十一个城市的生态文明建设水平划分为以下三个梯队。第一梯队得分在85分以上，包括香港和澳门两市；第二梯队得分在80～85分之间，包括深圳、广州和珠海三市；第三梯队得分在80分以下，包括佛山、东莞、惠州、江门、中山、肇庆六市。

二、分指标评价

从分项指标得分排序结果来看，建设水平指标得分排序前三位的城市分别是澳门、香港和深圳，建设潜力指标得分排序位于前三位的城市分别是广州、佛山和惠州。相较2018年，2019年各地市建设水平得分排序基本没有变化，仅佛山和东莞分别上升和下降一位。整体来看，相较2018年，2019年各地市建设水平得分排序基本没有变化，仅佛山和东莞分别上升和下降一位。具体来看，在建设水平指标得分排序方面有两点值得关注，一是澳门、香港和深圳三市的建设水平指标得分排序虽然依然处于湾区的领先位置，但潜力得分排序不升反降，如深圳的建设水平得分排序从2018年的第四位下降至2019年的第八位，这可能是因为生态环境治理的效应边际递减所造成的，即在较优生态环境水平条件下，生态环境治理提升所付出的投入将更多。如图12－5所示，纵轴表示污染物排放量或资源使用量P，横轴代表为减少污染物排放量或资源使用量所需的投入I，随着P的不断下降，削减等量的污染物（$\Delta P_0 = \Delta P_1$）所需要的投入存在较大不同（$\Delta I_1 > \Delta I_0$）；二是水平得分排序处于中后位置的惠州、珠海、江门三个地市的潜力得分排序上升幅度较大，如惠州的潜力得分排序从2018年的第十位跃至2019年的第三位，这可能是由于这些地区的自然资源禀赋较好，人口密度和经济密度小于湾区内的中心城市，因此环境容量的刚性约束压力相对较小，后发潜力相对强劲。

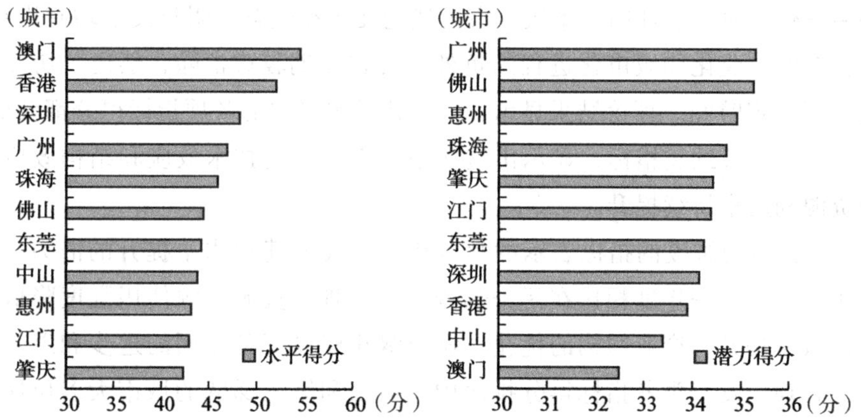

图12-5 指数一级指标各地市得分排名情况

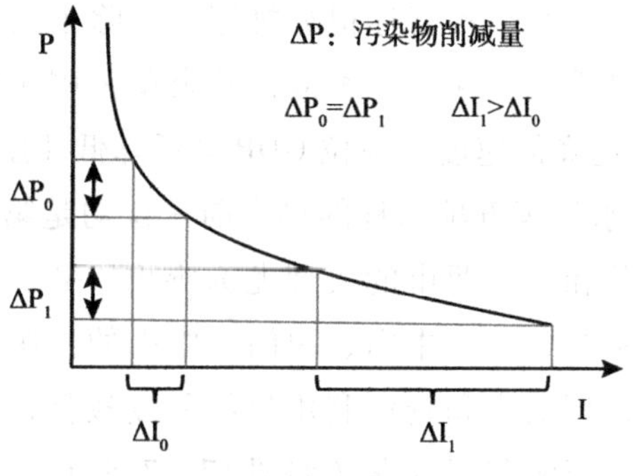

图12-6 改善环境治理的边际效应

建设水平维度的指标可以评价各地区现阶段的生态文明建设情况，具体反映了各地区污染物排放量、资源能源使用强度和利用效率、城市绿化、产业结构的生态文明程度等方面的现状。在环境友好类各指标得分排序中，肇庆、香港和江门分列人均全年生活垃圾清运量前三位；澳门、香港和深圳分列PM2.5年均浓度前三位；澳门、香港和广州分列三产比重前三位；肇庆、江门和惠州分列人均全年废水排放量前三位；珠海、东莞和深圳分列建成区绿化覆盖率前三位。在资源节约类各指标得分排序中，澳门、香港和深圳三市占据人均用水量、单位 GDP 用水量、单位国土面积经济产出、单位 GDP 电耗和单位 GDP 能耗等五项指标的前三位，人均耗电量前三位的三个城市分别是肇庆、香港和江门。此外，位于建设水平指标得分排序后三位的惠州、江门、肇庆三市虽然近几年在生态文明建设上均有进步，但长期的工业化和城市化进程的负外部性在短期较难消除，偿还“历史欠账”需一定时间。评价结果显示，三市建设水平中的各项指标得分都较低，尤其是资源节约类指标，显示出这些地区需要通过技术效应和结构效应推动资源利用率持续提升。

建设潜力维度的指标表示的是各市生态文明建设水平提升的潜力，反映了各市和上一年度相比在污染物排放量治理、资源能源使用强度降低和利用效率提升、产业结构的优化、城市绿化建设等各方面的进步和退步情况。在环境友好类各指标得分排序中，第二和第三梯队的城市大多位居前列，如 PM2.5 年均浓度降低速度、三产占比增长速度、建成区绿化覆盖率增长速度、人均全年废水排放量等四项指标的前三位均是第二梯队和第三梯队的城市。在资源节约类各指标得分排序中，除了人均用电量降低速度排序前三位的城市是佛山、珠海和香港，其余单位国土面积经济产出增长速度、单位 GDP 能耗降低速度、单位 GDP 电耗降低速度、人均用电量降低速度、单位 GDP 用水量等五项指标的排序前三位均是第二梯队和第三梯队的城市，其中，东莞和佛山两市的表现尤为突出。此外，位于建设潜力排名后三位的城市分别为香港、中山、澳门。中山的二级指标排序均比较靠后，说明中山环境治理效率和资源利用集约程度较低，下一步需加大生态环境治理投入和提高资源利用效率（如图 17－7 所示）。

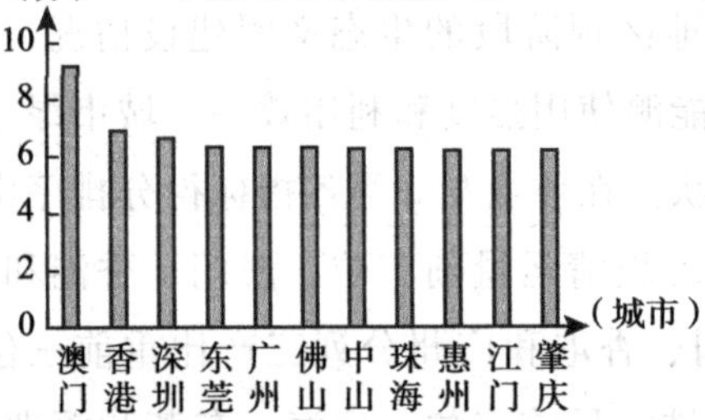

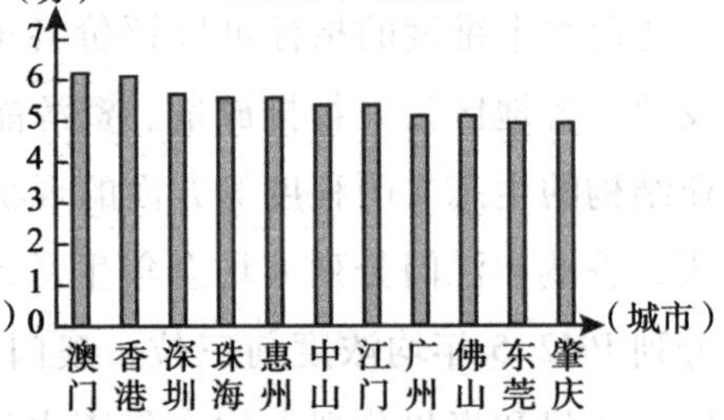

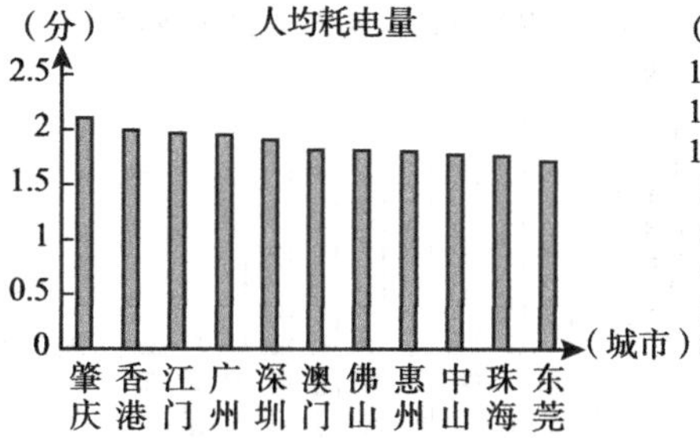
人均耗电量
（分）
2.5
2
1.5
1
0.5
0
（城市）
肇庆 香港 江门 广州 深圳 澳门 佛山 惠州 中山 珠海 东莞

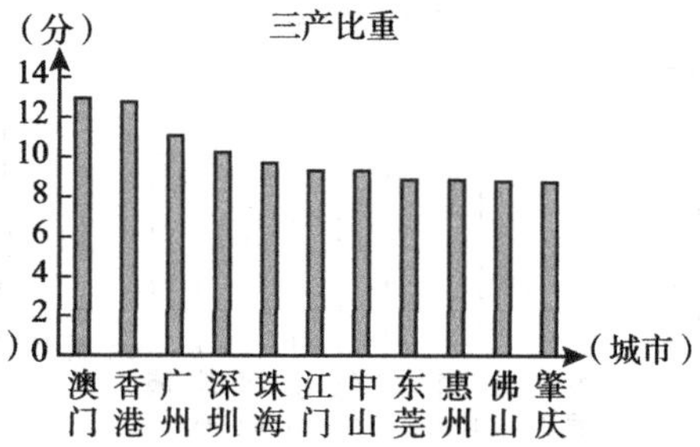
三产比重
（分）
14
12
10
8
6
4
2
0
（城市）
澳门 香港 广州 深圳 珠海 江门 中山 东莞 惠州 佛山 肇庆

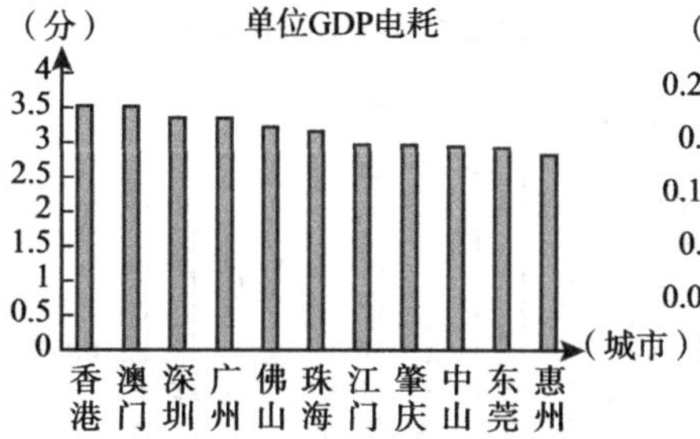
单位GDP电耗
（分）
4
3.5
3
2.5
2
1.5
1
0.5
0
（城市）
香港 澳门 深圳 广州 佛山 珠海 江门 肇庆 中山 东莞 惠州

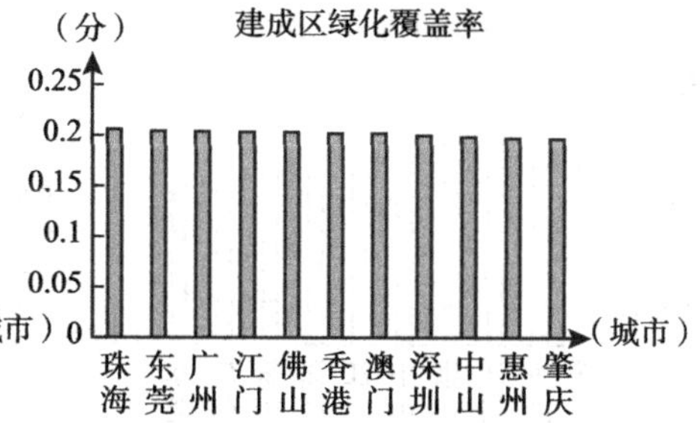
建成区绿化覆盖率
（分）
0.25
0.2
0.15
0.1
0.05
0
（城市）
珠海 东莞 广州 江门 佛山 香港 澳门 深圳 中山 惠州 肇庆

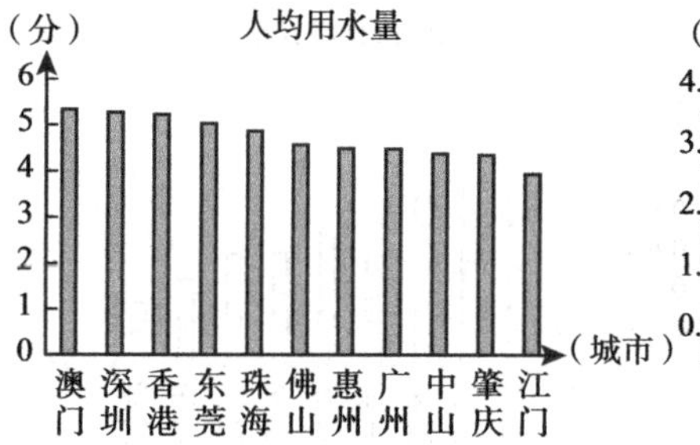
人均用水量
（分）
6
5
4
3
2
1
0
（城市）
澳门 深圳 香港 东莞 珠海 佛山 惠州 广州 中山 肇庆 江门

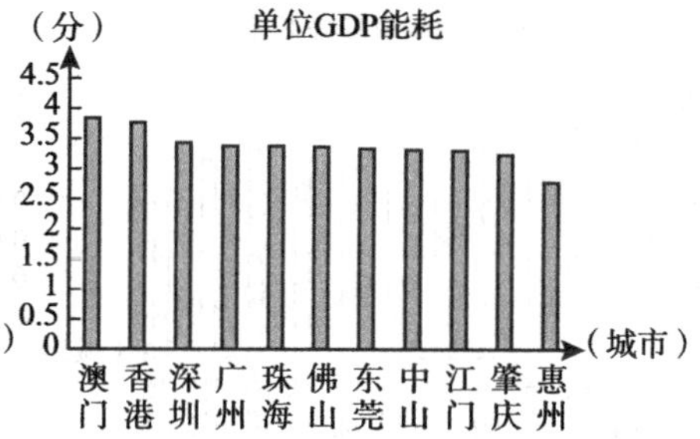
单位GDP能耗
（分）
4.5
4
3.5
3
2.5
2
1.5
1
0.5
0
（城市）
澳门 香港 深圳 广州 珠海 佛山 东莞 中山 江门 肇庆 惠州

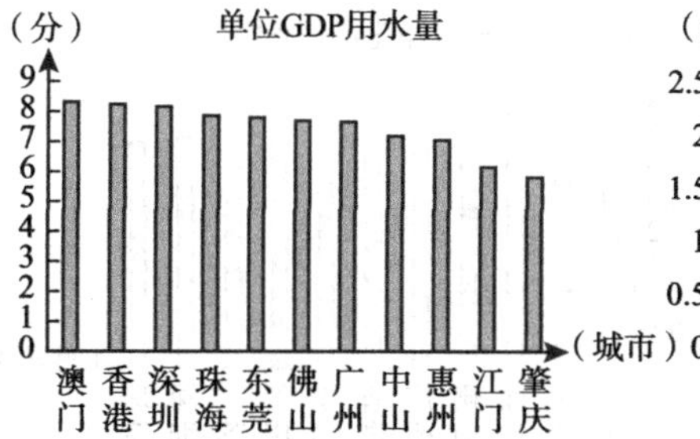
单位GDP用水量
（分）
9
8
7
6
5
4
3
2
1
0
（城市）
澳门 香港 深圳 珠海 东莞 佛山 广州 中山 惠州 江门 肇庆

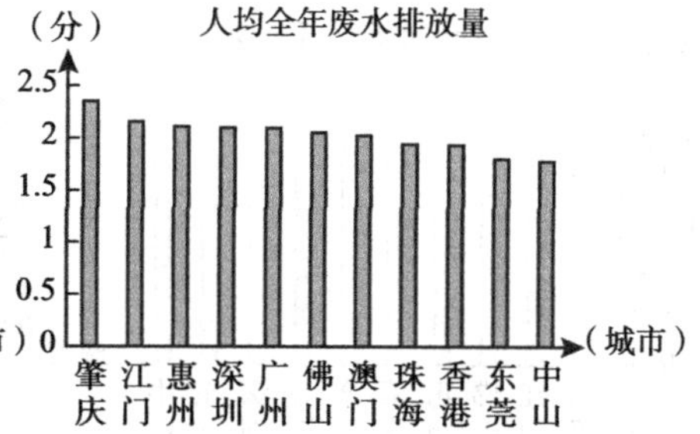
人均全年废水排放量
（分）
2.5
2
1.5
1
0.5
0
（城市）
肇庆 江门 惠州 深圳 广州 佛山 澳门 珠海 香港 东莞 中山

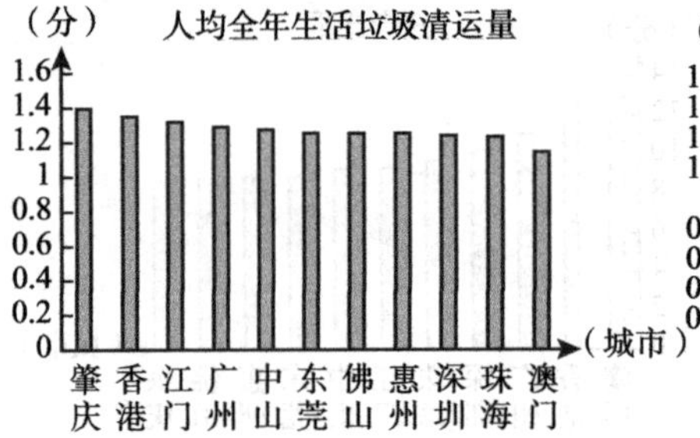
（分）
人均全年生活垃圾清运量
1.6
1.4
1.2
1
0.8
0.6
0.4
0.2
0
（城市）
肇庆 香港 江门 广州 中山 东莞 佛山 惠州 深圳 珠海 澳门

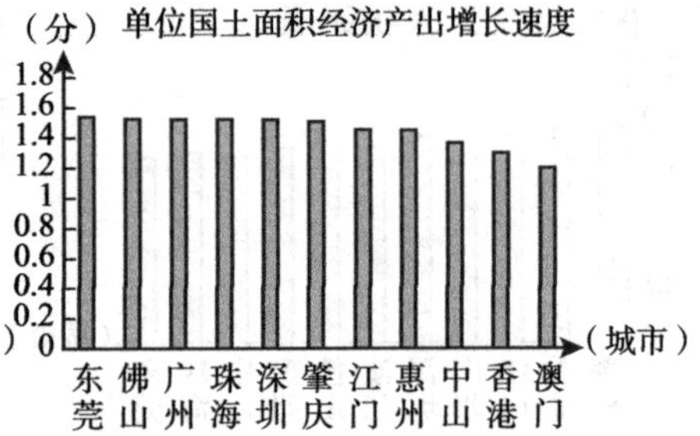
（分）
单位国土面积经济产出增长速度
1.8
1.6
1.4
1.2
1
0.8
0.6
0.4
0.2
0
（城市）
东莞 佛山 广州 珠海 深圳 肇庆 江门 惠州 中山 香港 澳门

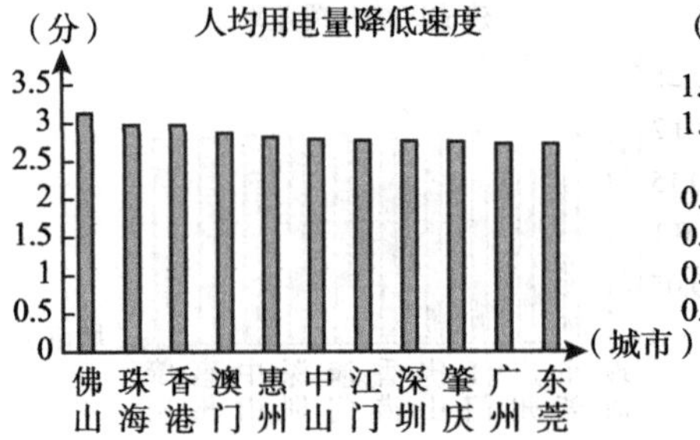
（分）
人均用电量降低速度
3.5
3
2.5
2
1.5
1
0.5
0
（城市）
佛山 珠海 香港 澳门 惠州 中山 江门 深圳 肇庆 广州 东莞

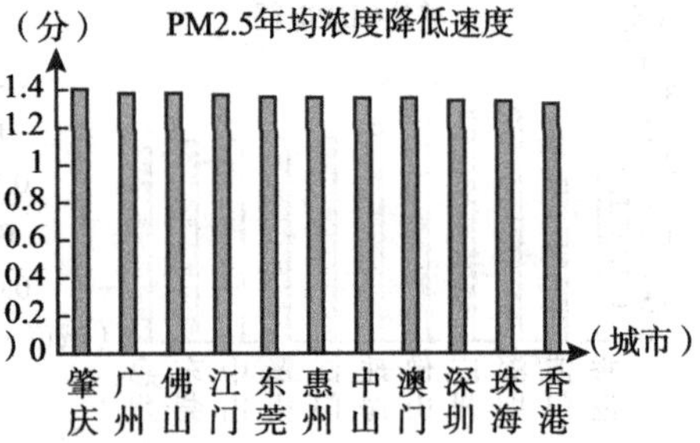
（分）
PM2.5年均浓度降低速度
1.4
1.2
1
0.8
0.6
0.4
0.2
0
（城市）
肇庆 广州 佛山 江门 东莞 惠州 中山 澳门 深圳 珠海 香港

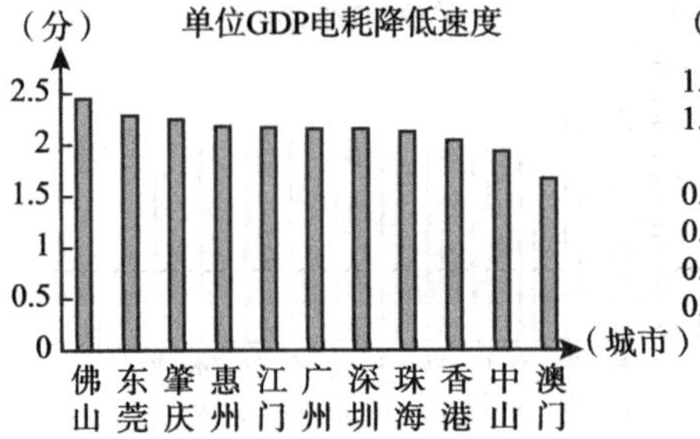
（分）
单位GDP电耗降低速度
2.5
2
1.5
1
0.5
0
（城市）
佛山 东莞 肇庆 惠州 江门 广州 深圳 珠海 香港 中山 澳门

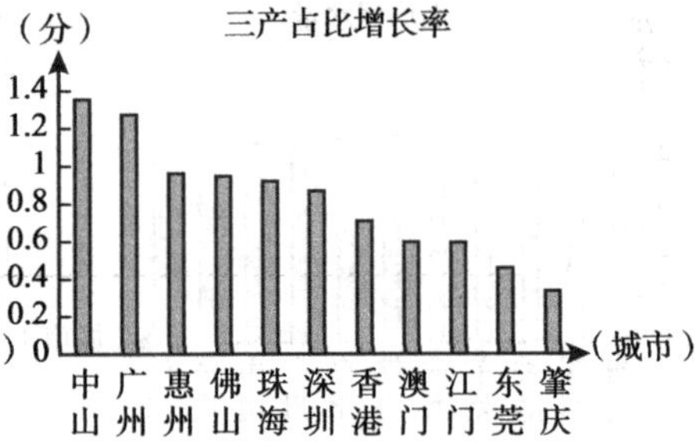
（分）
三产占比增长率
1.4
1.2
1
0.8
0.6
0.4
0.2
0
（城市）
中山 广州 惠州 佛山 珠海 深圳 香港 澳门 江门 东莞 肇庆

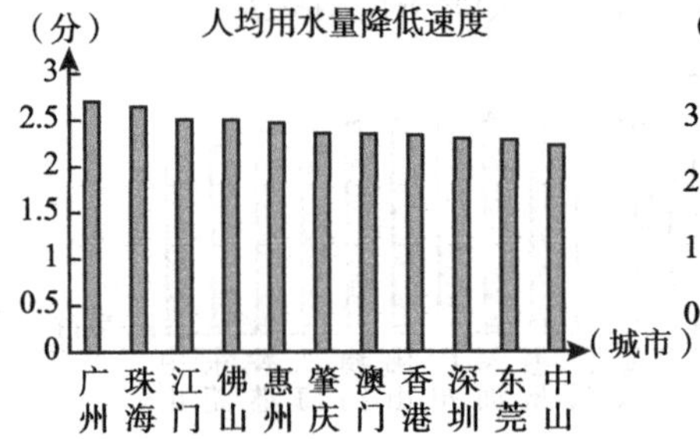
（分）
人均用水量降低速度
3
2.5
2
1.5
1
0.5
0
（城市）
广州 珠海 江门 佛山 惠州 肇庆 澳门 香港 深圳 东莞 中山

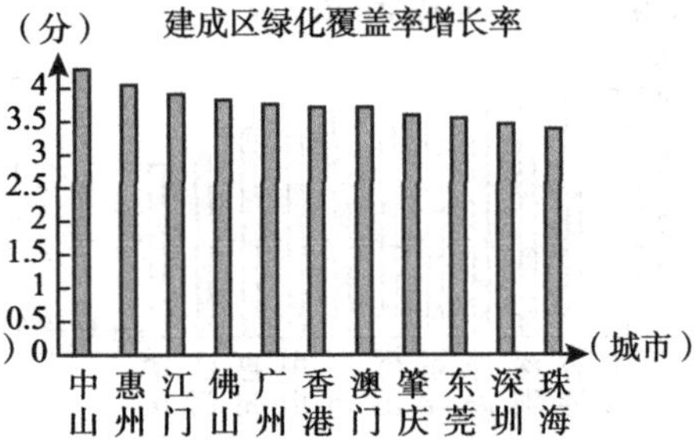
（分）
建成区绿化覆盖率增长率
4
3.5
3
2.5
2
1.5
1
0.5
0
（城市）
中山 惠州 江门 佛山 广州 香港 澳门 肇庆 东莞 深圳 珠海

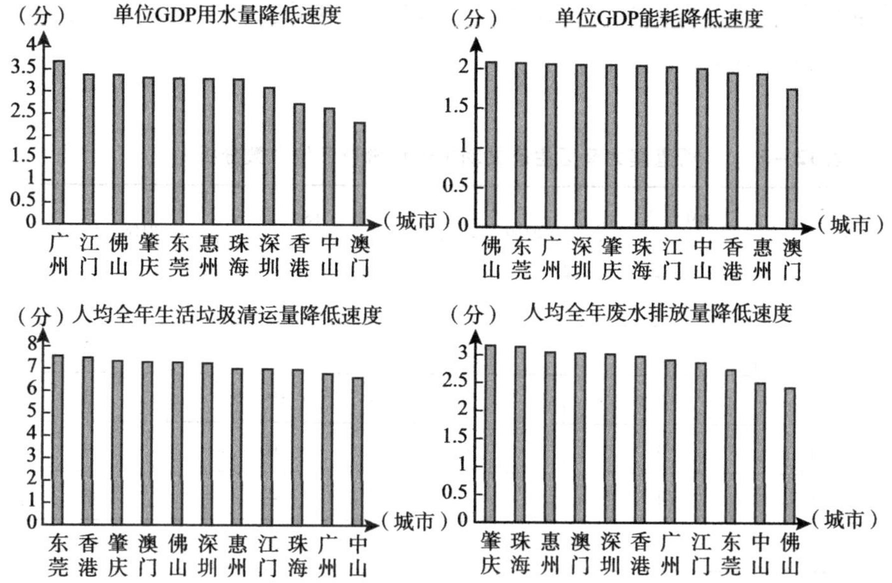

图 12 -7 2019 年粤港澳生态文明建设指数二级指标各市得分情况

三、分地区评价

表 12 -3 显示了粤港澳大湾区内各市的综合评价得分排序位于首三位的指标个数。具体来看，香港拥有的排名前三的指标个数最多，高达 11 个；广州以八个位于前三的指标个数紧跟其后；澳门和肇庆拥有排序前三的指标个数相同，均为 7 个且并列第三。综合来看，这四个城市近年来在生态环境治理力度不断加强的同时，还努力推进产业结构优化升级和能源结构绿色化调整，使得生态环境建设水平不断提升。与 2018 年相比，2019 年香港各项指标得分排序依然显著高于湾区内其他城市和地区，香港充分抓住了粤港澳大湾区建设的契机，主动融入大湾区生态环境建设大潮。2019 年香港的 PM2. 5 年均浓度指标得分仅次于澳门，较大幅度领先珠三角九市。另外，香港特区政府带头践行绿色发展理念，促进能源结构清洁化和资源能源效率不断提升。肇庆综合得分位于最后一位，但其综合评价得分排序位于前三位的指标有 7 个，其中有 5 个指标属于环境友好类指标。这主要是因为近年来肇庆环境治理成效明显，如肇庆通过对大气污染源采取精准监管等治理模式，使其城区 AQI（空气

质量综合指数）持续改善，2019 年其 PM2.5 年均浓度改善幅度在大湾区城市中位居第一。

表 12－3　　粤港澳大湾区生态文明指数评价首三位个数分析

城市	2019 年首三项排名次序总和	2019 年综合排序	2018 年首三项排名次序总和	2018 年综合排序
澳门	7	1	10	1
香港	11	2	11	2
深圳	6	3	10	3
广州	8	4	6	4
珠海	4	5	4	6
佛山	6	6	6	5
东莞	5	7	2	9
惠州	4	8	0	10
江门	6	9	7	11
中山	2	10	1	7
肇庆	7	11	9	8

四、分发展水平评价

人均 GDP 在相当程度上代表了一个地区经济的发展水平。相比低收入地区，中高收入地区往往在生态保护与环境治理方面拥有更多的财力资源、技术资源与人力资源，推动生态文明建设发展的能力相对较强。

图 12－8 表示了各市人均 GDP 与生态文明建设评价指数得分之间的关系。可以看出，在各个人均 GDP 水平阶段，均有生态文明建设指数得分较高的城市。从整体上来说，人均 GDP 较高的地区澳门、香港、深圳，其生态文明建设水平也较高。但是，人均 GDP 相对较低的惠州也呈现出了较好的生态文明建设水平，说明欠发达地区也有机会和潜力充分协调经济社会发展与生态环境保护两者之间的关系，建设高水平生态文明。

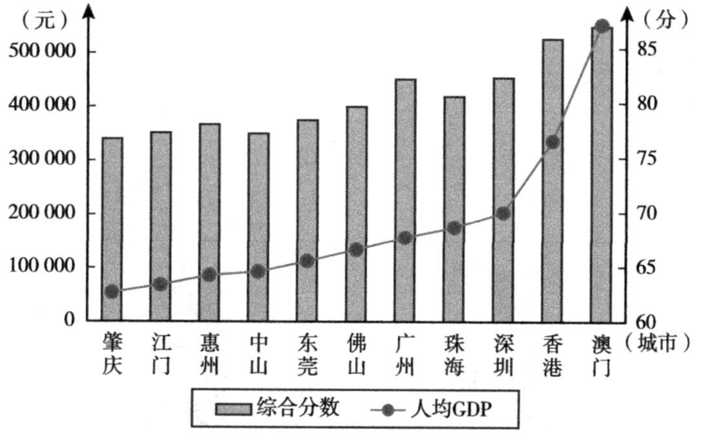

图 12－8　人均 GDP 与绿色发展指数排名之间的关系

五、分区域评价

本研究按照《规划纲要》中的城市发展定位要求，将粤港澳大湾区内的十一个城市分别归为中心城市和非中心城市。中心城市包括香港、澳门和深圳等四市，这些中心城市作为粤港澳大湾区发展的核心引擎，需要进一步优化提升，充分发挥他们的比较优势，对周边非中心城市产生溢出效应，起到辐射带动作用。非中心城市包括珠海、佛山、惠州、东莞、中山、江门和肇庆七市，这些城市的定位是大湾区重要节点城市，它们在发挥自身优势和强化与中心城市互动合作的同时，还需要不断带动其周边城镇的发展，提升粤港澳大湾区整体城市群的发展质量。

从评价结果来看，综合得分排序位于前四位的城市均是中心城市。

如图 12－9 所示，四大中心城市的平均生态文明指数得分比非中心城市高，两者分别为 84. 34 分和 78. 26 分。具体来看，中心城市的平均建设水平得分为 50. 39 分，高于非中心城市的 43. 80 分，而在平均建设潜力得分方面，非中心城市略高于中心城市。通过和 2018 年的对比和上述分析，可以得出如下几点结论。一是虽然在当前阶段，非中心城市的生态文明建设水平低于中心城市，但是和 2018 年情况一样，2019 年非中心城市的建设潜力指标得分依然保持着强劲的增长势头，表明生态文明水平基础较差的城市有机会抓住粤港澳大湾区这一机遇，释放潜力来实现赶超。二是产业

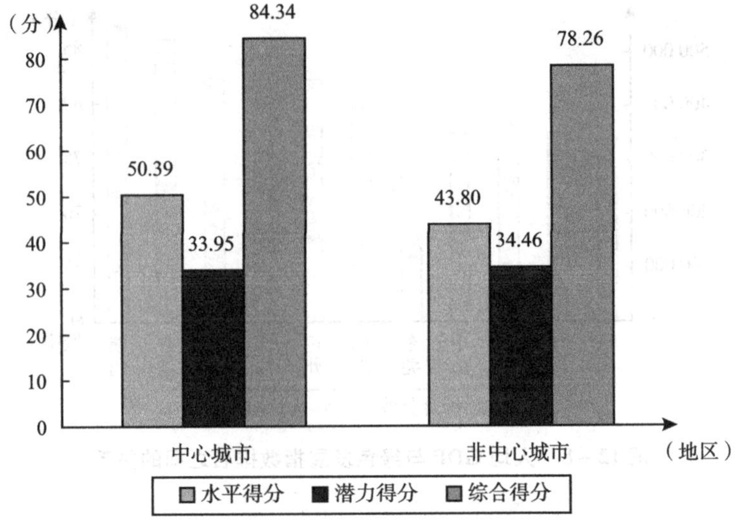

图 12－9　粤港澳大湾区生态文明指数分区域得分

结构升级是进行生态文明建设的必由之路。和 2018 年一样，2019 年三产占比得分排序的前四位依然是四大中心城市，说明中心城市的产业结构的生态文明程度方面处于绝对优势地位。四大中心城市中，香港以金融业和服务业为主，澳门则以博彩旅游业为主，深圳和广州科技产业明显。其他非中心城市则以制造业为主，亟须推进制造业转型升级，通过不断提升产业结构的生态文明程度来提升整体生态文明建设水平。以非中心城市中的惠州为例，其三产占比增长速度指标得分排序从 2018 年的第八位增长至 2019 年的第三位，是大湾区内上升幅度最大的城市，其综合得分排序也较 2018 年上升两位。三是科技创新是粤港澳大湾区内各市生态文明建设的主要动力，虽然中心城市的人口数量不断增长、资源环境禀赋约束日益趋紧，但是这些以香港和深圳为代表的中心城市具有较强的科技创新能力，他们通过不断的技术创新来提升自身的资源和能源利用效率，表现为 2018 年和 2019 年连续两个年度的中心城市的资源节约类指标得分排序均高于非中心城市，资源节约型社会已雏形初现。此外，经济基础较好的中心城市还可以对一些经济发展水平相对较低的非中心城市进行技术创新援助，加强资源共享，降低非中心城市用科技创新推动生态文明建设发展的成本。四是区域合作对提高区域生态文明建设水平发挥着重要作用。对比发现，2019

年湾区内11个城市的年均PM2.5浓度和2018年相比不断下降，这得益于粤港澳三地于2014年共同签署的《粤港澳区域大气污染联防联治合作协议书》，其要求粤港澳三地全面深化联防联控，统筹防治臭氧和细颗粒物污染，区域整体空气质量改善成效明显。因此，大湾区内的生态环境治理的区域协同合作，将是未来大湾区生态文明建设的努力方向。应当不断加强湾区内各城市间在生态文明建设领域的协同合作，建立各层级、各领域的协同合作机制，共同推进大湾区生态文明建设迈向更高水平。

第四节　大珠三角生态文明建设的若干建议

一、研究结论

本报告构建了由生态文明建设水平和生态文明建设潜力两个主要维度，环境友好和资源节约两个主要类别共计22项指标组成的粤港澳大湾区生态文明建设指数评价指标体系，并充分利用该指标体系客观评估了2019年大湾区“9+2”个城市生态文明建设表现情况。主要结论如下。

第一，按照大湾区内各城市生态文明建设综合评价得分，可以将11个城市划分为三个不同层级的梯队。第一梯队表现最优，得分均在85分以上，包括澳门和香港；第二梯队表现较好，得分位于80~85分之间，包括深圳、广州、珠海和佛山四市；第三梯队表现相对较差，得分均低于80分，包括东莞、惠州、江门、中山和肇庆五市。

第二，从分项指标按地区来看，生态文明建设领先的城市分项指标均表现不错，呈现高水平均衡状态。综合分析来看，这些城市在推进生态文明建设工作的过程中始终坚持“标本兼治”，在生态环境力度不断提升的同时，还努力促进产业结构优化升级和能源结构绿色化调整，从根本上促进生态环境治理水平提升。

第三，从经济发展水平来看，经济发展水平较高的城市总体上具有较高的生态文明水平，但经济水平较低的城市也有机会建设高水平生态文明。经济水平较低的城市在资金、技术和人才等方面约束紧张的情况下，可以通过加强生态环境监督和管理、培养公众生态文明意识、提高公众的参与度等措施来提升生态文明水平。

第四，从分区域来看，大湾区内四个中心城市的建设水平平均得分高于非中心城市，建设潜力平均得分则略低于非中心城市，综合评价得分小幅度高于非中心城市。这说明非中心城市虽然现阶段的生态文明建设水平不足，但未来具备强劲的发展潜力。

二、若干建议

粤港澳大湾区是打造创新实践“一国两制”方针的重要载体，承担着新一轮改革开放的“试验田”和“先行区”任务，肩负着推动区域协调发展的重大历史使命。对标国际三大湾区，生态环境仍是粤港澳大湾区短板，建设美丽湾区，达到世界级的环境质量水平并非敲锣打鼓就能实现。粤港澳大湾区应在“一国两制”制度背景下，构建生态环境共同体，持续推动产业结构优化升级，促进能源结构清洁化，不断提高资源能源利用效率，加快形成绿色生产方式和生活方式，推动生态文明建设向更高水平迈进。

一是建立粤港澳大湾区生态文明建设常态化评价机制。首先，从数据采集方面来看，应当逐步规范粤港澳三地资源、能源、废弃物排放和处理等相关数据的统计，做好各地统计部门的协调，推进统计口径的一致性和统计基础工作能力的建设。其次，从指标选取来看，在指标选取上，本研究主要依托客观指标，未来可以由第三方机构采集相关公众环境满意度等主观指标，以使评价结果更能反映公众直观感受；再次，从综合评价方法来看，本研究选取了熵权法，尽管得到的权重客观性较强，但未考虑决策者的主观意愿，未来可以考虑引入层次分析法和德尔菲等主观分析方法，构建一个主客观相结合的分析综合赋权；最后，应强化评价结果的应用，逐步将生态文明建设评价结果纳入社会发展综合考核，定期向公众公布考核结果并接受监督和建议，从考核结果中及时发现生态文明建设过程中存在的不足，为大湾区生态环境建设提供参考。

二是构建粤港澳大湾区生态文明建设统筹协同机制。大湾区各城市在生态文明建设在根据各市不同的战略定位设定差异化生态文明建设重点任务的同时，还应当注意相向而行，步调一致。建议未来在大湾区统筹协同机制下做到规划、目标、标准及政策等四个方面的协同。在规划协同方面，建议针对粤港澳大湾区目前面临的一些比较严重和广受社会关注的生态环境问题出台系列专项行动计划，并在此基础上制定一个面向2030年甚至更长时期的生态环境整体规划；在目标协同方面，大湾区内各市应共同协商，针对不同的生态环境领域和不同的时间阶段设定科学合理的目标；在标准协同方面，大湾区内各市在向国际一流湾区标准看齐的基础上，建立一套适用于自身的且相对一致的环境质量和技术标准体系，位大湾区生态文明的共建提供基础支撑；在政策协同上，大湾区内各市在生态环境政策的制定实施方面应加强互动沟通，以市场为主导的相关环境政策更加需要彼此间的合作与衔接。

三是要创新粤港澳大湾区生态文明建设决策和保障机制。在“一国两制三法域”的特殊背景下，仅仅依靠现有的粤港澳协商机制来推动大湾区的生态与文明建设，难以进行综合决策并提供坚实的保障。因此，粤港澳大湾区生态文明建设的决策和保障机制的创新势在必行。首先，在国家层面，可以在粤港澳大湾区建设领导小组下组建常设性的生态文明共建专责小组，实现对大湾区的生态环境工作建设的整体统筹和决策。其次，在区域层面，可以由粤港澳三地有关的政府和主管部门来担任牵头，成立由相关专家、企业家代表、公众代表和拥有生态环境建设管理经验的公职人员组成的生态文明建设政策咨询委员会，体现决策的民主化和科学化。最后，应当大力加强对生态环境的科技支持和资金投入的保障，探索建立粤港澳湾区生态文明建设基金，为解决大湾区生态文明建设重大领域中的重大问题提供资金保障。

四是高水平推进生态环境保护与治理。本研究评价结果显示，大湾区各城市人均全年生活垃圾清运量和废水排放量两项指标数据大都仍呈现逐年递增的趋势，PM2.5减小幅度也逐渐放缓。随着大湾区经济社会的快速发展，广大人民群众对环境治理能力的要求越来越高。未来，大湾区应高水平推进生态环境保护与治理，强调法制建设在生态文明建设中的重要地位，用最严格的生态法制体系来保障高水平生态文明建设进程；应当持续提升生态环境治理能力，促进治理体系现代化；应通过各种形式的宣传教育，使公民树立起正确的生态文明理念，由被动参与到主动参与，汇聚生态文明建设的强大合力。

五是促进生产生活方式绿色低碳化转型。在生产方式方面，加强对已有高耗能产业的产业结构调整与监管，实现产业的绿色化转型升级；加大对高新技术为主导的先进制造业和信息产业、新兴低碳产业的财政和政策支持力度，加快建设绿色低碳产业体系；发挥各市的比较优势，积极打造“大湾区绿色产业价值链”，促进生产、包装、流通、回收等各个环节的绿色低碳化。在生活方式方面，可以借助公共传播渠道，将绿色低碳生活理念纳入时尚文化，形成一种文化激励机制，为大湾区实现绿色低碳生活方式转型提供精神动力支撑；应当普及绿色低碳生活知识，培育全民实践绿色低碳生活的能力，使绿色低碳生活方式融入消费、交通出行、社会交往、工作、家居生活等各个方面，让公众低碳绿色生活行为成为新的时尚。

第十三章　世界发达地区产业发展经验及借鉴

国家赋予粤港澳大湾区的发展目标和历史使命，就是要建设成为国际一流湾区和世界级城市群。为此，粤港澳有必要学习国际上现有的三大世界级湾区（即旧金山湾区、纽约湾区和东京湾区）的成功经验，促进和推动整个粤港澳大湾区产业的创新发展，从而继续引领整个国家的产业和经济社会发展进程。

第一节　大珠三角和世界三大湾区的基本情况对比

国际一流湾区和世界级城市群，往往是一个国家乃至世界的经济社会发展中心，是国家乃至世界的产业发展引擎和产业集聚中心。旧金山湾区、纽约湾区和东京湾区皆如此，我国的粤港澳大湾区也必须如此。

一、地理环境

粤港澳大湾区位于珠江三角洲，包含香港特别行政区、澳门特别行政区和广州、深圳、珠海、佛山、惠州、东莞、中山、江门、肇庆九个位于广东省的地级市，湾区内分布有众多港口，包括香港港、广州港、深圳港等，其乘着改革开放的快车，发展成为中国经济最为发达的区域之一。湾区中部地势平坦，周边地势较高，分布岛屿、丘陵和山地。该地气温较高，日照充足，降水量大，属于比较典型的亚热带气候（见表 13－1）。

表 13－1　　粤港澳大湾区与世界三大湾区地理环境对比

	粤港澳大湾区	旧金山湾区	纽约湾区	东京湾区
地理位置	临近太平洋，中国东南沿海珠江三角洲地区	临近太平洋，美国西海岸加利福尼亚州北部	临近大西洋，美国东北部的沿海地区，地跨纽约州和新泽西州	临近太平洋，地处日本本州岛中部
地势	丘陵、山地、台地与平原错落，中部地势平坦，周边地势较高	典型的丘陵地带	地形复杂，以高原和山地为主，沿海地区为平原低地，多湖泊	地势低平低洼，以平原为主
气候	亚热带季风气候	亚热带地中海气候	温带大陆性气候	亚热带海洋性季风气候
年平均降水量	1 662.7 毫米	2 201.4 毫米	1 056.4 毫米	1 400 毫米

资料来源：有关资料整理。

旧金山湾区位于美国西部沿海地区的加利福尼亚州北部，包括东湾、北湾、半岛和南湾四个主要部分，旧金山、奥克兰和圣何塞均分布于此。湾区内地势较高，略有起伏，多丘陵。该地冬季气候温和，降水量大，夏季降水量少，略微干旱，干湿季区分明显，属于地中海气候。

纽约湾区位于美国东北部的沿海地区，临近大西洋，地跨纽约州和新泽西州，高原和山地较多，但海拔较低；沿海地区为平原低地，多湖泊；周边河流众多，包括哈德逊河、东河、哈林河等，湿地资源丰富。该地四季分明，降水量大，气候湿润，温度适宜。

东京湾区临近太平洋，地处日本本州岛中部，由东京都、崎玉县、千叶县、神奈川县几个主要部分组成。该地地势低平低洼，以平原为主，包括河岸平原和海岸平原，也分布有部分的低地、湿地、台地与丘陵，河流众多，大都来源于北方。湾区内水资源丰富，降水量大，气候适宜，夏季多雨多台风。

二、生态环境

四大湾区经济发展迅速，但也不约而同地受到环境问题的困扰，比如水资源污染、大气污染等。湾区的生态环境质量是湾区建设和经济发展的基础，所以湾区的环境调查与治理问题至关重要。在未来的发展中粤港澳大湾区应该注重湾区内的环境治理与生态保护，平衡好“发展”与“保护”，推动湾区经济的高质量发展。下面是四大湾区生态环境的对比情况，包括生态、环境质量与资源利用效率等方面（见表13－2）。

表13－2　粤港澳大湾区与世界三大湾区生态与环境评价指标对比

类型 Categories	指标 Indicators	粤港澳大湾区 Guangdong－Hong Kong－Macao Bay Area		旧金山湾区 San Francisco Bay Area		纽约湾区 New York Bay Area		东京湾区 Tokyo Bay Area	
		2005年	2015年	2005年	2015年	2005年	2015年	2005年	2015年
生态质量 Eco-system quality	绿林地比例/%	40.38	46.17	64.35	64.07	56.95	54.54	32.17	31.64
	绿林地总初级生产力 GPP/(g/m^2)	399.20	416.66	425.79	328.82	326.36	329.26	264.91	318.23
环境质量 Environmental quality	PM2.5/($\mu g/m^3$)	34.76	27.83	7.20	7.80	12.24	9.13	11.36	10.48
	NO_2/($\mu g/m^3$)	56.07	45.51	22.93	19.15	38.62	29.53	25.00	19.00
	海湾水质（无机氮/(mg/L)）	≥0.50	≥0.50	0.14	0.15	0.30	0.23	0.21	0.17
资源利用效率 Resource utilization efficiency	万元GDP用水量/(m^3/万元)	79.25	25.78	170.27	52.09	194.95	84.22	8.12	6.53
	亿元GDP建设用地/（km^2/亿元）	0.15	0.08	0.07	0.06	0.09	0.10	0.06	0.06
	万元GDP能耗/(t标准煤/万元)	0.48	0.37	0.04	0.03	0.01	0.01	0.01	0.01

资料来源：“全球四大湾区生态环境综合评价研究”，载于《生态学报》第23期，2020年12月。

通过比较可以发现，旧金山湾区和纽约湾区的生态质量和环境质量都优于其他湾区，但是在资源利用效率方面做的比较差。东京湾区恰恰相反，资源利用效率优于其他地区，而对生态质量的保护不到位。比起这三大湾区，粤港澳大湾区在三个方面都略有逊色。

在生态质量方面，东京湾区表现最差，大湾区排名第三，也不容乐观。东京湾区在第二次世界大战后盲目的扩大生产规模，发展重工业，造成了比较严重的污染，生态质量最差。而粤港澳大湾区也仅高于东京湾区，在未来的发展中，大湾区需要避免盲目扩张，谋求高质量发展，在追求金山银山的同时，保护好绿水青山。旧金山湾区在环境质量方面表现良好，而大湾区则排名倒数第一。粤港澳大湾区的环境质量与其他三大湾区有较大差距，需要学习发达国家在环境治理方面的成功经验，将先进的科学技术运用到环境监测和环境质量控制中。

东京湾区在资源利用效率方面表现最优，旧金山湾区和纽约湾区稍有逊色，而大湾区则排名最后。近年来，粤港澳大湾区的人口和经济增长比其他三大湾区都快，相应的资源消耗量也最大，但是其资源利用效率却比其他三大湾区都低，尤其是东京湾区，所以其可以学习日本的水资源利用技术以及开展节水教育。

三、产业和经济发展

东京湾区、旧金山湾区和纽约湾区并称世界三大湾区。根据来自中国社科院与联合国人居署的《全球城市竞争力报告（2018—2019）》，旧金山的平均竞争力最强，东京湾区次之，纽约湾区。这三地的生产总值占其全国 GDP 的比重都高于5%，东京湾区甚至高于30%（见表 13 – 3）。

表 13 – 3　粤港澳大湾区与世界三大湾区金融与产业类型比较

湾区	金融中心最高排名	代表产业	发展方向
粤港澳大湾区	3 香港	金融、航运、制造业、互联网	全球创新发展高地
纽约湾	1 纽约	金融、航运、电子	世界金融核心中枢
东京湾	5 东京	装备制造、钢铁、化工、物流、金融	日本核心临港工业带
旧金山湾	6 旧金山	电子、互联网、生物科技	全球科技研发中心

资料来源：“数说世界四大湾区”［J］. 中国国家地理，2020（11）.

纽约湾区包含纽约州、新泽西州和康涅狄格州的 31 个县和 783 个城镇，其生产总值约占全国 GDP 的 8. 8%。旧金山湾区包含加利福利亚州的 9 个县、101 个城镇，其生产总值约占全国 GDP 的 4. 5%。东京湾区被称为“首都圈”，由东京湾周边的东京都、埼玉县、千叶县和神奈川县，其生产总值占全国 GDP 的 36. 3%。粤港澳大湾区由香港、澳门这两个特别行政区和珠江三角洲九个地级市组成，其生产总值占中国 GDP 的 12. 30%。2016 年，粤港澳大湾区的生产总值的增长速度高达 7%，高于另三个湾区，经济增长的速度更快，也更具活力。

东京湾被称为“产业湾区”。东京港口众多、运力强，区位优势明显。在其带动下，东京湾区形成了以京滨和京叶为龙头的工业地带，涉及钢铁产业、石油产业、化工产业、装备制造产业等诸多领域，包含丰田车产、索尼电子等位于世界五百强，资本雄厚的知名企业。纽约湾区位于美国，是国际金融中心，被称为“金融湾区”，CBD就起源于纽约的曼哈顿。纽约的对外贸易额占全国的1/5，制造业的产值占全国的1/3，在500家规模最大的上市公司中，有1/3以上的公司总部位于纽约湾区。旧金山湾区被称为“科技湾区”，约20所世界知名高等院校均位于此，比如斯坦福、加州戴维斯、加州伯克利等，其将高新技术产业作为发展重点，包含了全球著名的互联网巨头谷歌、Apple lnc.、Facebook等以及特斯拉的企业总部。相比之下，粤港澳大湾区各个产业发展比较均衡，金融、科技和工业都在稳步发展。粤港澳湾区内的产业分工比较明确，香港金融业和航运业发达；澳门主要发展旅游休闲产业，也是国际自由港；广州既是国际商贸中心，也是经济文化中心；深圳以科技创新产业为主，拥有腾讯、华为等众多科技企业；东莞、佛山、中山等制造业非常发达。在世界四大湾区中粤港澳大湾区人口数量最多、经济发展最快。

在第三产业的比重方面，旧金山湾区、纽约湾区与东京湾区第三产业占比都高于3/4，粤港澳大湾区仅为64%，与其他三大湾区相差较大。而且湾区内的经济发展主要有香港和澳门来拉动，其他九个地级市发展差距较大，服务业发展比较落后。广州、深圳两个中心城市已加快转型步伐，服务业和科技创新产业发展迅速，剩下的城市则处于不同发展阶段，仍在致力于工业经济转型升级。在产业转型方面，世界三大湾区处于比较领先的地位，其已在致力于将科技、制造、服务与金融相融合，而粤港澳大湾区仍处在传统制造业向先进制造业以及高端服务业的转型阶段。

各大湾区都非常注重金融业的发展。纽约湾区是著名的“金融湾区”，拥有该国七大银行中的6家，聚集了全球金融、证券、期货及保险和外贸机构的总部共计3 000家左右。在湾区内，房地产和金融保险业最为强势，其产值分别占湾区总产值的16.9%和16.1%，其占比居于整个湾区的前两位。旧金山以高新技术产业为主，但是其金融和科技深度融合，金融保险、房地产、贸易和信息产业增长速度很快，规模持续扩大，规模总和占比高于 1/3。东京湾区有着深厚的工业基础，现代服务业发展良好，这背后金融业提供了强大的资金支持，在其产业结构中金融保险业所占比重为 6.9%。湾区内分布有日本的三大金融集团，包括三菱日联银行、三井住友银行和瑞穗银行、位列世界 500 强的知名日企和本地龙头制造业公司总部。相比较之下，粤港澳大湾区的金融业与其他产业共同发展，呈现出金融与科技，产业逐步融合的特点。香港作为国际金融中心在金融方面发挥着重要的引领作用。湾区内设有招商银行、平安银行及广发银行的总部，这三大银行均属于我国的大型股份制银行。在证券交易所总市值方面，纽约湾区排名第一，总计 30.44 万亿美元的市值；粤港澳大湾区排名第二，总计 6.22 万亿美元市值，东京湾区排名第三，而旧金山湾区则无证券交易所（见图 13－1）。

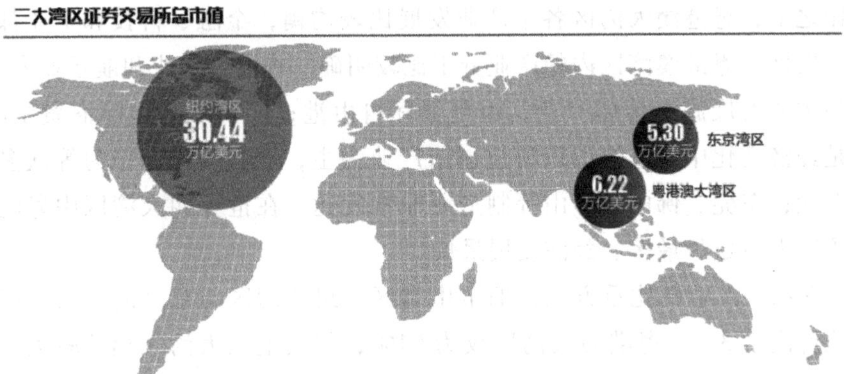

图 13－1　世界三大湾区证券交易所总市值

资料来源：《2020 粤港澳数字大湾区融合创新发展报告》，载于阿里研究院。

第二节　世界三大湾区发展模式可供借鉴的成功经验

一、因地制宜发展湾区产业

充分利用湾区内的独特优势，选择最适合本湾区发展的产业，因地制宜地寻求独特的发展方向。

旧金山湾区位于美国西部沿海地区，太平洋沿岸，港口众多，区位优势明显。湾区内水资源丰富，自然环境优美，气候宜人，生物种类多样，养育了很多鱼类和野生动物，为休闲娱乐产业的发展提供了宝贵资源。凭借独特的优势，旧金山大力发展旅游业和现代服务业，吸引了大量人口来此定居，人口数超过了700万，成为加州第二大都会区，也发展成为全球闻名的旅游胜地。与此同时，从最开始的海军研发基地，再到后来坦福大学工业园区的建立，旧金山湾区的科技创新实力在漫长的历史中逐步积累起来的，这为其后期高新技术产业的发展提供了重要保障。旧金山科技创新产业的发展走过了漫长的历史历程，从20世纪中期的军工电子产业到20世纪后期的电脑硬件和半导体产业、20世纪晚期的电脑软件、互联网产业，再到21世纪的人工智能、大数据、生物医药产业，其发展出Facebook、Twitter、YouTube、IBM、谷歌等众多创新型龙头企业，成为全球创新中心。

纽约湾区具有独特的地理优势，拥有众多天然港口，交通网络完善，分布有很多知名高校，在后期的发展中，纽约也通过选择合适的发展道路和发展方向也充分利用了这些优势。纽约湾区大力地开展基础设施建设，充分利用独特的地理优势，构建起了完善的水陆交通网络，加强了主要城市间的互联互通，为后期各个产业的发展提供了重要支撑，也极大地提升了其自身的影响力。纽约以及邻近的港口城市如波士顿、费城凭借着便利的交通发展自己的优势产业，逐步形成了多元化的产业结构，以较快地速度完成了工业化、城市化，经济也获得了快速发展，纽约湾区逐步拥有了美国第一大城市和第一大港，成为全球经济中心。贸易和工业的不断增长带动了金融业的发展，诸多知名高校像哈佛大学、麻省理工学院、波士顿大学等集聚于此又提供了具有专业知识储备的高素质人才和高新科技，为金融业提供了强大的人力资源，所以纽约湾区很快发展成为全球金融中心和商业中心。

二、抓住机遇优化产业结构

紧抓时代的机遇，在充分分析社会环境以及经济发展情况的基础上，及时地解决湾区在发展过程中遇到的问题，进行适当的产业转型和升级，寻求更为合理的产业结构。

旧金山湾区发展成为现在知名的“科技湾区”，正式因为抓住历史机遇，及时地进行了产业的转型升级，从原来的传统制造业逐步转变为重点发展高新技术服务业。现如今，湾区内的硅谷和旧金山已经成为创新中心，诸多高科技企业和知名研究中心都位于硅谷，而与创新相关的现代服务机构则聚集在旧金山，这些创新型产业的发展产生了巨大辐射效应，其带来的经济效益向周边及全美和全球扩展，带来了新一轮的经济发展。

东京都在历史的洪流中也及时进行了产业升级，从20世纪中期其就将制造业转移到京叶地区和京滨地区，并将第三产业逐步发展成为自身的支柱产业，由于承接了东京都的制造业，京叶地区和京滨地区的制造业尤其是机械制造业发展进程加快，逐步成为先进的工业地带。通过及时的产业升级，东京湾区合理地规划了产业布局，找准了湾区定位，形成了自身的独特优势，为自身的长远发展打下了坚实的基础。

三、精准定位实现差异化发展

湾区内的各个城市要精准定位，找准发展方向，实现了产业差异化发展，充分发挥集群效应，避免城市之间的恶性竞争，最终达到互利共赢的效果。

设立湾区的重要原因就是能够在一定程度上打破城市之间的壁垒，加强相互之间的协作，发达的城市发挥引领作用，其余的城市既要配合其发展，又能够充分发挥自身优势，促进自身的提升，实现产业升级，形成集群效应。

对于这一点，东京湾区做出了良好的示范。东京湾区能够成为如今知名的“产业湾区”，港城发展战略发挥了不可忽视的作用。东京湾区内的各个城市分工明确，定位清晰。东京湾区“一都三县”优势互补，形成多中心多圈层城市功能体系。东京都作为核心区，是日本的政治经济文化中心和科技中心，主要发展技术含量较高，附加值较高，发展前景较好的高端服务业。神奈川县致力于港口贸易，是重要工业基地，横滨市和川崎市是位于京滨工业带上的核心工业城市。横滨港是重要的对外港口；埼玉县是东京卧城，是居民的生活区域，也会承办一些商务活动。千叶县基础设施完善，分布有京成田机场，将空港经济和国际物流作为发展重点。湾区内的都市圈在谋求自身发展的同时，也会加强与其他都市圈的联系和互动。东京都市圈的产业中和谐较强，大阪城市圈负责生产消费品，名古屋城市圈主要发展重化工业。与此同时，三大都市圈通过海运加强了彼此之间的联系，将海陆经济有效衔接起来，统筹发展。

东京湾的港口也有着明确的分工。东京湾区的六大国际港口承担着不同的责任，差异化发展，优势互补，形成了相互协同的港口群体系，从整体上提高了港口的效益。东京湾港主要是负责承接进口货物，属于输入型港口，其进口量约占总吞吐量的80%；横滨港负责国际贸易；千叶港是重要的工业港口；川崎港负责能源往来；横须贺港有时会用作军用；木更津港主要是满足本地产业发展需要的工业港口。

四、提高产业的技术含量和创新能力

技术含量较高的高新技术产业是世界各大湾区未来最为重要的发展方向，但是该产业的发展需要先进的科学技术和强大的创新力量作为支撑。因此，各大湾区在谋划自己未来的发展中都不约而同地将发展科学技术，提高创新能力放在举足轻重的地位上。

其中，作为世界著名的“科技湾区”，旧金山湾区所采取的发展模式就非常有借鉴意义，从中可以吸取非常多的宝贵经验。

首先，旧金山湾区为创新发展提供了完善的政策体系。其出台了很多支持自主创新和科技产业的优惠政策，为其持续的发展提供了重要保障。湾区政府对创新行业的支持包括诸多方面，比如通过财政和金融来解决创新型企业资金方面的问题，注重引进专业人才，完善保护知识产权的法律法规以及搭建科创平台促进企业间的交流等。在硅谷，处于研发初期的高新技术企业可以享受政府的税收优惠政策，符合条件的企业无需缴纳商业税和工资税等。这吸引了众多高新技术企业入驻，成为硅谷在创新发展道路上的重要基石。

成熟的金融体系是创新发展的另一重要支撑。湾区内的科技金融体系经过长期的发展已经运营的非常成熟，为中小型科创企业的发展提供了充足的资金支持，促进了科技成果转化。在整个金融体系中，风险投资能为科创企业、初创企业和成长期企业提供有效的资金支持。直到2016年，200多家硅谷公司已经凭借着风险投资的支持在纳斯达克上市，其中不乏苹果、谷歌和英特尔等知名科技公司。

教育资源的聚集，开放的人才政策以及强大的科研力量为创新发展提供了源源不断的新鲜血液。湾区内聚集了斯坦福大学、加州大学伯克利分校等名校以及25所国家级或州级科学实验室。1 000名左右的国家科学院院士在此任职，100名左右的诺贝尔奖得主、10多名菲尔兹奖和图灵奖获得者曾在此工作或求学。各类高等院校的聚集，健全的人才培养系统为湾区创新源源不断地输送了人才。高等院校的研究学术性和应用性并重，促进了科技成果转化。国家层级的实验室致力于基础性研究，努力实现从无到有的突破，更加注重研究的战略性和前瞻性。同时，湾区本身的知名度以及对外来科技人才的优惠政策使许多世界各地的人才慕名而来，为其创新发展提供动力。

良好的生活环境吸引了众多人才在此定居。旧金山湾区位于沿海地带，多水域，景色优美，生态环境宜居。而且主要城市内基础设施和配套设施完善，设有运动中心、技术中心、图书馆、医院、大型购物中心等，完全可以满足各种日常生活需求。宜居宜业宜游的湾区为该地的居民提供了极其便利的生活，自然也吸引了更多的国际高端创新人才在此聚集。

五、吸取教训保护资源与生态环境

世界三大湾区在早期都经历了以生态环境为代价的经济发展阶段，所以在后期的发展中他们深刻地认识到注重生态保护的重要作用，在磨砺中积累了湾区生态环境治理与发展经验。

三大湾区都是通过加强监管，制定策划和法案等手段来改善湾区的环境质量。第二次世界大战之后，东京湾区的经济快速增长，产业无序盲目扩张，造成了比较严重的环境问题，空气质量下降，大量水体被污染。对此，湾区有针对性地制定了废气污染物的排放标准，支持环保技术的发展，加快产业升级来改善环境质量。几乎是同一历史阶段，旧金山湾区和纽约湾区也同样经历了生态环境恶化的问题，包括大气污染，水污染，湿地环境恶化等。对此，旧金山湾区采取了加强监管，谋求绿色低碳发展的方法，纽约湾区则提倡使用清洁能源，立法和制定规划保护湿地。

在旧金山湾区和东京湾区的发展过程中，可以发现利用先进的科学技术来解决环境方面的问题是非常有效的。旧金山湾区加大了与环境治理相关的科研力度，针对大气污染，加利福尼亚州空气资源委员会研究出了各种能够直接在污染源减少废弃物排放以及控制机动车废弃物排放的技术。而且该委员会设有专门的部门负责对污染造成的风险进行评估，为针对性的治理提供专业建议。东京湾区则是研发各种先进环保技术，比如使用液化天然气、无铅汽油和三元催化器等来提高空气质量，当然也会通过对地表水实时监测，及时控制污染物，减少水污染。

第三节 大珠三角创新发展模式的若干建议

一、根据个性优势提高湾区产业的国际竞争力

在产业方面，湾区需要进一步明确城市的竞争优势，找准定位，提高城市间产业的差异化和协调性，形成健康优质的产业集群，以产业链的方式加入到国际市场中。

粤港澳大湾区已经具备了产业带的雏形，集群优势有所显现，各个地区间的产业也朝着差异化和互补的方向发展。但是距离形成完整地产业链，充分发挥地区优势，发挥协同效应，还有相当长的一段距离。

粤港澳大湾区内的每个城市应该向东京湾区一样，找准自己的发展方向，立足于具有自身独特优势的产业，既能够差异化发展、又可以优势互补。如香港、深圳、东莞城市圈，香港重点发展金融，深圳重点发展高新技术产业，东莞制造业发达。深圳高新技术产业的发展为香港的经济发展增添了新生动力，而香港则可以为深圳提供金融支持，完善的公共服务咨询、医疗等，与东莞发达的制造业相结合使经济发展具有活力又不失根基。广州与佛山也可以实现强强联合，广州在科技创新、人才储备、国际交流上都具有优势，而佛山则是制造业基础雄厚。两者都可以利用彼此的资源加快产业转型升级。自然生态环境良好，空间广阔的惠州和肇庆则应该注

重环境保护，打造成起衔接作用的绿色宜居城市。

二、应用创新科技实现湾区城市融合发展

注重新兴科技的发展和运用，新兴科技有利于推动各个行业和领域的革新，促进湾区各个城市的融合和高质量发展。

数字技术一直是世界各国的发展重点，粤港澳大湾区作为我国的前沿地带，也应该完善数字商业基础设施，推动我国的经济体制改革。湾区内的生产力和创新能力在全国一直名列前茅，具有发展数字商业的基础，而数字商业基础设施体系的完善也为湾区建设提供新生动力，助推其建成国际一流湾区和世界级城市群。湾区会重点发展5G、云计算、智慧物流、跨境支付等数字科技，将数字技术注入到实体经济，利用其来推动跨境贸易的发展，精准定位顾客需求，提供优质化的消费体验，扩大内需和促进消费升级。

粤港澳大湾区自身的优势在于金融、科技和产业能够做到共同发展，但是三者的深度融合，尤其是金融融合，还需要科技发展作为基础。区块链、云计算、大数据、人工智能技术的发展可以使粤港澳的跨境支付更加便捷，加强湾区内的金融往来，使内地可以享受到香港国际金融中心的红利。旧金山湾区的发展可以说明金融和科技是共同发展、相互促进的，金融可以为科技创新提供资金支持，促进科技成果转化，科技也能为金融增添更多活力，使其更具生命力。金融和科技的发展自然也可以推动产业转型和升级，使产业发展到更高层次。

三、完善金融体系助推产业高质量发展

用更加完善的金融体系支持科技发展，加快产学研深度融合，促进科技成果转化，助推产业转型与经济高质量发展。

扩大金融体系的开放，推动资本市场与国际接轨，逐步有序放开，开放过程中可以把港澳放在优先位置，促进粤港澳三地的资本流动。根据产业基础规划创新方向，根据创新方向规划资金流向。想要把湾区建设成为世界级科技创新中心，需要强化金融对科技创新的支持，加大对科研的资

金投入，鼓励技术入股。

粤港澳大湾区可以像纽约湾区和东京湾区一样设立服务科技成果转化中介机构。这种机构可以是高校自行设立的部门，也可以是私人自行运营的商业实体，主要负责将成熟的科技成果和市场需求连接起来，帮助科技成果找寻应用方向，推动产学研结合为把粤港澳大湾区建设成为具有全球影响力的科技创新中心提供强大而持久的技术支撑。其也可以建立像麻省理工学院一样的研究大学，积极地与政府和企业开展交流合作，促进科技成果转化。高校师生可以承接政企项目并利用政企资源进行研究，取得一定成果后可以直接将其卖给政府和企业，技术入股或者自己设立公司运营。湾区也可以学习斯坦福大学，制订产业联盟计划，促进科研人员，高校以及科创型企业间的交流，使科研人员的研究更多地与市场接轨，鼓励科研人员自行创办公司。粤港澳大湾区虽然没有办法像东京湾区一样直接将高校和研究所转为独立法人机构，但是可以赋予他们更多自主性，使科技领域的竞争更富有活力。

四、优化政策实现人才自由流动

1. 粤港澳大湾区应该想方设法促进湾区内的人才流动，同时吸引海外人才参与湾区建设

在原有的密切交流的基础上，大湾区应建立人才一体化运行机制，促进粤港澳三地的人员流动，增添经济活力。三地努力统一在人才评价方面的标准，促进评价体系互通互认，这样有利于企业对人才的能力进行评估，也能够使人才更为便利地呈现自己的优势。最好能够加快落实“大湾区人才卡”“大湾区英才计划”等政策，为来往于三地的人员减少税收，过境手续，执业资质等各方面的障碍，为人员流动提供便利。

简化粤港澳三地人员来往的手续，减少纸质证件的使用，将生物识别、大数据、人工智能等新兴科技运用于通关各个流程，实现人员流通无证化。凭借之前三地的密切联系以及湾区内的创新技术基础，可以搭建共建共享的信息平台，往来人员可以提前在网站上登记备案，然后在口岸实现电子智能化通关，该方法可以率先在科技型人才通关时试行。

利用“全球人才大会”，打造大湾区全球人才大会品牌，在全球范围内

吸引更多的人才参与湾区建设，为大湾区持续不断地提供智力支持。

建设海外华侨华人交流中心，试点符合条件，登记备案的海外侨胞免签入境。六千万海外侨胞是我国必须要团结的，鼓励参与祖国建设的中坚力量。相比较旧金山湾区通过高技术移民吸引高技术人才，粤港澳大湾区鼓励海外侨胞回国要比吸引其他国家的人才更为容易实现。湾区作为自贸区，可以适当地利用自身的独特优势，灵活地调整“中国绿卡”的申请条件和审批办法，使那些祖国建设需要的海外同胞能够更加顺利地拿到“中国绿卡”，回到祖国怀抱，参与国家建设。当然，对于其他外籍高层次人才，湾区也应该学习旧金山湾区，给予一定的政策鼓励，为其申请在华永久居留提供便利。

2. 在社会保障方面湾区应该尽快落实相关政策，使湾区内的人才在跨境流动时能够享有与当地居民相同的公共服务与社会保障，包括社会保险、医疗报销、教育资源等各个方面

对于社会保险，湾区应该加强粤港澳三地的衔接，扩大开放，为来往于三地间的人才提供更为完善的社会保障服务。湾区可以搭建共享社保信息的平台，粤港澳三地均可登录查询，推动社保互认，使人才在流动后也可以按照工作地和生活地的标准缴纳保险和公积金，并享受相关福利待遇；当然其也可以选择按照原户籍所在地的规定缴纳社保。在医疗方面，加强粤港澳三地医院的交流，促进医疗资源共享，搭建网络平台实现信息互通，学习彼此先进的管理经验。促进医疗保险和医保卡的互认，试行三地均可使用的电子医保卡，使持有医保卡的居民无论在湾区内的何地，无论户籍归属何地，都能够凭借此医保卡享受到当地的医疗服务并用医保卡直接支付医疗费用。对于教育资源，一方面在内地工作的符合条件的港澳人才子女可以在办理登记手续后可以享受内地的基础教育阶段的教育资源；另一方面允许港澳投资人在内地投资建立从事基础教育的学校，丰富内地的教育资源，也给港澳人才子女提供更多选择。最后要加强三地的学校之间的交流，可以开展一些教师和学生共同参与的访学活动，吸取对方成功的办学经验和独特的教学方法。

五、保护资源与环境实现可持续发展

注重湾区内自然环境的治理和保护，尤其是对湿地资源的保护，它们是湾区可持续发展的重要基础。

在未来的发展中，粤港澳大湾区应该重视生态环境的问题，避免追求以生态环境为代价的快速发展道路，应该注重发展质量，实现发展与环境并重。随着近年来的快速增长，大湾区也面临着严峻的环境问题，其需要在进行充分调研，了解自身环境的各项指标的同时，利用后发优势有效治理，充分学习其他三大湾区的成功经验。随着大湾区这些年建设用地的扩张，湿地资源被占用，湿地内的生态环境也日益恶化。这严重影响了湾区的长久发展，所以湾区应该制定更为严格科学的规划，有效地保护生态空间和湿地资源。同时，对于湾区内出现的大气污染、水污染等问题，也应该及时开展污染治理和提高资源利用率。在具体的环境治理方面，可以借鉴世界三大湾区的方法，通过建立机构专门负责，出台相关政策，加强监管以及采用先进的科学技术等手段来解决环境问题。

本章参考文献

[1] Santos M J, Thorne J H, Christensen J, Frank Z. An historical land conservation analysis in the San Francisco Bay Area, USA: 1850 - 2010. Landscape and Urban Planning, 2014, 127: 114 - 123.

[2] Doug Haydel. Regional Control of Air and Water Pollution in the San Francisco Bay Area [J]. California Law Review, 1967 (3).

[3]《2020粤港澳数字大湾区融合创新发展报告》，阿里研究院.

[4]《中国：粤港澳大湾区带来的机遇》，大华银行环球经济与市场研究部.

[5]《大湾区发展规划纲要解读》，德勤中国.

[6] 蔡文博，韩宝龙，逯非，冼超凡，欧阳志云. 全球四大湾区生态环境综合评价研究 [J]. 生态学报，2020，40 (23): 8392 - 8402.

[7] 甘志鹏. 国际大湾区比较视角下粤港澳大湾区产业结构与优化路径探析 [J]. 经济研究导刊，2021，4 (06): 26 - 28.

[8] 逯新红. 国际典型海洋经济集聚区发展经验 [J]. 中国投资（中英文），2020，4（Z0）：47－51.

[9] 蔡鹏，张韵. 国际湾区发展对住房市场的影响及其对长三角一体化的启示 [J]. 上海房地，2021，4（04）：6－12.

[10] 杨道玲，邢玉冠，李祥丽. 基于多源大数据的粤港澳大湾区发展优势比较研究 [J]. 中国物价，2020，4（01）：32－34.

[11] 覃艳华，曹细玉. 世界三大湾区发展演进路径对粤港澳大湾区建设的启示 [J]. 统计与咨询，2018（5）：40－42.

[12] 肖营. 金融支持粤港澳大湾区绿色发展的机制研究 [J]. 经济研究导刊，2021，4（04）：41－43.

[13] 韩永红，唐乐韵. 论粤港澳大湾区治理中专门性地区组织的构建——基于旧金山湾区地区组织的发展经验 [J]. 地方法制评论，2019，5（00）：173－184.

[14] 陶希东. 美国旧金山湾区跨界规划治理的经验与启示 [J]. 行政管理改革，2020，4（10）：83－91.

[15] 沈润森，潘苏. 探析东京湾区建设经验对粤港澳大湾区发展的启示 [J]. 特区经济，2021，4（02）：32－35.

[16] 杨静，赵俊杰. 四大湾区科技创新发展情况比较及其对粤港澳大湾区建设的启示 [J]. 科技管理研究，2021，41（10）：60－69.

后　记

在过去30多年中，广东省经济总量和外贸总额都稳居全国第一位。在此进程中，广东作为改革开放的前沿阵地，各大产业发展高歌猛进。如今已进入产业升级、经济转型的历史新阶段，未来目标是要实现各大产业、整体经济乃至社会文明各方面的高质量发展。

为此，本单位对广东各大产业发展现状、未来高质量发展策略等方面做了比较广泛的探讨，并采用数据模型做了一些实证研究，对将来发展走向进行了预测，再提出合乎时宜的政策建议和发展措施，以求为各级党政部门提供科学合理的、具备可操作性的参考。

目前，广东产业发展主要仍集中在珠三角9个城市，而粤港澳大湾区除了包含香港及澳门，暂时也只把珠三角9个城市纳入其中。所以，我们关于广东产业的研究暂时也主要集中于珠三角9市。

粤港澳大湾区所包括的9+2个城市，就是把广东珠三角9个城市加上香港、澳门这2座城市。人们在传统习惯中，往往会称此区域为大珠三角。因此在本书后几章，作者更倾向于使用“大珠三角”这个名称。

将来随着广东其他城市的产业也发展壮大起来，粤港澳大湾区的涵盖范围或许会扩大到港澳及广东全省。到那个时候，我们关于广东产业的研究，或许也将扩大到广东全省。

本项目研究工作由广东省社会科学院的专职科研人员、科辅人员与研究生集体完成。第一章“广东产业区域协同发展研究”由梁育民、吴锦梅、黎友焕共同完成，第二章“‘广东制造’的行业结构和竞争力”由郑海御、梁育民完成，第三章“广东金融业区域融合发展研究”由任志宏、王鹏程完成，第四章“广东贸易结构转变的驱动要素”由左晓安、孟令宇、梁宇红完成，第五章“三个关税区共同促推产业发展”由郭楚、任志宏、梁宇红完成，第六章“广东文化和旅游业发展实证分析”由黎紫涵、梁育民、梁宇红完成，第七章“广东数字新基建产业区域发展概述”由符永寿完成，第八章“区块链在大珠三角的广泛应用”由赵英佶、梁育民完成，第九章“广东法律服务业区域交流合作与经验借鉴”由刘作珍、任志宏完成，第十章“大珠三角经济发展质量评估”由徐薇、焦延、梁育民完成，第十一章“大珠三角社会品质评价及其提升策略”由左晓安、黎紫涵、赵英佶完成，第十二章“大珠三角生态文明建设评价”由吴大磊、石信儿、梁宇红完成，第十三章“世界发达地区产业发展经验及借鉴”由田思苗、梁育民完成。全玲艳与胡少莉在实地调研安排、资料收集和整理等方面也有贡献，特此说明。

书中若有错漏之处，敬请读者朋友批评指正，谢谢！

广东省社会科学院港澳台研究中心

2023 年 3 月 25 日星期六